本多佐保美・西島央・藤井康之・今川恭子　編著者
国府華子・村上康子・長井(大沼)覚子・山中和佳子・勝谷(杉橋)祥子　著者
越山(村井)沙千子　執筆協力者

# 戦時下の子ども・音楽・学校

## ―国民学校の音楽教育―

開成出版

# 凡例

一．資料の引用に際して、原則として旧字体の漢字は、地名・人名も含め新字体・常用字体に改めた。

一．かなの清濁、ひらがな・カタカナの表記については原文通りとした。

一．引用文中の漢字、かなの誤植、誤用の類は、明白な誤字、脱字の場合も原則として原文のままとし、当該箇所の右側に（ママ）をつけた。資料において判読不明な文字は□とした。

一．年号は、引用文中のものを除き、原則として和暦に統一した。

一．資料などにおける引用者の注記・補足は、〔　〕で示した。また中略は〔中略〕で表した。

一．アンケート回答またはインタビュイーの情報は、例えば高遠国民学校の昭和一六年度入学の男性であれば、（高遠・一六・男）のように示した。

目次

序

## 第一章　設備・楽器・備品

## 第二章　歌唱

## 第四章　鑑賞

## 第五章　行事・儀式

## 総括



## 巻末資料

# 個人情報の管理に関する本書の方針

私たちの研究グループでは、主にアンケートやインタビューにより、調査協力者の氏名や出生年度、個別の学校体験などの個人情報を研究のための資料として取得し、分析・考察を行っている。その際、個人情報の重要性を認識し、日本教育学会「日本教育学会の会員が取り扱う個人情報の保護等に関するガイドライン」を参考にして、その取得・安全管理措置・利用公表について適切に取り扱うよう努めた。

また、研究対象の時代が昭和初期のため、アンケートやインタビューの中で、すでに亡くなった方に言及されることがあった。個人情報保護法によれば、死者は保護対象ではないが、「ガイドライン」に従って適切な対応に努めた。

# 序

# 序・一　本研究の視角

西島　央

## 序・一・一　はじめに

私たち「国民学校芸能科音楽研究会」は、学習者の視点を取り入れた音楽教育史研究を展開したいと考え、一九九四（平成六）年より継続して調査研究を行ってきている。この研究会は、東京藝術大学音楽教育研究室関係者を中心に構成され、資料とアンケートデータ、インタビューデータに基づいて、昭和初期の音楽教育の実践にアプローチしようとする自主的な研究グループである。

私たちは本書で、昭和初期のなかでもとくに国民学校期の音楽教育の歴史について、一九八〇年代中頃以降の教育史研究の動向をふまえて再検討し、近年の教育史研究が提示してきている視点と題材を用いて、音楽教育の歴史の読み直しを図ることを目的としている。具体的には、従来の文献資料に基づく制度史的な視点に加えて、当時の子どもたちおよび教師へのアンケート調査やインタビュー調査を行い、文書資料とナラティヴなデータを照合する作業を通して、教育制度と実態との乖離や、学校音楽が子どもたちにどのような意味をもって学ばれ、どのように受容されたのかなどについて明らかにし、国民学校期の音楽教育＝芸能科音楽を総合的に捉えていきたい。

## 序・一・二　従来の音楽教育史研究における芸能科音楽の記述と評価

我が国の音楽教育史研究は、河口（一九九一）によれば、『小学校音楽教育講座　第2巻　音楽教育の歴史』（一九八三）が「戦後はじめての体系的な歴史研究の一定の成果」（二三頁）であり、そのなかで芸能科音楽についても特徴と歴史的意味が論じられている。その後出された音楽教育の歴史を体系的に論じた研究を総括すると、芸能科音楽について主に次のような題材を用いながら検討している。つまり、第一に、国民学校令などの法令条文を検討する制度史研究。第二に、芸能科音楽の国定教科書の歌詞を検討する内容分析。第三に、指導書などを用いて授業構成や授業内容を検討する授業分析である。

このように、芸能科音楽はさまざまな題材を用いて実証的に記述されてきているが、そのほとんどの研究が、音楽教育や公定イデオロギーの生産者＝「上からの視点」からみた芸能科音楽を描き出そうとしたものである。そして歴史的意味の評価にあたって、結局のところ、「皇国ノ道ニ則リテ」や「国民的情操ヲ醇化スル」といった国民学校令の文言を引き合いに出しながら、当該時期の天皇制イデオロギーや軍国主義的ナショナリズムといった公定イデオロギーを伝達するための手段として音楽教育が道具的に用いられていたと指摘して、そのイデオロギー性を問題にして論を閉じるのである(1)。

## 序・一・三　一九八〇年代以降の教育史研究の動向

もちろんのこと、戦前の学校教育は制度史的には公定イデオロギーの伝達機能を期待されていた側面があり、従来の音楽教育史研究のようないわゆる「断絶史観」的な評価のしかたは、八〇年代以前の教育史研究全般において共有されていたものといえる。しかし、戦時期に関する教育史研究の研究枠組みには、八〇年代中頃に大きな転換がみられた。その転換について戦時期の教育の論じ方と研究の視点の二点に絞って整理してみよう。

まず戦時期の教育の論じ方であるが、木村（一九九七）によれば、従来は「教育はいかに戦争遂行に寄与したかとそれへの抵抗という叙述が中心」で、「戦時期の教育を特別のものとしてみる、またそうした戦前・戦中の教育の否定の上に戦後の教育が形成されたという理念枠組み」をもって研究を行ってきた。それに対して八〇年代中頃以降の研究では、「理念・制度的な側面での戦前・戦後の教育の断絶を強調するだけでなく、社会構造と教育認識に着目する広い対象認識（時代区分）が求められる事になった」（二〇〇頁）のである。

次に研究の視点についてみてみると、従来は、「上からの視点」をもって、公権力（学校教育や公定イデオロギーの生産者）が教育をどのように利用しようとしたか、どのようなイデオロギーを伝達しようとしたかを、制度や言説レベルで検討していた。広田（一九九五）によれば、従来の研究は、生産者がつくった公定イデオロギーと実際の人々のもつ意識とを「内面化」という概念によってつなぎ、それを人々の意識や行動を説明する際の前提としており、実際に人々が公定イデオロギーをどう受けとめたかということについて実証してこなかった(2)。それに対して八〇年代中頃以降の研究では、人々（学校教育や公定イデオロギーの消費者）のレベルで、社会集団ごとに学校教育においてどのようにイデオロギーの教え込みを体験し、それが彼らの意識や行動とどう関わっていたのかをひとつひとつ整理することが求められるようになったのである。

では、教育史研究においてなぜこのような研究枠組みの転換が起きたのだろうか。木村（一九九七）は、研究枠組みの転換の整理に続けて、「より研究を深めていくために」として、八〇年代中頃以降の研究の問題点と課題を、事例を挙げながら整理しているが、その指摘するところこそ転換を引き起こしたポイントであろう。以下に二つほど引用しよう。前者は社会学や教育社会学の歴史研究の、後者は教育の社会史研究の問題点や課題として示されたものである。

「無前提に『近代』という大きな編み目でもって、対象の素材の固有性に即することなく戦時期の『近代』性だけを指摘する叙述では、教育（科学）の内側（固有性）を歴史的に捉えることにはならないと考える。」（二〇五頁）

「人々の日常の生活世界の次元において（子どもや親にとって）教育がどのようなものと認識され、教師の働きかけはそのなかでどのようなものとしてあったのか。また、そこにおいて教師はどのような働きかけをいかに行いそれがどのような結果をもたらしたか、公教育のなかでの制度的な教育関係という特別な意味空間のなかでの教師（教育実践の主体）の問題把握のあり方の特質を捉えることをも含めて、ミクロなレベルでの具体的な諸相を解明することとかさねて論述していくことが必要と思われる。」（二一一頁）

前者は、「近代」の特徴を明らかにしようとする試みに対して、教育の固有性に注意を払う必要性を指摘しているわけだが、「近代」を「公定イデオロギー」という言葉に置き換えれば、それはそのまま従来の教育史研究への批判ともなる。後者は、人々の日常の営みを記述することで歴史をくみたてようとする試みに対して、制度との関係をふまえる必要性を指摘しているわけだが、裏返せば、制度史中心の従来の教育史研究に対しても、ミクロなレベルでの具体的な諸相の解明をあわせて行うことの必要性を指摘しているといえよう。実際木村は、こうした他の領域での課題の最後に、「教育が支えるシステムの〈したたかさ〉の解明にしてもそうした教育関係の実際をとしてなされねば非歴史的な研究になってしまう」（二一一頁）と、教育史研究の課題を述べている。

つまり、従来の教育史研究の空隙を埋めるものとして社会学や教育社会学の歴史研究と教育の社会史研究が八〇年前後以降上げてきている研究成果から受けたインパクトとそれらに対するアンチテーゼが、戦時期に関する教育史研究に上述したような研究枠組みの転換を引き起こしたと考えられるのである(3)。

## 序・一・四　音楽教育の歴史を読み直すための視角とデータ

翻って従来の音楽教育史研究の成果について考えると、たしかに、学校音楽に関わる制度や教員養成、教材や教授法といった諸問題に実証的にアプローチしてきており、我が国の音楽教育の制度化過程を明らかにしてきた点で評価できる。また、戦前の音楽教育の道具性とイデオロギー性という指摘は、当該時期の政治と教育との関係を論じたものであり、戦前の音楽教育の一側面を捉えているといえよう。しかしながら、九〇年代以降の研究にあっても、先に概観したような研究枠組みの転換はほとんどみられず、音楽教育の歴史は相変わらず「断絶史観」的な描き方をされ続けている(4)。だが、近年の教育史研究の論じ方や研究の視点を用いたならば、従来の研究が描いてきた音楽教育の歴史に読み直しを施したり、さらにつけ加えたりすべき点があるのではないだろうか。

つまり、第一に、従来の教育史研究が共有していたような研究枠組みのもとで、音楽教育の道具性やイデオロギー性を論じるかたちで戦前の音楽教育像を描いてきたために、別の論点からなら評価されるような音楽教育の史的展開が見落とされてきたのではないだろうか。第二に、「上からの視点」に立って戦前の音楽教育を捉えてきたことで、ある一面からみた音楽教育史が描き出されたために、別の視点からなら捉えられるような音楽教育の史的展開が見落とされてきたのではないだろうか。

そこで、これらの問いのもとに国民学校期の音楽教育を読み直す作業に向けて、次の二つの視角を設定することにする。

**視角一**　対象の素材の固有性に注目する

国民学校期の学校教育にも、音楽教育固有の論理がまったくなかったとはいえないのではないか。そこで、いったん従来の音楽教育史研究が前提にしていた研究枠組みを留保して、当該時期の音楽教育を描き直してみる。具体的には、個々の教育現場における教師の意識や子どもたちへの働きかけがどのように行われていたのかということに注目する。

**視角二**　人々の日常生活の次元における音楽教育の意味を明らかにする

人々が、公権力の提示した公定イデオロギーを必ずしもそのまま内面化したとはいえないのではないか。少なくとも、そのこと自体は実証されていない。そこで、人々の立場にたって国民学校期の音楽教育を描き直してみる。具体的には、子どもたちがどのように音楽教育に関わり、どのように受けとめてきたのかということに注目する。

以下の各論考では、これらの視角をもって音楽教育の歴史を描き直していくための具体的な題材として、教育史研究のブレーク・スルーとなった戦時期の教育、つまり国民学校時代の芸能科音楽に焦点をあてて論考を進めてい

| | | | | | |
|---|---|---|---|---|---|
| 芸 | ―（生産者）― | 公権力・文部省・研究者 | | ←従来の研究の視点 |
| 能 | | ↓↑ | | |
| 科 | ―（媒介者）― | 教員 | | ←本研究の視点（視角一） |
| 音 | | ↓↑ | | |
| 楽 | ―（消費者）― | 子どもたち | | ←本研究の視点（視角二） |

**図　序・1・1　芸能科音楽の社会的構成と研究の視点**

くことにしよう。

図序・1・1は、芸能科音楽がどのような人々がどのような立場で関わることで存立していたのかという社会的構成と、研究の視点を示した模式図である。簡単に説明しておこう。芸能科音楽は、社会的にみればそれ自身のみで存在し得たのではなく、公権力・文部省・研究者によって制度的につくられ、教師によって学校現場で実践として施され、子どもたちがそれを学ぶというように、生産者・媒介者・消費者の三者が関わりあうことによって存立したものである。

従来の研究は、生産者との関わりにおいて芸能科音楽を捉えてきており、媒介者や消費者との関わりのレベルに視点を定めた研究が非常に少なかったわけだが、近年の教育史研究の動向をふまえて音楽教育の歴史を描き直すためには、三つのレベルそれぞれにデータを蒐集する必要があると考えられる。具体的な研究とデータ蒐集にあたっては、先に示した視角一が媒介者である教師との関わりにおいて芸能科音楽を捉えるレベルの、視角二が消費者である児童との関わりにおいて芸能科音楽を捉えるレベルの視点につながっている。

私たちは、このようないわば「下からの視点」に立って芸能科音楽を捉える具体的なデータとして、次の三種類のデータを蒐集してきた。

①国民学校で芸能科音楽を教えた教員＝媒介者の文書資料とインタビュー

②国民学校に通って芸能科音楽を学んだ、当時の子どもたち＝消費者へのアン

ケート
③国民学校に通って芸能科音楽を学んだ、当時の子どもたち＝消費者へのインタビュー
これらのデータをもとに音楽教育の歴史を読み直すことによって、従来の音楽教育史研究の研究枠組みや成果を否定するのではなく、それらと前述の視角によるデータの読み込みとをあわせて、図序・1・1に示したような社会的構成によって存立した芸能科音楽を、より立体的でダイナミックに描き出すことを試みたい。

**注**

（1）例えば、『音楽教育入門』（河口編　一九九五）において、昭和元年以降、国民学校時代を含む戦前・戦時期の音楽教育の歴史的評価が示されている。これは、いわゆる学術研究論文ではないが、その性格上、それまでの音楽教育史研究の考察を集約した評価とみることができるので、以下に引用する。
『戦前』20年間にわたっての音楽教育を概観してきた。この期の音楽教育を一口にいうならば、その基本理念は、超国家主義・軍国主義にあったといえよう。それは、皇国民錬成へ向けての徳育教育であり、合唱による調和が国民統一に欠かせないものと考えられたり、また、絶対音感教育が国防教育の一環として位置づけられるなど、戦争を推進していくために音楽教育の軍用化がなされていった。戦前の音楽教育の大きな流れは、これらを中心に動いていったのである。」（澤崎　一九九五）
（2）広田の示す内面化図式とは以下のとおり。
「①ある体系としてのまとまりをもった近代天皇制イデオロギーが、支配者集団や知識人たちによって生み出された。それは、近代国家としての統合をねらいとしてきわめて政治的に創出されたものであったが、同時に、民衆の日常的な秩序意識を吸い上げていった部分もあった。
②そのイデオロギーは、学校や軍隊その他の社会制度・マスメディアなどを通して教え込まれていった。
③そうした教え込みの結果、人々はそれを内面化し、彼らの意識の中核を形づくった。
④内面化され、彼らの意識構造の中核に据えられたイデオロギーは、人々の行動の基本的な方向を規定していった。」

（広田　一九九五）

（３）社会学や教育社会学における歴史研究の動向と教育史との関係性については、竹内（一九九五）に詳しい。

（４）「断絶史観」ではない論考や「下からの視点」をもつ論考の数少ない例として、浜松（一九八五）、岩崎（二〇〇〇）など。

**引用・参考文献**


浜松敦子（一九八五）「民衆の音楽活動と唱歌教育の関連性についての一考察」『音楽教育学』第一五号。

広田照幸（一九九五）「〈天皇制と教育〉再考―「内面化」図式を越えて」『教育学年報４』世織書房。

岩崎洋一（二〇〇〇）「男子児童発声の系譜」日本音楽教育学会編『音楽教育学研究　１　音楽教育の理論研究』音楽之友社。

河口道朗（一九九一）「研究の動向　研究のあり方と方向性への問題意識から」日本音楽教育学会編『音楽教育学の展望Ⅱ』音楽之友社。

河口道朗編（一九九五）『音楽教育入門』音楽之友社。

木村元（一九九七）「戦時期の教育史研究の動向と課題―近年の教育科学運動研究に注目して」『教育学年報６』世織書房。

小学校音楽教育講座（一九八三）『第２巻　音楽教育の歴史』音楽之友社。

澤崎眞彦（一九九五）「戦時体制下の学校音楽の動向」河口道朗編『音楽教育入門』音楽之友社。

竹内洋（一九九五）「教育社会学における歴史研究―ブームと危うさ―」『教育社会学研究』第五七集　東洋館出版社。

# 序・二　研究の方法

本多　佐保美

## 序・二・一　調査対象校の選定

一九九九（平成一一）年までに、東京女子高等師範学校附属国民学校（現お茶の水女子大学附属小学校）および青森市立新町国民学校を対象とした調査をパイロットリサーチ的に実施した。その成果をふまえ、二〇〇〇（平成一二）年以後、長野県上伊那郡高遠町の高遠国民学校および東京都文京区の誠之小学校（誠之国民学校）を調査対象とした研究を推進した。

高遠国民学校を調査対象校に選んだのは、①前回調査対象であった東京女子高等師範学校附属国民学校との比較も視野に入れ、制度上の規定と実践との乖離を検証するため、地方の国民学校に焦点をあてることが求められた。②現高遠小学校には明治期以前からの文書資料が保存されている。また、長野県には松本の開智小学校など文書資料をよく保存している学校が他にもあることから、将来比較対象を得やすいと予想された。③長野師範学校や信濃教育会といった県の教育の拠点に関する資料収集を通じ、制度上の規定の変化が一国民学校に伝わっていく動的側面の検証が期待された、といった理由による。

他方、高遠国民学校という農村部における事例との比較として都市部における一国民学校の音楽教育実践を把握することが求められたことから、師範附属などでない国民学校で、なおかつ当時の学校文書資料がよく保存されている学校として、東京の誠之国民学校(現在の文京区立誠之小学校)を選定した。同校の学校文書は第二次世界大戦の戦災を免れて非常によく保存されており、また、しっかりとした同窓会組織があって活発に活動していることから、アンケート調査やインタビュー調査を行うのに適当であると考えられた。

## 序・二・二　高遠と誠之における学校所蔵文書資料調査の概要

高遠小学校の職員資料室には、明治以前から現在に至るまでの高遠小学校および近隣の学校に関わる資料が保存されている。二〇〇〇(平成一二)年三月に予備調査を、二〇〇〇(平成一二)年七月に本調査を実施し、さらに二〇〇一(平成一三)年八月に再調査を行った。閲覧・収集のできた資料は「学校日誌」「看護日誌」「学年会誌勤労日誌」「月暦表」「時間割表」「運動会記録」「学校行事ニ関スル綴」「請求簿」「学籍簿」等である。なお高遠学校に関するまとまった書物として信州高遠学校百年史編集委員会編『信州高遠学校百年史』(一九七二)がある。

一方の誠之では、学校内の一角に資料室が設けられ、学校文書資料が分類・整理されて収蔵されている。二〇〇〇(平成一二)年四月および七月に予備調査を、二〇〇二(平成一四)年二月から三月にかけて本調査を実施した。収集した資料は、「学校日誌」「監護日誌」等の日誌類、当該時期の「公文書」綴り、「学籍簿」「運動会記録」「学芸会記録」「備品原簿」等である。誠之に関しては、寺崎昌男監修・誠之学友会編『誠之が語る近現代教育史』

（一九八八）、第一法規出版株式会社、が刊行されている。

## 序・二・三　アンケート調査の方法と内容

高遠のアンケート調査は二〇〇一（平成一三）年一月から二月にかけて実施した。郵送による記述式アンケートで、発送総数六五〇通、返送数二一八通、回収率三四％であった。調査対象者は町の住民台帳から任意に抽出し、昭和四年度生まれから昭和一〇年度生まれまでを対象とした。住民台帳からの抽出による調査のため、アンケート回答には、高遠国民学校以外の近隣の学校の卒業生の回答も含まれる。

一方、誠之のアンケート調査は二〇〇二（平成一四）年八月に実施した。誠之学友会（同窓会）のご理解を得て同窓会名簿から抽出した、昭和五年度生まれから昭和九年度生まれまでの方々を対象とした。発送総数七八九通、返送数三一〇通、回収率三九％であった。

アンケートはA４版４頁からなる記述式で、質問項目の概要は、生年月日、性別、音楽の先生の印象、授業で歌った歌、レコード鑑賞や和音の聴き分けの記憶、楽器に関する記憶、儀式と式歌、学芸会・運動会など学校行事と音楽、家庭の音楽的環境、家族や自分の音楽的趣味やお稽古ごと等である。各学校の特色を反映して、アンケートの文言を若干変えている部分があるが、基本的な部分は同じものとした。

## 序・二・四　インタビュー調査の方法

アンケート回答者の中からインタビュー調査対象者を決定し、高遠においては二〇〇一（平成一三）年三月に二四人の方々にインタビューを実施した。誠之においては二〇〇三（平成一五）年二～三月にかけて、一九件および二〇〇四（平成一六）年一月に一件の調査を実施し、のべ二九人の方々にお話を伺った。インタビュー対象者の選び方に関しては、アンケートの記述量の多さや学校の音楽授業にたいする積極的な関わりに注目したことはもちろんであるが、「あまり記憶がない」という回答者や、学校の音楽活動にあまり密接に関わっていなかったと思われる回答者の中からも対象を選んだ。インタビューは、必ず質問すべき最小限の事項を事前に決めた以外は、内容を予め構成しない自由な形式で行った。終了後、インタビューのテープ起こしを行い、またインタビュー要約シートを作成してデータを検討した。

## 序・二・五　飯田および上田における調査

高遠と誠之の調査以後、二〇〇五（平成一七）年からは、同じ長野県内の地域比較のため、飯田市および上田市の小学校をフィールドとする事例研究を引き続き実施した。事例研究をとおして、国の規定する制度が各地域教育研究会あるいは各学校の授業実践に波及していく様相や、あるいは各学校や各地域が制度に先んじて地域ごとの音楽文化を展開していく状況などを把握することができるのではないかと期待された。

他方、東京における調査としては、同じく二〇〇五年以後、東京高等師範学校附属国民学校（現筑波大学附属小学校）における資料調査も実施している。

長野県における調査は、飯田においては、飯田市立座光寺小学校、飯田市歴史研究所、飯田市立上郷《かみさと》小学校等への学校文書資料調査を実施した。また、飯田市座光寺地区、上郷地区住民（昭和四～九年度生まれの方々）を対象としたアンケート調査を二〇〇七（平成一九）年五月に実施した。発送総数八三九通、返送数一八六通、回収率は二二％であった。アンケートの内容や様式は、各学校や地域の特色をふまえ、若干の変更を行った部分はあるものの、基本的には高遠および誠之において実施した内容と様式を踏襲した。

長野県上田市への調査（上田市立清明小学校、塩尻小学校、神科小学校、豊殿小学校）は、二〇〇六（平成一八）年に予備的調査を実施した後、二〇〇九（平成二一）年以後、各小学校への学校所蔵文書資料調査を行い、学校文書資料収集と当時の地域特性を明らかにできるような周辺資料の収集・閲覧作業を継続してすすめた。

また、長野県上田市の旧塩尻村、神科《かみしな》村、豊里殿城村地域住民で、当該時期に尋常高等小学校および国民学校を卒業した年代の方々へのアンケート調査およびインタビュー調査を実施し、引き続き、音楽教育の受け手（学習者）の学校音楽にたいする意識や音楽受容の様相を探究することとした。

上田地域におけるアンケート調査は、住民台帳にもとづき昭和五～九年度生まれの方々を対象として、平成二二（二〇一〇）年九月に実施した。発送総数は七七七通、返送数一六二通、回収率は二〇・八％であった。

特定の地域、学校をフィールドとする歴史的事例研究という面で、本研究は一定の進展を見たと考える。以下の各々の論稿では、これらの資料やデータを用いながら、昭和一六年からの国民学校期を中心に、昭和初期の音楽科教育形成過程の諸相を描きだすことを試みる。

# 序・三　調査地・調査対象校概要

西島　央・藤井康之

## 序・三・一　東京の学校

### 一　東京高等師範学校附属国民学校

東京高等師範学校附属国民学校は、母体校である東京高等師範学校の附属小学校として明治六年に開校した。同校は、明治期から常に初等教育の中心的な立場にあり、模範的かつ実験的な理論と実践を、全国の小学校に啓発し続けてきた。附属小学校では、明治三七年より初等教育についての理論および実践の研究を目的とする「初等教育研究会」が発足し、機関誌『教育研究』の発行、全国訓導協議会の開催、講習会の開催、教授細目の出版等を積極的に行ってきた（本多ほか　二〇〇七、四三頁）。

国民学校が発足する一年前には、国民学校実施の準備をするための基礎的研究に取りかかり、約一年間をかけて各教科および科目内容と教授等についての研究を行い、各学級において試行している（東京教育大学附属小学校

一九七三、八〇頁)。その成果は、東京高等師範学校附属小学校初等教育研究会編『国民学校の基礎的錬成』(一九四〇)として著された。

国民学校期における同校の学級編成は、「第一部」が第一学年から第六学年までの各学年男児単式編成で、特に第一学年については全教科にわたって総合教育が行われた。「第二部」は第一学年から第六学年までの各学年男女児単式編成で、教育上の各施設方法の研究をするとともに、各教科については「国民学校令」の趣旨により、その内容、方法、時間数に照らして教材の増減が試みられた。「第三部」は第一学年から第六学年までの各学年男女児単式編成で、国民学校の本旨による教育が行われた(同上 一九七三、八一頁)。

国民学校期において音楽を担当していた教師は、井上武士と小林つや江であった。小林が低学年と女子学級を、井上が高学年と男子学級を主に担当した(同上 一九七三、四七五頁)。

井上は大正七年に東京音楽学校甲種師範科を卒業。長野師範学校、横浜市音楽視学官等を経て、昭和六年に同校に着任し、昭和二二年まで在職した。井上は国民学校期には『国民学校芸能科音楽精義』(一九四〇)、『国民学校芸能科音楽問答』(一九四三)等の著書を出版し、全国の音楽にかかわる教師たちに音楽教育のあり方を提唱した。また、昭和一五年に、国民学校芸能科音楽教科書編纂委員に任命され、教科書の作成と普及に尽力した(同上 一九七三、四七四~四八〇頁)。

一方、小林は大正九年に長野県女子師範学校卒業後、東京音楽学校甲種師範科に入学。大正一二年に同校を卒業後、愛知県女子師範学校、東京府立第六高等女学校を経て、井上より二年早い昭和四年に附属小学校に勤務し、昭和三七年に退職した。(木村編 一九八六、一二五頁)

二人は全国の初等教育を先導する附属小学校、国民学校の音楽教師として、昭和初期から国民学校期にかけて、次々と発行される教科書の音楽講習のために全国へ出張し、小学校音楽の発展に寄与した（東京教育大学附属小学校　一九七三、四八〇頁）。

## 二　東京女子高等師範学校附属国民学校

東京女子高等師範学校附属国民学校は、明治一〇年に、母体校となる東京女子師範学校の附属小学校として設立された。同校は、東京女子師範学校生徒の授業の実地練習のために設立されたと同時に、地方の小学校の模範校としての役割も併せて担っており、教授法を中心とするさまざまな研究が創立以来活発に行われてきた。大正七年には、研究をより深め活性化させるために、教員によって「児童教育研究会」が創設され、児童教育を研究と実践の両面から支え先導した。

附属小学校は国民学校実施以前から、『国民学校案の実験的研究』（一九三九）などを発行し、さらに国民学校期に入ると、『国民学校実践要覧』（一九四一）を出版するなど、意欲的な試みがなされている（お茶の水女子大学文教育学部附属小学校編　一九七八、一一一～一一二頁）。なお、同校は全国の多くの小学校が取り入れていた「全科制」のスタイルではなく、「教科制」を採用していたことも大きな特徴となっている。

国民学校期において、音楽を担当していた教師は小萱和江と福田静子であった。小萱は東京音楽学校甲種師範科を昭和一二年に卒業し、栃木県立鹿沼高等女学校を経て、昭和一四年に附属小学校に赴任した。その後戦争末期に戦災にあったため、地方に疎開し女学校で一年間教鞭をとったが、戦後は結婚のため教職から離れた。小萱は着任当初から、「児童教育研究会」の機関誌『児童教育』や、音楽教育雑誌『学校音楽』『音楽教育研究』等で論文や指導案を発表し、当時の小学校音楽に対して、主に実践面から指導的役割を果たした教師といえる。

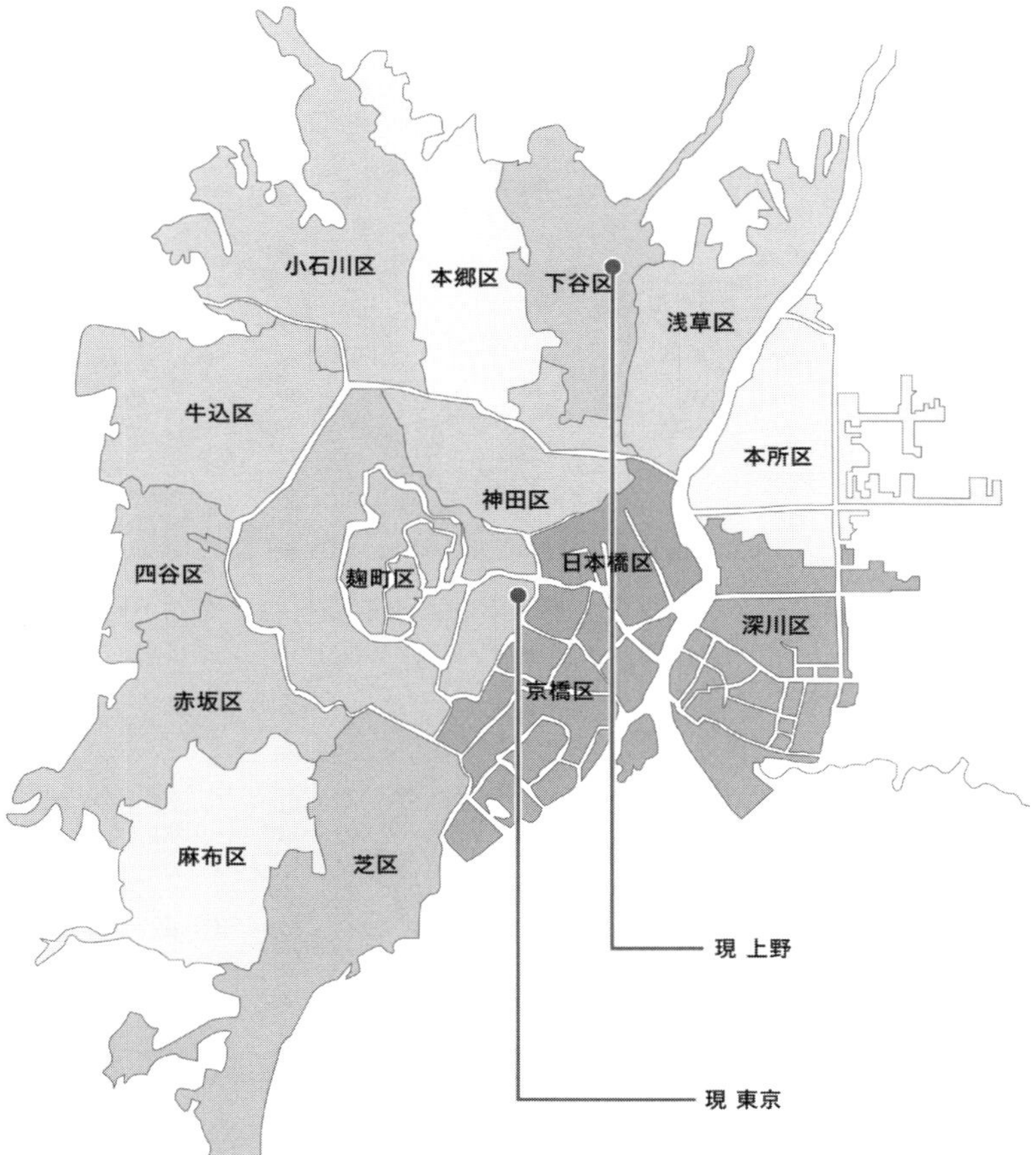


図　序・3・1　東京市中心地域区図（昭和 11 年 10 月～昭和 18 年 6 月）

写真　序・3・1　誠之校舎全景、寺崎昌男監修『誠之が語る近現代教育史』第一法規出版、口絵写真より

福田は昭和一二年に、東京女子高等師範学校体育科の一回生として入学し、平井美奈、小松耕輔らに師事し、声楽、音楽史、和声等の専門的な音楽を学んだ。卒業後は附属幼稚園に勤務するが、昭和一九年に、小菅の後任として附属国民学校に着任した。福田が着任した戦争末期は、附属国民学校の児童が疎開していく時期と重なっていたため、学校で子どもたちに音楽を教えた時期は短く、疎開先で教えたほうが長かった。福田は、戦後も引き続き附属小学校に残り、音楽指導にあたった。

### 三　誠之国民学校

誠之国民学校は明治八年、東京市本郷区（現在の東京都文京区）に、福山藩主阿部家による敷地、校舎、開講資金等の援助を得て、公立小学誠之学校として創立された（寺崎監修　一九八八、六～七頁）。誠之国民学校は公立の学校ではあるが、弁護士、医者、官吏、東京帝国大学の教師など、知識階層や富裕階層の子弟が多く通っていた学校であると同時に、準附属小学校的な位置づけの学校でもあった。

同校における国民学校期の音楽教師は、瀬戸尊である。瀬戸は岡崎師範学校附属小学校、麻布尋常小学校を経て、昭和一五年に誠之尋常小学校に赴任し、昭和二七年まで在職した。赴任した同年には、日本大学教育学科を卒業している。瀬戸は昭和初期から当時としては珍しく、器楽教育に取り組んだ先駆的な教師であり、国民学校期においても器楽指導を中心に音楽授業を行っている。瀬戸は、東京女子高等師範学校附属小学校の小菅と同じく、音楽教育雑誌『学校音楽』等に寄稿したり、同校あるいは出張先で器楽指導の講習を積極的に行うなど、戦前期の小学校音楽を主に器楽教育の分野において牽引した。

## 序・三・二　長野の学校

### 一　上伊那の小学校（高遠小学校、河南《かなみ》小学校など）

上伊那郡は、長野県の南信地方、諏訪湖の南で天竜川上流の伊那谷と東西の赤石山脈と木曽山脈に囲まれた地域に位置する。高遠は、上伊那郡の北東部の山間部に位置し、高遠城を中心に戦国時代から続く城下町である。明治八年に、西高遠町・東高遠町として、県下で最も早く町制が敷かれ、明治二二年の市町村制で高遠町が成立した。戦後、周囲の長藤村・三義村・藤沢村・河南村を併合し、平成一八年に伊那市と合併した。

『高遠町誌』（一九七九）によれば、昭和一五年当時の高遠町の人口は三七五二人。周囲の四村を合わせて一二七七九人であった。明治以降の主力産業は製糸業であったが、第一世界大戦後の産業構造の変化や昭和五年の大恐慌などにより、大正末期から昭和初期にかけて製糸業は衰退していった。

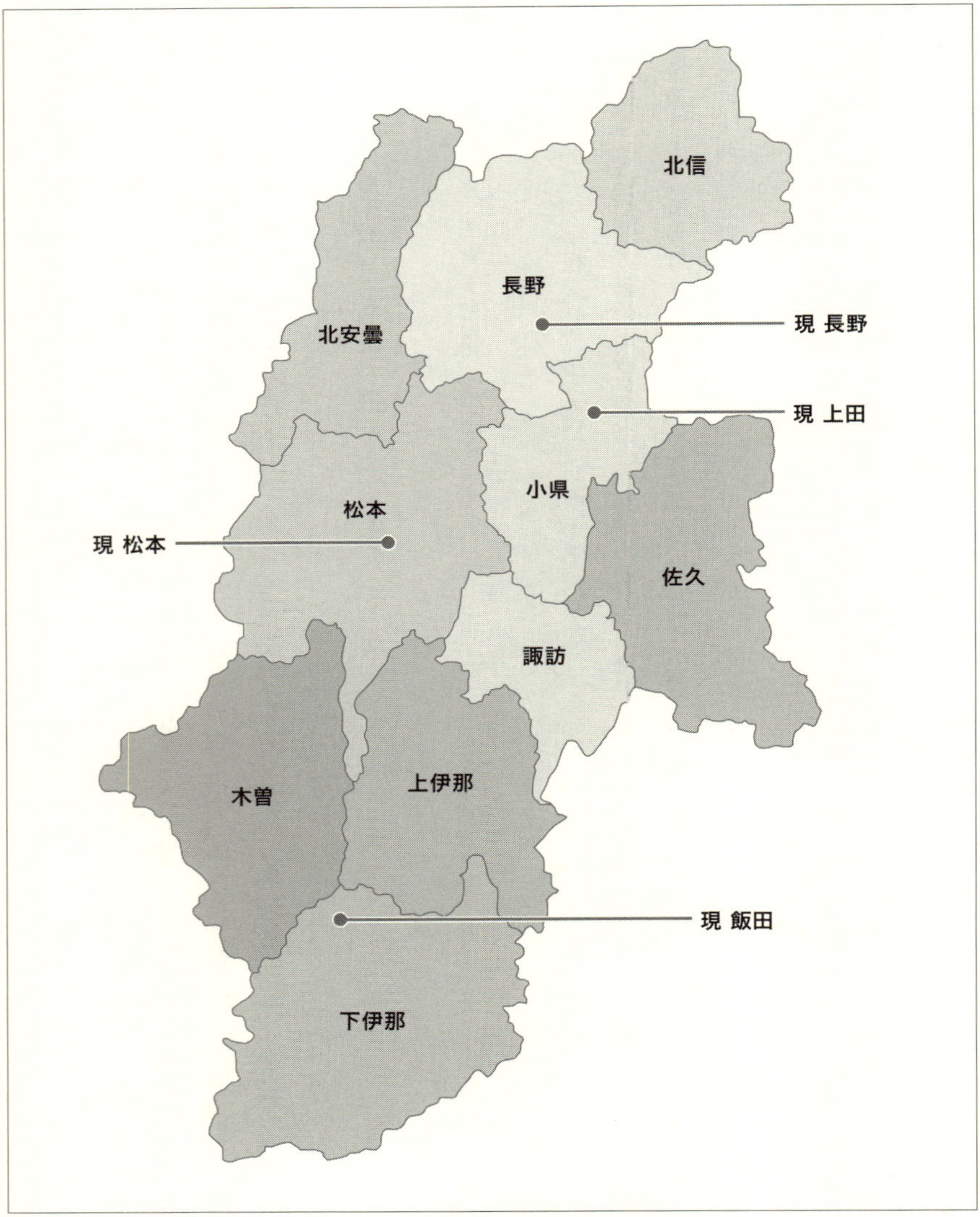


図　序・3・2　長野県地域別図

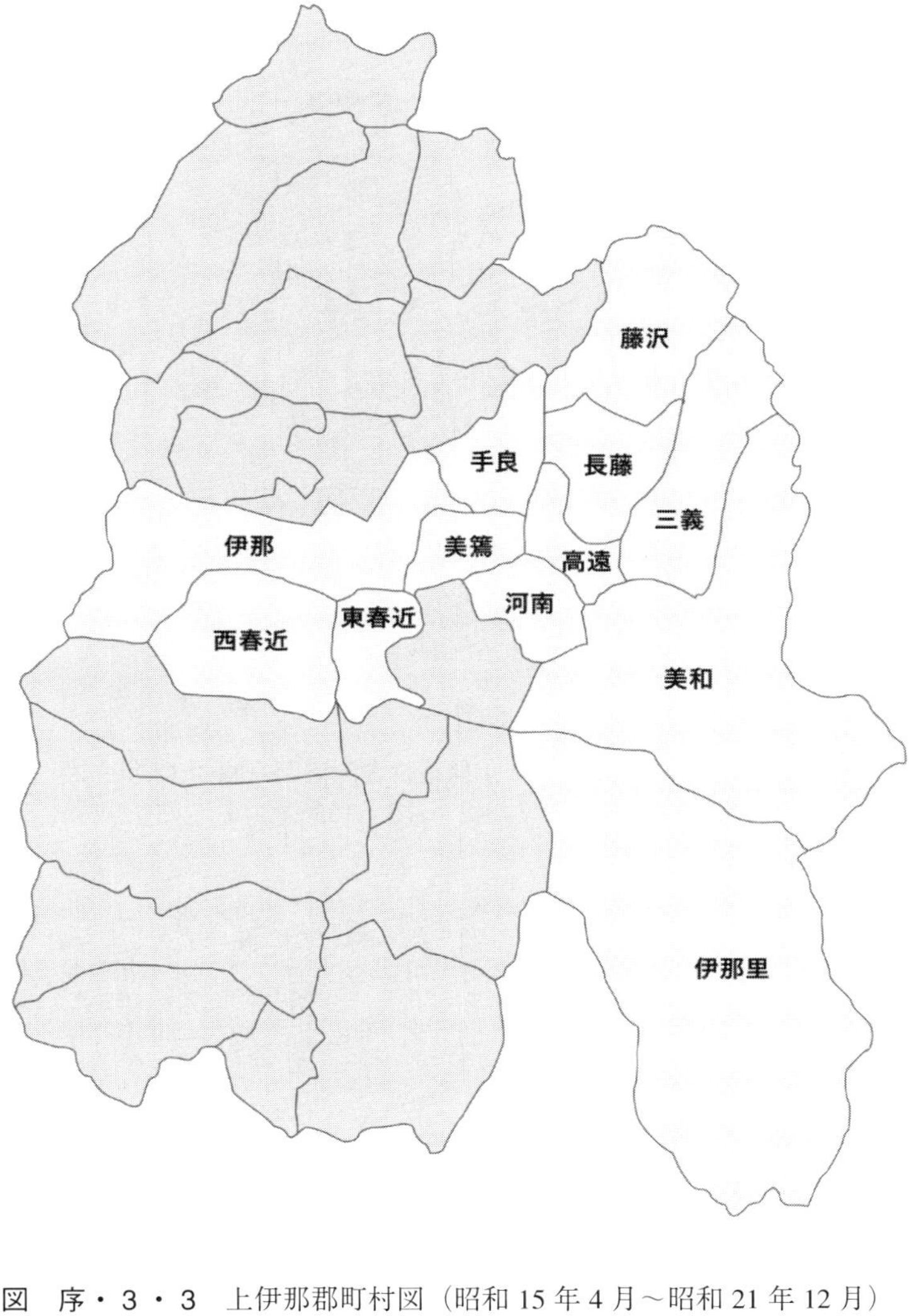


図　序・3・3　上伊那郡町村図（昭和15年4月～昭和21年12月）

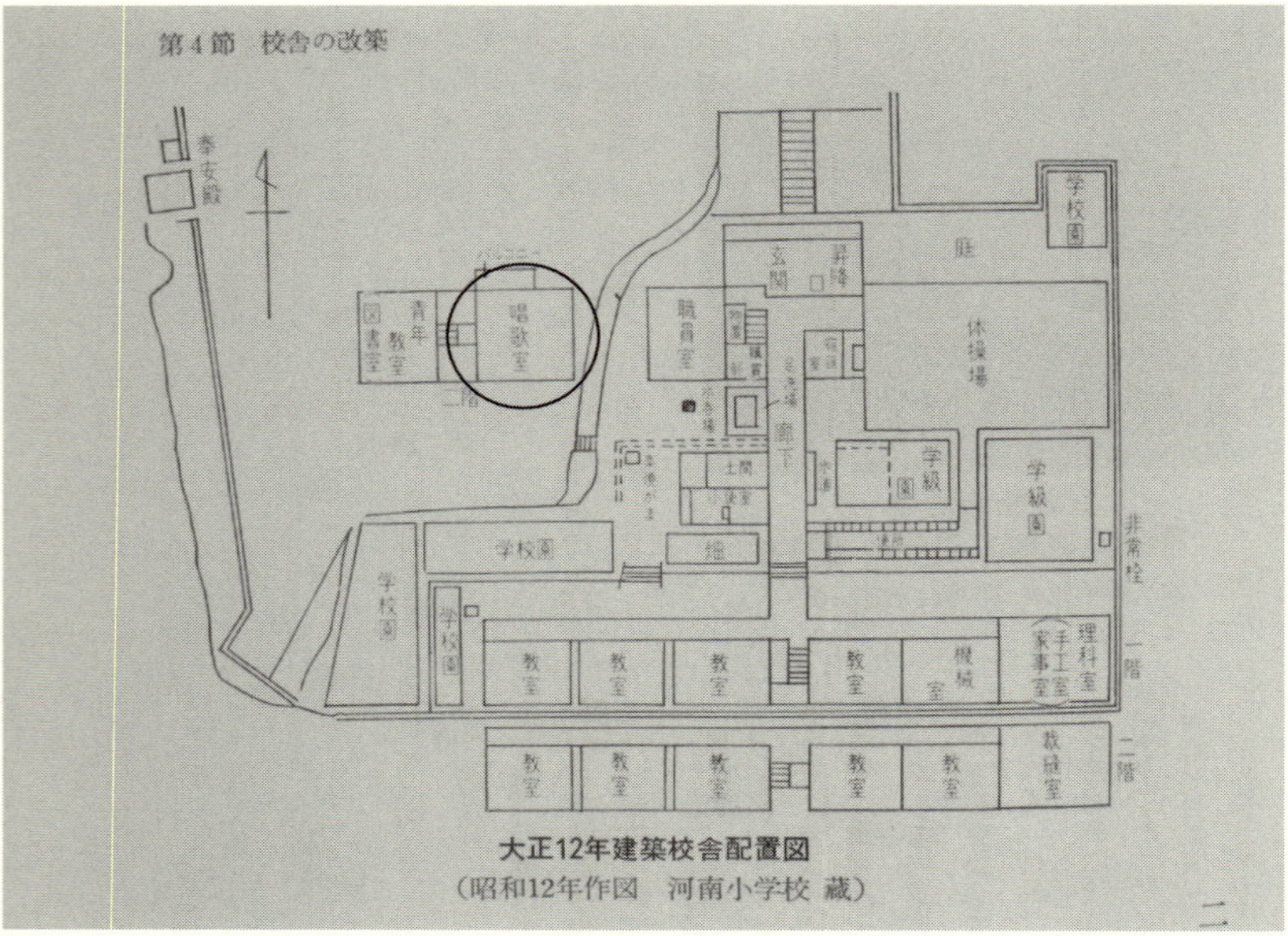


**写真　序・3・2**　大正12年建築校舎配置図（昭和12年作図　河南小学校　蔵）、『河南学校沿革誌』、135頁より。丸印が唱歌室。

高遠小学校は、明治五年に設立された筑摩県管内第十八小校を前身とし、東高遠学校、西高遠学校の二校が存在する時期を経て、明治一九年小学校令で上伊那郡町立高遠学校が成立する。学校位置は当時の地名で西高遠町番匠で、城址から谷をひとつ挟んだ高台の開けた場所にあり、現在まで同じ校地に位置している。明治二五年に高等科を併設して上伊那郡町立高遠尋常高等小学校となる。この年、唱歌科を加設しており、『長野県教育史』（一九八一）のデータによれば、明治二五年に唱歌科を加設していた小学校は上伊那郡内ではわずか二校しかなく、高遠小学校ではかなり早い時期に唱歌の授業に取り組み始めたといえよう。高遠国民学校と改められた昭和一六年当時の児童数は、初等科五六六人、高等科一三五人、教員数は男性教員一六人、女性教員四人であった（信州高遠学校百年史編集委

員会　一九七二)。

河南《かなみ》小学校は、筑摩県管内第十八小校の小原村分校・下山田村出張所・勝間村出張所を前身とし、明治二二年市町村制により勝間・小原・下山田・上山田地区が高遠地区より分離して河南村となったのを機に三校を総称して河南尋常小学校として独立した。明治二五年に河南尋常小学校として正式に認可され、さらに明治三六年に高等科を併設して河南村立河南尋常高等小学校となった。この当時の校舎は明治二八年に完成し、尋常科四学級の教室の他、「音楽室」を備えていたという。昭和一六年に河南国民学校と改められた。戦後、昭和五八年度末に高遠小学校との統廃合により閉校した。昭和一八年時点での河南村の人口は二〇八四人。児童数は、初等科二九九人、高等科百人、教員数は、男性教員一一人、女性教員が三人であった(河南学校沿革誌刊行会編　一九八三)。

## 二　下伊那の小学校 (座光寺《ざこうじ》小学校、上郷《かみさと》小学校、竜丘《たつおか》小学校など)

下伊那郡は、長野県の最南部、天竜川沿いの伊那谷と東西の赤石山脈と木曽山脈に囲まれた地域に位置する。現在の飯田市は、もともとその中心的な町で、旧飯田町は郡のやや北西、長姫城を中心に、天竜川の流域から西部の丘の上から山間部にかけて広がっていた。主だったところでは、周囲の上飯田町を昭和一二年に、伊賀良村、竜丘村、座光寺村などを昭和三一年に、上郷町を平成五年に合併し、平成一七年には上村、南信濃村も合併した。

座光寺《ざこうじ》村は、飯田町から上郷村を挟んだ北側に位置し、飯田線元善光寺駅周辺を中心に天竜川流域の西部から山間部にかけて広がっている。明治初年は小村の離合集散が続いたが、明治一四年より黒田村・座光寺村・飯沼村・別所村の四ヶ村になり、飯沼他三ヶ村として協力して村政に取り組んでいた。明治二二年市町村制で座光寺村として単独で成立し、昭和三一年に飯田市に合併するまで続いた。昭和一五年当時の人口は二八九三人。明治後期より

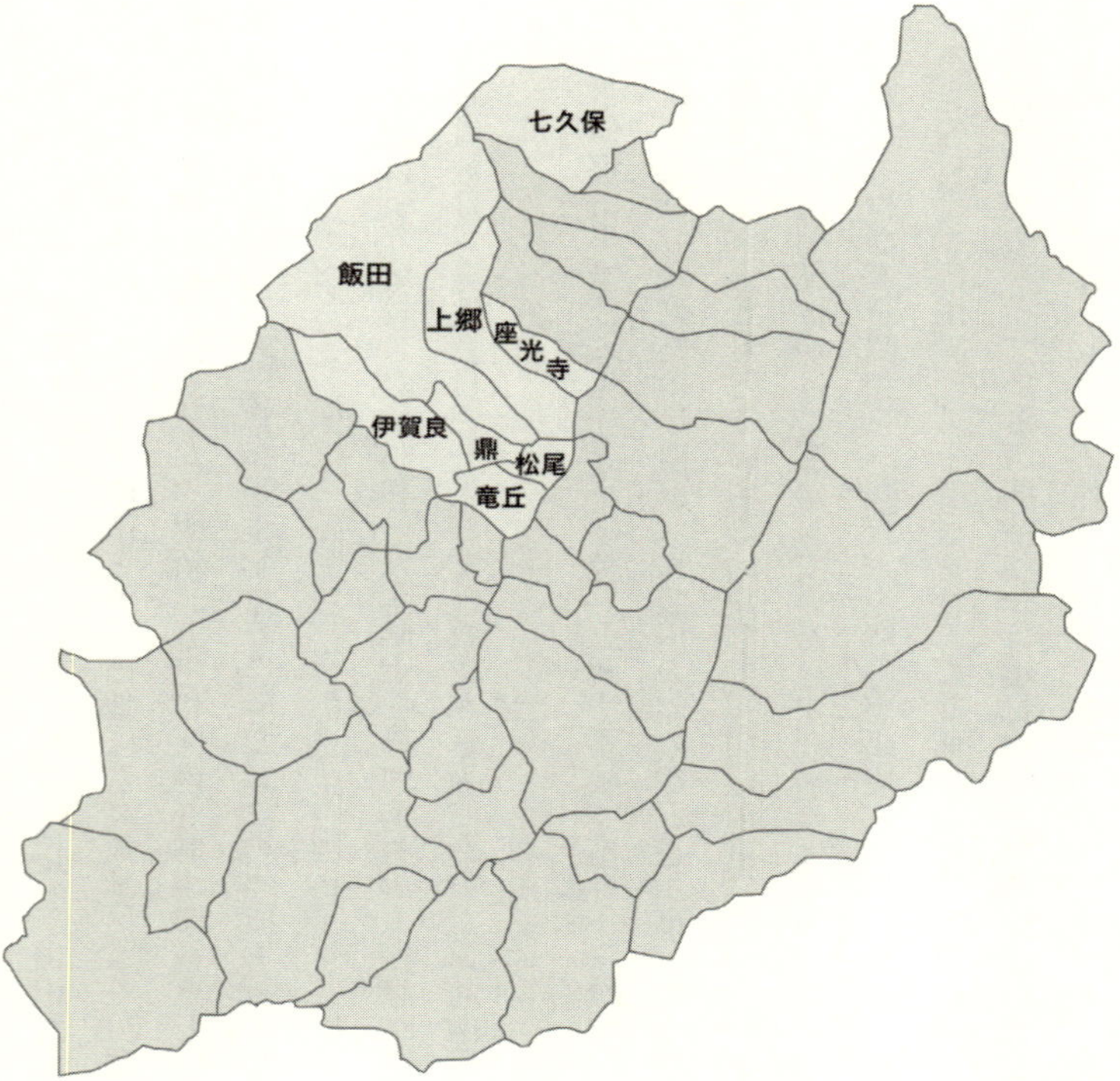


図　序・３・４　下伊那郡町村図（昭和 12 年 4 月～昭和 23 年 6 月）

養蚕業と製糸業で栄えたが、昭和五年の大恐慌を機に下り坂となった。

座光寺小学校は、明治五年に設立された筑摩県第三二小校を前身とし、周辺の村の学校との統廃合をくり返したのち、明治二〇年に座光寺村立座光寺尋常小学校となる。明治二五年に高等科を設置して座光寺村立座光寺尋常高等小学校となる。学校位置は、元善光寺の近く、天竜川流域の平地から山間部に登りかかるところにあり、現在も残る舞台校舎と呼ばれる特徴的な校舎を中心に、裏山を削りながら校地を広げていった。昭和五九年に高台に移転した。座光寺国民学校と改められた昭和一六年当時の児童数は、初等科四三八人、高等科一二二人、教員数は二〇人であった（座光寺学校沿革史編集委員会編　一九六五）。

上郷《かみさと》村は、飯田町の北側に隣接し、天竜川流域の西側の低地から飯田線伊那上郷駅周辺の高台を中心に山間部へと広がっている。明治初年には小村の離合集散が続いたが、明治一四年より黒田村・座光寺村・飯沼村・別所村の四ヶ村になり、明治二二年市町村制により座光寺村を除く三ヶ村から成る上郷村として独立し、町制を経て平成五年に飯田市に編入した。昭和一五年当時の人口は六六一三人。明治末期より養蚕業が盛んで、昭和初期に最盛期を迎えるものの、世界大恐慌の影響を受けて衰退し始め、替わって米麦生産が復活してくるという、下伊那郡の典型的な農村であった（上郷史編集委員会編　一九七八）。と同時に、飯田町に隣接していることから商工業的要素も含まれる産業構造で、『上郷時報』昭和一一年一二月一日号によると、当時の業家別総家族数は農家が四一四九人、商家二七九人、工家一〇六三人、その他一二九九人（合計六七九〇人）であり、農家が全体の六一％という状況であった。

上郷小学校は、明治六年に興隆学校など三校を前身とし、座光寺学校など周辺の村の学校との統廃合をくり返し、明治二二年市町村制により上郷村が成立したのに伴い、上郷尋常小学校として独立した。本校・支校・派出所の三校体制の時期や上郷西小学校・上郷東小学校の二校体制の時期を経て、明治四五年に上郷尋常高等小学校に統合された。『上郷史』（一九七八）によれば、上郷小学校は明治末期より運動競技が盛んで、とくに男子の野球と女子の庭球が全盛であったという。昭和一〇年には、人口増に伴い校舎増築が行われ、一一月一日、校舎新築落成式が挙行された。当時の『上郷時報』には、「増築校舎ハ十四教室二階建一棟〔中略〕其ノ構造ハ華美ヲ去リ専ラ堅牢ヲ旨トシタル建築トセリ」とある。昭和一六年当時の児童数は、初等科一三六七人、高等科二七六人であった（上郷小学校沿革史編纂委員会編　一九六二）。

竜丘村《たつおか》は、飯田町から鼎村、松尾村を挟んだ南側に位置し、飯田線時又駅《ときまた》周辺を中心に天竜川流域の西部から山裾に広がる伊賀良村に至るまでの平野部と丘陵地帯に広がっている。明治二二年市町村制により駄科《だしな》村・桐林村・時又村・長野原村・上川路村の五ヶ村が合併して成立した。昭和一三年当時の人口は五二五九人。明治以前は米麦作が中心であったが、下伊那郡の他の地域と同様に、明治以降は養蚕が発達し昭和五年には総耕地の八割を桑園が占めるほどであった。しかし、その後は生糸産業の衰退に伴い、竜丘村の養蚕も次第に下降していった。

竜丘小学校は、明治五年に設立された時又村小校や駄科村小校などを前身に、明治二二年に駄科支校が分離して独立の小学校となったため、桐林・時又・長野原・上川路の四地区の児童を対象とする竜丘尋常小学校として発足した。明治二五年には高等科二ヶ年を併置して竜丘尋常高等小学校となり、翌年には高等科を四ヶ年に延長し、さらに明治四〇年には駄科尋常小学校と統合した。竜丘小学校では、大正自由教育の一環として山本鼎による自由画教育が盛んになり、「竜丘学校の自由画」として全国に名前を知られるまでになった。綴方や童謡教育も盛んに行われ、大正一二年には、野口雨情と中山晋平が来校して児童や村民を対象に授業や講演を行った。このように、竜丘小学校は自由画、綴方、童謡などによる情操教育が盛んな小学校であった。竜丘国民学校と改められた昭和一六年当時の児童数は初等科と高等科を合わせて八六六人、教員数は二六人であった（竜丘村誌編纂委員会　一九六八）。

## 三　小県《ちいさがた》の小学校（上田小学校（現清明《せいめい》小学校）、神科《かみしな》小学校、塩尻小学校、豊殿《ほうでん》小学校など）

小県郡《ちいさがた》は、城下町上田を中心に発展した地域で、千曲川流域の中心的位置にある。北国街道沿いの交通の要衝の地として発展し、人々の往来とともに文化文物も大いに流通した。養蚕・蚕種はこの地方の風土に適したため、県下に先立って蚕種業を中核とする繭と座繰りによる生糸、絹織物産業が発展した。

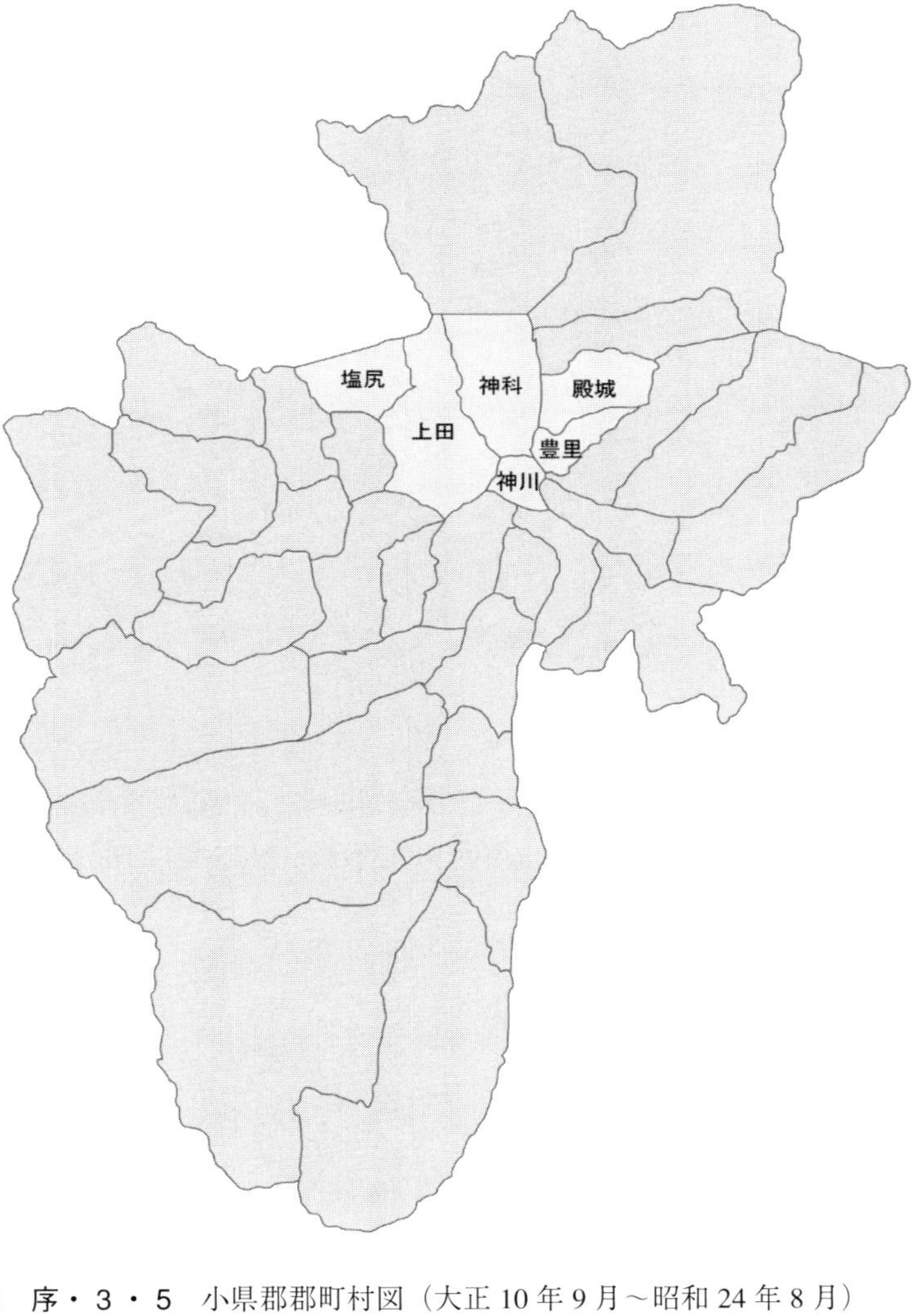


図　序・3・5　小県郡郡町村図（大正10年9月～昭和24年8月）

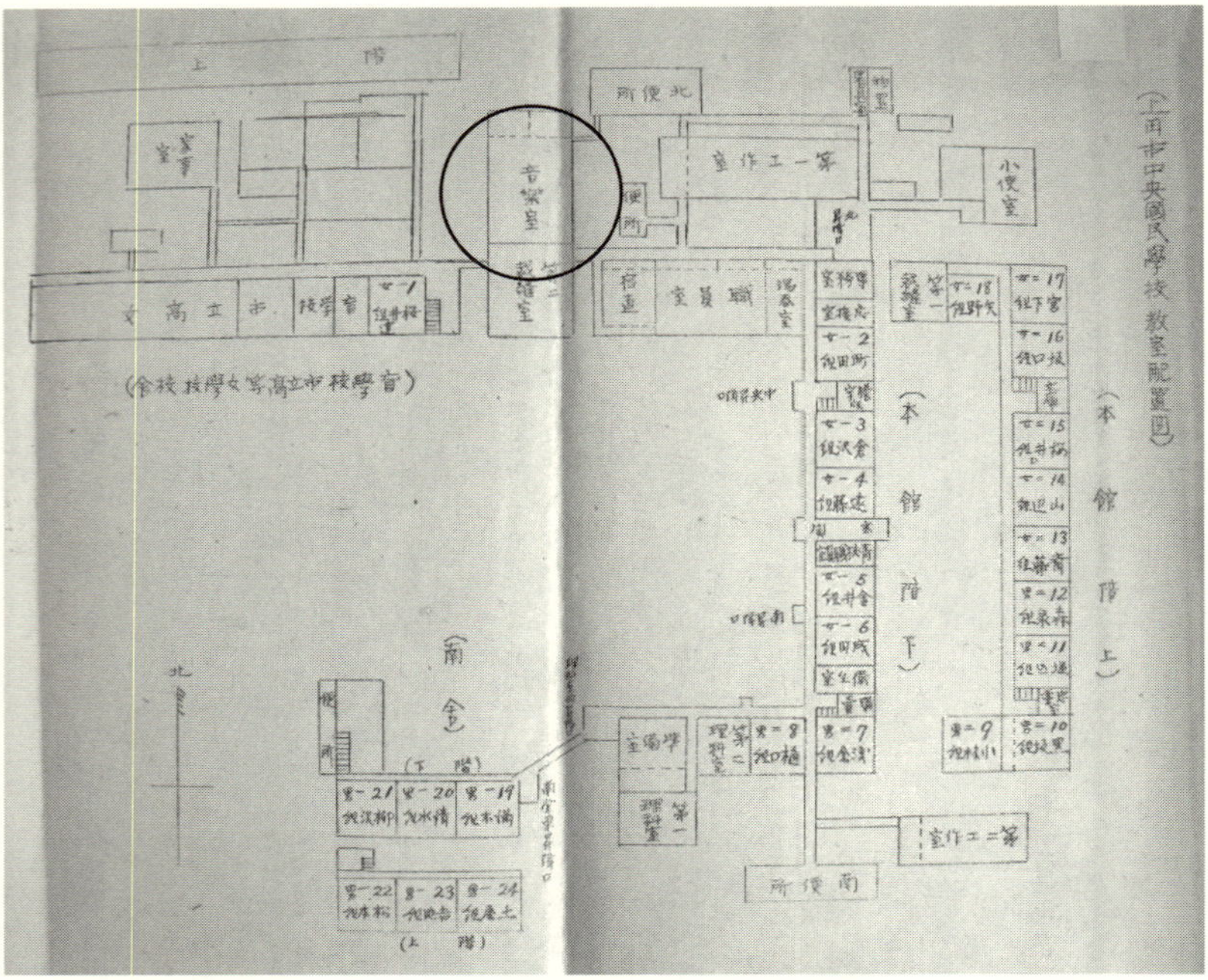


写真　序・３・３　上田市中央国民学校教室配置図。丸印が唱歌室。

明治六年、上田藩文武学校を前身として、長野県管内小県郡上田第一番小学校が設立された。明治二二年に上田尋常小学校と改称、明治二八年に高等科を併設して上田尋常高等小学校となる。大正八年、上田が市制をとるに伴い、上田市尋常高等小学校の一校制となり、市内各小学校は東・西・南の三部校となった。その後、大正一〇年に城下《しろした》村の合併により城下部校、昭和三年には北校が新設された。昭和一六年三月、上田市域（当時）の小学校全市一校制を廃して多校制をしき、上田中央小・南小・北小・西小・東小・城下小となる。同年四月、小学校を国民学校に改称し、南国民学校、中央国民学校等となった。中央国民学校は全市高等科のみを置いた。収集した史料「昭和十九年度学級編制表（昭和十八年十月末日現在）」によれば、昭和十九年度に予想される国民学校初等科の児童数は、全

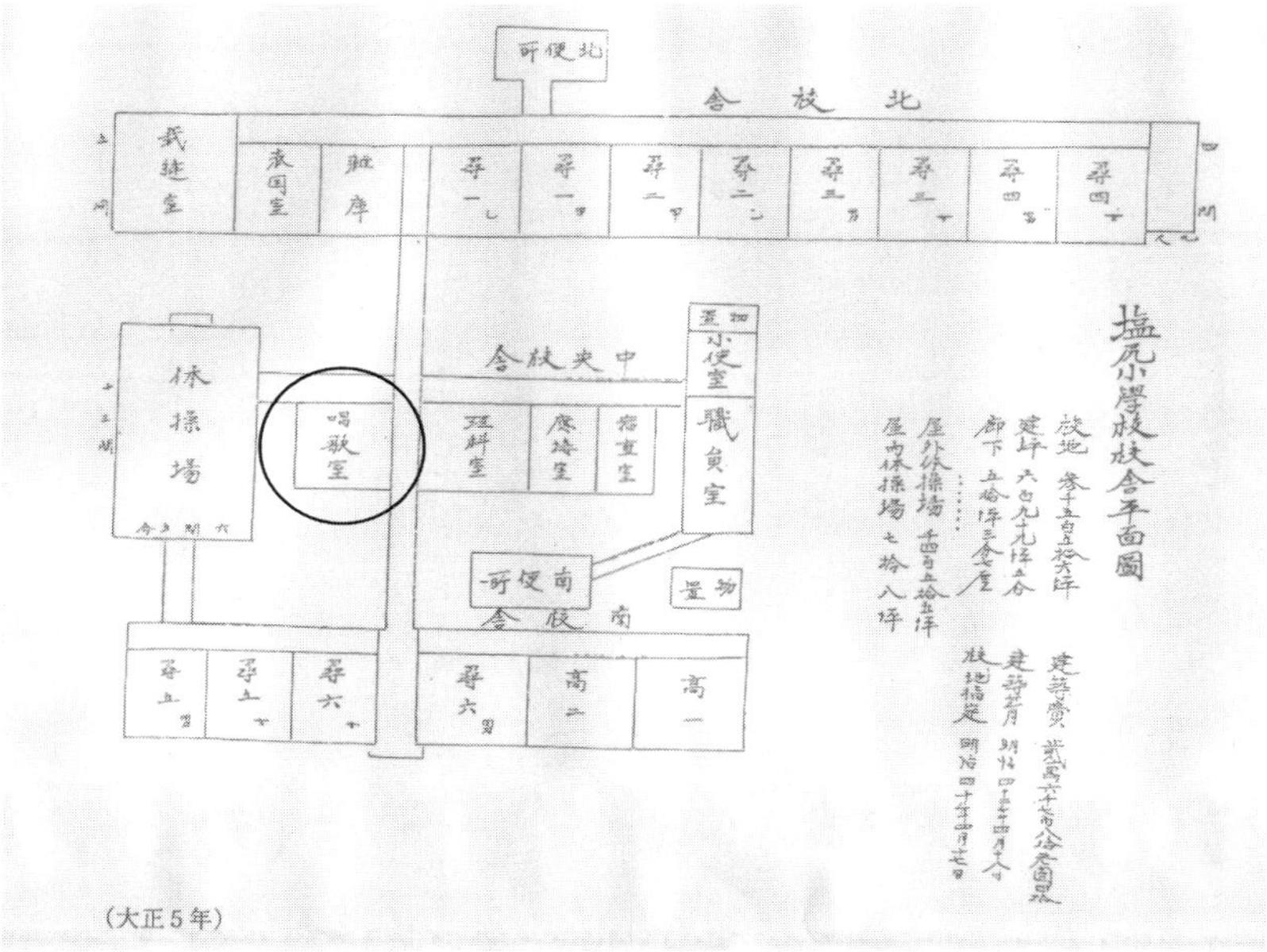


**写真　序・3・4**　塩尻小学校校舎平面図（大正5年）、『開校八十周年記念誌　しおじり』、70頁より。丸印が唱歌室。

校合計で四七五〇人であった。その後、昭和三四年に南小学校と中央小学校を統合、上田市立清明小学校となり現在にいたる（上田小県誌刊行会編　一九六八、上田市立清明小学校五十周年記念事業実行委員会記念誌部編　二〇〇九）。

神科《かみしな》村は、上田市街地の東側の段丘上に位置する。明治二二年の市町村制実施により、上野村・古里村・住吉村と上田町の一部を合わせて神科村となった。村名は、村の東を流れる神川の「神」と、信濃の旧字である科野の「科」をとったものであるという。神科村は、昭和三二年に上田市に合併されるまで続いた。明治六年、金剛寺村の玉蔵寺《ぎょくぞうじ》に開校された愛日学校は、第十六中学区第四十番小学校の認可を得た。その後、明治一九年には上野学校と名称を変え、さらに明治二九年、神科尋常高等小学校となる。その後、児童数の増加等に伴い、明治三一年、現在地に移転。大正一三年、火災により校舎の大半を焼失したため、校舎増築を続け、昭和一二年には立派な中央校舎（新校舎）を竣工した。昭和一六年当時の神科村の人口は、五五一〇人。同年、小学校は国民学校と改められ、その児童数は、初等科が七七一人、高等科は二一二人であった（神科小学校開校百周年記念実行委員会記念誌部編　二〇〇〇）。

塩尻村は、城下町上田の西、北国街道沿いに位置し、村落の一部は千曲川沿岸にあって、古来よりたびたび水害に見舞われた。明治二二年の市町村制の施行により、秋和・上塩尻・下塩尻の三村が合併し、塩尻村となった。幕末から明治にかけて上田地方の養蚕・蚕種業は大発展をとげたが、特に塩尻はその中心であった。明治六年、上塩尻東福寺に塩尻学校開校。明治二二年市町村制に伴い、塩尻尋常小学校となり、明治二五年、塩尻尋常高等小学校となる。明治四二年、現在地に新築移転する。昭和一五年の国勢調査によると、村の人口は三〇九六人。塩尻国民学校と改められた昭和一六年の児童数は、尋常科が四四六人、高等科は一二三人であった。

豊殿《ほうでん》小学校の前身は、明治六年、矢沢村の共有家屋を校舎として始まった学校で、修道学校と称した。明治一九年、殿城《とのしろ》・漆戸《うるしど》・芳田《よしだ》等九カ村が合併し、小県郡第二一番学校となり、名称も芳田学校となった。明治二二年、市町村制実施に伴い、殿城・漆戸の二村が合併して殿城村に、芳田・林之郷の二村が合併して豊里村となるに伴って、両村の組合立による豊里殿城尋常小学校となる。明治二五年、高等小学校二ヶ年を併置して、豊里殿城尋常高等小学校となる。豊殿国民学校と改められた昭和一六年の児童数は、初等科が五七五人、高等科は一五六人であった（豊殿小学校百周年記念事業実行委員会編　一九七三）。

引用・参考文献

伊那市総務部まちづくり対策室（二〇〇六）『新「伊那市」誕生までのあゆみ』長野県伊那市。

上田市誌編さん委員会編（二〇〇三）『上田市誌　近現代編（8）学校教育のあゆみ』上田市誌刊行会。

上田小県誌刊行会編（一九六八）『上田小県誌　第三巻　社会篇』小県上田教育会。

上田市立清明小学校五十周年記念事業実行委員会記念誌部編（二〇〇九）『創立五十周年記念誌』。

お茶の水女子大学文教育学部附属小学校開校百周年記念事業委員会出版委員会編（一九七八）『附属小学校百年史』お茶の水女子大学文教育学部附属小学校開校百周年記念事業委員会。

河南学校沿革誌刊行会編（一九八三）『河南学校沿革誌』高遠町立河南小学校。

上郷小学校沿革史編纂委員会編（一九六二）『上郷小学校沿革史』。

上郷史編集委員会編（一九七八）『上郷史』上郷史刊行会。

神科小学校開校百周年記念実行委員会記念誌部編（二〇〇〇）『神科小学校開校百周年記念誌』。

木村信之編（一九八六）「小林つや江―東京高師附属小における教育実践―」『音楽教育の証言者たち　上　戦前を中心に』音楽之友社。

座光寺学校沿革史編集委員会編（一九六五）『座光寺学校沿革史』座光寺小学校開校九十周年記念事業実行委員会。

塩尻小学校現地開校八十周年記念事業記念誌部編（一九八九）『しおじり　開校八十周年記念誌』。

信州高遠学校百年史編集委員会（一九七二）『信州高遠学校百年史』信州高遠学校百年史刊行会。

高遠町誌編纂委員会（一九七九）『高遠町誌』下巻　高遠町誌刊行会。

竜丘村誌編纂委員会（一九六八）『竜丘村誌』竜丘村誌刊行委員会。

寺崎昌男監修（一九八八）『誠之が語る近現代教育史』第一法規出版。

東京教育大学附属小学校創立百周年記念事業委員会編（一九七三）『東京教育大学附属小学校教育百年史―沿革と業績―』創立百周年記念事業委員会。

長野県教育史刊行会（一九七五）『長野県教育史　別巻一　調査統計』長野県教育史刊行会。

長野県教育史刊行会（一九八一）『長野県教育史　第五巻　教育課程編二』長野県教育史刊行会。

豊殿小学校百周年記念事業実行委員会編（一九七三）『豊殿小学校百年の歩み』。

本多佐保美ほか（二〇〇七）「昭和一〇年代の東京高等師範学校附属小学校・国民学校の音楽授業構成―井上武士・小林つ

やえの授業実践から見る――」『千葉大学教育学部研究紀要』第五五巻。

図版は、「市町村変遷パラパラ地図」（http://mujina.sakura.ne.jp/history/index.html、二〇一四年九月一六日最終アクセス）を参考に作成した。

# 序・四　国民学校芸能科音楽の概要

藤井　康之

## 序・四・一　「国民学校令」の特質―「皇国民の錬成」としての初等教育―

国民学校における教育理念および内容は、昭和一六年三月一日に公布された「国民学校令」（勅令一四八号）の第一条「国民学校ハ皇国ノ道ニ則リテ初等普通教育ヲ施シ国民ノ基礎的錬成ヲ為スヲ以テ目的トス」によって明確に定められた。すなわち、文部省図書局編修課長であった井上赳が国民学校の特質について端的に表現しているように、「国民学校は皇国の道に則つて児童の基礎的錬成をする学校」（井上　一九四一、七頁）としての役割が期待され、「皇国民の錬成」を最高目的とするその下で、国民学校は四月から始動したのである。「国民学校令」と同年の三月一四日に公布された「国民学校令施行規則」（文部省令第四号）の第一条においても、国民学校教育が果たす役割と意義について、次のように具体的に示されている。

一　教育ニ関スル勅語ノ旨趣ヲ奉体シテ教育ノ全般ニ亘リ皇国ノ道ヲ修練セシメ特ニ国体ニ対スル信念ヲ深カラシムベシ

（中略）

三　我ガ国文化ノ特質を明ナラシムルト共ニ東亜及世界ノ体勢ニ付テ知ラシメ皇国ノ地位ト使命トノ自覚ニ導キ大国民タルノ資質ヲ啓培スルニ力ムベシ

「皇国民の錬成」の徹底化をめざす国民学校の顕著な変革の特色の一つとして、国民学校以前までは「科目」がばらばらだったものが、「教科」の下で「統合」されたことがあげられる。「国民学校令」の第四条には、このことについて「国民学校ノ教科ハ初等科及高等科ヲ通ジ国民科、理数科、体錬科及芸能科トシ高等科ニ在リテハ実業科ヲ加フ」と明記されている。図序・4・1は、国民学校の目的、課程、教科、科目との関係を表したものである（文部科学省ホームページ）。この「教科」の「統合」がなされた意味について、東京高等師範学校附属国民学校の音楽教師である井上武士は、次のように説明している。

明治以降の教育はその当初に於て著しく欧米模倣に陥つて居たといふことが出来る。やがて反省の時期に到達した。日本帝国の使命に東亜の新建設を課せられて、こゝに教育に於ても一大転回を要する時機に逢着し、過去に於ける小学校教育を検討し、清算して、国民学校といふ新体制の下に教育の大改革が断行されるのである。国民学校の教育を実践する為に、その教育内容を分節して初等科には四つ、高等科には五つの教科がある。教科は便宜上知識の種類によつて分節してあるけれども、之は決して学問の区分や知識の区分では無い。教科はそれぞれの特色により、それぞれの教科に於ける教育を通して「国民ノ基礎的錬成」といふ国民学校の大目的を達成する為に同一の地位に立つて、全く同一の使命を持つといはなければならない。（井上 一九四〇、三八～三九頁）

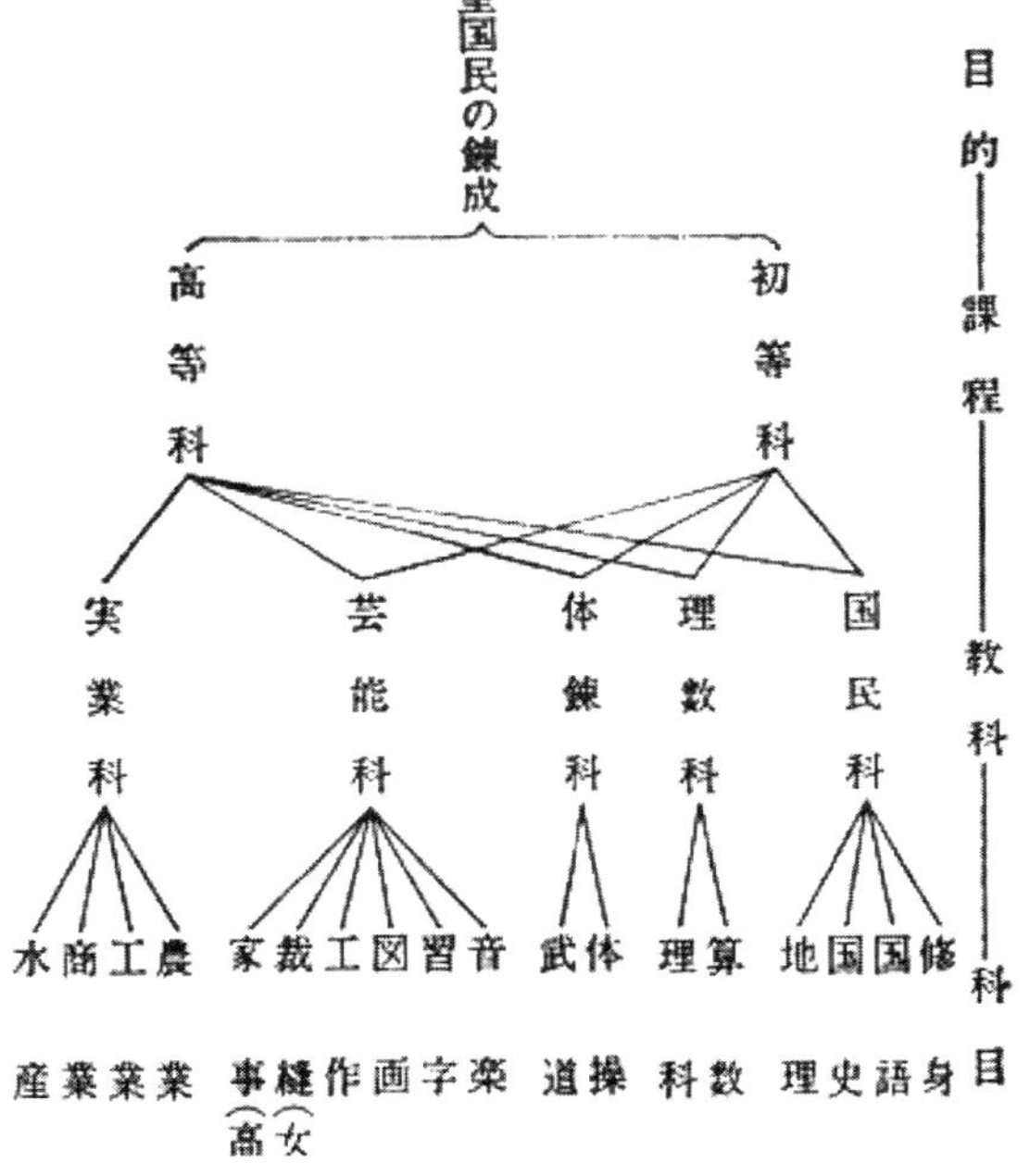


図 序・4・1

また同時に、国民学校においてはそれぞれの「教科」「科目」間の有機的な関連が図られたことも重要である(1)。これは「国民学校令施行規則」の第一条に示された「五 各教科並ニ科目ハ其ノ特色ヲ発揮セシムルト共ニ相互ノ関連ヲ緊密ナラシメ之ヲ国民錬成ノ一途ニ帰セシムベシ」に基づいている。この意味について、全国の初等教育の指導的役割をはたした奈良女子高等師範学校主事の木下竹次は、次のように言及している。

従来の教科は多数の教科の並立対立孤立であつた。国民学校案では五教科を立て各教科に科目を置き各科目に毎週教授時間を配当して居る。斯くて各教科は凡て教育の目的に依つて統合せられ各教科の科目の間では教材相互の連関に注意し更に各教科相互の間でも出来るだけ連関を図らうとして居る。それで全一的人格を育成し忠良なる皇国臣民として活動するのに遺憾の無い様にしようとするのである。（奈良女子高等師範学校附属小学校　一九四〇、五頁）

「国民学校令」第一条に示された目的の下、教育システム自体が従来とは大きく変容することにともない、「音楽」は「芸能科」に組み込まれ、その筆頭科目の立場から、「全一的人格を育成し忠良なる皇国臣民として活動する」教育を具現化するために寄与することとなるのである。

## 序・四・二　「芸能科音楽」の内容

国民学校において、「芸能科」はどのような役割を与えられたのだろうか。「国民学校令施行規則」において「芸能科」の目的は、「芸能科ハ国民ニ須要ナル芸術技能ヲ修練セシメ情操ヲ醇化シ国民生活ノ充実ニ資セシムルヲ以テ要旨トス」（第一三条）と規定された。河口道朗は、「芸能科」の役割を「『「修練」とは自ら心身一体の教育を意味し、勤労実践の性格を陶冶』することであり、『実習又は体験を通じて情操を醇化することを目指している』方法原理であった。つまり、『芸能科』は音楽、習字、図画、工作、裁縫などの技能を通して『行』の精神を培い、もって、『皇国ノ道』に邁進する『人格』の形成をめざした」（河口　一九九一、二八三頁）ものであると指摘している。

では、「芸能科」という上位目的の下で、「音楽」はどのような目的を与えられ役割を担うことになったのだろうか。先に述べたように、「音楽」は「芸能科」の筆頭科目として位置づけられ、「国民学校令施行規則」の第十四条においてその目的は、「芸能科音楽ハ歌曲ヲ正シク歌唱シ音楽ヲ鑑賞スルノ能力ヲ養ヒ国民的情操ヲ醇化スルモノトス」と定められた。「芸能科」と「芸能科音楽」のあり方について、井上は「芸能科音楽の教科としての目的は、同時に『歌曲の歌唱』『音楽鑑賞能力の養成』『国民的情操の醇化』であるが、この芸能科音楽の目的は、同時に芸能科の目的であるところの『芸術技能の修練』『情操の醇化』『国民生活の充実』といふことを達成する手段であると考へられる」（井上　一九四〇、四二頁）と関連づけている。上述の河口の言にしたがっていうならば、「音楽」は「芸能科」に期待された役割を直截に反映し、歌唱や鑑賞などの音楽「技能」を通して『行』の精神を培い」つつ、主に「情操」の側面から『皇国ノ道』に邁進する『人格』の形成」に寄与しようとしたのである(2)。「芸能科音楽」において、最終的な到達点である「国民的情操の醇化」への寄与は、井上だけではなく、ほかの音楽教師たちにとっても、「芸能科音楽」を価値づける重要な意味を持ち共有されていた。井上と同時代に活躍した神戸市東須磨国民学校の音楽教師である北村久雄は、次のように「芸能科音楽」を価値づけている。

何と云つても「情操の醇化」は芸能科音楽の中心的使命であり、一大眼目である。芸能科に含まれたる各科目は皆この「情操の醇化」を指標とするものではあるが、この中でも芸能科音楽が「情操の醇化」に対して最も高い地位に立つて居り、教育効果の大なるものと云はなければならない。（北村　一九四〇、三四頁）

国民学校の誕生によって、明治末期から昭和前期にかけての音楽教育の基本方針を決定づけた「小学校令改正」（一九〇七年、勅令第五二号）における「唱歌科」の最終的な目的「徳性ノ涵養ニ資スル」が後退し(3)、このように「芸能科音楽」では「国民的情操の醇化」による「皇国民の錬成」という、より明確な意味と役割が付与された。

さらに、「芸能科音楽」に課せられた役割は日常の音楽授業のみによって果たされるだけではなく、儀式や行事等を含む音楽にかかわる学校全体の諸活動においても徹底化されることが強く求められた。「芸能科音楽」以前の「唱歌科」において、「『儀式唱歌』は実際上指導して来て居たのであるが、教則の中にその指導に対しては何等指示して居な」（井上　一九四〇、五七頁）かったが[4]、「国民学校令施行規則」では「祭日祝日等ニ於ケル唱歌ニ付テハ周到ナル指導ヲ為シ敬虔ノ念ヲ養ヒ愛国ノ精神ヲ昂揚スルニ力ムベシ」（第十四条）、「学校行事及団体的行動トノ関連に留意スベシ」（同）の文言が明瞭に示されたのである。

一方、目を転じると、国民学校の誕生は「芸能科音楽」の活動領域においても大きな変化を生じさせている。明治五年に「学制」が公布され、近代教育のはじまりを告げたが、音楽教育は「当分之ヲ欠ク」状況が長く続き、はじめて制度的に必須科目「唱歌科」として位置づけられたのは、上述したとおり、明治四〇年の「小学校令改正」においてであった。その目的は、「唱歌ハ平易ナル歌曲ヲ唱フコトヲ得シメ兼ネテ美感ヲ養ヒ徳性ノ涵養ニ資スルヲ以テ要旨トス」（「小学校教則大綱」第九条）であり、歌唱活動を中心としたものであった。実質上、約三〇年以上機能した「唱歌科」の時代にも、大正期に入ってから、歌唱だけではなく、鑑賞、器楽、作曲、基礎指導などの先駆的な音楽活動を取り入れた音楽教師もいたが、それはごく一部であった。「芸能科音楽」では、その「目的」に示されているように歌唱活動に加え、新たに鑑賞活動が制度的に位置づけられたが、従来の「唱歌科」に比べて、活動領域の拡大とともに、個々の音楽活動の内容の広がりと各活動の連関が積極的に図られている。

まず歌唱活動では、「唱歌科」の時代においては「尋常小学校ニ於テハ平易ナル単音唱歌ヲ授クベシ」のみだったのが、「芸能科音楽」では「単音唱歌」だけではなく、「適宜輪唱歌及重音唱歌ヲ加へ」ることも可能となった。歌い方についても、「目的」に含まれる「歌曲ヲ正シク歌唱シ」に対応して、「自然ノ発声ニ依ル正シキ発音ヲ為サシメ」るよう、細かな要求も示された。また、「歌唱ニ即シテ適宜楽典ノ初歩ヲ授ク」ことも求められている。

次に鑑賞活動では、音楽を聴くことはもちろんだが、澤崎眞彦や河口らが指摘しているように、国民学校期に新たに明記された「聴音ノ練習」はとりわけ鑑賞活動との連関が意識されながら、「音ノ高低、強弱、音色、律動、和音等ニ対シ鋭敏ナル聴覚ノ育成ニ力ム」ことがめざされた(5)。なお「鋭敏ナル聴覚ノ育成」に関しては多くの研究者が指摘しているように、「本来は音楽の学習の過程で必然的に習得される音感が実際に活用されるという段階では、音楽それ自体の方面ではなく」、敵機の音を判別するための「国防」の手段として構想された側面を持っていた(澤崎 一九九五、一三六頁。河口 一九九一、二八四〜二八五頁)。

さらに「芸能科音楽」では、歌唱、鑑賞の活動とともに、「器楽ノ指導ヲ為スコトヲ得」という文言が示され、器楽指導も可能となった。井上は「唱歌」から「音楽」へと移行し、活動領域が拡大することについて、次のように言及している。

「唱歌科」に於ても、「鑑賞指導」や「器楽の指導」が実践されて来たことは前に述べた通りである。しかしその「鑑賞指導」や「器楽の指導」は、極めて特殊な研究家の仕事であり、「唱歌科」本来の使命からいへば消極的な存在であり、表面的にはさういふことが少しも要求されて居なかつたといふことが出来る。更に小学校に於て取扱はれた「鑑賞指導」や「器楽の指導」はあく迄も「平易ナル歌曲ヲ唱フコトヲ得シメ」といふ当面の任務を中心とし、之を一層徹底させる為の一手段として、或は一方便として用ひられたのであると解釈

> して差支ないと思ふのである。「芸能科音楽」に於ける「鑑賞指導」や「器楽の指導」は決して「歌唱指導」を補足する意味の存在では無い。「鑑賞指導」も「器楽の指導」もそれぞれ音楽教育に於けるそれ自体の価値に立つて「歌唱指導」と対立した積極的な存在であるといふことが出来るのである。この意味に於て「唱歌科」が「芸能科音楽」になつたといふことは、「唱歌」と「音楽」といふ文字の意味の違ひから、その教材を採入れる範囲や、教育の方法の範囲が著しく違ふといふ点に着眼しなければならない。（井上　一九四〇、四九～五〇頁）

表　序・4・1　音楽授業の週時数および内容

| | | |
|---|---|---|
| 第一学年 | 時数 | 五 |
| | 内容 | 歌唱、鑑賞、基礎練習 |
| 第二学年 | 時数 | 六 |
| | 内容 | 同 |
| 第三学年 | 時数 | 二 |
| | 内容 | 同 |
| 第四学年 | 時数 | 二 |
| | 内容 | 同 |
| 第五学年 | 時数 | 二 |
| | 内容 | 同 |
| 第六学年 | 時数 | 二 |
| | 内容 | 同 |

井上が指摘するとおり、国民学校期においては「芸能科音楽」という科目名に呼応するように、活動領域の拡大と充実が図られ、「芸能科音楽」での音楽教育実践は作曲活動を除き、現在にいたる「音楽」実践の形態が制度的に整備される画期的なものとなった。このように多様な音楽活動が可能となった国民学校期の音楽授業は、「一時ノ授業時間ハ之ヲ四十分トス」と規定され、各学年において表序・4・1の週時数で行われることになった(6)。

音楽活動以外にも、音楽教科書において画期的な出来事があった。国民学校期まで全国の尋常小学校で広く使用されていた教科書は文部省発行の『新訂尋常唱歌』（一九三二）であったが、これは準国定教科書の扱いであった。しかし、国民学校期において「芸能科音楽は革新的なる諸科目中でも、就中、革新的色彩の顕著なるものである。第一には新たに国定教科書の制定さるることである」と、文部省図書監修官である角南元一が述べているように、明治期以来はじめて音楽の教科書が国定となったのである。その教科書は「単なる教材集ではあり得ないことは勿論であり、教科内容の一切が教育的系統的に組織化せらるべき」内容であるとともに、「科目の名称が唱歌から音楽に変つた如く、教科内容も飛躍的に増大したことである。即ち、音楽の鑑賞、器楽の指導、楽典の教授、発音聴覚訓練、儀式唱歌の指導、行事団体行動との関連、国楽創造の豊富等々の重要なる諸項目」に対応できる内容ともなった（角南　一九四一、六二～六三頁）。このような特色を持つ音楽教科書として、『ウタノホン上』（一年生）、『うたのほん下』（二年生）、『初等科音楽一～四』（三年生～六年生）が、昭和一六年から昭和一八年にかけて順次発行されると同時に、教師用の指導書も発行され、広く使用された。

## 序・四・三　新たな「芸能科音楽」像の構築へ

これまで「国民学校令」「国民学校令施行規則」および小学校音楽において指導的役割を果たしてきた音楽教師たちによる言説に基づきながら、「芸能科音楽」の制度上のさまざまな特色を述べてきたが、実際にはこのような急激かつ多様な変化に対応できたのだろうか。井上は「芸能科音楽」が実施されるにあたり、次のことを問題視し危惧を抱いていた。

一つ目は設備についてである。

設備の問題がある。設備が教育のすべてを決定するとはいへないけれども、その技巧的修練には重大な関係のあることはいふまでも無い。設備が十分でない場合は当然その技巧的修練についても或程度の制限が加へられる結果となる。（井上　一九四〇、六四頁）

二つ目は、教師の力量についてである。

尚教師の実力も当然技巧的修練を制限する事情となる。国民学校の教員が、全部音楽の技術に於て十分な実力を持つて居れば申分ないが、我国現在の教員養成の制度並に教員検定の制度に於ては、決して十分であるとはいへない。従つて之等の点からも児童の技巧的修練が可成り制限されるといふことは当然である。（井上　一九四〇、六五頁）

井上が危惧していた問題は、国民学校が始動して数年を経ても解決しなかったようである。井上は、昭和一八年に『国民学校芸能科音楽問答』という興味深い著書を出版している。この著書は、音楽授業にかかわる教師たちの百の質問に、井上が応答するかたちをとっている。中でも注目されるのは「器楽指導実践の根本方針をお示し下さい」「国民学校の芸能科音楽は随分沢山なことをやらなければならないのですが、どれもこれもみんなやるとなると、とても時間が足りません。一体何を中心と考へたらよいのでせうか」という質問である。

前者の質問に井上は、「器楽指導は、設備を要することでもあり、また指導者にも適当な人を得なければなりませんから、どこの学校でも必ず課するといふことはなかなかむづかしいと思ひます」（井上　一九四三、一八二頁）

と答えている。後者の質問には、「儀式唱歌の指導がある、唱歌の教材が二十もある、譜も読めるやうにしなければならないし、いろいろな基礎練習もあり、更にまた鑑賞音盤も示されて居るし、其の上器楽の指導もしなければならないとなると、なるほど大変なことです。私は歌唱指導と鑑賞指導とを中心とし、その二つを十分に正しく指導する為にいろいろな基礎練習をし、器楽指導は出来ればやるといふ程度の考へて居ります」（井上　一九四三、七～八頁）と、井上自身の考えを率直に述べている。

この応答から、実際には法令で示されたような音楽教育実践の遂行が円滑にいかなかった全国の音楽教育実践の様相が垣間見える。音楽にかかわる教師たちの「芸能科音楽」への対応の困難さは、『国民学校芸能科音楽問答』の「まえがき」に、「昭和十七年の三月頃、丁度『初等科音楽』の一、二が発行された頃から、手紙の数が激増して、私の机の上には全国の実際家から寄せられた質問の手紙が文字通りに山積する状態となり、どうにも手の下しやうがなくなりました」（井上　一九四三、一頁）と書かれていることからもうかがえよう。

近年、国民学校期の音楽教育を新たな視座から捉えなおそうとする研究もなされてきているが（山本　一九九九、本多　二〇〇五、菅　二〇一二など）、従来の「芸能科音楽」に関する研究の多くは、たとえば「特に、子供・教師にとっては、他の時代に類を見ない特殊な関係が、生まれては消えていったと言える。大正期に、子供のための音楽科、という考え方が教育実践の中で模索されたのもつかの間、その地位は、かつての唱歌科より数段硬直した『国策のための手段』に堕ちることとなる。子供にとっての、というものの見方が、これほどまで省みられなかった時代はかつてなかった。同時に、教師の責任を時代に転嫁させるためによく使われる方便に似ているが、教師にとってもこれ以上ない不幸な時代であった」（柴田　一九九七、五九頁）といった否定的な見方が強調される傾向にあった。

たしかに制度側から見れば、本稿でも繰り返し述べてきたように、「芸能科音楽」は「皇国民の錬成」に寄与するための役割が強く謳われ、教師と子どもたちはその実現に向けて音楽教育実践を営むことが課されていた。しかしながら、『国民学校芸能科音楽問答』での応答に表されているように、すべての学校において、「芸能科音楽」がめざした音楽教育実践が順調かつ均一に実現されたとは言い難い。国民学校期における音楽教育実践が決して一様なものではなく、地域社会や学校特有の文化、各学校における音楽設備の状況、そしてなによりも教師と子どもたちによってなされる音楽的な営みによって個別個性的に創出されるものであるならば、今後、これまで蓄積されてきた制度側から読み取れる「芸能科音楽」の音楽教育のあり方と、個々の国民学校で営まれる音楽教育実践の実態史をすり合わせることによって、新たな「芸能科音楽」像を描出することが期待されよう。

注

(1) たとえば、音楽と国語の「教科」間の関連については、本多の研究に詳しいので参照されたい（本多　二〇〇五、一九七～二〇一頁）。

(2) 「芸能科音楽」における「情操の醇化」の重要性については、河口と同様に、山本文茂も「芸能科音楽は、皇国民の錬成という国民学校の大目的を実現するために、情操教育の面から国民精神の涵養に奉仕するという根本的使命を担っていた」と指摘している（山本　一九九九、二六九頁）。

(3) 「国民学校令施行規則」において、「徳性ノ涵養」は事項の一つとして、「歌詞及楽譜ハ国民的ニシテ児童ノ心情ヲ快活純美ナラシメ徳性ノ涵養ニ資スルモノタルベシ」という記述にとどまっている。

(4) 「儀式唱歌」については、明治二四年に「小学校祝日大祭日儀式儀礼規定」（文部省令第四号）が公布されていたが、「唱歌科」を規定する「小学校教則大綱」には明記されていなかった。

(5) なお本多の研究によれば、歌唱活動においても、「聴音ノ練習」と密接に関連づけられた実践が企図されていたという（本多　二〇〇五、二〇四～二〇六頁）。

（6）「国民学校令施行規則」中の「第一号表」より、「音楽」に関する部分を抜粋（文部省普通学務局編纂　一九四一、四八頁）。

## 引用・参考文献


井上赳（一九四一）「国民学校教科書に就いて」日本放送協会編『文部省　国民学校教科書編纂趣旨解説』日本放送出版協会。

井上武士（一九四〇）『国民学校芸能科音楽精義』教育科学社。

井上武士（一九四三）『国民学校芸能科音楽問答』藤井書店。

河口道朗（一九九一）『音楽教育の理論と歴史』音楽之友社。

菅道子（二〇一二）「昭和戦前期の大阪府堺市における和音感教育1―音源資料SPレコード『和音感教育の実際について』について―」『和歌山大学教育学部紀要人文科学』第六二集。

北村久雄（一九四〇）「芸能科音楽は何を為すべきか（四）―芸能科音楽の目的内容研究―」『学校音楽』第八巻第八号。

澤崎眞彦（一九九五）「戦時体制下の学校音楽の動向」河口道朗編『音楽教育入門―基本理念の構築―』音楽之友社。

柴田篤志（一九九七）「『唱歌科』から『芸能科音楽』へ―大正・昭和前期―」小原光一、山本文茂監修『音楽教育論―子供・音楽・授業・教師―』教育芸術社。

角南元一（一九四一）「芸能科『ウタノホン』『テホン』『エノホン』編纂趣旨」日本放送協会編『文部省　国民学校教科書編纂趣旨解説』日本放送出版協会。

奈良女子高等師範学校附属小学校（一九四〇）『国民学校案の実践的研究』奈良女子高等師範学校附属小学校。

本多佐保美（二〇〇五）「芸能科音楽の問題性―教科書・教師用書の検討をとおして―」河口道朗監修『音楽教育史論叢第Ⅱ巻　音楽と近代教育』開成出版。

文部科学省ホームページ（http://www.mext.go.jp/b_menu/hakusho/html/others/detail/1317696.htm）。二〇一四年九月一六日参照。

文部省普通学務局編纂（一九四一）『国民学校令及国民学校令施行規則　附関係改正法令（抄）』内閣印刷局。

山本文茂（一九九九）「芸能科音楽の理念と内容―法令条文の解釈を中心に―」浜野政雄監修／東京芸術大学音楽教育研究

室創設三〇周年記念論文集編集委員会編『音楽教育の研究─理論と実践の統一をめざして─』音楽之友社。

# 第一章　設備・楽器・備品

## 一・一　音楽室の光景

国府華子

### 一・一・一　高遠国民学校

今となっては実際に見ることのできない過去の音楽授業を振り返ろうとするとき、当時の音楽室にどのような楽器や備品が備えられ、使用されたのかを知ることは、どのような授業であったのかを探るための大きな助けになると考える。石附（一九九二、ⅱ頁）は、「学校とその教育の成立と展開には、モノ的要素すなわちハードウェアがもつ意義もきわめて大きいし、教育の実態は、案外に、そうした物的な条件によって規定されるところが多い」と述べ、モノという視点から学校文化に迫ることの意義を認めている。

高遠小学校に保管されていた昭和一〇〜一四年度までの「請求簿」、昭和一五〜一七年度の「上伊那郡高遠町歳出予算書」、昭和一三、一四、一八年度の「旧予算書綴」、昭和八〜一二年度の「大正七年度以降　昭和一四年度まで　予算書綴」をもとに、音楽室にあったと思われる楽器と備品を明らかにし、高遠国民学校での音楽授業の様子

表1・1・1　「時間割表」より、音楽（昭和一七年度）

時間割表

高遠学校　担任　科年組

| | 月 | 火 | 水 | 木 | 金 | 土 |
|---|---|---|---|---|---|---|
| 1 | 一西 | 一東 | 二男 | 一東 | 一西 | 三女 |
| 2 | 二東 | 二西 | 四男 | 二東 | 二西 | ~~五女~~ |
| 3 | 高一男 | 四女 | 三女 | 六東 | 四女 | 三男 |
| 4 | 四男 | 五女 | 高二女 | 五男 | 高一女 | 六西 |
| 5 | 二東 | 五男 | 高一男 | ~~五女~~ | 青~~三~~ 五女 | 実一 |
| 6 | 実補 | 六西 | 青二 | 実二 | 青二 青~~二~~ | 青三 |

を探る手がかりとしたい。

『信州高遠学校百年史』によると、高遠国民学校には音楽室があり、昭和一七年から一九年度の「時間割表」からは、高遠国民学校の一～六年生までと、併設されていた高遠拓殖青年学校、高遠実科高等女学校のすべてのクラスが音楽室を使用していたことがわかる（表1・1・1参照）。

この音楽室にあったと思われる楽器や備品は、国民学校になる前から少しずつ買い揃えられ、昭和一六年に国民学校になってからも様々なものが購入されている（表1・1・2参照）。これらのうち、楽器とレコードについて詳細に検討していくことにする。

表1・1・2　楽器と備品の購入とメンテナンスの状況 (1)

| 年度 | 楽器 | レコード | その他 |
|---|---|---|---|
| 昭和8年度 | ピアノ調律　2<br>ベビーオルガン<br>クラリネット | レコード　10 | 蓄音機修繕 |
| 昭和9年度 | ベビーオルガン　1<br>オルガン修繕調律 | レコード　10 | サンドボックス　1 |
| 昭和10年度 | オルガン修繕　調律<br>ピアノ調律　3 | レコード　29<br>コロムビア教育レコード　6 | 蓄音機，サンドボックス修繕<br>音楽掛図<br>レコードブラシ<br>音楽鑑賞指導の実際<br>体育ダンス教本 |
| 昭和11年度 | オルガン修繕　調律<br>ピアノ調律　2 | 音楽鑑賞レコード（六枚一組）<br>音楽レコード　羽衣 | メトロノーム修繕<br>五線入塗板（五線黒板）<br>指揮棒<br>音譜 |
| 昭和12年度 | ピアノ調律　2<br>オルガン調律 | ラジオ体操用レコード<br>ダンス用レコード　3<br>鑑賞用レコード　13<br>レコード　荒城の月<br>コロムビアレコード　3<br>基礎唱歌レコード　4<br>タイヘイレコード　1 | 蓄音機修繕<br>音楽室用本箱<br>毛ブラシ<br>レコード針　20<br>ブランレックゼンマイ入り |
| 昭和13年度 | ピアノ調律　2<br>オルガン調律　大小<br>クラリネットヘラ | 鑑賞用レコード　6<br>唱歌用レコード　6 | レコード針　2000<br>蓄音機ゼンマイ取替<br>指揮用コンダクト　1<br>音楽家肖像掛図 |
| 昭和14年度 | ピアノ調律　3<br>横笛<br>朋笛　2<br>クラリネットヘラ<br>ミハルス | レコード鑑賞用　6<br>レコード唱歌用　6<br>レコード詩吟用　3<br>体育用ビクターレコード　2<br>ニットーレコード<br>コロムビヤレコード　1C<br>音楽用ビクターレコード　5<br>ポリドールレコード<br>テイチクレコード<br>ビクターレコード　2 | チェルニー20　30<br>ソナチネアルバム<br>ピアノ連弾曲<br>唱歌基本練習　理論ト実践<br>蓄音機針<br>指揮棒<br>児童合唱曲　2 |
| 昭和15年度 | オルガン調律　大小<br>クラリネットヘラ | 唱歌用レコード | 蓄音機針 |

| 年度 | 楽器 | レコード | その他 |
|---|---|---|---|
| 昭和16年度 | 小オルガン調律<br>クラリネットヘラ<br>カスタネット　1 | 鑑賞用レコード　5 | 蓄音機針<br>レコードケース<br>譜面台<br>メトロノーム修理<br>和洋楽器掛図<br>楽器油 |
| 昭和17年度 | 小オルガン調律<br>クラリネット　1<br>木琴　5 | 鑑賞音盤　15 | 蓄音機針　5 |
| 昭和18年度 | クラリネット<br>ピアノ調律　2回 | 鑑賞用音板（5年生用）一組<br>鑑賞用音板（6年生用）一組 | 蓄音機針<br>音板入箱<br>蓄音機修理<br>楽譜代 |

## 一　楽器について

グランドピアノは音楽室においてあり、「音楽会をやるときにはピアノをみんなで運んでいって」「音楽室は一階だったが、平らにはいかなくて〔運ぶのが〕大変だった」（高遠・一二・男）という話から推測すると、音楽会などの時には講堂に運んで使用していたようである。オルガンもグランドピアノもほぼ毎年調律を行っており、メンテナンスにも気を配っていたと思われる。インタビューやアンケートを見ると、先生がピアノを弾いていたことをほとんどの人が記憶している。実際に教師がピアノを使用しながら授業を進めていったのだろう。しかし、「昭和十二年度　看護日誌　高遠学校」の四月七日には「音楽室に入りピアノ　オルガン其の他に手をつけぬ様注意す」という記述が見られるように、子どもがこのピアノに触れることは禁止されていたようである。あくまでも、教師の使用する楽器であったと考えられる。

ピアノやオルガン以外の楽器については、国民学校となった昭和一六年度にカスタネット一つ、昭和一七年度に木琴五つが購入されている。アンケートの中では、カスタネット（高遠・一八・男）や木琴（高遠・一六・男女三名、一八・男）が音楽室にあったことを、数名が記憶していると答えているものの、アンケートとインタビューのほとんどの回答は、ピアノとオルガン以外に楽器はなかったというものであった。楽器があったと記憶している人たちも、それらの楽器を使用した記憶はなかった。

新制の小学校になってからの楽器の購入、特に木琴に関しては、昭和二三年五月二六日に「木琴注文書発送一九台」という記述が「高遠小学校学校日誌」にある。さらに、九月一二日には「職員　鈴木出張　木琴講習」、一二月一九日には「行事　木琴講習会　講師　鈴木」という記述がある。一人の教師が講習を受け、それを持ち帰って今度は自分が教えるという道筋をたどって木琴を授業に取り入れていった過程が見えてくる。「昭和二六年度以降音楽会学芸会記録　高遠小学校」のプログラムには、器楽合奏が含まれるようになり、その楽器配置図も残されている。この時期までに、実際に子どもたちが楽器を手にしての音楽活動が始まっていたことがわかる。

## 二　レコード(2)について

レコードは、昭和八年度に一〇枚購入されており、その後も毎年購入されている。学校保存文書を見る限り、国民学校が始まった時にはかなりの枚数が揃っていたことになる。レコードの曲名はほとんど記載されておらず、唯一分かるのは、昭和一一年度の《羽衣》と、昭和一二年度の《荒城の月》のみである。レコードの枚数のみが記載されている年度と、昭和一二年度のコロムビアレコード、タイヘイレコードのように、会社名が記入されていたり、昭和一二年度のダンス用レコード、昭和一三年度の鑑賞用レコードのように用途が記入されているものがある。昭和一八年度には鑑賞用レコードの五、六年生用が購入されている。これは、国民学校期の教科書に掲載されていた鑑賞曲のレコードであろう。

レコードをかけるための蓄音機は、大正一二年八月にグランドピアノと共にすでに購入されていることが、『信州高遠学校百年史』に見られる。また、蓄音機の針も昭和一二―一八年度まで毎年購入されている。

これらのことから、レコードを何らかの形で使用していたと考えられる。国民学校「芸能科音楽」の内容は、歌唱だけでなく鑑賞も学習領域に加えられている(3)。高遠国民学校の蓄音機やレコードの購入状況から考えると、設備としては鑑賞を行う環境が整っていたことになる。インタビューの中で「二、三度あったかな。レコードの音楽。あれ二度ばかりかけてもらったような記憶もある」(高遠・一二・男)、「静かにしなさいって聴いただけ」(高遠・一二・男性)というような回答もいくつか聞かれた。また、運動会では使用されていたという記録が残っている。しかし、実際の授業の中で鑑賞を行ったことを示すような記録は残されておらず、また、アンケートやインタビューでもほとんどが「やらなかった」「記憶にない」という回答だった。したがって、音楽の授業で鑑賞を行っていたとは言い切れないだろう。音楽室は、前述の通り国民学校以外の併設学校も使用していたので、高等科や青年学校、女学校で鑑賞が行われていたと推測することはできるかもしれない。

## 三　まとめ

昭和八年度から一八年度の資料を見てきたが、国民学校になる前までに、昭和八年度にすでにあった蓄音機とグランドピアノの他に、オルガンやレコード、五線黒板、音楽家の肖像画などを購入し、音楽室を整えていっていることがわかる。そして、昭和一六年に国民学校となってからは、カスタネット、木琴などの楽器や、和洋楽器掛図を購入し、楽器を揃えていこうとしている様子がうかがえる。実際の使用に関しては、ピアノ以外は今回のデータからだけでは十分明らかにできなかったが、メトロノームに関しては教師によっては授業の中で使用したという話も聞かれた。使用していたのはどちらも教師であり、ピアノに触れることも禁止されていた子どもたちが、音楽室にあった楽器や備品に自由に触れることはできなかったと考えられる。しかし音楽室そのものの風景は、現在の音楽室にも見る事ができるような楽器や備品が揃えられ、そこで音楽を行うための環境が整えられていたのである。

注

（1）昭和一〇～一四年度の「請求簿」、昭和一五～一七年度の「上伊那郡高遠町歳出予算書」、「旧予算書綴」より昭和一三、一四、一八年度、「大正七年度以降　昭和一四年度まで　予算書綴」より、昭和八～一二年度の資料から、音楽に関係するものを取りだして作成。

（2）レコードは国民学校期には「音盤」と呼ばれる。ここでは基本的にレコードと記した。

（3）「国民学校令施行規則」（昭和一六年三月公布）の第一四条には唱歌のことと並んで「音楽ヲ鑑賞セシムベシ」という記述がある。また、器楽についても「器楽ノ指導ヲ為スコトヲ得」と書かれてある。

**引用・参考文献**

石附　実編著（一九九二）『近代日本の学校文化誌』思文閣出版。

## 一・一・二　誠之国民学校

西島　央・勝谷（杉橋）祥子

誠之国民学校の音楽室（唱歌室）について、音楽室が校舎のどこにあり、どのように使われていたかということと、音楽室にあったと思われる楽器と備品について、学校史（『誠之が語る近現代教育史』）、「昭和一八年度現在備品原簿」、アンケートを手がかりに整理し、誠之国民学校での音楽授業の様子を探っていくことにしよう。

### 一　音楽室について

明治三三年小学校令施行規則によれば、「〔前略〕唱歌、裁縫等ヲ課スル学校ニ於テハ便宜特別教室ヲ設ケ〔後略〕」と規定され、音楽（唱歌）の授業を実施する場合には、普通教室とは別に専用の特別教室を設置することが求められている。では、誠之小学校の場合、音楽室はいったいどこにあり、どのように使われていたのだろうか。

学校史によれば、誠之小学校では、明治三三年時点ですでに唱歌の授業は行われていたが(1)、その当時使用されていた明治二三年完成の校舎のどの教室で唱歌の授業が行われていたかを確認する史料は、管見の限り見当たらない。しかし、大正六年に完成した「釣型二階建て西側平屋から木造二階建て南側に開いたコの字形」(2)の校舎では、北西の一階角部屋が唱歌室として設置されたことが、大正七年に描かれた平面図から読み取れる(3)。当時の各地の小学校の校舎の平面図を散見すると、唱歌室が設置されている場所は、音を出すことを考慮してか、角部屋だったりその他の特別教室とまとめられていたりすることが多い。誠之小学校でも同様の配置だったことがうかがえる。だが、教室の北側には便所があり、外に面した窓は西側のみで、「『通用採光』不充分」(4)で、音楽の授業を行うにはあまりいい環境だったようには思えない。

その後、大正期から昭和初期にかけて児童数は増加の一途をたどっていき、大正一三年に鉄筋校舎が増築されたものの、それでも特別教室の一部が普通教室として使用されていたこともあり、音楽室(唱歌室)と手工室の二特別教室が木造二階建てで建てられることになる。

新しい音楽室(唱歌室)は昭和一〇年三月に落成した。新しい音楽室の位置については学校史に載っている写真や平面図から確認できる(5)。学校敷地の西南の角で校舎からはやや離れた、グラウンドの南側であった。その様子は、アンケートの中でも多くの児童が次のようにはっきりと記憶している。「校地南側に一段低く離れ木立に囲まれた瀟洒な洋風木造二階建て独立家屋で本校舎とは長い渡り廊下と階段でつながっていました。一階は工作室、二階が音楽室です。」(一三・男)、「音楽の時間だけは通常の教室ではなく、グランドピアノが置いてあった別の建物の部屋へ渡り廊下を通って行った」(一四・男)。

では、その音楽室の中はどのようになっていたのだろうか。「新音楽室にはグランドピアノ(太鼓も?)音楽家の肖像や石膏像があったようにも」(一二・女)、「広い教室に大きなグランドピアノがあった。(高学年になってから)ピアノから少し離れてベンチ式の椅子があった。五線紙?の黒板があり。」(一三・女)」、「音楽室の後ろの方に参観者用の椅子が置かれ、他校から参観に見えている方が度々ありました」(一四・女)とあることから音楽室には五線譜の黒板とグランドピアノがあり、児童が座るベンチ式の椅子と後ろには参観者用の椅子、壁には音楽家の肖像画が貼ってあったと推測される。

なお、昭和一一年に描かれた平面図によれば、新しい音楽室ができてもなお、旧校舎内の音楽室も使用されていたようである。アンケートの回答からも、「低学年のうちは講堂に近い音楽室を使って居たと思う。〔中略〕四年生になって新校舎の二階の音楽室になり〔後略〕」（一二・男）、「一、二年は普通の教室と同じ音楽教室で〔中略〕三年からはグランドピアノのあり別棟の大きな教室で教わりました。」（一二・男）と、同じ学年でもクラスによって音楽室の割り当てが違ったのか、記憶のズレかはわからないが、二つの音楽室が使われていたことがわかる。

以上のように、誠之小学校では、尋常小学校末期から国民学校期にかけて、音楽授業のための特別教室が二つあった。学校規模が大きかったこともあるだろうが、低学年から特別教室で音楽の授業を行えた環境は、全国的にみて恵まれていたのではないだろうか。

注

（1）『誠之が語る近現代教育史』二四五頁。
（2）同　五六一頁。
（3）同　五六二頁。
（4）同　五六四頁。
（5）同　口絵、五六四頁。本書二〇頁、写真序・3・1参照。

## 二　楽器について

次の表1・1・3は「昭和一八年度現在　備品原簿」から該当部分を抽出して作成した表である。この資料から当時の音楽室にどのような物があったか、またその中でも楽器が実際の授業でどのように使われていたかをアンケ

表1・1・3　「昭和一八年度現在　備品原簿」から見る楽器・備品

| 楽器 | その他の備品 |
|---|---|
| 《昭和16年以前》<br>オルガン（明治39年8月）<br>普通形オルガン（明治41年3月）<br>堅形ピヤノ（明治45年4月）<br>普通形オルガン（大正5年12月）<br>オルガン（大正6年1月）ベビーデスク型<br>ベビー形オルガン（大正6年2月）<br>堅型ピヤノ（大正11年5月）<br>堅型ピヤノ（昭和3年3月）<br>平台ピヤノ（昭和10年3月）<br>ベビー形オルガン2台 | オルガン用椅子（明治39年度）<br>メトロノーム（明治41年度）<br>ピヤノ用椅子（明治45年度）<br>ピヤノ用上履（明治45年度）<br>椅子（大正5年度）<br>台（大正5年度）<br>蓄音機（大正14年度）<br>レコード（大正14年度）<br>サウンドボックス（昭和15年度）<br>タクト棒<br>譜面台<br>額面8<br>教育唱歌掛図 |
| 《昭和16年以後》<br>トライアングル1（昭和16年2月）<br>ミハルス2打（昭和16年2月）<br>太鼓（昭和16年3月）<br>シムバル1対（昭和16年3月） | |

ートとも照合しながら明らかにしたい。

　ピアノは堅形（アップライト）ピアノと平形（グランド）ピアノがあり、旧音楽室にはアップライトピアノが、新音楽室にはグランドピアノが置かれていた。アンケートの中で、ピアノの使われ方については「ピアノは先生専用」（一三・男）、「先生のピアノに合わせて三部合唱などしながらそれぞれのパートにわかれて音程もリズムも完璧にこなす様、楽器を手にしながら厳しく習いました。」（一三・女）、「音楽のテストは瀬戸先生のピアノ伴奏に合わせて一人一人小学唱歌を歌って成績が決められたと思います」（一四・男）とあるように教師がピアノを使用しながら授業を進めていたことを多くの児童が記憶している。その一方で、「学芸会の時はピアノを習っていて上手な人がピアノを弾き、又太鼓を叩く人もきまっていて後の人たちで合唱したのを覚えています」（一五・女）、「ピアノ、ドラム、カスタネット→講堂での発表会で担当させられたが満足にできなかった」（一二・男）、「ピアノ、カスタネット（合唱の時—学芸会など）」（一二・男）というように学芸会の器楽演奏では、児童もピアノを使用していたと考えられる。それに対しオルガンについては音楽室にあったという以外、その使われ方については記憶のない児童がほとんどであった。ピアノやオルガン以外の楽器については国民学校となる直前の昭和一六年二月～三月に太鼓一つ、トライアングル一つ、ミハルス二打、シムバル一対が購入されている。これは国民学校令で「楽器ノ指導ヲ為スコトヲ得」と定められていたため、国民学校の移行に備えての購入とも考えられる。また多くの児童が個人用としてカスタネットやハーモニカを持っていたことがアンケートから明らかになっている。購入した楽器以外では、瀬戸先生自作の木琴があったことをアンケートの中で多くの児童が記憶している。

## 三　まとめ

学校史や資料、アンケートから、誠之小学校・国民学校には当時、新旧二つの音楽授業用の特別教室があり、その使われ方についての詳細は明らかではないが、二つの教室とも使用されていたようである。音楽室には、ピアノやオルガンだけでなく、トライアングルやミハルスなどの楽器があり、個人用としては、ミハルス（アンケートではカスタネットと記載）やハーモニカなどの楽器も持っていたようである。その中でも、多くの児童が記憶しているように、先生や児童によって使用されていたピアノが、常に中心的な役割を果たしていたことがアンケートから読み取れる。

# 一・一・三　上田地域の国民学校

山中　和佳子

長野県上田市の小学校に焦点を当て、主に上田国民学校（中央校部、南校部）、塩尻国民学校、神科国民学校、豊殿国民学校に関する学校文書やアンケートを資料として、音楽室の様子や、学校で使用したと考えられる楽器や備品を明らかにし、当時行われていた音楽の授業の様子を探りたい。

## 一　音楽室の様子

明治三三年「小学校令施行規則」において、音楽の授業をするための特別室として音楽室を設置することが求められていたことは、前節で西島・勝谷が述べたとおりである。アンケートにも、自分たちが通った学校に「唱歌室」「音楽室」があったという回答が多数よせられたが、それでは唱歌室や音楽室は学校のどのあたりに設置されていたのだろうか。

学校内での音楽室の設置位置については、上田中央国民学校の資料にみることができた。上田中央国民学校の「昭和十八年度　入退学関係書類綴」に記録された校舎平面図を見ると、「音楽室」は一番南のはずれにあり渡り廊下でつながった位置にあった。しかし一年後の「昭和十九年度学年末始諸綴」では、職員室に近い本館の北側に位置しており、昭和一八年までは講堂であった所が二つの部屋に分けられて、一方は第二裁縫室、もう一方が「音楽室」となっている。この音楽室をはさんで西側には、盲学校と高等女学校の校舎が繋がっているため、ちょうど国民学校とこれらの学校の真ん中に設置されたことになる。昭和一九年には、上田中央国民学校では児童数が増加したためか学級が一クラス増えている。それに伴って、工作室や裁縫室も二部屋ずつに増やしたため、講堂を二つに分け音楽室をそこに移動させたようである。

次に、国民学校期の音楽室の様子について、アンケートを中心に見てみたい。まず、教壇の上には「5線符《ママ》のついた黒板があったやに思う」（豊殿・一五・男）、「黒板の五線が目に残っている」（神科・一三・男）、「黒板に五線譜が書かれていて音楽室とはこうゆうものかと感じました」（上田南・一五・男）、と記されている。アンケート回答者が通った多くの学校で、教壇の壁に五線譜が書かれた黒板が設置されていたことがわかる。

さらに、アンケートには、音楽室の壁に「音楽家の写真も少し飾ってあった気がします」（上田南・一六・女）、「有名な外国音楽家の写真三名、校歌等がはられていた」（塩尻・一六・男）ことが記されていた。なかでも「ベートーベンの写真が飾ってあった」（上田東・一六・女）、「ベートーベンやモーツァルトなどの肖像画の額が掛けてあった」（神科・一四・女）、「正面右側の壁にはベートーベンの写真が飾ってありました」（上田南・一五・男）など、ベートーベンの肖像画が、各学校の音楽室に貼られていた様子がうかがえる。これらの肖像画は、当時の児童にとって印象的だったようであり、「当時はボーズ頭だったので外国の人は髪を長くしているで《ママ》異様だった」（神科・一六・男）、「正面黒板上の壁にベートベン《ママ》、ショパンなどの写真があり、緊張した」（神科・一三・男）という回想も見られた。

また、音楽室では「生徒が座る所は3〜4人くらいの長い椅子と机でした」（豊殿・一二・女）とあり、個々の机や椅子ではなく長机、長椅子が設置されていたようである。「ベンチ式の長椅子に友だちと一緒に坐れることがたのしみだった」（神科・一三・男）という回答から想像できるように、児童にとって音楽室は、それぞれの机で勉強する自分たちの教室とは異なった友達との距離感や視界を体験できる空間でもあったのだろう。

## 二　授業に使われた楽器と児童の演奏経験

### ①ピアノとオルガン

アンケートや学校文書からは、各学校にピアノまたはオルガンがあったこと、またそれらが音楽の授業で使われていた様子が読み取れる。これらのピアノやオルガンは、各学校にいつごろ導入されたのだろうか。

上田小学校では、大正一四年の「物品購入仕訳簿」に、「ピアノ調律　壱台、オルガン調律　壱台」と記載されており、大正末期にはすでにピアノとオルガンが学校にあったことがわかる。以下に述べる学校と比較すると、ピアノを大正期に所有していた学校はそれほど多くなかったことから、上田小学校では他校よりも早い時期からピアノを使用していたと考えられる。

昭和に入ると、各学校もピアノを所有するようになった。豊殿小学校では、昭和五年にピアノが導入されている（豊殿小学校百周年記念事業実行委員会　一九七三、一一三頁）。このピアノは、アンケートに「信濃絹糸（中略）その初代の社長さんが学校へ寄附してもらったとの事で皆大切にしたおぼえがあります」（豊殿・一二・男）と記されているように、地元の名士の寄贈によるものであった（前掲書、一一三頁）。塩尻小学校では、昭和六年度の「学校日誌」によると「三月二日　小岩井氏寄贈のピアノ到着」しており、さらに「三月十日　陸軍記念日　ピアノ披露　並に記念音楽会」が催された。神科小学校では、昭和一五年度の「学校日誌」にピアノ購入の一連の様子が記されている。まず、「八月三十一日　ピアノ購入村出身者ノ寄附ニ求ムルコトニ決定」され、九月二〇日に神科駅に「午後二時　ピアノ平型　百貫　着荷」した。そして、その二か月後の一二月二一日午後二時から「ピアノ披露式」が催され、それに続いて各学年がそれぞれ唱歌を歌う「小音楽演奏会」も行われた。これらのことから、ピアノを購入する際、学校の多くは寄附に依っていたことや、ピアノを購入した後、ピアノを学校内で披露する機会が設けられていた様子がうかがえる。

オルガンは、比較的早い時期から学校に導入されており、豊殿小学校では「明治二四年一二月一二日　オルガン四五円買入」（前掲書、一〇四頁）、塩尻小学校では「明治四十年備品台帳五」に「風琴　一　金壹百円　共益商社買入年月日明治四一年五月二四日」というように、明治期にすでに学校に所蔵されていたことがわかる。オルガンは当時非常に珍しかったようで、豊殿小学校の購入にあたっては「オルガンの参観者多し。県属、八幡、小県、川辺、城下、長瀬、上高井より」（前掲書、一〇四頁）というように、様々な地域から見学者が来校した様子も併せて記されている。ほかには、神科国民学校の「昭和一七年度学校日誌」に「三月十日　山葉ベビーオルガン　二台着荷」、塩尻小学校の「昭和一二年度予算細目」には「オルガン調律修繕　大　四円、小　三円」という記載も見られた。購入時期はさまざまであるが、各学校はオルガンを一～二台程度所有していたようである。

これらのピアノやオルガンは「先生のオルガンで全員で歌ったり、又一人々々歌わせていました」（上田東・一六・女）、「ハニホ・ニホヘ・ホヘトなど三つの音を一緒に出してあてさせるなどした」（塩尻・一四・男）というように、教師が唱歌の伴奏や和音聴音を行う際に使用していた。これらの楽器の使用について、上田小学校南校部の「昭和八年度職員日誌」には、「ピアノを大切に使ってほしい。オルガンは児童にひかせない事」という提案が出されている。アンケートでも「自分たちは弾けませんでした」（豊殿・一四・男）、「ピアノは生徒は引く《ママ》ことはありませんでした」（神科・一二・女）という回答が多く見られた。

このように、ピアノやオルガンは、多くの学校で教師のみが演奏する楽器であって、児童はほとんど触れることはできなかったようである。しかし、アンケートの中にはわずかではあったが「先生の指導で使わせて貰った」（塩尻・一二・男）、「先生のひいているピアノはたまにひかせてもらいましたが、その時ミミラシドシラファファレミレミという荒城の月をおぼえました」（豊殿・一一・女）という回答も見られた。教師の中には、自身の監督のもと、ピアノに触れさせる経験をさせた教師もいたことがわかる。

②そのほかの楽器（1）

昭和一六年、国民学校令のもと「唱歌」は「芸能科音楽」となり、その指導内容が拡充し、それまでの歌唱だけでなく、鑑賞や器楽指導の導入が示唆された。塩尻国民学校昭和一七年度の「職員会誌」には、「芸能科音楽」に関する協議事項の一つに「楽器使用　ハーモニカ　音盤　明笛」が示されている。唱歌の指導だけでなく、器楽指導や鑑賞指導にも目が向けられていた様子がうかがえる。器楽指導を行うには、学校に児童が手にとれるような楽器が必要であるが、当時の学校には、ピアノやオルガン以外でどのような楽器が存在していたのだろうか。

上田南国民学校の昭和一五年から昭和一八年の「買物帳」を見ると、「三月二日　金四円二〇銭　ハーモニカ一、金四円四八銭　ハーモニカ　一、金弐円二三銭　木琴　一、金弐円五七銭　木琴　一」という記録が残されている（2）。さらに、同じく上田南国民学校の「昭和十八年度　寄附台帳」には、「木琴五〇台」が寄附金によって購入されていることが記されている。また、上田中央国民学校「昭和十九年度予算下調」には、「ミハルス　数量五〇、単価七五銭」が記されている。アンケートには「太鼓、ピアノ、レコード、蓄音器、木琴、ラッパ」（塩尻・一六・男）や、「太鼓類、笛、カスタネット」（神科・一二・男）といった記述もあった。木琴五〇台や、ミハルス五〇個は、ほぼ一クラスの児童にいきわたる数である。これらの楽器を購入するにあたっては、音楽の授業において児童全員にこれらの楽器を持たせ、一斉に楽器の指導を行うことが意図されていたと推測できる。

## 三　児童の音楽鑑賞の経験――レコードと蓄音機――

前述したように、国民学校では、芸能科音楽の指導内容の一つとして鑑賞指導を行うことが目指されるようになった。とはいえ、国民学校期以前から、鑑賞指導で必要となる蓄音機とレコードを所蔵していた学校もあったようである。上田小学校（南校部）では、「自昭和五年度　至昭和七年度　職員会誌」に、「蓄音機係1　蓄音機とレコードを唱歌室へ貸してもらいたい。――そう決定す。2　レコード代を十五銭にしてもらいたい。――決定」という記載が見られた。さらに、同小学校の昭和一一年度の「職員会誌」では、次のように記されている。

（十二）蓄音機係より
1　レコード購入費用　十銭宛醵金志てほしい
2　レコードに就て希望あらば申込んでほしい
3　レコード借用の場合の注意
4　レコードコンサートを一学期に一度宛やりたい。

「唱歌」の授業でレコード鑑賞が行われたかどうかは定かではないものの、国民学校になる前から、学校内の教師の役割のひとつに蓄音機係があり、さらにレコードコンサートの企画が試みられていたことがわかる。

アンケートには、この他の各学校にも蓄音機があったという回答が多く見られた。また、上田南国民学校では、「自昭和十八年度　寄附台帳」に「電気蓄音機　一台」という記録も残されている。レコード（音盤）の所蔵状況を見てみると、上田南国民学校の「疎開物控　昭和二〇年七月」には「甘利訓導宅（浦里村）　電気蓄音機　一箇、音盤アルバム　十二吋　十一冊　六十九枚、音盤アルバム　十吋　十六冊　九〇枚、拡声機　一式」と記載されている。教師の家へ疎開させたレコードの枚数は、一二インチのレコードが六九枚と、一〇インチのレコードが九〇枚であるから、相当数のレコードが学校にあったことがわかる。前述したように、上田南国民学校は、国民学校になる前からレコード代として予算を組んでいたため、多くのレコードを所有することができていたと推測できる。

それでは、実際に音楽鑑賞はどのように行われていたのだろうか。アンケートを見ると、ほとんど記憶がない、または鑑賞しなかった、という回答が多く見られた。他方、「レコード鑑賞は音楽の時間にクラス単位でやったと思う」（塩尻・一六・男）、「〔レコード鑑賞を授業で行ったかという質問に対して〕した。〔鑑賞した曲目について〕天国と地獄、口笛吹きと小犬」（上田北・一一・男）、「一度だけ蓄音機で担任が教室でベートベン《ママ》の「月光」？小学六年。よくわからなかったが終戦後いろいろな音楽に接しあの時の曲だと思い出せた」（豊殿・一四・男）という回答も見られた。

また、塩尻国民学校の「昭和一六年度学事報告」には「毎日昼時間に音楽全校へ放送食事しながら鑑賞」と記載されている。同年度の「学校日誌」にも「五月一日木曜　昼食中全校音盤放送」という記載があり、何日間放送が続けられたのかは明確ではないが、お昼の時間にレコード鑑賞を実践していた様子がうかがえる。

これらのことから、学校の授業の中で音楽を聴く機会があったこと、軍歌だけでなくいわゆるクラシック音楽も児童に聴かせようとしていたこと、また、授業外の学校生活の中で、あるいは特別なイベントとして、音楽を鑑賞する機会をつくることが試みられていたことが推測できる。全ての学校ではないものの、各学校で歌唱だけでなく様々な音楽経験を子どもたちにもたせようとしていたことは指摘できるだろう。

注

（1）ブラスバンドや吹奏楽に関しては別の章で述べる。

（2）昭和一五年から昭和一八年の間の、どの年に購入したのかは不明である。

引用・参考文献

豊殿小学校百周年記念事業実行委員会（一九七三）『豊殿小学校百年の歩み』豊殿小学校百年史。

# 一・一・四　飯田地域の国民学校

長井（大沼）覚子・今川　恭子

本項では、飯田地域の国民学校（座光寺、上郷、竜丘）の音楽室の様子、および音楽室の設備・備品・楽器について、アンケート、インタビュー、学校文書等に基づいてさぐっていく。

## 一　音楽室の様子

座光寺小学校では、児童数の自然増等の理由から、昭和二年に二階建ての新校舎増築が行われ、特別教室として理科室と唱歌室、手工室、家事室が設置された。唱歌室は、近隣の浜井場小学校唱歌室を事前に参観して参考にするなどして建築計画がなされたモダンなつくりのものであったという（座光寺学校沿革史　一九六五、四九七頁）。アンケートの回答にみる複数の記憶から総合すると、音楽室は木造校舎二階の一番端に位置していたことがわかる。音楽室は、「とても気持のよい眺めの場所」（一六・女）だったようだ。「木造校舎でしたが音楽室は漆喰の天井で、壁面との交点は丸く成って居ました。大正建築のデザインで音響効果を考えてのことか？ハイカラでした」（一三・男）、「校舎二階の一番隅の教室で、一般教室とは一寸趣の異なった内装が施され、ベートーベンの額がかけられておりました」（一二・男）、「白壁の学校中で一番モダンに感じる教室でした」（一三・女）といった記憶から、子どもたちにとって特別な場所であったことがうかがえる。

証言に基づいてさらに室内を見渡してみると、「机なしで四人がけのベンチのみ、ベンチのうしろにはね板があり、机代り」（一二・女）という、教会を思わせるような椅子であったらしい。五線の黒板が備えられ(1)、大きな額に入ったベートーヴェンをはじめとする作曲家の肖像画が印象的だったようである。黒板については、「五線譜と普通の黒板が二重に上下する様になっていた」（一三・男）という記憶もある。授業用掛図も置かれていたようであるが(2)、使われ方についての記憶は見られない。音楽室に置かれていたものとしては、ピアノとオルガン、いくつかの楽器、メトロノーム、蓄音機、譜面台が記憶されている。昭和一三年度の座光寺村予算書には、小学校備品費として「楽器修繕　ピアノ　オルガン　蓄音器　メトロノーム、鑑賞用レコード」（「昭和十三年度下伊那郡座光寺村歳入出予算」）との記載が見られることから、蓄音機は国民学校期以前の昭和一〇年代にすでに設置されていたことがわかる。それは、学校日誌におけるレコード鑑賞会の記述や昭和一二年度以降入学者複数のアンケート回答からも裏付けられる。（本書　第四章第三節参照）。

上郷国民学校には二つの音楽室があったようである。昭和四六年度刊「学校要覧上郷小学校」を参考にしつつアンケートおよびインタビューの回答を総合してみると、一つは当時の新校舎（北校舎）二階西端にあり、もう一つは中校舎（北・中・南と校舎は三列に配置）一階東端にあった。「新唱歌室」（北校舎）のほうは高学年用でグランドピアノが設置されており、もう一つは低学年用で一階の「体育館の隣りの小さい暗い教室」（一六・男）で、オルガンが置かれていたとみられる。そのオルガンは「少し高級」（一六・男）で、「大きなオルガンでパイプオルガンのような良い音のする音楽室」（一五・男）と記憶されている。

ピアノについては、「学校日誌」の昭和一〇年一〇月二一日欄に、「ピアノ来着　新唱歌室備付」との記述がある。地元の名士、二名により寄贈されたこのピアノの披露音楽会が、来着の一カ月後の一一月二二日に信用組合講堂で開催されている（本書　第一章第二節参照）。昭和一〇年代にはピアノ、オルガンはすでにほとんどの学校において備え付けられていたとはいえ、この期においても引き続き、ピアノを手に入れることは学校における一大事業であったことがうかがわれる。電気蓄音機については、昭和一一年度に婦人会による寄付が決定し、一二年三月に学校に到着したことが「学校日誌」からわかる。「学校日誌」には寄付決定（七月三一日）から試演（八月二一日）、審査（同二四日）、契約（一一月四日）、電気蓄音機披露（三月五日）までの経緯が逐一記されており、電蓄の寄付が大きな関心事であったことが推察される（本書　第一章第二節参照）。

竜丘の音楽室の詳細について確認することはできなかったが、史料によれば昭和五年度に既にピアノ一台とオルガン二台と蓄音機があったことがわかる（本書　第一章第二節参照）。

## 二　楽器について

### ①ピアノとオルガン

座光寺、上郷ともに学校日誌には、すべての年度で確認はできないものの、ピアノ調律（座光寺昭和二〇年はピアノとオルガン調律との記述）の記録が記されている。竜丘村の教育費の中にも、楽器調律の予算は確保されている。当然ともいえるかもしれないが、各学校でピアノは大切にメンテナンスされていた。アンケートの複数の回答から、教室の前方が一段高くなっており、そこにピアノやオルガンが置かれていた、という光景が推測される。

ピアノは主に先生が弾き、それにあわせて唱歌を歌うという使われ方をしていた。座光寺では、「ピアノは常にかぎがかかっていてさわることも出来ませんでした」（一五・女）と記憶されている。上郷では、「六年の音楽会の折、私達『礼組』は楽器合奏をやることになり自分は木琴をやることで練習しておりましたが、前日より担任の先生が体調をくずされ休まれ急きょ自分がピアノをひくことになり(当時はピアノ等さわることも困難な時代でした)、全校の人達の前でピアノ伴奏をしよい思い出になりました」(上郷・一二・女)という思い出も語られたが、いずれにしても子どもたちが演奏する機会はほとんどなかったようである。弾いたり触れたりしてはいけないからこそ触りたいという気持ちが起こり、「先生が弾くだけでした　我々には弾かせてはくれませんでしたが全般に『わるさ』というか、さわりはしました」(上郷・一五・男)というエピソードも語られた。「授業の合間に先生がピアノで何の曲だったか記憶がないがよく演奏して聞かしてくれました。男の先生だった上手でした」(上郷・一五・男)という思い出もあり、教師にとっても子どもにとっても、ピアノは大切なあこがれの楽器であったことが伝わってくる。

学校行事である音楽会の際には、伴奏楽器として元の置き場所から持ち出すこともあった。音楽会(唱歌会)の際にピアノを移動していたことは、上郷の学校日誌に「第一回音楽会準備　但しピアノは昨二十二日に運搬済み」(昭和一八年七月二三日)や、「音楽会の準備　ステージ・ピアノ」(昭和一九年一二月一日)といった記述があることからもわかる。座光寺では「たった一台の大切な重いピアノを音楽室から体育館のステージ迄、先生方が総動員で運んで準備をして下さった思い出があります」(座光寺・一五・女)という回答も見られた。

②その他の楽器

座光寺では、国民学校になる前年の昭和一五年度学事報告に「音感教育」「楽器練習」への言及が見られ、新しい教育内容に向けた準備が始められたことがうかがわれる。翌昭和一六年の「職員会誌」四月の項には、研究のために木琴一〇台、笛一〇本を購入することが記されており、ハーモニカは個人活用とある。昭和一七年度には、

「音感教育用横笛」と「音感教育用木琴」各五個ずつを購入する予算が計上されている（「昭和一七年度予算書　座光寺学校」）。「音楽室ありました。木琴、蓄音機、オルガン」（一三・女）、「ピアノとオルガン、木琴（小）がありました。木琴は数が少ないので順に替って練習した」（一六・女）といった記憶から、購入された木琴が授業で使われていたことがわかる。戦後のことになるが、「新制中学になってから上京に成功された方が母校へと木琴を何台も寄附して下さり、音楽会で初めて合奏をし、感動したことを覚えております」（一五・女）という記憶もある。これは昭和二二年度の学事報告中の記述(3)と合致する記憶であるが、木琴の合奏が戦後に繋がっていったことがわかる。アンケートの回答からのみの集計なのであくまでも参考ではあるが、家庭でのハーモニカ保有率は座光寺地域で七五％、上郷地域で約八〇％と、かなり高率である。木琴を持っていた家庭もあるが、こちらはハーモニカよりも少なく、座光寺で約三三％、上郷で約四六％であった。

上郷の学校日誌には、昭和一七年三月八日の音楽会の反省として、ハーモニカ演奏時の呼吸の仕方、アコーディオンの演奏の仕方、木琴について言及があり、課題は多いものの、「器楽をやると音楽に子供が熱心になる」と記されている（「昭和一六年度　上郷国民学校（一）（二）学校日誌」）。ハーモニカ、アコーディオン、木琴は授業で使われていたようだが、アンケートの記憶によれば、木琴とハーモニカはほぼ全員が使用でき、ハーモニカはオルガンに合せて吹いたりしたようである。楽器は「大きなガラスの棚の中に入って」いたようだが、「たいこやその他の楽器は休み時間にたたいたりはしました」（一一・男）という記憶もある。

上郷国民学校の卒業生は、次のように音楽会とのかかわりで楽器の演奏経験を語っている。「木琴は音楽会に使用する場合等は使わしてもらい、両手が上手に使えず苦労したのをおぼえています」（一一・女）、「毎年体育かんで音楽会がありました。六年生の時（四組ありました。智、仁、勇、礼組）私は智組でした。組でハーモニカをふきました。〝ふるさと〟でした。今でもその曲をおぼえております。（ドドドレミレミミファソ……）ハーモニカでふけます」（一二・女）、「六年の音楽会の折、私達『礼組』は楽器合奏をやることになり自分は木琴をやることで練習しておりましたが、前日より担任の先生が体調をくずされ休まれ急きょ自分がピアノをひくことになり（当時はピアノ等さわることも困難な時代でした）、全校の人達の前でピアノ伴奏をしよい思い出になりました」（一二・女）。

このほかアンケートの回答の中には、子どもたちの目に映った楽器としてクラリネットやラッパといった管楽器の名前が見受けられた。「ラッパが数種類あったように思います」（上郷・一二・男）、「高等科に入ると少ない楽器、ラッパ、大タイコ、小タイコ、数少ない。６、７人の使用」（上郷・一二・男）、「土蔵の中に保管されていた楽器、トランペット、クラリネット（中略）楽器吹奏の際、数字譜を使った。出征兵士を送る朝（高等科１～２年の時）学校～飯田線時又駅まで管楽器５～太鼓３人で行進に参加した」（竜丘・一二・男）といった回答から、これらはおそらく高等科以上の生徒がラッパ鼓隊などで使用し、国民学校の子どもたちが音楽室で手にするものではなかったのだろう(4)。

注

（1）『座光寺学校沿革史』に、昭和二年の増築工事にかかった費用の一覧が掲出されており、その中の設備費の欄に、「唱歌室　五線板　八〇円」とある（五一三頁）。

（2）座光寺村の教育予算の中には、「文部省掛図　音楽六年」が含まれていた（「昭和一九年度教育費予算書　座光寺国民学校」）。

（3）昭和二二年度の学事報告に、「木琴　東京におられる座光寺出身の方から」との記述がみられる（「昭和二十二年度

学事報告　座光寺小学校」）。

（4）座光寺の昭和一六年度学事報告に、清掃訓練、音楽訓練、少年団訓練などの事項と並んで、「喇叭鼓隊の編□」との記述がみえる。また、同じく座光寺では併設の青年学校の予算内に「喇叭」購入や「ラッパ講習費」が含まれていた（昭和一三〜一七年度）。上郷では、昭和一七年度にトランペット他の楽器購入の記録（「昭和一七年国民学校届出文書控　上郷国民学校」）、昭和一八年度の校長日誌には「ラッパ鼓隊　楽器寄附の件」といった記録が見られた。

## 引用・参考文献

座光寺学校沿革史編集委員会編（一九六五）『座光寺学校沿革史』、座光寺小学校開校九十周年記念事業実行委員会。

本多佐保美ほか（二〇一一）『昭和初期小学校音楽科教育の形成過程に関する研究』平成二〇〜二二年度科学研究費補助金（基盤研究C）研究成果報告書。

## コラム　クラリネットの光景――高遠国民学校の記憶

高遠国民学校の子どもたちの記憶、そして学校保存文書の中には「クラリネット」がたびたび登場する。高遠国民学校におけるクラリネットは、時代を背景とした吹奏楽の隆盛と学校現場への広がりから見て、吹奏楽団を想定して購入されたとも推測される。だが実際のところ昭和八年度から一八年度までの学校所蔵文書に購入が明記されメンテナンスもされていたらしいのはクラリネットだけであった。このクラリネットをめぐる当時の子どもたちの記憶からは、子どもたちと教師との交流の様子が見えてくる。

昭和一二年度入学者へのアンケートによると、毎年五月二一日の全校遠足で五郎山に登った際には教師（小池先生）のクラリネットにあわせて《信濃の国》と《高遠唱歌》を歌っていた。「先生のクラリネット」は校内でも登場していた可能性が高く、この二曲をクラリネット伴奏で歌った記憶は複数語られている。歌った目的は忘れられていても、五郎山の遠足などはとくに「校長先生の話のあと」（一二・男）といったように具体的な光景が鮮明であることが特徴的である。

昭和一三年度入学者の記憶では、儀式を中心に用いられるクラリネットが語られはじめ、運動場や体操場での儀式およびその練習で伴奏の役割を果たしていたことがわかる。「外で式がある時などはクラリネットを扱うことが出来る先生がおられ、その先生について歌った記憶がある」（一三・女）、「御子柴先生、クラリネットが得意の先生で野外での伴奏もよくしてくださいました。校庭で全校唱歌の伴奏もすべてこの先生が引き受けてくださいました。」（一四・女）、「御子柴先生がクラリネットを上手に吹くのが印象的でした」（一四・男）、「六年生の時に音楽を教えて頂いた御子柴鉄史先生は学校の行事のあるときはいつもクラリネットをお持ちになって体操場でも校庭でも前奏をしてくださったおだやかなやさしい先生でした」（一四・女）といった記憶が語られている。儀式というフォーマルで一律になりがちな場面であるにもかかわらず、クラリネットを吹く教師の人柄までもが語られていることが特徴的である。

昭和一六年度以降の入学者たちの記憶にあるクラリネットは、四大節で儀式歌を歌う際の伴奏楽器としての位置づけをより鮮明にするように思われる。「クラリネット、式の時、国歌などの伴奏に音楽の先生が使った」（一六・女）、「《君が代》の練習の時、クラリネットで伴奏した先生の記憶がある」（一六・男）、「全校で校庭に集まり御子柴先生のクラリネット伴奏で歌った記憶があるが曲目は思い出せない」（一八・男）。

五郎山遠足での《信濃の国》《高遠唱歌》の光景と、運動場や体操場での儀式歌の光景。いずれにおいてもクラリネットは持ち運び便利な伴奏楽器として使われ、子どもたちにはその音色と形状とが明瞭に記憶されていた。遠足と儀式との間では教師と子どもとの関係性という点で少なからぬ温度差が感じられるが、もちろんこれが学校を取り巻く社会情勢の変化によるものと言い切るまではできないだろう。いずれにしてもクラリネットは、それを吹く一人一人の個性ある教師を含めたまるごとの場面として記憶されており、それが教師と子どもとの間にもたらした意味は音楽的な役割を越えるものがあったと言えるだろう。

（今川　恭子）

## 一・二　「モノ」と教育費からみる芸能科音楽の成立過程

西島　央

### 一・二・一　はじめに

「音楽室はありました。ピアノ1台、オルガン2台、土蔵の中に保管されていた物（トランペット1、クラリネット1台、コルネット1、トロンボーン1、バリトン1、バス1、大太鼓1、小太鼓1、横笛3）音楽の時間では使わしてくれないで、有志にて6年生のときに習った。」（竜丘・一二・男性）

「音楽室　有り、ピアノ、蓄音器（機《ママ》）　音楽室で授業をした覚えがない。」（竜丘・一五・女）

「唱歌室あり、アップライト1台、ベートーベンの写真、メトロノーム、蓄音機、机なしで4人がけのベンチのみ、ベンチのうしろにはね板があり、机代わり。先生のピアノ伴奏で合唱、蓄音機でレコード鑑賞。」（座光寺・一二・女）

「音楽室はありました。備品はピアノ一台、蓄音機、メトロノーム、ベートーベンの額など、小学校1、2年生の教室にオルガンが一台づつありました。ピアノは常にかぎがかかっていてさわることも出来ませんでした。」（座

光寺・一五・男）

「オルガン大型のもの、各室には小さいオルガン、ピアノが1台、東京で成功された方の寄付されたもの、ラッパが数種類あったように思います。特に授業には使用されずラッパ類は出来る者がクラブのように使っていたと思います。」（上郷・一二・男）

「大、小2教室あり、大の音楽室にはグランドピアノ、蓄音機、その他木琴等あり、小の音楽室はオルガンがありました。蓄音機はほとんど聞かせてもらえませんでした。木琴は音楽会に使用する場合等は使わせてもらい、両手が上手に使えず苦労したのをおぼえています。」（上郷・一二・女）

小学校に音楽室があって、そこにCD等の鑑賞機材やピアノをはじめさまざまな楽器があり、そこで歌ったり鑑賞したり器楽演奏をしたりする。これは、私たちにとってごくあたりまえの音楽科の授業風景だが、国民学校期までの小学校の音楽の学習環境は、ここに示したアンケートの回答のように、蓄音機があってもほとんど聴く機会がなく、数少ない楽器に授業で触れることもないなど、今とはずいぶん違う様相だったことがうかがえる。

日本の小学校の音楽教育は、明治五年の学制発布以降、「唱歌」という教科名で単音の歌唱指導を教育内容としていた。それが、昭和一六年度から始まる国民学校では、合唱や輪唱、鑑賞指導や器楽指導も教育内容に含めて「芸能科音楽」という教科科目に改められた。教育内容が音楽の幅広い領域に渡るようになり、戦後の「音楽科」につながっていく、我が国の音楽教育の発展において重要なメルクマールであったと捉えることもできよう。

しかし、制度が変わったら突然鑑賞指導や器楽指導が行えるようになるわけではないだろう。歌唱指導のみの「唱歌」から、鑑賞指導や器楽指導も教育内容に含む「芸能科音楽」や「音楽科」が成立していくには、ピアノなどの楽器や蓄音機やレコードといった備品、つまり「モノ」の整備が不可欠であったはずだ。そこで考えられるのは二つである。ひとつは、「唱歌」の普及過程と同じように、制度ができてから「モノ」の整備が進み、指導実体が伴うまでに一定の時間がかかるケース。もうひとつは、先行して「モノ」の整備が進んでおり、制度が後追い的に確立していくケースだ(1)。

前節では、高遠国民学校や誠之国民学校などを事例に、昭和一六年度の、鑑賞指導や器楽指導を教育内容に含んだ「芸能科音楽」の制度化を待たずに、「モノ」の整備が進んできていたことを明らかにしている。そしてそのことから、「唱歌」の授業のなかで鑑賞指導や器楽指導を行っていた可能性があること、「芸能科音楽」の制度化以後にスムーズに実施できた可能性があることを示唆している。つまり、後者のケースが実際にあったのだ。

だが、「モノ」を整備し、維持するためには、経費がかかったはずである。「芸能科音楽」によって鑑賞指導や器楽指導が制度化される以前の段階で、その経費はどのようにまかなわれ、制度化以後の経費の使い方と違いがあったのだろうか。

日本の小学校における音楽教育が、昭和の初めから国民学校期にかけて、唱歌教育から鑑賞指導や器楽指導を含んだ「芸能科音楽」としての成立条件を整えていく過程を明らかにするためには、音楽教育研究者や実践家の動向や制度史を検証するだけでなく、当時の学校現場の状況や、学校と地域社会との関わりについてミクロに把握する視点が必要であろう。本節では、石附（一九九二）の「学校とその教育の成立と展開には、モノ的要素すなわちハードウェアがもつ意義もきわめて大きい」（ii頁）という考え方に従い、「モノ」と教育費に注目して、昭和一〇年代の長野県下伊那郡の竜丘村立竜丘小学校、座光寺村立座光寺小学校、上郷村立上郷小学校、及び小県郡神科村立神科小学校（2）を事例に、学校と地域社会の音楽関係史を描いてみたい。

## 一・二・二　戦前期の教育財政制度と教育費支出の実態

はじめに、戦前期の教育財政制度を手短に確認しておこう。

当時、尋常高等小学校の教育費にあたる公学費は、設置主体である市町村が支弁するのが基本であった。昭和一四年度までは、義務教育費国庫負担法により国庫の定額負担があった。昭和一五年度より、教員俸給は市町村の負担から県費による負担に移行し、かつ、国庫の負担は定率に変わった。なお、教材費等にかかる費用が国庫負担となるのは、戦後の昭和二八年度からである。教材費を含むと思われる備品費や消耗品費の用途は、法律等によって詳細に定められていたわけではなく、裁量は市町村と学校にある程度委ねられてきている。（小川　一九九六、井深　二〇〇四）

では、このような教育財政制度のもとで、それぞれの地方公共団体では、昭和初期にどのくらいの額の教育費を支出していたのだろうか。『長野県教育史』や収集した史料には、当時の県市町村の財政状態、教育費の総額、内訳などに関する記録がわずかながら残されている。以下ではそれらを使いながら、冒頭で立てた問いに答えていくことにしたい。

当時の県市町村の教育費に計上されていた主な費目は、『長野県教育史』（一九八三）に

**表1・2・1　長野県下の市町村の教育費の主な費目**

| | |
|---|---|
| 市町村の教育費の費目 | 教員俸給、生徒給費、借地借家費、備品費、消耗品費、新営費、修繕費 |

（『長野県教育史』別巻一「第128表　市町村小学校公学費」より作成）

よれば、表1・2・1のとおりである。

では、県市町村財政に占める教育費の割合、教育費の内訳、費目ごとの費用はどのくらいだったのだろうか。表1・2・2から、昭和一〇年代の全国の都道府県、市、町村の歳出と教育費の総額をみてみよう。都道府県に比べて財政規模の小さい町村では、昭和一五年度以前は歳出全体に占める教育費の割合が四〇％前後と、非常に大きな割合を占めていた。それが、教員俸給を県費が負担することになった昭和一五年度以降は二〇％台前後と割合が小さくなっている。

続いて表1・2・3から、昭和一〇年代の長野県の教育費を、県と市町村の小学校公学費のそれぞれについてみてみよう。県では、昭和一五年度以降、歳出に占める教育費の割合が高くなっている。また、市町村では、昭和一四年度以前は、小学校の教育費（公学費総額ⓐ）に対する備品費ⓑ、消耗品費ⓒの割合が一〇％程度と非常に低い割合だった。昭和一五年度に比率が上がっているが、しかし、総額も教員俸給にあたる分の額が減っており、備品費や消耗品費が大幅に増額したわけではないことがわかる。

この備品費と消耗品費で各教科に必要な教具・教材を用意していたと考えられる。では、個々の学校では、「唱歌」や「芸能科音楽」の授業に必要な教具や備品類にいくら充てて「モノ」の整備を行っていたのだろうか。

### 一・二・三　教育費からみる竜丘小学校の「モノ」の整備状況

飯田町から鼎村、松尾村を挟んだ南側に位置する竜丘村の竜丘小学校は、大正自由教育以来の「竜丘学校の自由画」と並び、音楽教育にも熱心な学校であった。飯田市立歴史研究所には、「竜丘村政一覧」、「村会庶務書類」な

表1・2・2　全国の都道府県、市、町村の歳出総額と教育費

| 年度 | 都道府県 | （千円） | | 市 | （千円） | | 町村 | （千円） | |
|---|---|---|---|---|---|---|---|---|---|
| | 歳出 | 教育費 | % | 歳出 | 教育費 | % | 歳出 | 教育費 | % |
| 昭和10年度 | 857281 | 124671 | 14.5 | 959693 | 119751 | 12.5 | 560377 | 224486 | 40.1 |
| 昭和11年度 | 1013024 | 130147 | 12.8 | 1403618 | 139457 | 9.9 | 570637 | 234899 | 41.2 |
| 昭和12年度 | 827970 | 136564 | 16.5 | 927737 | 140486 | 15.1 | 566860 | 233076 | 41.1 |
| 昭和13年度 | 912543 | 141157 | 15.5 | 929781 | 143557 | 15.4 | 588008 | 232978 | 39.6 |
| 昭和14年度 | 1055526 | 155084 | 14.7 | 986165 | 158188 | 16.0 | 624928 | 232141 | 37.1 |
| 昭和15年度 | 1461441 | 368248 | 25.2 | 1100539 | 105297 | 9.6 | 561343 | 125962 | 22.4 |
| 昭和16年度 | 1659170 | 401549 | 24.2 | 1202879 | 133593 | 11.1 | 640590 | 173745 | 27.1 |
| 昭和17年度 | 1746538 | 433418 | 24.8 | 1338390 | 142440 | 10.6 | 713950 | 201199 | 28.2 |
| 昭和18年度 | 2632907 | 592100 | 22.5 | 1358781 | 140258 | 10.5 | 749726 | 142165 | 19.1 |
| 昭和19年度 | 2362633 | 615194 | 26.0 | 1183750 | 127826 | 10.8 | 685190 | 170840 | 24.9 |

（『日本近代教育百年史２　教育政策（2）』第三編　教育財政「表11
地方の教育費」より抜粋）

表1・2・3　長野県の教育費

| 年度 | 長野県 | （千円） | | 長野県内市町村小学校公学費支出（円） | | | | |
|---|---|---|---|---|---|---|---|---|
| | 歳出 | 教育費 | % | 総額（a） | 教員俸給 | 備品費（b） | 消耗品費（c） | b+c/a（%） |
| 昭和10年度 | 23697 | 1958 | 8.2 | 7360789 | 5872811 | 299778 | 354809 | 8.9 |
| 昭和11年度 | 20074 | 1981 | 9.9 | 7892507 | 5411341 | 334341 | 370557 | 8.9 |
| 昭和12年度 | 16921 | 2099 | 12.4 | 8424038 | 5595658 | 367538 | 448209 | 9.7 |
| 昭和13年度 | 20480 | 2307 | 11.3 | 8319627 | 5679811 | 376678 | 509823 | 10.7 |
| 昭和14年度 | 20063 | 2236 | 11.1 | 9723024 | 7259305 | 385461 | 584331 | 10.0 |
| 昭和15年度 | 29975 | 8783 | 29.3 | 3127013 | 0 | 414877 | 677465 | 35.0 |
| 昭和16年度 | 39133 | 9199 | 23.5 | | | | | |
| 昭和17年度 | 37373 | 10010 | 26.8 | | | | | |
| 昭和18年度 | 54325 | 14389 | 26.5 | | | | | |
| 昭和19年度 | 79192 | 20927 | 26.4 | | | | | |

（『長野県教育史』別巻一「第116表　県教育費（一般会計・決算）」、
「第128表　市町村小学校公学費」より作成）

表1・2・4　竜丘村の教育費

| 年度 | 竜丘 | | | | | |
|---|---|---|---|---|---|---|
| | 歳出(a) | 公学費(b) | 教員俸給(c) | b／a(％) | b−c | b−c／b |
| 昭和10年度 | 38031 | 17282 | 14400 | 45.4 | 2882 | 16.7 |
| 昭和11年度 | 39155 | 19450 | 14610 | 49.7 | 4840 | 25.0 |
| 昭和12年度 | 38252 | 19913 | 14610 | 52.1 | 5303 | 26.6 |
| 昭和13年度 | 43662 | 24248 | 16959 | 55.5 | 7289 | 30.1 |
| 昭和14年度 | 41096 | 23492 | 16320 | 57.2 | 7172 | 30.5 |
| 昭和15年度 | 45193 | 25555 | 17628 | 56.5 | 7927 | 31.0 |
| 昭和16年度 | 25476 | 13645 | - | 53.6 | | |
| 昭和17年度 | 33087 | 13645 | - | 41.2 | | |
| 昭和18年度 | 43910 | 22213 | - | 50.6 | | |
| 昭和19年度 | 40662 | 9115 | - | 22.4 | | |

（「竜丘村勢一覧」より作成）

ど、昭和初期の竜丘村の財政に関する文書が保管されている。それらの文書から、竜丘村が当時どれだけの財政規模であり、そのうち教育費にどれだけの額をかけていたのかをみていこう。表1・2・4から、昭和一〇年代の竜丘村の歳出と公学費をみてみると、歳出に対する公学費の割合が五〇％前後となっている。表1・2・2の全国町村平均と比べると、歳出に対する公学費の負担が大きいことがわかる。つまり、財政規模は相対的に小さく、教育費の負担は村の財政に大きくのしかかっていたと考えられるのである。なお、教員俸給を支出していた時期に備品費や消耗品費他に充てられた額[3]は、二〇〇〇円台から七〇〇〇円台であった。

竜丘村ではこの教育費をどのように使っていたのだろうか。表1・2・5と表1・2・6は、昭和一二年度の竜丘村の費目別にみた歳出一覧と、そのうち、小学校公学費の需用費の内訳一覧である[4]。表1・2・5によれば、小学校費一八三六七円で、そのうち給料が一五四〇八円と八割以上を占め、備品費や消耗品費にあたる需用費は二一二〇円である。その需用費の内訳を表1・2・6から詳しくみてみると、備品費は八八九円で、そのうち音楽用具費は、「レコード五枚一〇円」と「ピアノ、オルガン調律費三〇円」を合わせた四〇円である。

表1・2・5
昭和一二年度竜丘村歳出

| | |
|---|---|
| 経常部計 | 33986円 |
| | |
| 神社費 | 195円 |
| 会議費 | 164円 |
| 役場費 | 6391円 |
| 土木費 | 55円 |
| 小学校費 | 18367円 |
| 　給料 | 15408円 |
| 　雑給 | 547円 |
| 　需用費 | 2120円 |
| 　修繕費 | 145円 |
| 　恩給基金 | 147円 |
| 青年学校費 | 2168円 |
| 学事諸費 | 130円 |
| 図書館費 | 461円 |
| 伝染病予防費 | 243円 |
| 隔離病舎費 | 15円 |
| 勧業費 | 403円 |
| 社会事業費 | 3162円 |
| 警備費 | 650円 |
| 基本財産造成費 | 127円 |
| 財産費 | 406円 |
| 積立金穀 | 68円 |
| 諸税及負担金 | 190円 |
| 交付金 | 1円 |
| 雑支出 | 85円 |
| 予備費 | 705円 |
| | |
| 臨時部計 | 4266円 |
| 　小学校修繕費 | 500円 |

(「昭和十二年度長野県下伊那郡竜丘村歳入出予算」より作成)

表1・2・6
昭和一二年度竜丘小学校需用費

| | |
|---|---|
| 小学校費需用費 | 2478円 |
| | |
| 備品費 | 889円 |
| 　校具費 | 70円 |
| 　図書掛図費 | 169円 |
| 　理科機械標本費 | 194円 |
| 　運動用具費 | 171円 |
| 　体操用具費 | 92円 |
| 　図画手工用具費 | 13円 |
| 　音楽用具費 | 40円 |
| 　(レコード5枚10円　ピアノ、オルガン調律費30円) | |
| 　掃除用具費 | 35円 |
| 　児童実験用具費 | 54円 |
| 　家事裁縫用具費 | 12円 |
| 　農具用具費 | 16円 |
| 　雑品費 | 9円50銭 |
| 消耗品費 | 582円 |
| 帳簿用紙類 | 66円 |
| 実習地費 | 65円 |
| 電話費 | 70円 |
| 電灯費 | 50円 |
| 借地費 | 208円 |
| 通信運搬費 | 13円 |
| 賄費 | 37円 |
| 生徒諸費 | 30円 |
| 雑費 | 176円 |
| 修繕費 | 145円 |
| 恩給基金 | 147円 |

(「昭和十二年度長野県下伊那郡竜丘村歳入出予算」より作成)
※下線は筆者による

また、竜丘尋常高等小学校の校長を務めた平沢米三文庫によれば、昭和五～六年度の音楽関係費用が史料1のようにわかる。例えば昭和五年度には、鑑賞用レコードを一〇枚買い、楽器や蓄音機を調律したり修繕したりするために、合計一〇〇円の予算を組んでいる。

例えば、昭和一二年度の音楽用具費は公学費全体の〇・二％にすぎないなど、いずれの年度も音楽関係の備品の整備に充てられた額は非常に小さいが、ここで注目すべきは、竜丘村では遅くとも昭和五年度の段階で、ピアノやオルガンなど歌唱指導の伴奏などのために使える楽器が三台あって、鑑賞用のレコードを継続的に購入していたという事実だ。

では、そのレコードをかける蓄音機や、調律や修理されたピアノやオルガンはどのように購入し、どのような機会に使っていたのだろうか。『竜丘村誌』の記録によれば、昭和二年にドイツ製のグランドピアノと蓄音機を購入している。三千円の購入経費は、当初一般の寄付をもって充てるつもりだったが、不景気の影響で目標額が集まらなかったため、当時の下平芳太郎校長が私費で補填したという（竜丘村誌刊行委員会　一九六八）。また、当時発行されていた地域紙の『竜丘時報』からは、史料2のように、竜丘村では昭和初期に音楽会やレコード会(5)が定期的に開かれていたことがわかる。

村民が寄付によって購入しようとし、小学校記念館を会場に、村民を対象とした音楽会やレコード会が開催されていたということは、グランドピアノも蓄音機も、小学校の「唱歌」の授業のためだけに用いられていたのではなく、広く村民に音楽鑑賞をする機会を提供するためにも用いられていた、村の文化的財産だったのではないかと想像できる。

このような使用目的もあったために、鑑賞指導を含む「芸能科音楽」の制度化を待たずに、竜丘尋常高等小学校

**史料1**　竜丘尋常高等小学校予算書　（平沢米三文庫より抜粋）

昭和五年度

鑑賞用レコード　15円　十枚

楽器修繕料　45円　ピアノ一台　オルガン二台　計三台

蓄音機修繕料　5円　一台

楽器調律　35円

昭和六年度

音楽レコード　8円　五枚

楽器調律　30円

唱歌科

一．楽器器具調律修繕費　30円　内訳　ピアノ　10円　オルガン　15円　蓄音機、メトロノーム　5円

一．音楽レコード　新購入費　15円　1枚　1円50銭のもの　5枚

計　45円

**史料2**　『竜丘時報』昭和一三年三月一五日号

音楽会大盛況

生憎の雨天も一蹴し篤志の義金十七円余りを得る

非常時局銃後を背負って立つ本村男女青年会教育部は三月十日陸軍記念日の佳節を卜して恒例音楽会を開催（中略）小学校記念館には（中略）挙村的参集大入り満員の大盛況を示し其の数実に千三百余人。（以下略）

では、グランドピアノや蓄音機を所有し、備品費で随時鑑賞用レコードを購入したり、楽器の調律や修繕を行ったりしていたと考えられるのである。

## 一・二・四　教育費からみる座光寺小学校の「モノ」の整備状況

座光寺小学校は、飯田町から上郷村を挟んだ北側に位置する座光寺村の、元善光寺の近くに立地していた。現在の座光寺小学校は西側に山の斜面を登った中腹に移転しているが、明治時代以来の学校文書を資料室や視聴覚室に保管している。その中には、当時の「学校日誌」や「学事報告」、「職員会誌」等の他に、昭和初期の「下伊那郡座光寺村歳入歳出予算書」も含まれている。それらの文書から、座光寺村が当時どれだけの財政規模であり、そのうち教育費にどれだけの額をかけていたのかをみていこう。

表１・２・７は、昭和一三年度から一九年度までの予算書のうち、備品費や消耗品費の内訳まで示してあった年度を抜き出して、「歳出経常部総額」、「小学校／国民学校費総額」、備品や消耗品費などを合わせた「需用費」、「備品費総額」、そして音楽関係の予算(6)とその内訳、さらに「消耗品費」中に示された音楽関係の支出である「レコード針」のそれぞれの額をまとめたものである。

座光寺村の経常部の予算規模は、戦時インフレが影響した昭和一九年度を除けば、二万円台後半～三万円と竜丘村よりやや小さい(7)。「小学校費／国民学校費」は、教員の給料を支出していた時期までは経常部予算の五割強を占めていたが、昭和一七年度には八四四三円で三割ほどになっている。備品費は昭和一二年度の竜丘村の八八九円（表１・２・６）と比べて、昭和一三～一五年度は五〇〇～六〇〇円ほどとやや少ない。しかし、国民学校期に

表1・2・7　座光寺村予算書にみる座光寺小学校／国民学校の唱歌／音楽教育関係費

| 年度 | 歳出経常部総額 | 小学校／国民学校費総額 | 需用費 | 備品費総額 | 音楽／唱歌教具／芸能科音楽備品 | 内訳 | 消耗品費中レコード針 |
|---|---|---|---|---|---|---|---|
| 昭和13年度 | 26754円 | 14659円 | 1841円 | 587円 | 30円 | 楽器修繕　ピアノオルガン蓄音機メトロノーム10円<br>鑑賞用レコード　10円 | 3円 |
| 昭和14年度 | 27142円 | 14636円 | 1888円 | 530円 | 26円 | 鑑賞用レコード　三　6円<br>楽器修繕　20 | |
| 昭和15年度 | 30260円 | 16457円 | 2259円 | 605円 | 26円 | ピアノオルガン修繕　20円<br>鑑賞用レコード　三　6円 | 5円 |
| 昭和17年度 | 26273円 | 8443円 | 2885円 | 1162円 | 92円81銭 | ピアノ、オルガン調律代　17円50銭<br>鑑賞音盤（国民学校初等科三四用）　五　9円85銭<br>器楽声楽鑑賞音盤（高等科用）　五　9円10銭<br>音感教育用横笛　五　11円75銭<br>ラヂオ用真空管　三　9円21銭<br>ラヂオ修繕費　10円<br>ラヂオ用ピックアップ　一　10円<br>音感教育用木琴　五　15円40銭 | 4円50銭 |
| 昭和19年度 | 42512円 | 5581円 | 3177円 | 1315円 | 87円50銭 | 五、六年用鑑賞音盤　十　25円<br>ラヂオ真空管　15円<br>ラヂオ抵抗コンデサー　15円<br>修理工費　10円<br>ピアノ①オルガン③調律代　17円50銭<br>ピアノアクション取り替え費　5円 | 十　9円50銭 |

写真史料1　昭和一七年度　歳出経常部　国民学校備品費　別記より抜粋

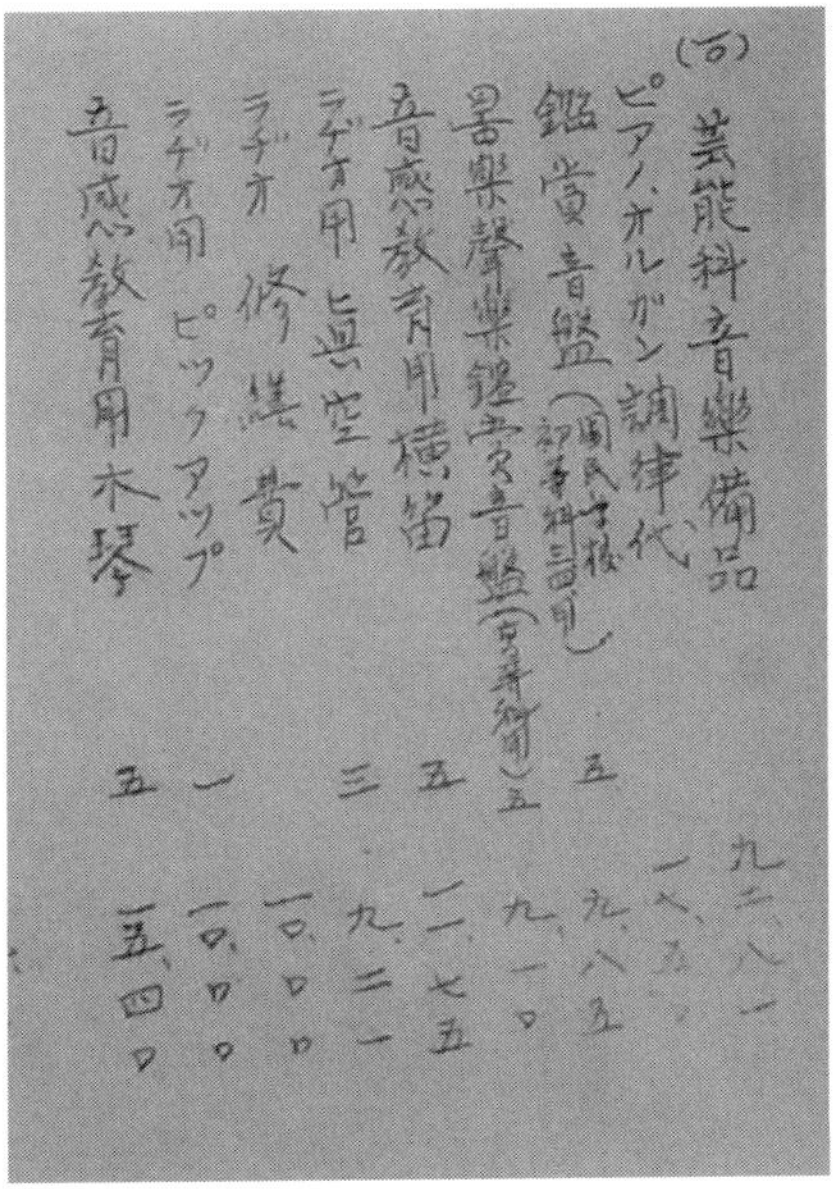
(百)
芸能科音楽備品　九二、八一
ピアノ、オルガン調律代　一八、五〇
鑑賞音盤（国民学校初等科高等科用）　五　九、八五
器楽声楽鑑賞音盤（高等科用）　五　九、一〇
音感教育用横笛　五　一一、七五
ラヂオ用真空管　三　九、二一
ラヂオ修繕費　一〇、〇〇
ラヂオ用ピックアップ　一　一〇、〇〇
音感教育用木琴　五　一五、四〇

写真史料2　昭和一九年度　下伊那郡座光寺村歳入歳出予算書　国民学校備品費　別記より抜粋

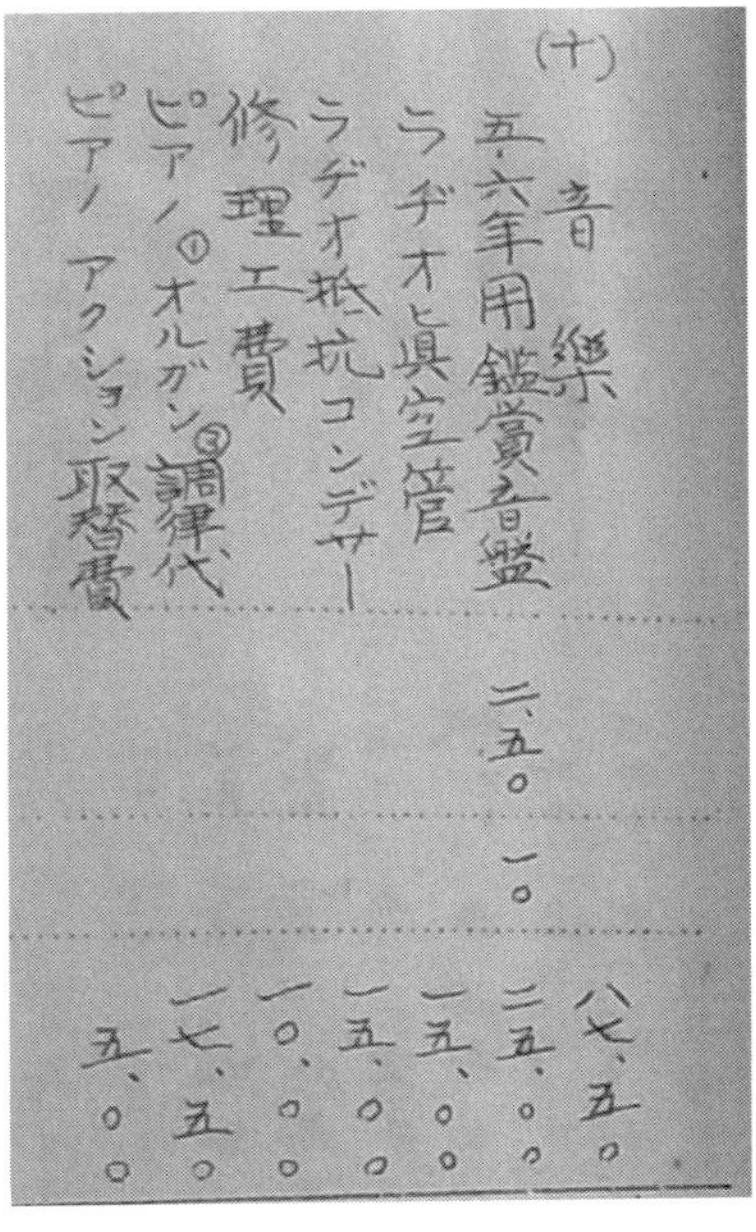
(十)
音楽　八七、五〇
五・六年用鑑賞音盤　二、五〇　一〇　二五、〇〇
ラヂオ真空管　一五、〇〇
ラヂオ抵抗コンデサー　一五、〇〇
修理工費　一〇、〇〇
ピアノ①オルガン②調律代　一七、五〇
ピアノアクション取替費　五、〇〇

なると、国民学校費の総額は削減されているのに、備品費は昭和一七年度には一一六二円、昭和一九年度には一三一五円と増加している。

　では、音楽関係には何のためにどれだけの額を充てているかをみてみよう。まず、昭和一五年度までをみてみると、いずれの年度も楽器の修繕と鑑賞用のレコードの購入に二六～三〇円を充てていた。竜丘尋常高等小学校より額はやや少ないが、内容は同じである。一方、昭和一七年度と昭和一九年度には、たとえば「鑑賞音盤」「器楽声楽鑑賞音盤」「音感教育用横笛」「音感教育用木琴」などとラジオの部品等が音楽関係の備品費として含まれるようになり、額も九〇円前後と増えている。

『座光寺学校沿革史』によれば、昭和四年に御大典記念として村有志よりピアノが寄付されていることがわかる。(座光寺学校沿革史編集委員会　一九六五)蓄音機をいつ購入したかは、我々の蒐集した史料の範囲では未判明だが、学校日誌等によれば、少なくとも昭和一二年~一五年と一八年にはレコード鑑賞会が行われており、座光寺尋常高等小学校でもまた制度に先駆けて鑑賞教育ができる「モノ」の環境が整備されていたと考えられるのである。その一方で、昭和一七年度や一九年度になって「鑑賞音盤」や「音感教育用横笛」、「音感教育用木琴」などを購入しており、制度ができてから、それに従った教育ができるように予算の許す範囲で少しずつ「モノ」の整備を進めている様子がうかがえる。

なお、ラジオについては、国民学校令施行規則第四一条で「文部大臣ノ指定スル種目ノ放送ハコレヲ授業ノ上ニ使用スルコトヲ得」と定められた。ラジオによる学校放送教育は「芸能科音楽」だけに用いられたわけではないが、座光寺国民学校でも、いずれかの段階でラジオを購入し、授業に使えるように整備していたと考えられる。

以上のように、座光寺小学校の教育費と音楽関係の予算とその内訳について、「唱歌」から「芸能科音楽」に制度が変わった昭和一六年度を挟んで比較してみると、次の二点がわかる。第一に、制度が導入される前であっても地域社会との関わりなどによって実態としては「モノ」の整備が行われていた。一方で制度が導入されても、教育実践に「モノ」を必要とする教科では、その整備に一定の時間を要したということである。第二に、制度的な裏づけができることによって「モノ」への支出額が増えるということである。

## 一・二・五　上郷小学校と神科小学校における「モノ」の整備状況

前項までは音楽教育に関わる「モノ」への支出額とその内訳から、当時の小学校で実際にどのような音楽の教育実践を行い得たかを探ってきた。そこでわかってきたことは、いずれの学校でも昭和一〇年頃までにはピアノや蓄音機を所有していたということだ。

では、当時ピアノや蓄音機はいったいいくらくらいしたのだろうか。当時の音楽関係雑誌の広告を参照すると、おおよそ次のような値段だったと考えられる。

**資料１**　昭和初期のピアノ・蓄音機の値段

ピアノ：グランドピアノ九五〇円～一八〇〇円　　国産アップライトピアノ三五〇円～一二〇〇円

蓄音機：手廻し式四〇円～一二〇〇円　　国産電蓄七〇円～三〇〇円　　外国産電蓄二〇〇～八〇〇円

表１・２・６や表１・２・７のように、総額で数百円しかない備品費の状況を考えれば、これだけ高額の「モノ」を教育費で購入することは容易なことではなかったことがうかがえる。では、小学校ではピアノや蓄音機をどのようにして入手していったのだろうか。竜丘尋常高等小学校も座光寺尋常高等小学校も、村民の寄付によって入手していたことが村史などでわかっているが、その詳細な過程までは蒐集した史料の範囲ではわからなかった。

しかし、飯田町と座光寺村の間に位置する上郷村の記録からは、史料３―１から３―３のように、もう少し詳しい状況がみえてくる。上郷村農会が発行していた『上郷時報』によれば、東京に出て成功した「筒井、染谷両氏」

より昭和一〇年にピアノが寄贈された。また上郷尋常高等小学校の学校日誌によれば、婦人会より昭和一一年に電気蓄音機がそれぞれ寄贈されている。

ピアノ購入に関して特筆すべきは、『上郷時報』と学校日誌の内容が重なり合っていることだ。それらを読み解いていくと、ピアノは小学校の「新唱歌室備付」であるが、ピアノ披露音楽会は「信用組合楼上」で行われている。そして、音楽会当日の午前中には同じ会場で児童による唱歌会が開催されており、『上郷時報』でも音楽会の案内に添えて唱歌会のことが紹介されている。

また、電気蓄音機が婦人会から寄付される経緯からは、婦人会で寄付品を電気蓄音機と決めたあとに村役場で開かれた学務委員会でもくり返し議論していることがわかる。このことからは、婦人会の善意のみで電気蓄音機が寄付されたのではなく、村として高額の「モノ」の購入経費の出所として婦人会を頼りにして、小学校への電気蓄音機の寄付を進めていった様子がうかがえよう。

**史料3―1**　『上郷時報』昭和一〇年一一月一五日号

音楽会開催

今度筒井、染谷両氏によって寄贈されましたピアノの披露音楽演奏会を左記のごとく開催することになりました。

期日：十一月二十二日午後六時半

ピアノ披露音楽演奏会

場所：上郷信用組合楼上

（プログラム省略）

尚当日午前十時より約二時間児童の唱歌会を開きます可成御都合をつけて御来聴下さい。

**史料3―2**　「昭和十年度　学校日誌　上郷小学校」

10月21日　一、ピアノ来着　新唱歌室備付
11月21日　一、音楽会準備　信用組合楼上
11月22日　一、ピアノ披露音楽会
　　午前第一時、午後四、五時　普通授業
　　1、唱歌会　午前十時より正午迄
　　2、音楽会…午後七時より九時迄
　　　　於　信用組合講堂

**史料3―3**　「昭和十一年度　学校日誌　上郷小学校」

7月20日　千代田楽器店主　来校
7月31日　四、午後婦人会寄付品選定委員会
　　　　電気蓄音器ト決定
8月21日　四、千代田氏電気蓄音器持参試演
8月24日　三、午後一時ヨリ婦人会特別委員会　電気蓄音器審査
12月4日　一、午前九時ヨリ役場ニテ学務委員会
　　2、婦人会寄付の件
　　　二、千代田来校　電気蓄音機試演ト契約
12月26日　一、午後一時ヨリ役場ニテ学務委員会
　　2、電気蓄音機取付場所ニ関スル件
3月5日　三、午後一時ヨリ
　　2、音楽会
　　3、電気蓄音機披露　茶話会

**史料4　「神科尋常高等小学校日誌」昭和一五年**

3月22日　八時半　同窓会役員会　宿直室　協議事項　1、ピアノ購入ノ件　研究ノ後　行フ
4月9日　一、同時　学務委員会　協議事項　…7、ピアノ購入　年次計画　本年度五百円積立
8月20日　一、土屋校長役場行　村長ト会見　1、ピアノ購入ノ件　三千円程度
8月23日　一、午後二時学務委員会　ピアノ購入　二氏欠　流会
8月26日　一、午後四時学務委員会　ピアノ購入ノ件　未決定　村会ニハカルコトトナル
8月31日　一、本日村会　ピアノ購入ニツキ　村出身者ノ寄付ニ求ムルコトニ決定
9月6日　一、倉島村長、塚原組合長　ピアノ購入資金寄附ノタメ東京名古屋方面出張
9月13日　一、午後一時学務委員会　ピアノ購入資金募集状況報告及購入ニ関スル件
9月14日　一、倉島村長、竹内訓導東京行　ピアノ購入ノタメ
9月17日　一、土屋校長役場行　ピアノ購入ニ関スル件　二十日頃着荷スルナラントノコト
9月20日　一、午後二時　ピアノ平型　百貫　着荷　神科駅着　職員搬入　東京ピアノ商会　金三千円
9月21日　一、ピアノ調律師　東京ピアノ商会　山田康夫氏　午前七時東京ヨリ来着
倉島村長　塚原組合長立会ノ上荷解キ　調律0時半終ル　対価全部支払
9月26日　一、土屋校長役場行　村長ト会談　ピアノ購入ニヨリ生ズル必需的設備ヲ寄付金中ヨリ支出スル件
村長　承認ス　但シ学校ヨリ具体案ヲ提出シ、村会ニ附議
9月30日　一、午後三時学務委員会　ピアノ購入後ノ処理ニツキ
10月9日　一、学務委員六川義衛氏来校　ピアノ及唱歌室日本間ヲ見ル
11月19日　一、土屋校長役場行　竹内訓導昨日ピアノ披露式ニ関シ役場ニテ打合協議シタル件ニツキテ再打合セノ
タメ
12月4日　一、ピアノ資金寄附者中村氏村長組合長同道来校参観
12月21日　一、午後二時ピアノ披露式　五時懇親会
披露式　二時半…三時（講堂）
小音楽演奏会　竹内訓導中心　各学年毎ニ唱歌　三時…四時（同上）
懇親会　五時…大裁
学校職員ヨリ金三十円　ピアノ購入ニ関スル学事諸費トシテ寄附

これらの史料からは、ピアノや蓄音機が、小学校に置かれてはいるが、学校と地域社会が情報を共有し、広く村民一般に供されることを目的に寄付されたものだったと推測できるのである。

高額の「モノ」の購入費用の工面という点では、竜丘村では当初予定していた三千円の寄付が集まらず、下平芳太郎校長が私費で補填したと先に述べたように、蓄音機よりもピアノの方が苦労が多い。

上田市から東側の段丘上に広がる小県郡神科村の神科尋常高等小学校の学校日誌には、史料４のように、ピアノ購入の経緯が書かれている。

三千円の購入費用を工面するために、第一に、ピアノは小学校に設置するものであるが、同窓会から話を立ち上げて、学校から村会へ諮り、村長や組合長といった村の公人まで巻き込んで村を挙げて取り組んでいる様子、第二に、学校の予算で積み立てたり、寄付を募って教員だけでなく村長までもが東京や名古屋にまで出張したりして購入費を工面した様子が克明に記されている。

ピアノや蓄音機の値段は、教具・教材等の「モノ」の購入に使える教育費に対してかなりの比率を占めるものだった。昭和一六年度以前であれば、蓄音機は制度的にも必要とされる備品ではなかったし、ピアノのように千円を大きく超える額は、村の財政からみて経常の歳出として簡単に支出できる額ではなかった。そのため、それらの購入は多くの場合、本節で紹介した四つの小学校のように、村を挙げて取り組み、その経費は寄付してくれる村民や村の出身者に頼って進めていったと考えられるのである。

## 一・二・六　考察―「モノ」と教育費から学校と地域社会をつなぐ―

以上の分析から、音楽に関する「モノ」の整備と維持のための経費として、第一に教育費と寄付が使われていたことと、第二に制度の導入によって教育費は増額されることがわかってきた。教育費から支出された額は非常に少ないものであったが、ここで重要なことは、寄付の存在である。寄付は、直接教育費ではないが、その寄付が成立するような社会状況、つまり、第一に寄付するだけの余裕のある社会経済状況と、第二に音楽を演奏したり聴いたりしようとする文化状況にある地域社会であったことが、最終的には、教育費で楽器の調律をしたりレコードの購入をしたりすることにつながっていると考えられるのだ。

教育財政の制度上、定められていたのは教育費の大枠の費目までで、その内訳は個々の学校に委ねられていたので、ここに制度と実態のズレを生じさせる〝遊び〟が生じていた。その〝遊び〟の部分をそれぞれの教科指導においてどのような教育内容の実践を行うためにどのように使うかは、市町村立の小学校の場合、市町村の経済状況や文化状況にある程度影響されていたのではないだろうか。そのことによって、学校教育の現場では、制度に先んじて「モノ」の整備が進み、先行して教育実践が行われることもあれば、制度ができてから「モノ」の整備が進み、指導実体が伴うまでに一定の時間がかかることもある。だから、全国一律の制度を導入しても、それぞれの地域社会、個々の学校で行われる教育実践にはばらつきが生じるのだ。

音楽教育に関していえば、その教育内容と実践は制度にのみ縛られていたのではなく、その地域社会の人々が音楽にどのように関わっていたかという音楽文化状況と学校音楽の整備状況に一定の相関関係があったと考えられよう。そのように考えると、制度との関係を明らかにするだけでなく、「モノ」の整備やその使い方、教育費のかけ方や寄付の背景を探ることを通して、それぞれの地域社会において、どのような社会状況のもとで、教育に対してどのような役割期待をし、それをどのような教育内容に反映させていたのか、さらにはその成果を地域社会にどのように還元させていたのかということを検証して初めて、個々の地域社会や学校でどのような音楽教育がなされていたかを明らかにすることができるのではないだろうか。

注

（1）「モノ」に注目した「唱歌」の普及過程については、西島（二〇〇六）を参照のこと。

（2）学校名の表記は、一般論的に使うときは「～小学校」、史料等で時期を基本的に限定して使うときは「～尋常小学校」「～国民学校」とする。

（3）表1・2・4の「b―c」の欄を参照のこと。

（4）なお、表1・2・4の教育費は決算ベースでつくられた歳入出費を元に作成したのに対して、表1・2・5、表1・2・6は予算書であるため、額が一致していない。

（5）『竜丘時報』の他の号では、同じ小学校記念館でレコード会を開催した旨の記事もみられる。

（6）費目は年度によって書き方が異なり、「音楽」、「唱歌教具」、「芸能科音楽備品」と分類されていた。

（7）昭和一〇年代前半の人口規模も、竜丘村が五〇〇〇人程度であるのに対して、座光寺村は三〇〇〇人程度であった。

引用・参考文献

井深雄二（二〇〇四）『近代日本教育費政策史』勁草書房。
石附実編著（一九九二）『近代日本の学校文化誌』思文閣出版。

国立教育研究所（一九七四）『日本近代教育百年史』２　教育政策（２）。

長野県教育史刊行会（一九八三）『長野県教育史』第三巻　総説編。

長野県教育史刊行会（一九七五）『長野県教育史』別巻一　調査統計。

西島央（二〇〇六）『楽器・唱歌室からみた唱歌教育の普及過程―明治２０年代の長野県を事例に―』科学研究費補助金報告書。

小川正人（一九九六）『教育財政の政策と法制度』エイデル研究所。

竜丘村誌刊行委員会（一九六八）『竜丘村誌』竜丘村誌刊行委員会。

座光寺学校沿革史編集委員会（一九六五）『座光寺学校沿革史』　座光寺小学校開校九十周年記念事業実行委員会。

写真史料１　昭和一七年度　歳出経常部　国民学校備品費　別記より抜粋
写真史料２　昭和一九年度　下伊那郡座光寺村歳入歳出予算書　国民学校備品費　別記より抜粋

# 第二章　歌唱

# 二・一　高遠国民学校と誠之国民学校の歌唱指導

本多　佐保美

## 二・一・一　「学年会誌」に見る高遠国民学校昭和二〇年度の指導内容

高遠の学校文書の中に、「自昭和二十年度　学年会誌　勤労日誌　初二」（以下、「学年会誌」と略記する）と題された資料がある(1)。当時、各学年は東組、西組の二クラスからなり、学年ごとの指導内容の進度を合わせるために学年会がもたれていた。昭和二〇年度の「月暦表」を見ると、毎週金曜日に学年会を行っていた記述がある。金曜日ごとに、次の週に学習する内容について話し合ったと思われる。「学年会誌」には、修身、算数、国語、図画、音楽、体操、自然の観察と、各科目の内容が簡潔に記されている。表2・1・1は、音楽の指導内容を中心に、関連する科目の内容も若干抜き出してまとめたものである。なお、六月から八月にかけて及び一月は、音楽に関する記述がない。

月ごとに記されている曲名を見るとすべて、国民学校の教科書『ウタノホン上』（第一学年用）に掲載されてい

表2・1・1　高遠国民学校「学年会誌」に見る音楽の指導内容

| 月　日 | 指導内容（関連する科目の内容） |
|---|---|
| 4月9日（月）～ | 音楽　一ガツカウ、二ヒノマル　音楽室への並べ方、よく音を聴くやう導く。 |
| 4月16日（月）～ | 音楽　ガクカウ　遠足についてよく指導する。一人々々勝手で揃ってゐぬのをなるべく揃ふ様にする。それには拍子により指導することがよいと思ふ。 |
| 4月30日（月）～ | うたのほん　夕焼　遠足　リズム |
| 5月7日（月）～ | ウタノホン　前週に同じ、リズムに注意 |
| 5月14日（月）～ | 音楽　エンソク、ユフヤケ　符点《ママ》のついたリズムについてよくその調子を覚えさせる。ユフヤケはヨミカタと連絡して、子供らしく歌はせる。アーレに注意する。 |
| 6月4日（月）～ | 音楽　音をききわける訓練をよくしたい。 |
| 8月20日（月）～ | 音楽　オンマ　オツキサマ　符点《ママ》に気をつけて元気よく歌はせる。 |
| 8月27日（月）～ | 音楽　オツキサマ　和音　ハホト、ハヘイ、ロニトの提出 |
| 9月3日（月）～ | 音楽　ハト　遊ギとちなんで教ふ。 |
| 9月17日（月）～ | 音楽　オンマ、ハトをよく歌へる様指導する。（体操　オンマ、ハトの遊ギ） |
| 9月24日（月）～ | 音楽　ハト　オツキサマ |
| 10月8日（月）～ | 音楽　お月様、君ケ代　千万の　これらの歌を正しく歌へる様指導する。君が代は千代に八千代にの千の下らぬこと。むすまでの（で）をれと発音せぬこと。 |
| 10月22日（月）～ | 音楽　種まき、君ケ代　♩.♪の符点《ママ》によく注意して指導 |
| 11月5日（月）～ | 音楽　種まき、ハト |
| 11月12日（月）～ | 音楽　君ケ代　モモタラウ |
| 11月19日（月）～ | ウタノホン　種まき、ハト、について一人で歌へる様に指導する。 |
| 12月3日（月）～ | ウタノホン　デンシャゴッコ　よみかたと関連して電車ごっこを教へる。 |
| 12月10日（月）～ | ウタノホン　デンシャゴッコ　前週に同じ（ヨミカタ　十　デンシャゴッコ　音楽と関係して児童生活に則したこの文を面白くよみとらせる。） |
| 12月17日（月）～ | 音楽　コモリウタ　陰音階のしかも我国にうたひふるされたものであって伝統的な感じがふかい。休止符についてよく指導する。 |
| 2月25日（月）～ | 音楽　オウマ、デンシャゴッコ、オニンギャウ　オウマについては仕上げをする。注意事項、イッショニの促音を正しくする。デンシャゴッコ、シャショウハボクダの音程についてよく指導する。オニンギャウ　四拍子にならぬ様に指導する |
| 3月4日（月）～ | 音楽　デンシャゴッコ、ウグイス　ウグイスはヨミカタノウグイスと連絡してウグイスが歌って本当に春らしい気分を一層深くせしむ |
| 3月11日（月）～ | 音楽　オニンギョウ　カラス |

る曲であり、その順番もほとんど教科書掲載順と同じである。『ウタノホン上』に載っているが高遠では指導されなかった曲は、《カクレンボ》、《ホタル　コイ》、《ウミ》、《オ正月》、《兵タイゴッコ》、《ヒカウキ》である。《兵タイゴッコ》、《ヒカウキ》はいわゆる墨塗り教材で、「学年会誌」一月一二日からの週の記述に「ヨイコドモ　指導出来ぬこととなる。」とあることから、この頃何らかの通達があり、授業で取り上げられなくなったと思われる。

指導の進度を見ると、四月の第二週は《ガクカウ》《ヒノマル》、四月の第三週は《ガクカウ》、《エンソク》、四月の第四週は《ユフヤケ》、《エンソク》と、各週に二曲程度、一曲を二週間から一ヶ月ほどかけて指導していることがわかる。九月には《オウマ》と《ハト》が「遊ギとちなんで」教えられ、体操の時間にも「オンマ、ハトの遊ギ」が教えられている。例年であれば一〇月に行われる秋の大運動会は、この年、行われなかったが、指導計画を変更せずに九月に遊戯が指導されている。修身（ヨイコドモ）の項には、「十　ウンドウクワイ、本年は運動会が出来ないながらも　例年の楽しい運動会を思ひおこさせて本文に入る。」との記述が見える。

《オウマ》は二月二五日からの週で再び指導されている。当該時期の「月暦表」を見ると〔昭和二一年〕三月一二日に例年通り音楽会が行われていることから、既習曲である《オウマ》を音楽会に向けて授業で練習したものと思われる。

指導内容としては、「リズムに注意」、「符点のついたリズムについてよくその調子を覚えさせる」、「♩.♪の符点によく注意して指導」、「休止符についてよく指導する」等、リズムに関しての記述が比較的多く見られる。また、音程に関して「君が代は千代に八千代にの千の下らぬこと」、「シャショウハボクダの音程についてよく指導する」といった記述が見られる。また、発音に関して「むすまでの（で）をれと発音せぬこと」、「イッショニの促音を正しくする」といった詳細な記述が見られる。

六月第一週に、「音をききわける訓練をよくしたい。」」、また八月第四週に、「和音　ハホト、ハヘイ、ロニトの提出」とあることから、一年生のこの時期から和音練習をしていたことがわかる(2)。

昭和二〇年度は、日本社会が大きな転換期を迎えた年であったことは言うまでもない。高遠国民学校においても、年明けの一月から修身が教えられなくなったこと、音楽の授業でもいわゆる墨塗り教材と言われる楽曲が姿を消したことが、「学年会誌」から読み取れた。しかし全体として見ると、終戦を契機として従来の指導内容が大きく変化したと読み取れるような記述はほとんど見られない。音楽の指導内容としては、リズム、音程、発音、音感などに関する記述が続き、一つひとつの楽曲の音楽的な要素に留意した指導が淡々と進められていた様子が伺える。

注

（1）「自昭和二十年度　学年会誌　勤労日誌　初一」の概要については、中里南子（二〇〇二）を参照。

（2）高遠国民学校文書資料の中に、まさにこの昭和二〇年度に一年生だった昭和二〇年四月入学児童の「学籍簿」が若干残されていた。それを見ると「音程正確サアリ」、「音程少シ変ナリ」、「音量アレド変調子ニナル」といった音程に関する記述、また、「発音正確ニシテ音量アリ」といった発音に関する記述、「音感よし」、「音感ニ対シテ鈍」、「音感ニ対シテ鈍感ニシテ一人ニテハ歌ヘヌ」、「音感音程モ正確トナリ組中一番ナリ」といった音感に関する記述は比較的多く見られた。リズムに関する記述は見られないものの、音程、発音、音感については、「学年会誌」、「学籍簿」両資料から、当時の音楽授業において指導の観点であったことが読み取れる。

引用文献

中里南子（二〇〇二）「昭和二〇年度　初等科第一学年の一年間―『学年会誌・勤労日誌』にみる指導の流れ」、東京芸術大学音楽教育研究室『音楽教育研究ジャーナル』第一八号、一四～一七頁。

## 二・一・二　誠之国民学校の歌唱指導

誠之の昭和一五年度「学校日誌」九月九日の項に、「瀬戸訓導紹介式」とある。湯島尋常小学校に転出した前任者の奥山謙一郎訓導に代わって、瀬戸尊訓導が着任した。国民学校の制度が発足する半年前のことである。

子どもたちは瀬戸先生の着任と同時に音楽授業が大きく変わった、と記憶している。「瀬戸先生になってからすっかりかわり、和音、合唱、輪唱、合奏、等々いろいろなことが行われ、とても楽しかったのを憶えています」（一二・女）、「非常に明るくユニークな先生でした。強烈な印象でした。和音、楽器、合唱ｅｔｃ．と急に音楽の授業が活発になってきました」（一二・女）、「とても熱心で合唱の楽しさを知った。当時として新しい教育法だったと思う。輪唱の楽しさ、木琴合奏、和音（ハホト・ハヘイ）のテストには苦労した」（一二・女）。誠之では芸能科音楽の指導内容をどのように指導していたのだろうか。昭和一六年度の国民学校制度実施前後に注目しながら、特に輪唱や合唱等、および各々の歌の指導の内容と方法について、文書資料とアンケートデータから見ることのできる誠之の歌唱指導の実際を再構成してみたい。

### 一　輪唱・合唱の指導

昭和一六年二月八日、建国祭奉祝学芸会が日本青年会館で開催され、四年生（昭和一二年度入学生）から選抜された男女百名が出演して、《村の鍛冶屋》の輪唱をした。昭和一五年度「学校日誌」には、「一月二九日（水）建国祭演奏会予行演習　瀬戸、小林、杉田訓導出張　日本青年館　第□学年女児」、「二月六日（木）出張　瀬

写真2・1・1　昭和16年2月8日建国祭奉祝学芸会

戸、小林、杉田訓導（第二時ヨリ　日本青年会館）」、「二月八日（土）　建国祭奉祝学芸会　唱歌出演　瀬戸、小林氏指揮　杉田、吾妻氏引率　四男女百名」とある。予行演習や事前の出張など、この行事に向けてかなりの準備がなされていたことがわかる。

写真2・1・1は、誠之の卒業生から提供いただいた、建国祭奉祝学芸会当日の舞台の写真である。

アンケート回答にも、「五年生か六年生の時、青山の青年会館で他校との学芸会があり、学年全体で村のかじ屋の輪唱をしました。これはＮＨＫの第2放送で放送されました」（一二・女）、「4、5年の時、合唱のコンクールに出場し、青山青年会館でラジオ放送されました。歌は〝村のかじや〟です。コンクールに出場する為の練習は音楽の時間だけが男女一緒で楽しかった思い出です」（一二・男）、「たしか昭和一六年二月ごろ、青山の青年会館?で学生の歌や劇の催しがあり、瀬戸先生の指導で『村のかぢや』三部輪唱に出演の記憶があります。

他校の男子の演じた『児島高徳』が印象的でした」（一二・女）、「特に印象に残っているのは『村の鍛冶屋』で、四年生の時、青山の青年会館で何十校か集まって音楽会があり、その練習を一生懸命した覚えがあります」（一二・女）、「『村の鍛冶屋』をNHKで放送したことがあり、その前、学内でよく練習をしました。トンテンカンカン、トンテンカンカンのパートを受け持ったので、ここが特に印象的です」（一二・女）、「歌もただ唄うだけでなく二部合唱はもとより、輪唱にしたり、森《ママ》の鍛冶屋ならつちの響きを間に入れたりと云う様にいろいろの工夫をして教えていただいた様に思います〔後略〕」（一二・女）と、練習を一生懸命した思い出や、斉唱でただ歌うだけでなく輪唱にしたり、槌音を入れたりといった演奏の工夫が語られた。《村の鍛冶屋》の元々の楽譜は、斉唱で書かれているので、輪唱にする等の工夫は瀬戸先生独自のものであったと思われる。

輪唱や合唱の楽しさは、多くのアンケートで語られている。印象に残る曲として、「高学年になって『朧月夜』、『村の鍛冶屋』、これは輪唱しました」（一三・女）、「2年か3年生の時『春の小川』の輪唱に出演したことがあります。輪唱の楽しさに興奮した記憶は鮮烈です」（一五・男）、「『かっこう』の輪唱を練習した記憶があります」（一五・男）等、いわゆる文部省唱歌など、元々、複音唱歌でない曲を輪唱で歌ったという回答、もう一方で、「『我は海の子』一番心に残っているのがこの曲です。二部合唱で、低音がメロディで、高音部に全く違う音がついており、とてもむづかしかったが、先生の指導で歌える様になり、合唱の面白さを知りました」（一四・女）、「『我は海の子』体操の授業中、音楽室から上級生の歌う美しいハーモニーが聞こえて来ました。二部輪唱《ママ》でした。早くあの歌が歌いたいと思ったものでした」（一五・女）などの記憶が見られる。《我は海の子》は国民学校の教科書、『初等科音楽四』（第六学年用）に、二部合唱の形態で掲載されており、この難しい合唱を楽譜通り歌ったものと思われる。

また、教科書に載っていない曲だが、「『うるわし春よ、緑にもえて』の曲。瀬戸先生が東大の五月祭に行かれてこれを聞き、感激されて早速私達に輪唱させた」（一二・女）、「春？・輪唱、うるわし春よ、みどりに映えて歌声ひびくよ野や山に」（一三・女）、「輪唱を熱心に指導して下さった。『麗し春よ、緑に映えて、歌声響く野に山に、ラーラララ』の歌です。上手く音が揃うときれいに響き、美しい歌だった」（一五・女）と、子どもたちに輪唱やハーモニーの美しさを印象づけた曲もある。

アンケートからは、低学年のうちから輪唱を経験させ、高学年でかなり高度な合唱に発展させた指導の様子が見えてくる。その一方で、当然のことながら当時の時局を反映した歌も教えられていた。「学校から配布された『軍歌集』（誠之独自のものでない）が手元にあり、『海ゆかば』『愛国行進曲』『敵は幾万』等々歌ったような気がする」（一二・男）、「戦争になりましてからは小さい本で、クリーム色の表紙で軍歌の本があった様に思います」（一四・女）。当該時期の誠之の「学校日誌」、「監護日誌」等には、音楽授業ではないが昼会などで歌の練習をした記述がいくつも見える。具体的な曲名としては、《金剛石》、《水は器》、《勇敢なる水兵（煙も見えず）》、《みたみわれ》、《敵は幾万》などである。

また、国民学校期の音楽教科書に初めて掲載された新作曲も、子どもたちの記憶に残る曲としてあげられた。たとえば、《揚子江（水は満々…）》（『初等科音楽三』第五学年用、輪唱）、《白衣の勤め》（『初等科音楽三』第五学年用、アンケートには「病院船」と記されている）、《無言のがいせん》（『初等科音楽二』第四学年用、斉唱）などである。誠之においてはこれらの国民学校期の新作教材が着実に指導されたと同時に、それに加えて、《村の鍛冶屋》や《春の小川》のような斉唱曲を輪唱にしたり、あるいは教科書掲載曲以外の《春》のような曲を扱ったりといった指導が行われていたものと考えられる。

## 二　指導の姿

瀬戸先生の指導の姿は子どもたちの記憶に鮮明に残っている。「体全体から音楽が溢れ出ている様に、体をリズミカルにゆらしておられました」（一五・女）、「髪の毛をふって教えて下さった様子を思い出します」（一六・女）、「大変熱心な指導ぶり、例えば指揮や口を大きくあけた歌唱指導が印象に残っています」（一五・男）など。

発声についても指導があった様子が伺われる。「発声は喉でなく、身体全体を使うよう指導されました」（一二・男）、「コーラスの指導は実にお上手で軽く手で拍子をとって、お体は弾む様に上下する、思わず高い良い声が出てしまいます」（一一・女）。また、瀬戸先生がピアノを弾く姿は、子どもたちにとってたいへん印象深かったようで、多くのアンケートに語られているが、歌唱指導においても「〔瀬戸先生は〕リズムに合せて、体全体を動かしてピアノを弾かれ、私達もそれに合せ、体全体で歌う感じでした」（一四・女）と、体全体で音楽する先生の姿、熱心に指導する姿は、子どもたちの目に焼きついている。

## 三　学籍簿に見る指導の観点

歌のテストは、子どもたちの記憶に印象深く残ったようである。一人ずつ歌を歌わせて点数をつけた、という回答は複数聞かれ、こうした方法で評価がなされていたと思われる。「瀬戸先生の伴奏でピアノの前で、一人一人歌い点数をつけられた記憶あり」（一三・男）、「テストでひとりずつ先生の前で歌う時などもメトロノームがおいてあって、音楽の勉強についてはは厳しくきっちりとしつけられたと思います」（一三・女）、「時々ピアノのそばに一人ずつ立って歌わされた」（一三・女）、「音楽のテストは瀬戸先生のピアノ伴奏に合せて、一人一人小学唱歌を歌

って、成績が決められたと思います」（一四・男）

一方、誠之の文書資料中の「学籍簿」を検討すると、当時の教師たちが、子どものどのような様子を「よいもの」として評価していたのか、また教師の指導の観点の一端が見えてくる。誠之の学校文書「学籍簿」中に見られる記述内容を抽出し、分類してまとめたものが表2・1・2である。

昭和一六年度以降、音感に関する記述と、音名読みに関する記述が目立って増えている。「音感ヨシ」（一三・第五学年＝昭和一三年度入学児童の第五学年の項に見られる記述、以下同じ）、「聴音スグレ和音ノ識別ヲ誤ルコトナシ」（一三・第五学年）、「聴音甚ダ正確ナリ」（一四・第二学年）、「音感鋭シ」（一五・第五学年）など、また、「音名読出来ズ」（一五・第二学年）、「音名唱未ダシ」（一五・第三学年）などである。昭和一六年度以降、昭和二〇年度を越え、戦後まで、音感や聴音に関する記述は各学年にわたって見られる。

また、従来よりの歌唱に関する記述も、昭和一六年度以降も、音感等に関する記述と同程度に見出せる。具体的にはまず第一に、声のよし悪しや声の質に関する記述が最も多い。例えば「声美シク歌唱優ル」（一五・第二学年）、「声量豊」（一四・第三学年）、「声美シク音楽ヲ得意トス」（一五・第五学年）、「音声ワルシ」（一五・第三学年）などである。その中で、「発声」とわざわざ言っている場合がある。「発声美シクナル」（一五・第三学年）、「音楽発声ヤヤ無理ナリ」（一五・第二学年）、「発声ヤヤ悪シ」（一五・第二学年）などである。先述のように、一人一人歌わせてテストするという方法がとられていた。その中で、一人一人の声のよし悪し等について評価していったものと思われる。

次いで音程についての記述がいくつか見られる。「音楽ヲ好ミ音程確カナリ」（一五・第五学年）、「音程不調」（一五・第五学年）、「音楽ヤヤ外レ気味ナリ」（一五・第二学年）などである。数は少ないが、発音についての記

表2・1・2　誠之「学籍簿」の評価の記述内容

| | |
|---|---|
| 音感（聴音）に関する記述 | 「音感ヨシ」（13・第5学年）、「音感ニスグル」（13・第6学年）、「音感歌唱等特ニ秀ヅ」（13・第5学年）、「聴音スグレ和音ノ識別ヲ誤ルコトナシ」（13・第5学年）、「音感作曲秀ノネウチアリ」（13・第6学年）、「聴音甚ダ正確ナリ」（14・第2学年）、「音感鋭シ」（15・第5学年）、「聴音佳シ」（15・第4学年）、「音色ヤヤ悪イガ聴音正確」（15・第4学年）、「聴音書取ニ優レタレドモ音色悪シ」（15・第2学年）、「音感ヨシ声ハワルイガ音楽ハ好ミテナス」（15・第3学年）、「音感確実ナリ」（15・第3学年）、「音声美シク聴音正シ」（15・第3学年）、「和音全然理解セズ」（15・第2学年） |
| 音名に関する記述 | 「音名読出来ズ」（15・第2学年）、「音名唱未ダシ」（15・第3学年）、「和音書取音名唱ニ秀ヅ」（15・第3学年）、「音名唱未ダ確実ナラズ」（15・第3学年）、「音名ヲ理解セズ」（15・第3学年）、「音名読メズ」（17・第3学年） |
| 声に関する記述 | 「唱歌ノ声甚ダ低声ナリ　耳ハヨシ」（14・第1学年）、「唱歌ハヨキ声ナリ」（14・第2学年）、「唱歌ノ声ヤヤカスレル」（14・第2学年）、「声量豊」（14・第3学年）、「声美シク音楽ヲ得意トス」（15・第5学年）、「嗄声ナリシモ三月ニ至リヤヤ正調トナル」（15・第2学年）、「音声ワルシ」（15・第3学年）、「声美シク歌唱優ル」（15・第2学年）、「声悪ク音楽ヲ嫌フ」（15・第2学年）、「声音悪ク音楽ヲ嫌フ」（15・第3学年）、「耳双方難聴発声大キイ」（15・第2学年）、「発声美シクナル」（15・第3学年）、「音楽発声ヤヤ無理ナリ」（15・第2学年）、「音声低シ」（15・第3学年）、「音楽ハホトンド痴ニ近ク調子ハズレ」（15・第2学年）、「音痴ナリ」（15・第3学年）、「発声ヤヤ悪シ」（15・第2学年）、「美声ニシテ歌唱ヲ好ム」（15・第3学年）、「音楽ノ発声ヨク何事モ真面目」（15・第5学年）、「音声美シ」（15・第3学年） |
| 音程に関する記述 | 「音楽ヲ好ミ音程確カナリ」（15・第5学年）、「音程ハヅル」（15・第1学年）、「音程不調」（15・第5学年）、「音楽ヤヤ外レ気味ナリ」（15・第2学年） |
| 発音に関する記述 | 「発音稍々明瞭ヲ欠ク」（13・第5学年） |
| 拍子に関する記述 | 「音楽拍子トレズ」（15・第2学年）、「音名読拍子ニヤヤ難点アリ」（15・第2学年）、「音楽拍子不十分」（15・第2学年） |
| その他 | 「音楽ハ優秀抜群ナリ」（13・第6学年）、「音楽作曲スグレタリ」（13・第6学年）、「音楽ハ大イニ好ミ居リ力モ確実ナリ」（13・第6学年）、「音楽堪能」（14・第3学年）、「唱歌ハ非常ニ上手ナリ」（14・第1学年）、「音楽ヲ好ミテ器楽ヲヨクナス」（15・第6学年）、「音楽遊戯ヲ好ミテ優雅ナリ」（15・第5学年）、「音楽ハ特ニ優レタル才能アリ」（16・第2学年）、「合唱ニハ皆ヲリードシテ積極的ニ歌フ」（15・第3学年） |

注）（15・第1学年）とは、昭和15年度入学児童の第1学年の時の記述より、の意である。

述もある。「発音稍々明瞭ヲカク」（一三・第五学年）。

そのほか、特に音楽に秀でた児童にたいする所見欄の記述に、「音楽ハ優秀抜群ナリ」（一三・第六学年）、「音楽作曲スグレタリ」（一三・第六学年）、「音楽ヲ好ミテ器楽ヲヨクナス」（一五・第六学年）、「合唱ニハ皆ヲリードシテ積極的ニ歌フ」（一五・第三学年）などとあり、児童一人ひとりの音楽の能力を丁寧にとらえていたことがわかると同時に、当時の誠之においては、作曲や器楽、合唱などの多面的な音楽活動が実践されていたことも垣間見える。

## 四　御製奉唱

御製とは、天皇の詠んだ和歌のことである。国民学校期には、「御製奉唱」という活動が盛んに行われた。国語の教科書、『初等科国語八』（第六学年用）の、「一　玉のひびき」というページには明治天皇御製や昭憲皇太后御歌などが一〇首以上、掲載されている。また、『初等科音楽四』（第六学年用）には、明治天皇御製（「さし昇る朝日のごとくさわやかに（以下略）」）に旋律が付された曲が載っている。この『初等科音楽四』は、児童用が昭和一七年一二月に、教師用は昭和一八年五月に発行されている。

しかしそれに先立つ昭和一七年四月から、誠之ではすでに、「御製奉唱研究」が始まっている。「学校日誌」に、「四月六日（月）　御製奉唱研究　1六男ニテ瀬戸訓導指導」との記述が見える。以後、昭和一七年度、一八年度、一九年度の日誌類には、朝礼で「御製奉唱」という記述が随所に見られる。例えば、「昭和一七年十月十六日（金）靖国神社臨時大祭　1国旗掲揚　2宮城奉拝、靖国神社遥拝、祈念　3朝礼　4御製奉唱　5学校長講和」、「昭和十八年一月八日（金）　第三学期始業式　一、宮城奉拝、朝礼、御製奉唱　一、学校長訓話　一、学級訓話」、

「昭和十八年三月十日（水）　陸軍記念日　1国旗掲揚　宮城奉拝　靖国神社遥拝　黙祷　朝礼　御製奉唱」等である。また、昭和一八年度「監護日誌」に、「昭和十八年五月十日（月）　朝会〔中略〕御製奉唱後、入室ノタメノ音楽ヲ間ヲ置キスギナイデカケルヤウ工夫ス」、また、「昭和十九年三月七日（火）　〔主任先生の訓話として〕毎朝奉唱スル御製ニハジヌ行ヒヲ必ズナスコト」等とある。この時期、朝会時に毎朝、御製を奉唱していたことが伺われる。それは、必ずしも教科書掲載曲の旋律そのもので歌われたわけではなく、しかし何等かの節《ふし》にのせて御製が朗々と歌われたものと思われる。

アンケートに見る子どもたちの記憶としては、これに言及したものは少ない。

「朝会、昼会など、学校内で児童が集合する場面で歌を歌うことはありましたか」、という質問にたいして、「昭憲皇太后御歌?・金剛石、明治天皇御製・・・澄みわたりたる大空の広きをおのが心ともがな」（一三・女）と、曲名および歌詞をあげている例がある。また、「歌と云えるかわかりませんが、朝会の時、御製（何天皇の御製か、歌詞も憶えていません）を皆んなで奉唱しました。大詔奉戴日には、朝会で〝海ゆかば〟を歌い、後、白山神社（氏神様）に団体で武運長久を祈願に行きました」（一四・女）、「朝会に君が代（国旗掲揚）と御製奉唱」（一四・女）、「朝礼の時、明治天皇の御製を奉唱した。目に見えぬ神の心に通うこそ人の心の誠なりけれ」（一四・男）と、数は少ないが、こうした回答が見られた。

そのほか、疎開先や他校の例であるが、御製を奉唱したという回答がいくつか見られた。「疎開をした学校は軍国主義的で、行進する時の歌、朝礼の時、御製などを曲をつけて唄いましたが、誠之ではおぼえていません」（一五・女／五年生の二学期から千葉県に疎開）、「駒本小で朝礼時に全校生の御製奉唱が日課でした」（一六・男／昭和二一年度〔六年生〕のみ誠之在籍）、「吾野小では、朝礼の時、明治天皇の御製をうたっていた」（一六・男／昭和一九年二学期〔四年生〕より、埼玉県に疎開）。これらのことから、この時期、全国的に御製を奉唱せよとの何らかの通達があったものと推測される。

## 五　まとめ

以上、誠之国民学校における歌唱指導について、学校文書とアンケート回答から見えてくる指導内容等について検討した。輪唱や合唱の楽しさは、多くの子どもたちの記憶に刻み込まれていることが見てとれた。《村の鍛冶屋》や《春の小川》などの唱歌を、斉唱でただ歌うだけでなく輪唱にしたり、《村の鍛冶屋》では槌音を入れたりといった瀬戸先生の工夫により、さらにその楽しさは記憶に残るものとなったと思われる。

一方、学校文書の「学籍簿」からは、昭和一六年度以降、音感と音名読みに関する記述が目立って増え、国民学校の制度実施に即応した指導の様子が認められる。と同時に、歌唱における声のよし悪しや声の質に関する記述が多様に見られることから、子どもたち一人ひとりの声を丁寧に評価しようとした様子も読み取れた。

他方、いわゆる軍歌や当時の時局を反映した歌の指導、あるいは御製奉唱の指導は、「学校日誌」等の文書資料にはしばしば見出されるが、それにくらべ、アンケート回答においてそれらがエピソード的に語られることは少なかった。そのような当時の時局を反映した指導の側面については、子どもたちの記憶から消し去られているのではないかと推測される。また、歌詞の意味内容について、繰り返し指導されたといった回答も見られなかった。

瀬戸先生の、身体をはずむようにゆらしながらの生き生きとした指導の姿の記憶とあいまって、輪唱や合唱の楽しさや面白さ、響きの美しさは、子どもたちにしっかりと受け止められたように思われる。子どもたちに輪唱の楽しさやハーモニーの美しさを印象づけた、「うるわし春よ…」のような曲は、女学校や中等学校で先行して行われていた曲であったと思われる。中等教育の指導内容が初等教育におろされていく経緯等についても、今後、さらなる検討が必要であろう。

# 二・二　子どもたちが歌った歌
## ―社会の中の子ども、子どもの中の社会―

今川　恭子

### 二・二・一　歌うこと―個と社会の間で

歌は個人の表現である一方、ひとたび他者と声を合わせるとなると、歌によって抱く概念や思想、歌う身体感覚や喚起される感情までもが集団に共有されると感じられる。現実には概念や思想を同じくすることはあっても、主体の身体感覚や感情を他者と共有することはできない。だが、相互主観性という言葉で哲学が説明するこの共有感の現象は、近年では科学的バックアップとも思われる知見（1）も登場するに至り、音楽なかんずく歌う行為の特性としてあらためて音楽を研究対象とする者に強く意識されるようになったといってよい。人が歌うというきわめて身体的な行為の意味は、歌う主体の内にあると同時に、身体感覚から概念、思想、そして感情までをも抱え込む相互主観的な関係性によって社会的に共有されうる。歌の意味は歌う主体・聴く主体の個人的経験に依存すると同時に、同じ身体感覚を生きる集団の共有感にも依存する。

歌う行為の社会的側面への認識は、明治期以来の学校の唱歌教育への次のような意味づけにも表れている。「明治政府による西洋音楽導入の根柢にあったのが、まずは『国民づくり』のためのツールという位置づけであって、芸術というような概念が全く眼中になかった」（渡辺 二〇一〇、四一頁）。これは歌うことに限らず音楽全体への見方を示すひとつの定着した見方である。マクロな音楽教育史観の中では唱歌教育の担う国民統合といった社会的機能が歌うことの意味と同一視されることもあり、そうした見方の中では歌う子ども個人の経験へのまなざしは時として捨象されざるを得ないことを示している。

国民学校期の子どもたちの歌を考えるうえで、歌うことの社会的機能への注目はきわめて重要であろう。当時の子どもたちが歌う姿に関して多くの人が抱くイメージは、国家が求める国民像すなわち皇国民の育成を目的とする歌詞内容の唱歌を歌う姿や、メディア(2)発の軍歌や軍国歌謡(3)を学校の内外で歌う姿かもしれない。こうしたイメージが間違いでないことは、当時の教科書分析(4)や後述するアンケート結果からもわかる。だがその一方でアンケートやインタビューといった子どもの立場からのデータには、時局を反映する歌を通して国家が望む国民意識形成に向かうばかりではない子どもの姿も浮かぶ。子どもたちはたしかに歌うことによって社会と繋がり、逆から言えば社会に規定される意味を歌によって実現していたが、歌う主体としての子どもたちにとってはそれだけではなかったはずである。国全体の中で子ども一般として括られる面だけでなく、一人ひとりの子どもの経験の質はどうだっただろうか、あるいは地域や学校そして子ども個々による個性的側面はどうだっただろうか。

本稿はこうした問いへのひとつの答えとして、国民学校における歌唱経験について東京（誠之国民学校、以下誠之と記す）と長野（高遠国民学校及びその隣接地域と上田地域の国民学校(5)。以下それぞれ高遠、上田と記す）

を比較しながら検討していきたい。当時の子どもたち一人ひとりの記憶の中に見えてくるもの、マクロな社会的意味に覆われがちな歌う主体としての子どもにとっての意味にも目を向け、子ども・教師・学校・社会の関係性を視野に入れつつ、インタビューとアンケートそして文書資料を往復して考えていきたい。

### 二・二・二　子どもたちが授業で歌った歌—共通する枠組み

日本の子どもたちにとって教室の中で一斉歌唱するというのは、近代学校教育制度の始まりとともに身につけた学校知の一部といえる。国民学校スタート時には、学校という規律的な空間で一斉に歌うことは地域を問わず子どもにとって自明の前提になっていたといってよい。授業で歌われる歌の記憶という点で誠之と高遠、そして上田のアンケート結果を比べると、あまり大きな差はないことがわかる。校歌を除くと地域差が表れたのは、高遠と上田の《信濃の国》(6)、高遠の《高遠唱歌》(7)という回答のみであったが、これらにしても地理教育唱歌という点では他地域と通ずるジャンルといえる。授業は国定教科書(8)に基づいて一律に実施されようとしていたのであるから地域差がないのは当然のことではあるが、家庭にまで範囲を広げてみても実は子どもたちが歌う曲のジャンルという点でアンケート結果に大きな地域差は認められなかった。学校の内外で歌う子どもたちの姿には共通した枠組みがあったといえそうである。

　授業を中心とした学校の中に焦点をあててアンケート結果に目を近づけたい。「授業で歌った歌は何か」という問いへの回答を見ていく。いうまでもなく回答に表されるのは記憶であるから、歌ったという事実を確かめるというよりは、歌った経験の痕跡を探る、といったほうが適切だろう。だが後年まで記憶に残っているかどうかを問うているという点で、むしろ単に歌った事実以上の意味がこの回答に表れているといえるかもしれない。授業で歌った経験の痕跡を見ると、教科書収録曲(9)を中心とした経験であることは間違いないが、このほかにあげられた曲について示すと、儀式で歌う歌すなわち祝日大祭日儀式唱歌(10)を含めた四大節と卒業・入学式のための歌（儀式唱歌も教科書に掲載されているがここでは分けて考える。また、四大節と卒業入学以外の朝会等行事も分けて考えることにする）、そして数は少なくなるが軍歌と軍国歌謡およびメディアを通して流布した歌や童謡などが、誠之と高遠と上田とを共通してあげられている。アンケートにあげられた曲名を表2・2・1にまとめる。母数の違い、対象年齢範囲の誤差、調査時期（卒業からの経年数）の違い、疎開等の事情による学校の移動、また、一部記憶違いが疑われる可能性なども考えると厳密に数量的に比較できるデータとはいえないものの、子どもたちの姿が具体性を帯びて歌声とともにここに浮かび上がってくるといってよいだろう。

本稿では、確実にどこの教室でも歌われたとみられる歌の中でも、学校の内外を通じて子どもたちが歌った形跡のある教科書収録曲、そして軍歌・軍国歌謡の中で言及の多かった《愛国行進曲》と《海ゆかば》を取り上げて論を進めることにする。

## 二・二・三　教科書収録曲の記憶から見えるもの

### 一　記憶に残る唱歌

教科書収録曲（表2・2・2参照）について、数の比較だけで単純には言い切れない面もあるが、まずは回答数を手がかりに考えていきたい。

なにより目をひくのは、複数の地域で上位にあげられている曲が圧倒的に自然や季節の美しさを歌ったもの、日常生活に関連したものや親しみのある動物を歌ったもの、つまり時局と関係なさそうなのどかな曲という点である。学校教育が担う国民意識形成の機能について西島（一九九五）は、国民意識の中にも「ネーション意識」と「カントリー意識」[11]の二つの側面があること、とくに唱歌教育は両者の形成を担っていたことを指摘している。カントリー意識はネーション意識と相補的に絡み合って国民という集団に抱かれるものであるが、とくに自然や季節、日常生活を歌った曲の存在によって唱歌教育がこのカントリー意識の形成に大きな役割を果たす教科となった可能性を西島は指摘する。「学校はいたって近代的な装置であるが、その装置で行われる実践に焦点を当てた場合、前近代的な共同体の人間形成機能を受け継ぎ、新たな国民国家という擬制的共同体に対するカントリー意識の形成の機能をも果たす必要があった」（西島　一九九五、一七七頁）。唱歌教育は学校教育の中でこの必要を満たす一部を担ったと西島は見る。

西島の見解に従えば、先に述べた皇国民の育成という国家の目的に沿う国民意識はいわばネーション意識にあたる一方、アンケート結果で上位を占めた曲の数々は、カントリー意識を形成する機能をもつ曲、ということになる。典型的なものを表2・2・1からあげれば、《おぼろ月夜》《春の小川》《冬景色》《牧場の朝》《春が来た》《富士の山》《海》《さくらさくら》《夕焼け小焼け》《野菊》《お月さま》《四季の雨》（自然や季節の美しさを歌ったもの）、《鯉のぼり》《お正月》《村祭》《花火》《スキー》《ひな祭》（季節の風物や行事を歌ったもの）、《村の鍛冶屋》《お馬》《はとぽっぽ》《お人形》（生活に密着したものや親しみのある動物を歌ったもの）などである。とくに自然や季節を歌ったものは、国民学校期以前の教科書収録曲であった《ふるさと》《もみじ》《茶摘》まで含めていわゆる人気曲が共通してあげられており、こうした曲が子どもたちの記憶の中にも強く刻まれていることがわかる。

表2・2・1　授業で歌った記憶のある歌：誠之、高遠、上田アンケートより

| | |
|---|---|
| 誠之（66） | **教科書収録曲**：《村の鍛冶屋》（15）、《春の小川》（14）、《冬景色》（13）、《牧場の朝》《おぼろ月夜》（12）、《花火》（11）、《お馬》《ふるさと*》（9）、《村祭》《海》《田道間守》（8）、《富士の山》（7）、《野菊》《四季の雨》《われは海の子》《もみじ*》《港*》（6）、《日の丸》《春が来た》《機械》《広瀬中佐》《スキー》《汽車*》（5）、《お月さま》《さくらさくら》《うさぎ》《鯉のぼり》（4）、《桃太郎》《お人形》《田植》《たなばたさま》《ひな祭》《野口英世》《金剛石》《海（松原遠く）》《母の歌》《鎌倉》《桜井のわかれ*》《茶摘*》（3）、《海（海は広いな）》《お正月》《雨ふり》《菊の花》《若葉》《ひよどり越》《無言のがいせん》《案山子*》《虫の声*》《橘中佐*》（2）、《夕焼け小焼け》《遠足》《ハトポッポ》《飛行機》《軍犬利根》《三勇士》《千早城》《水師営の会見》《児島高徳*》《冬の夜*》（1） |
| | **儀式の歌**：《蛍の光》《仰げば尊し》《校歌》（3）、《君が代》（2） |
| | **軍歌、軍国歌謡**：《愛国行進曲》《海ゆかば》（3）、《戦友》（2）、《出征兵士を送る歌》《軍艦マーチ》（1）、参考：軍歌一般（6） |
| | **その他**：《荒城の月》（8）、《浜千鳥》《チューリップ》（3）、《お山の杉の子》《青葉の笛》（2）、《里の秋》《赤とんぼ》《月の砂漠》《灯台守》《冬の星座》《うるわし春よ》《七つの子》《浜辺の歌》《故郷を離るる歌》《たきび》《森の小鳥》（1） |
| 高遠（43） | **教科書収録曲**：《ふるさと*》（13）、《おぼろ月夜》（11）、《さくらさくら》（8）、《春の小川》《村の鍛冶屋》《冬景色》（7）、《日の丸》《鯉のぼり》《村祭》《われは海の子》《もみじ*》（5）、《夕焼け小焼け》《春が来た》《牧場の朝》《雪*》《虫の声*》《茶摘*》（4）、《学校》《桃太郎》《富士の山》《広瀬中佐》《鎌倉》《スキー》（3）、《お馬》《野菊》《母の歌》《冬の夜*》《港*》《児島高徳*》（2）、《お人形》《お正月》《雨ふり》《兵隊さん》《軍犬利根》《少年戦車兵》《水師営の会見》《かたつむり*》《犬*》《汽車*》《日本海海戦*》（1）、参考：《海》（「海は広いな」か「「松原遠く」か不明）（12） |
| | **儀式の歌**：《君が代》（7）、《蛍の光》（6）、《仰げば尊し》《紀元節》（2）、《天長節》《明治節》（1） |
| | **軍歌、軍国歌謡**：《海ゆかば》（10）、《愛国行進曲》（4）、「軍歌一般」（3）、《出征兵士の歌》《露営の歌》《暁に祈る》（1） |
| | **その他**：《高遠唱歌》（9）、《信濃の国》（6）、《赤とんぼ》（5）、《荒城の月》（4）、「鉄道唱歌」（2）《夏は来ぬ》《うさぎとかめ》（2）、《叱られて》《隣組》《七つの子》《故郷を離るる歌》《どんぐりころころ》《旅愁》《花》《チューリップ》《蝶々》《金太郎》《鞠と殿様》《ゆりかごの唄》（1） |

| | |
|---|---|
| 上田<br>(49) | **教科書収録曲：**《春の小川》(5)、《村祭》《おぼろ月夜》《ふるさと*》(4)、《春が来た》《鎌倉》《もみじ*》(3)、《お人形》(2)、《日の丸》《夕焼け小焼け》《はとぽっぽ》《お馬》《お正月》《富士の山》《鯉のぼり》《牧場の朝》《われは海の子》《雪*》《茶摘*》《児島高徳＊》(2)、《海（海は広いな）》《お月さま》《桃太郎》《飛行機》《さくらさくら》《花火》《ひな祭》《若葉》《機械》《野口英世》《村の鍛冶屋》《広瀬中佐》《金剛石》《母の歌》《冬景色》《小楠公》《四季の雨》《鎌倉》《スキー》《水師営の会見》《冬の夜*》《虫の声*》《二宮金次郎*》《汽車*》《菅公*》(1)「唱歌、教科書」(3)　参考：《海》(「海は広いな」か「松原遠く」か不明) (4) |
| | **儀式の歌：**「校歌」(2)、《仰げば尊し》《一月一日》《天長節》(1) |
| | **軍歌、軍国歌謡：**「軍歌」(2)、《軍艦マーチ》《海ゆかば》(1) |
| | **その他：**《荒城の月》(3)、《信濃の国》《里の秋》(2)、《浜辺の歌》《七つの子》《美しき天然》《めだかの学校》《うさぎとかめ》《浦島太郎》《蝶々》《大黒様》《夏は来ぬ》《白虎隊》《早起き時計》(1) |

●教科書収録曲の中で、『新訂尋常小学唱歌』(昭和7年刊行)、『尋常小学唱歌』(明治44～) に収録されていたが国民学校期の教科書からは外れた曲については＊を付して教科書収録曲の欄に、これら以外の唱歌本収録曲は「その他」に入れた。

●本表中の曲名は目次表通りではなく、現代仮名と漢字を使用して読みやすくした。

●学校（地域）名の下は有効回答数。括弧内の数字はこの曲をあげた回答者数である。曲名が挙がっていても、学校で歌ったかどうか定かでないなど記憶がきわめて曖昧な回答は除外した。

●上田市在住者を対象としたアンケート回答者は在籍した尋常小学校、国民学校が神科（12)、豊殿（6)、上田市立北・南・東・城下（あわせて9)、塩尻(2)、その他長野県（21）である（長野県の小学校に一度も在籍したことのない回答者4名は全回答から外したので、分析対象とした回答者は49名)。

●誠之小学校は昭和15,16年度入学者のみ、それ以外の地域は昭和12年～16年度入学者にわたっている。

表２・２・２　国民学校教科書収録曲

| | | |
|---|---|---|
| 1年 | ウタノホン上 | キミガヨ<br>1．ガクカウ　2．ヒノマル　3．ユフヤケコヤケ　4．エンソク　5．カクレンボ　6．ホタルコイ　7．ウミ　8．オウマ　9．オ月サマ　10．モモタラウ　11．タネマキ　12．ハトポッポ　13．コモリウタ　14．オ人ギャウ　15．オ正月　16．デンシャゴッコ　17．カラス　18．兵タイゴッコ　19．ヒカウキ　20．ウグヒス |
| 2年 | うたのほん下 | 君が代　きげん節<br>1．春が来た　2．さくらさくら　3．国引き　4．軍かん　5．雨ふり　6．花火　7．たなばたさま　8．うさぎ　9．長い道　10．朝の歌　11．富士の山　12．菊の花　13．かけっこ　14．たきぎひろひ　15．おもちゃの戦車　16．羽つき　17．兵たいさん　18．ひな祭　19．日本　20．羽衣 |
| 3年 | 初等科音楽一 | 君が代　勅語奉答　天長節　明治節　一月一日　紀元節<br>1．春の小川　2．鯉のぼり　3．天の岩屋　4．山の歌　5．田植　6．なはとび　7．子ども八百屋　8．軍犬利根　9．秋　10．稲刈り　11．村祭　12．野菊　13．田道間守　14．潜水艦　15．餅つき　16．軍旗　17．手まり歌　18．雪合戦　19．梅の花　20．三勇士 |
| 4年 | 初等科音楽二 | 君が代　勅語奉答　天長節　明治節　一月一日　紀元節<br>1．春の海　2．作業の歌　3．若葉　4．機械　5．千早城　6．野口英世　7．水泳の歌　8．山田長政　9．青い空　10．船は帆船よ　11．靖国神社　12．村の鍛冶屋　13．ひよどり越　14．入営　15．グライダー　16．きたへる足　17．かぞへ歌　18．広瀬中佐　19．少年戦車兵　20．無言のがいせん |
| 5年 | 初等科音楽三 | 君が代　勅語奉答　天長節　明治節　一月一日　紀元節　昭憲皇太后御歌　金剛石・水は器<br>1．朝礼の歌　2．大八洲　3．忠霊塔　4．赤道越えて　5．麦刈　6．海　7．戦友　8．揚子江　9．大東亜　10．牧場の朝　11．聖徳太子　12．橘中佐　13．秋の歌　14．捕鯨船　15．特別攻撃隊　16．母の歌　17．冬景色　18．小楠公　19．白衣の勤め　20．桃山 |
| 6年 | 初等科音楽四 | 君が代　勅語奉答　天長節　明治節　一月一日　紀元節　明治天皇御製<br>1．敷島の　2．おぼろ月夜　3．姉　4．日本海海戦　5．晴れ間　6．四季の雨　7．われは海の子　8．満州のひろ野　9．肇国の歌　10．体錬の歌　11．落下傘部隊　12．御民われ　13．渡り鳥　14．船出　15．鎌倉　16．少年産業戦士　17．スキー　18．水師営の会見　19．早春　20．日本刀 |

※本表における曲名の表記は、旧漢字を現代漢字にあらためた他は目次掲載どおりである。

これらの曲を「国民科」（修身・国語・国史・地理）と関連づけながらカリキュラム全体で見たとき、身近な自然や季節や日常生活への愛着から愛国心育成へと向かう教材配列の系統性も浮かび上がり（今川・村井　二〇一三）、カントリー意識とネーション意識の接続が「唱歌科」で担保されようとしていた意図もうかがわれる。学校で歌うということは、個々の楽曲分析だけでは語りきれない意味の重層性を可能性として孕むのである。だがこうした教材配列の意図が実現されたかどうかも含めて学校で歌ったことの意味は、最終的には学習者の心の中に見出されるべきものではないだろうか。これらの曲を歌った経験は国民学校の子どもたちにとってどのようなものであったのか、さらに具体的に見ていきたい。

## 二　歌われた原風景と音楽的な特徴

自然や季節の美しさを歌った歌、日常生活に関連したものは、歌った当時の印象の強さもさることながら、これらの曲がその後の人生の中でも愛唱歌として繰り返し歌われてきたという特徴がある。一人ひとりが自分自身の生きる軌跡に結びつけて歌を受け止め続けているのである。

「ただひとつ挙げろと言われれば《おぼろ月夜》」という男性（誠之・一五・男）は《おぼろ月夜》と《村祭》の歌詞を今も覚えてアンケートに書き込んでいる。「六〇年ぶりの小学校同窓会で皆で《ふるさと》を合唱した」（豊殿・一五・男）という男性は、小学校当時の歌として、《ゆりかごの歌》、《日の丸》、《春の小川》、《お正月》、《牧場の朝》、《村の鍛冶屋》、《村祭》をあげている。また、「町の仕事として僻地の幼稚園児の送迎を六年間くらいやったが、車の中で春は《春の小川》から始まって秋は《赤とんぼ》まで子どもたちと一緒に歌った」（高遠・一二・女・インタビュー）とか、「（《四季の雨》が今でも好きで）こういう美しい歌を小さい頃教わって今日迄歌えることは本当に幸せと思っています」（誠之・一五・女）という言葉からは、これらの歌の記憶が更新され続けていることが裏づけられる。

記憶に残る愛唱歌という点では同じであっても、東京とそれ以外の地域との自然環境の違いは、これらの歌の微妙な受け止め方の違いとなってアンケートやインタビューに表われている。《四季の雨》を記憶に残す誠之国民学校卒業の男性は、「疎開先の環境にとてもマッチしていた」（誠之・一五・男）と疎開先の経験との結びつきをアンケートに書いている。だが、唱歌に歌われる風景を誰もが経験しているわけではなく、とくに誠之アンケートおよびインタビューからは身近な風景と歌詞とを重ねあわせて親近感を抱いたというような言葉はほとんど見られない。一方で、高遠や上田では身近な風景に重ねあわせて歌を受け止めているケースが目につく。「《夕やけこやけ》は、明日天気がいいと赤い夕やけが中央アルプスの向こうに見えて、すごい数のカラスが向こうの方からこっちに渡っていく。それと歌が結びついて印象に残る」（高遠・一六・男・インタビュー）、「《春の小川》は川で釣りをしたことや遊びを思い出し、故郷を愛しているという感情がわく」（藤沢・一二・男・インタビュー）、「《春の小川》、《おぼろ月夜》、《若葉》、《四季の雨》、《ふるさと》、《冬の夜》、《冬景色》、《もみじ》、《村の鍛冶屋》など。田舎で育ったので四季の自然を歌った曲が大好きで今もよく口ずさみます」（神科・一四・女）、「《おぼろ月夜》、《ふるさと》。田舎の風景とマッチするから」（神科・一六・男）といった声がその代表である。自然や季節の美しさは、まさに個々が生きる環境そのものの表象として歌われていたことがうかがわれる。「故郷を愛しているという感情がわく」という言葉からは、カントリー意識と呼べるものの形成を読み取ることもできるだろう。だが、自分が生きるリアルな風景への愛着が国家への帰属意識に結びついていくものであったかどうかは、少なくともアンケートやインタビューからは読み取れない。歌われた風景が一人ひとりの中でどのように表象されたかは環境や境遇によって違いがあったと推測され、これらの記述および語りの主体である学習者たちにとって、歌の意味とは後年の記憶の更新も含めて「その時その時自分が生きている文脈」と結びつけて心に刻むものであったのではないだろうか。

これらの曲について、その音楽的な特徴にも目を向けてみたい。歌う経験の質は、歌詞内容だけに左右されるものではない。子ども＝歌う主体にとって歌詞の内包する意味内容をわからずに歌う、あるいは虚構性を承知で歌うということはめずらしいことではない。また学習者の記憶には、概念的な意味内容以上に「音そのもの」として曲が刻まれるケースが多いことも、前奏や伴奏、輪唱や合唱といった音そのものの記憶が語られる例の多さから推測されるからである。

本多（二〇一二）は国民学校教科書掲載曲を、その歌詞形態・歌詞内容・拍子・リズム・調性等から分析している（これにもとづいて筆者が加筆修正したものを表2・2・3として示す）。人気曲を見てみよう。八六調の歌詞形態で四分の三拍子、ニ長調の《おぼろ月夜》、七七調の歌詞形態でハ長調四分の四拍子、等拍で流れる《春の小川》、六五の歌詞形態で四分の三拍子、ト長調の《冬景色》、従来的な七五調の歌詞形態だが四分の四拍子で滑らかな流れのフレーズが交互に弱起となる《牧場の朝》。こうして見ると、明治後期の多数の唱歌を特徴づけたヨナヌキとピョンコぶし(12)による曲、言い換えるといわゆる唱歌調もしくは軍歌調と呼べる特徴をもつ曲は、人気曲の中で影をひそめていることがわかる。表2・2・3からわかるように、これらの曲ではたとえば《春が来た》《春の小川》《おぼろ月夜》《四季の雨》のように、完全なヨナヌキではないものの四音や七音が控えめに扱われるなど日本人にとっての歌いやすさが保持されつつ、かなり洗練された西洋的和声法やリズムが採用され、明治期の唱歌とは異なるスタイルが確立されている。嶋田（二〇〇九）が『尋常小学読本唱歌』（一九一〇年）発刊以降、

表2・2・3　国民学校国定教科書掲載曲の音楽的特徴

●本表は、本多（2012、pp.40-41）による分析表をもとにして、越山・今川が加筆修正したものである。本多の分析表は第3学年と第5学年の教科書掲載曲全曲を取り上げて、「作曲」「歌詞形態」「歌詞内容」「拍子」「小節」「形式」「リズム」「調性」「伴奏」「歌い方」の各項目について整理している。これ以外の学年については、一部本多から原データの提供を受け、本稿で取り上げる曲を中心に加筆をおこなっている。項目については「作曲」「歌詞内容」「小節」「形式」「リズム」「伴奏」を割愛し、「形式」と「伴奏」と「リズム」については筆者が加筆修正して総合的な特徴の項目に統合した。なお、「歌詞内容」については、巻末資料に「教師用指導書」に示された内容を引用して記載したので、それを参照されたい。

●歌詞形態は原則として１番の歌詞の文字数を記す。調性、歌い方については「教師用指導書」の内容から要約して記す。ピョンコ止め、拡大ピョンコ止めについては本文を参照されたい。

| 学年 | 曲順 | 曲名 | 歌詞形態 | 拍子 | 調性 | 歌い方 | リズム・旋律・形式等の特徴（筆者の分析による） |
|---|---|---|---|---|---|---|---|
| 1 | 2 | ヒノマル | 7777 | 4分の2 | ヘ調長音階 | 一拍一拍、強拍弱拍はっきり | ヨナヌキ。等拍で、同音反復の多い平易な一部形式。伴奏は右手に旋律を含む、西洋和声法に基づくシンプルなもの。 |
| 1 | 7 | ウミ | 75<br>2行 | 4分の3 | ト調長音階 | 3拍子の強拍を意識、不平均注意、3音から始まる | ヨナヌキの旋律に西洋和声法に基づくスタイルの伴奏があてられている。旋律は3拍子の唱歌によくみられる「タタタンタン」を多用。 |
| 1 | 15 | オ正月 | 75 | 4分の2 | ト調陽音階 | 素朴に元気に朗らかに | ト調陽音階に基づく日本的な等拍の旋律に、ヘ長調半終止やト短調全終止（$V_7$→Ｉ）の進行と思われる西洋和声的伴奏をあてた折衷的な曲。 |
| 1 | 19 | ヒカウキ | 8466<br>84 | 4分の2 | ハ長調 | はきはきと元気よく | 歌詞の語頭に強拍があてられ、等拍で強拍弱拍をはっきり歌わせる構成。ヨナヌキ旋律に西洋和声法に則った伴奏。 |
| 2 | 1 | 春が来た | 555<br>2行 | 4分の4 | ハ調長音階 | 付点2分音符初出 | 旋律は4音が経過的に出てくるがほぼヨナヌキでできている。伴奏は西洋和声法による。旋律のリズムは「タンタタタンタン」のパタンで統一感。 |

| 学年 | 曲順 | 曲名 | 歌詞形態 | 拍子 | 調性 | 歌い方 | リズム・旋律・形式等の特徴（筆者の分析による） |
|---|---|---|---|---|---|---|---|
| 2 | 6 | 花火 | 6457 575 | 4分の2 | ハ調長音階 五音音階 | はきはきときれいに。2拍子の練習の曲 | 旋律はヨナヌキ、ピョンコ止め。伴奏右手も旋律をなぞっているが（12小節目を除く）、左手和音は西洋和声法に依っており、折衷的な印象。 |
| 2 | 11 | 富士の山 | 75 | 4分の4 | ヘ調長音階 五音音階 | 落ちついて、しっかりと歌う | 前奏ABA’の構成。旋律はヨナヌキで拡大ピョンコ止め多用。伴奏は、前奏、A及びA’のほとんどが、旋律をなぞったオクターブのユニゾンとシンプルな和声。Bはドミナントの保続音。 |
| 2 | 17 | 兵たいさん | 85 | 4分の2 | ヘ調長音階 五音音階 | 音域狭い、平易、軍隊の速歩行進 | 旋律はヨナヌキ、等拍、伴奏は右手が旋律をなぞり、左手は単純にほぼ等拍をオクターブで刻んでⅠⅣⅤの和音で進行する。 |
| 3 | 1 | 春の小川 | 77 | 4分の4 | ハ調長音階 | レガート、明るくほがらかに | 旋律は1ヵ所7音が経過的な下行形に出てくるが、その他はヨナヌキでできている。等拍。伴奏は流れるように和音が細やかに替わる。 |
| 3 | 8 | 軍犬利根 | 8585 | 4分の3 | ト調長音階 | 跳躍、勇壮活発に歌う | 「ソ・ド・レ・ミ」の並びで始まる旋律はほとんどヨナヌキで付点が多用されている。歌詞には擬音語多用。ファンファーレ風の前奏に続く伴奏は、歯切れの良い左手8分音符の上に付点が多用されている。和声的には借用和音の使用で西洋的な印象が強まっている。 |
| 3 | 11 | 村祭 | 75 | 4分の2 | ト調長音階 | にぎやかに楽しく歌う | 旋律にはない7音（導音）が多用される伴奏は、躍動感あるリズムをもつ。 |
| 3 | 12 | 野菊 | 75 | 4分の2 | ヘ調長音階 | やさしく、しかも力強く歌いたい | ヨナヌキの旋律に西洋和声法のなめらかな伴奏。 |
| 3 | 13 | 田道間守 | 75 | 4分の4 | イ調短音階 | しずかにおだやかに歌う | 7音（導音）がなく、所々陰音階を想起させる日本的な旋律。拡大ピョンコ使用。伴奏は西洋和声法に基づき、借用和音やナポリⅡといった和音が使われる複雑な和声進行である。前奏のトリルやターンも印象的。 |

| 学年 | 曲順 | 曲名 | 歌詞形態 | 拍子 | 調性 | 歌い方 | リズム・旋律・形式等の特徴（筆者の分析による） |
|---|---|---|---|---|---|---|---|
| 3 | 20 | 三勇士 | 75 | 4分の4 | ハ調長音階 | 勇士の忠烈をたたえて力強く歌う | 4声体の和声進行の伴奏は賛美歌調といえる。三部合唱は西洋和声法に基づくようにみえるが、主旋律である最上声部は1ヵ所ある7音が導音の機能をせず、ヨナヌキ調の雰囲気を帯びている。拡大ピョンコ止め使用。 |
| 4 | 12 | 村の鍛冶屋 | 8787 | 4分の2 | ト調長音階 | 元気に、いきいきと | 旋律は「♪ふいごの」の箇所をのぞいてヨナヌキであるが、跳躍進行の仕方などは西洋和声に支えらているといってよい。西洋和声法に基づく伴奏は軽快である。 |
| 4 | 18 | 廣瀬中佐 | 8877 | 4分の4 | ヘ調長音階 | はきはきと勇ましく | 旋律、伴奏共に新しいスタイルだが、最後の山場がヨナヌキで拡大ピョンコ止め。(「♪杉野」は4音ではなく5音から入ることでヨナヌキらしさが出ている、一方、前半終止部分である「♪デッキ」では4音から入るため西洋的にきこえる。）歌は弱起で始まる。 |
| 4 | 19 | 少年戦車兵 | 75 | 8分の6 | ト調長音階 | 堂々と力強く歌う | 難しい三部輪唱（各声部が階梯導入風に歌い出す）に対して、音とりがしやすいようにシンプルな伴奏が工夫されている。 |
| 4 | 20 | 無言のがいせん | 8575 75 | 4分の3 | ホ調短音階 | 静かに、真心こめて | 旋律は7音を欠く短音階（ラシドレミファラ）だが、伴奏には7音が含まれる。伴奏は右手と左手が対旋律風。歌は弱起で始まる。 |
| 5 | 10 | 牧場の朝 | 75 | 4分の4 | ニ調長音階 | 田園の気分を十分に歌い出す | 新しいスタイルといえるが、中間部以降ヨナヌキ風の旋律が見られる（「♪鐘が鳴る鳴る」）。歌のフレーズが交互のように弱起で始まる。 |
| 5 | 17 | 冬景色 | 6565 | 4分の3 | ト調長音階 | さらりと優美に歌う | 新しいスタイルといえる。三部合唱は三声が一音符対一音符で進行し、和音合唱との連絡が図られている。伴奏は対旋律風な動きを多用。 |

| 学年 | 曲順 | 曲名 | 歌詞形態 | 拍子 | 調性 | 歌い方 | リズム・旋律・形式等の特徴（筆者の分析による） |
|---|---|---|---|---|---|---|---|
| 6 | 2 | おぼろ月夜 | 86 | 4分の3 | ニ調長音階 | やわらかく、やさしく | 主旋律には4音が含まれるが経過的な扱いであり、7音を含まないためにヨナヌキに近い印象を受ける。だが二部合唱の低声部には7音があるので、二声部を合わせると西洋的な響きになる。伴奏は西洋和声法。 |
| 6 | 6 | 四季の雨 | 75 | 4分の3 | ト調長音階 | 静かに歌詞に則して | 4音と7音が控えめに使われる長音階。伴奏は西洋和声法に基づき、借用和音を含む高度な和声進行。 |
| 6 | 7 | われは海の子 | 75 | 4分の4 | 二調長音階 | | 新しいスタイルといえる。二部合唱の低声が主旋律で、和音合唱との連絡が図られている。伴奏も和声的である。 |
| 6 | 18 | 水師営の会見 | 75 | 4分の4 | ト調短音階 | 落ち着きをもって、ことばがはっきりするように | 歌の旋律は同音反復と拡大ピョンコ止めを用いた軍歌調で、4音が一度出るだけのヨナヌキ短音階に近い。伴奏は西洋和声法にもとづく。 |

七五調ではない様々な詩体の採用と日本人の作曲技能の向上とが相まって従来的な唱歌調とは異なる楽曲形態が出現した、と指摘するところである。山東（二〇〇八）はこのようなスタイルの出現をとらえて、ヨナヌキ・ピョンコぶしによる身体性を介した国民教育という面で唱歌が明治期以来の一定の役割を終え、西洋化された名曲による国民の規律化というあらたな段階に入ったと見る。すなわち、今日でも評価の高い唱歌、とりもなおさずここにあげられた「日本の表象」たる歌の数々が、「兎もおらず小鮒もいない都会の真ん中で生まれ育ったとしても各人の『故郷』のイメージを言葉の上だけでも統合」（山東　二〇〇八、二〇四頁）することに一役買ってきたと見るのである。これは、先の西島が指摘するところのカントリー意識形成機能とネーション意識形成機能とが、こうした唱歌において接合された可能性に通ずる指摘ともいえよう。

たしかに、子どもたちにとっては「曲の良さ」

「きれいな歌だった」(《野菊》《四季の雨》に言及して)と受け止められたこれらの曲、つまりヨナヌキ+ピョンコぶしではない新しいスタイルの唱歌が、後年まで好まれ続けて浸透していることはアンケートやインタビューの結果からも裏付けられる。これらの歌がリアルであれ想像であれ、つまり兎を追った人であれ追わなかった人であれ共通して自分の帰る場所たる日本の原風景イメージを抱かせることにどこまで成功したのか、一人ひとりの意識から探り出すことは難しい。アンケートとインタビューからは、自分の生きるコミュニティの原風景と結びつけて愛着をもつケースと、リアルな経験との結びつきがなくても愛着をもつケースとがあるように思われ、山東の言う言葉の上だけの統合だけにとどまらない、情動面まで抱え込んだ統合がこれらの歌によってなされていた可能性も否定はできない。

だが、アンケートとインタビューに見る歌詞の原風景への言及は、リアルな経験との結びつきがあるケースにおいて濃い傾向がうかがえる。また、カリキュラムに意図された愛国心への接続が子どもたちの心の中で実現した形跡をかれらの記憶から読み取ることは難しい。むしろそこに浮かび上がるのは、「その時その時自分が生きている文脈」の具体的なイメージとともに「良い歌」を心に刻む学習者の姿である。もちろん歌う主体によって自覚されないうちに一定の思想が伝達されていた可能性もあるものの、歌う主体一人ひとりが自らの生きる文脈に密に結び付けて蓄積してきた主観的な歌の意味は、カリキュラムに意図された意味以上の鮮明な痕跡を学習者たちの記憶に残しているといってよいのではないだろうか。

## 三　時局を反映する歌詞と唱歌のスタイル

前項の曲に比較すると、西島のいうネーション意識形成に寄与すると明確に分類できる曲の記憶が語られることは少ない。その中でも比較的回答数の多かったのは《日の丸》である。七文字（四＋三）単位の平易な歌詞が四分の二拍子・等拍のヨナヌキ音階「七音＋休符」に乗った覚えやすい一部形式の曲であること、日常生活の中で見なれている日の丸という象徴的なものが主題ということで、ネーション意識に分類される曲ではあっても子どもたちの意識の中では生活と密着した歌と大差なく受容されていたかもしれない。《われは海の子》は軍国主義的な歌詞(13)をもつという点ではこの部類に入れることもできるが、自然を歌った曲にあてはめることもできる。

軍国主義を色濃く反映するといえる曲はわずかしかあがっておらず、複数地域であがったのは《広瀬中佐》《水師営の会見》《軍犬利根》《飛行機（ヒカウキ）》であり、《三勇士》《兵たいさん》《少年戦車兵》《無言のがいせん》はすべての地域を通じて一人ずつしかあげていない。表2・2・2の国民学校国定教科書掲載曲一覧を見ればわかるように、高学年になるにつれて時局を反映する歌が増えているが、その記憶はアンケートの中でもインタビューでもあまり語られることはない。

これらの曲についても同じく本多（二〇一二）を参考にしながら音楽的特徴をみると（表2・2・3参照）、こうした歌詞内容の曲にはリズムや伴奏面において従来よりも凝った作曲上の工夫が見られつつも、ヨナヌキとピョンコ節という軍歌調(14)の特徴もかなり残っている。学習者たちの言及が比較的多かった《広瀬中佐》は新しいスタイルによる部分が多いが、曲の山場にあたる部分はヨナヌキ調と拡大ピョンコ止め（付点四分音符＋八分音符＋四分音符＋四分音符）リズムが使われており、新旧が同居したようなスタイルである。《水師営の会見》は拡大ピョンコ止めの軍歌調であり、《飛行機》、《軍犬利根》、《兵たいさん》はヨナヌキもしくはほぼヨナヌキである。教科書上では、時局を反映した歌詞は新しい唱歌スタイルには乗り換えきれずに、軍歌調の名残をとどめたスタイルがかなりとられていた。もちろん中には新しい作曲上の工夫が採用されたものもあるが、アンケート結果を見るかぎり、それらはさほど学習者たちの記憶に深い印象を残していないようである。三部輪唱が採用された《少年戦車兵》や凝った伴奏の《無言のがいせん》への言及は少なかった。なかでも《軍旗》は三年生での三部合唱登場という点で教材として注目できるが、アンケートとインタビューで歌った記憶があげられることは全くなく、教師がこの学年での三部合唱の導入教材としてあまり扱わなかったか、あるいは作品自体の質が子どもたちの受け止めの重みを左右した結果であるかもしれない。《少年戦車兵》についても、同ことが言えるだろう。

ヨナヌキ・ピョンコぶしの軍歌調は教科書上での一定の役割を終え、この時期にはもっぱらメディアを通した軍歌や軍国歌謡というジャンルに、その役割とスタイルが一緒に移行していったと考えてよい。

## 四　エピソードとの連結

西島（二〇〇〇）は高遠の調査結果から「唱歌科の授業の記憶として、天皇制イデオロギーや軍国主義的ナショナリズムにかかわるような指導を受けた経験を直接的に挙げるケースはほとんどなかった」と指摘する。高遠だけに限らず他の地域においても、こうした意図的歌詞教育の記憶はほとんど語られない。唱歌教育を音楽外的教育内容を教える装置とみなす音楽教育史観に立つならば、歌詞の意味を子どもたちに理解させることは言うまでもなく唱歌教育の重要な位置を占めるはずであるが、少なくとも我々の調査対象地域においては明示的に歌詞の意味内容だけを子どもたちにわからせるような指導は実施されていなかったようである。

井上武士（一九三九）は「歌詞の取扱方法とか、或ひはその程度は、教材の性質や、児童の程度によって一定することはできないけれども、唱歌教授に於ける歌詞の取扱はその根本方針として、『歌ってわからせる』ということを基礎としなければならない。国史や修身では『話してわからせ』、『話して感じさせる』ことを中心とし、読方に於ては『読んでわからせ』『読んで感じさせる』ことを中心とするならば、唱歌に於ては『歌はせてわからせ』『歌はせて感じさせる』ということを中心としなければならない」（二一三頁）と述べている。この考え方は芸能科音楽の指導方法を探求する長野県の教師たちによってもほぼ共有されていたと見られる。長野師範学校男子部附属国民学校教科研究会編による『芸能科音楽指導の諸問題』（一九四三）を見ると、歌唱指導が踏む三つの段階（直観―歌唱―観照・批評）の最初すなわち直観の段階においてまず歌詞の読みがあるが、それについて次のように書かれている。「歌詞内容の説明はできるだけ印象的にし、くどくどしい説明は最も禁物である。即ち挿絵を利用してその歌詞の持つ情趣を端的に直観する様に指導することが大切である。したがって語句の末節にとらはれた細かい指導は避けねばならない。一語一語に盛られている感情は随時歌唱を通して指導し、国語に於ける読みの指導とは凡そその取扱を異にし特に音楽時における歌詞の扱いの独自な立場を十分考慮することが必要である」（一四四頁）。導入として、一、二の問答と「読み」は勧めているものの、あくまでも印象重視の直観的な学習、つまり説明ではなく歌って感じさせることを重視している（図2・2・1、図2・2・2は音楽の教科書に載せられた挿絵）。

歌詞の内容をくどくどしく教えない一方で、同一のエピソードを「国語」、「修身」、「国史」等で「読んで、話して」わからせることと、音楽で「歌って」わからせたり感じさせたりすることとの往還という教授方法はさかんにとられていた（本多　二〇〇五）。これは単なる教授方法というより、カリキュラムレベルでの意図といった方がよいだろう。とくに歴史上の人物や偉人を取り上げた学習主題は、教科横断的に配列された教材を通して重層的な経験の網の目を子どもたちに提供しており、子どもたちの内面に一定の思想を形成するねらいがあったことが見えてくる（今川・村井　二〇一三）。

『初等科国史上』（五年生）は、第一「神国」の一「高千穂の峯」において、遠い遠い神代の昔に伊弉諾尊《いざなぎのみこと》と

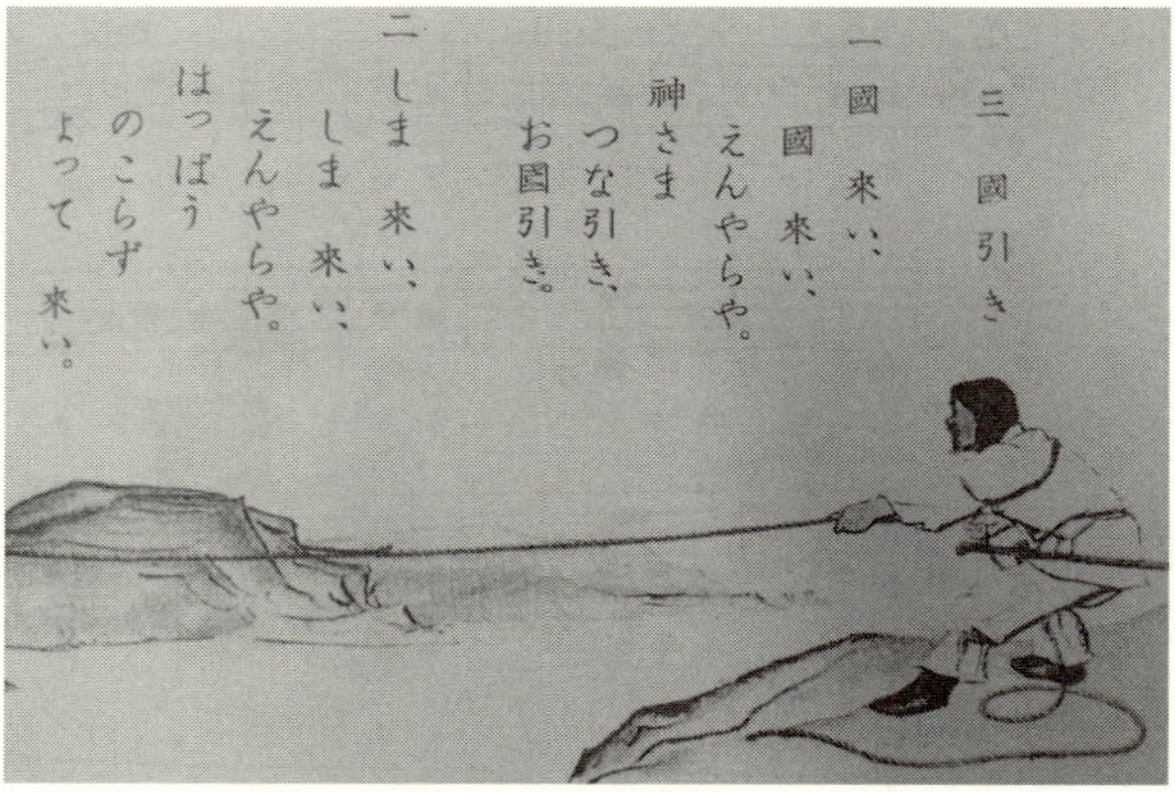


図２・２・１　『うたのほん下』（2年生）《国引き》の挿絵

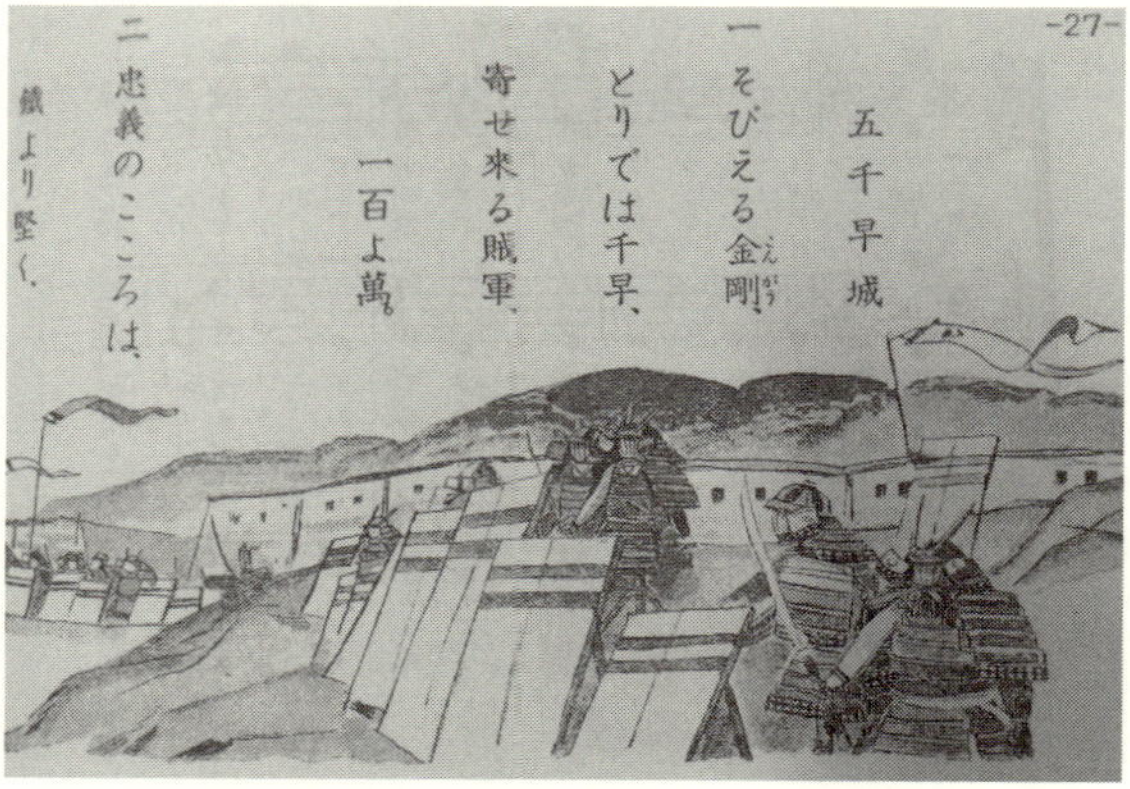


図２・２・２　『初等科音楽二』《千早城》の挿絵

伊弉冉尊《いざなみのみこと》が生んだ山川の眺めも美しい八つの島を大八洲と呼ぶ、というところから始まる。並行して五年生の『初等科音楽三』では第二曲目《大八洲》を歌うのである。他にも目を転じてみよう。国史で多くの頁が割かれる楠正成にまつわる逸話はいずれも感動的に描かれているが（『初等科国史上』第六「吉野山」へ一・建武のまつり

表2・2・4　国語と音楽の連携（三年生）

| 三年 | 初等科国語一・二 | 初等科音楽一 |
|---|---|---|
| | 1．天の岩屋　2．参宮だより　3．光は空から　4．支那の春　5．おたまじゃくし　6．八岐のをろち　7．かひこ　8．おさかな　9．ふなつり　10．川をくだる　11．少彦名神　12．田植　13．にいさんの愛馬　14．電車　15．子ども八百屋　16．夏の午後　17．日記　18．カッターの競争　19．夏やすみ　20．ににぎのみこと　21．月と雲　22．軍犬利根　23．秋　24．つりばりの行くへ<br>1．神の劒　2．稲刈　3．祭りに招く　4．村祭　5．田道間守　6．みかん　7．潜水艦　8．南洋　9．映画　10．聖徳太子　11．養老　12．ぼくの望遠鏡　13．火事　14．軍旗　15．いもん袋　16．雪合戦　17．菅原道真　18．梅　19．小さな温床　20．雪舟　21．三勇士　22．春の雨　23．大れふ　24．東京 | 君が代　勅語奉答　天長節　明治節　一月一日　紀元節<br>1．春の小川　2．鯉のぼり　3．天の岩屋　4．山の歌　5．田植　6．なはとび　7．子ども八百屋　8．軍犬利根　9．秋　10．稲刈り　11．村祭　12．野菊　13．田道間守　14．潜水艦　15．餅つき　16．軍旗　17．手まり歌　18．雪合戦　19．梅の花　20．三勇士 |

※ゴシック体に下線を付したものは同一タイトル。この他、内容面での連絡については巻末資料を参照されたい。

ごと〉〈二、大義の光〉〉、金剛山に築いた《千早城》、我が子正行《まさつら》との別れを歌った《桜井の別れ》[15]（国民学校では教科書外）、《小楠公》といった具合に、音楽の時間においてもこのエピソードを繰り返し歌うことになる。この題材についてアンケートを見ると、とくにもっとも涙を誘う場面を描いた《桜井の別れ》は、「《桜井の別れ》を母とよく歌った」（上田・一六・男）といった記述に代表されるように比較的多数に記憶されており、子ども心にも強く印象づけられていたことがうかがわれる。表2・2・4は三年生の国語と音楽の目次を並べたものであるが、多くの題材が対応関係にあったことがわかる。（音楽と国民科との連携については、巻末資料も参照されたい。）

　こうした、いわば感動的なエピソードによって教科を横断して子どもたちに印象づける方策は国民学校の教育のひとつの特徴ともいえ、アンケートやインタビューを見るとこれが子どもたちの心を大きく揺さぶっていたことがわかる。表2・2・4に示した三年生の題材に関する記憶だけを拾ってみても、「《軍犬利根》は読本にも載っていたせいか、歌いながら涙を流した記憶」（上田・一五・男）があるとか、《田道間守》は「歌詞もメロディーもよく」（誠之・一五・女）、「先生の説明で涙を流した」（誠之・一六・女）といったように、情動的な記憶が語られている。ト長調で歌いやすいヨナヌキ音階を上行して歌いだす《軍犬利根》は歯切れのよい和声的な伴奏に支えられ、イ短調の《田道間守》は装飾音と凝った和声進行の伴奏に支えられている。こうした歌いやすさと音楽的な新鮮さとの融合が、エピソードの印象と結びついて子どもたちの情動的な記憶を深めたのであろう。

ほかにも、《ひよどり越》《鎌倉》《広瀬中佐》などについては「音楽から自然、四季、歴史など多くのことを学んだ気がします」（誠之・一五・女）という記述のほか、《広瀬中佐》（『初等科国語四』、第四期国定修身教科書『尋常小学修身書二』など）、《橘中佐》（『初等科修身三』）、そして《野口英世》（『初等科修身二』）などへの言及が見られ、これらが子どもたちにとって印象深いエピソードであったことがわかる。歴史上の人物やエピソードを参照して知的な理解と情動的な感動を結びつけて歌を経験することは、どの学校においても実践され、そうした学習主題の意図はどうやら一定の成功を収めて実現されていたといってよいだろう。

## 五　生活化の諸相

授業内で歌う経験を生活と結びつけることは、国民学校芸能科の方針の中で強く意識されていたことのひとつでもあった。だがそこにもいくつかの異なる側面が含まれている。指導書『教師用』冒頭の「芸能科指導の精神」中

「（四）指導上の注意・その他」の第一番目に「日常生活への応用」とあり、次のように書かれている。「芸能科の教育が単に教室だけのものに終らず、ここで修練した情操、技能、知識、感覚が、児童の生活の全面に具現され応用され、生活そのものも、生活の環境も、芸術的に、技術的に、たしなみ深く洗練されたものとなり、また能率的、合理的なものとなるように指導することが大切である。進んでは利用厚生とか、国防産業の方面に寄与する精神を養うことが大切である。」

最後の一文は現代の我々にはやや唐突な感はあるものの、授業で身につけた芸術的・音楽的な力を生活に活かすねらいの中には、聴覚訓練の成果を日常的な国防意識に結びつけることも含まれていたことを考えると納得がいく。興味を惹くのは、芸能科音楽の成果によって生活を「たしなみ深く洗練」すると述べている点である。単に生活と密着した題材を取り上げて関連づけさせるというのではなく、学校で身につけた音楽的教養や技能を校門を出て家庭に波及させようとしていたのだ。昭和一六年六月に出版された文政研究会編『國民學校と家庭』（一九四一）にも、音楽は国民的情操の涵養に役立ち、国民生活に潤いを与えるものであると記されており（同書、七七頁）、こうした考えが広く共有されていたことがわかる。

だがこのねらいに対して、音楽的教養や技能が具体的に生活で応用的に活かされたことがうかがわれる声はアンケートやインタビューからはとくに浮かび上がってこない。そこに見えてくるのは、学校の歌を生活の中でも歌っていたという単純な事実であり、つまり当時の子どもたちは学校で習った歌を家庭や地域に持ち込んでいたのである。学校で歌う歌と生活との結びつきは今よりも強く、こうした点では学校で身につけたことを家庭に結びつけさせようとする意図はある程度実現されていたともいえる。もちろんそれは、今よりも娯楽の少なかった当時の子どもたちが現代の子どもたちよりも生活の中で歌う機会が多かったからかもしれない。「疎開先のお寺で寮母さんと多くの歌を歌った」(誠之・一六・女)、「戦争中は夜暗くすると何も出来なくなるので姉が歌を歌ってくれた」(長野県内、一一、女)といった言葉からは、子どもたちが歌によって人とのかかわりを緊密に結び、生活のうるおい、さらには生きる支えともしていたことがうかがわれる。

生活との結びつきといえば、曲の題材を子どもたちの身近な生活からとるというわかりやすい結びつき方もまた、指導面で意識されていた。先述の文政研究会編『國民學校と家庭』では、たとえば《カクレンボ》等の遊戯、《お正月》など年中行事、《タネマキ》《たきぎひろい》は生活に密着した集団的な行為を歌っていることを説明し、生活と結びつきやすいこうした平易で覚えやすい曲を、短時間にひとつのまとまった歌曲として覚えさせることを勧めている(同書、一三二~一三三頁)。ここに言われているような集団的な行為は、太平洋戦争が進むとともに都会の子どもであっても疎開先で経験することが日常化していたが、子どもたちはこれらの作業と歌とを実際のところ結びつけて心に刻んだのだろうか。

結論からいえば、歌詞の中に歌われたものは「つくられた生活」でしかなかった可能性が高い。季節の風物や行事と重なる《お正月》や《鯉のぼり》《ひな祭》といったものはたしかに生活と関連してはいるが、実際にアンケートやインタビューの中では自分自身の生活経験と結びつけた記憶は語られていない。《村祭》にしても自分の祭体験と結びついていたわけではなかったし、《村の鍛冶屋》(当時でも鍛冶屋が身近であった子どもは少なかっただろう)にしても「輪唱した」というもっぱら音楽的な経験としてだけ記憶に残っているケースが見当たるだけである。《田植》や《タネマキ》といった作業の歌も、曲自体の質の問題もあるかもしれないが、自分の作業経験と結びつけて語られることはなかった。自然や季節の美しさを歌った歌や、歴史上の人物のエピソードを歌った歌に比べると、作業をはじめ生活の歌が子どもたちの記憶に強く残ることはなく、実際のところは教材の中に作られた架空の生活にすぎなかったのかもしれない。

## 二・二・四　教室の中の軍歌と軍国歌謡

### 一　メディアの影響

長野師範学校男子部附属国民学校教科研究会が昭和一八年に刊行した『芸能科音楽指導の諸問題』は、「学校音楽にその基礎を培われ、一方外来音楽文化の刺激にその発展を助成された現代の音楽は、ラジオ・レコード・映画或は印刷等の普及により、質に於ても、量に於ても、驚くべき躍進を示している（中略）。これら多様な歌謡の世界からみると学校唱歌はほんのその一部面であり、国民学校児童にあっても学校唱歌以外に児童の唱謡欲を誘発、刺激する多くの歌曲が児童の四圍に甚だ多く氾濫しつつあることは予想するに難くない」（同書、九十四頁）として、児童の愛好曲を調査している。「ラジオ・レコード・映画或は印刷等」とはまさにメディアである。子どもたちにとっての音楽の情報源が学校といわゆるマス・メディア（以下メディア）の二つであり、メディアの占める位置は無視できないという認識は、現代とあまり変わらない。

ここで一旦、当時のメディア、とくにラジオと蓄音機の普及状況に目を向けてみたい。総務省統計局のデータ(16)によれば、昭和六年に約百万世帯であったラジオの受信契約数は昭和一〇年には二百万を超えている。佐藤（一九九八）の指摘によれば昭和一〇年時点でラジオは「全国普及率一五・五％と東京の四七・八％を比較すれば明らかなように、なお圧倒的に都会のメディア」（一六七頁）であり、東京と全国平均との間ではその普及状況に約三倍の開きがあった。だがその後国民学校スタート時点である昭和一六年には全国で実に六六〇万余りの世帯が受信契約を結ぶに至っており、ラジオの普及が昭和一〇年代に入って急速に進んだことがわかる。

本稿が対象とする地域ではどうだっただろうか。誠之と上田のアンケートに加えて高遠のアンケート結果をラジオと蓄音機の保有率という点で比べてみよう。まず、どの地域もそれぞれにかなりの高い比率でラジオを所有していたことがわかる。アンケートに答えた誠之国民学校昭和一五、一六年度入学者あわせて六六世帯中五八世帯と実に八八％近くがラジオを所有していた。蓄音機は五〇世帯（内、電蓄のみという世帯が二世帯）と七六％近い。上田はラジオが四九世帯中三一世帯と約六三％、蓄音機になると一四世帯（内電蓄のみが一世帯）と約二八％の保有率であった。高遠町を見るとラジオは四三件中二四件で約五六％、蓄音機は一四件で三三％近く、という結果である。東京と長野の間に差はあるものの、いずれもラジオの普及率はかなり高いと言ってよく、蓄音機については東京とそれ以外の地域との間でまだ保有率にかなりの差があったと考えてよさそうである。子どもたちが実際にメディアから音楽を吸収した確率を考えると、高遠では「近所の家で蓄音機を聴かせてもらった」というような言葉が出ており、地域を問わず子どもたちにはかなり広く音楽情報が行き渡っていたことは間違いない。インタビューやアンケートからもメディアの歌はほとんどの子どもたちが知っていたと推測され、メディアの歌は日本中の子どもたちに浸透していたとみられる。

ここで長野師範附属国民学校の調査結果に戻りたい。その結果（表2・2・5）は「学校唱歌」「行事の歌」「時局の歌」「国民合唱」「童謡」「歌謡曲」「外来曲」「その他」にカテゴライズされているが、注目すべきことのひとつは学校唱歌が愛好曲としてあげられる比率の高さである。とくに女子児童に顕著に見られるこの傾向からは、学校で指導された歌が子どもたちの生活全般での愛好曲であったことがわかる。我々が行ったアンケートとインタ

表2・2・5　長野師範附属調査による国民学校児童の愛好曲調査結果一例

| | |
|---|---|
| 4年生男子（45名） | ≪敵は幾万≫19. ≪広瀬中佐≫17. ≪海ゆかば≫15. ≪青少年団歌≫13. ≪愛国行進曲≫13. ≪愛馬行進曲≫13. ≪太平洋行進曲≫11. ≪軍艦マーチ≫10. ≪機械≫10. ≪野口英世≫9. ≪君のため≫6. ≪雪の進軍≫6. ≪月月火水木金金≫6. ≪日本陸軍≫4. ≪春の海≫4. ≪千早城≫4. ≪燃ゆる大空≫3. ≪マレー沖海戦≫3. ≪めんこい子馬≫2. ≪隣組≫2. ≪空の勇士≫2. ≪水兵の歌≫1（以下同数）≪荒鷲の歌≫≪皇国の母≫≪大東亜決戦の歌≫≪バレンバンの歌≫≪一茶の歌≫≪父よあなたは強かった≫≪国民進軍歌≫≪つばめ≫≪作業の歌≫≪そうだその意気≫≪九軍神の歌≫≪ひよどり越≫≪取り入れ≫≪おんま≫≪大楠公≫≪橘中佐≫≪荒城の月≫≪十億の進軍≫≪時計の歌≫≪あゝ満州≫≪満州娘≫≪日の丸行進曲≫≪暁に祈る≫≪港≫≪支那の夜≫≪露営の歌≫≪水泳の歌≫≪上海だより≫≪元寇≫ |
| 6年生女子 | ≪四季の雨≫22. ≪海ゆかば≫21. ≪菅公≫20. ≪我は海の子≫17. ≪君のため≫13. ≪故郷≫10. ≪我等の村≫9. ≪明治天皇御製≫9. ≪朧月夜≫8. ≪薔薇≫8. ≪野薔薇≫8. ≪旅愁≫8. ≪月月火水木金金≫6. ≪日本海々戦≫5. ≪浦のあけくれ≫5. ≪夜の梅≫3. ≪隣組≫3. ≪遠足≫3. ≪今年のつばめ≫3. ≪蛍の光≫2. ≪若葉≫2. ≪進水式≫2. ≪カッコーワルツ≫2. ≪ローレライ≫2. ≪朝≫2. ≪埴生の宿≫2. ≪雁がわたる≫1（以下同数）≪森の鍛治屋≫≪鎌倉≫≪若い力≫≪鯉のぼり≫≪機械の歌≫≪村の鍛冶屋≫≪愛国の花≫≪希望≫≪大東亜戦争の歌≫≪美しき≫≪さくら≫≪モーツァルトの子守歌≫≪日光山≫≪僕等の団結≫≪影法師≫≪南洋の虎≫≪荒城の月≫≪蛙の先生≫≪かくれんぼ≫≪軍艦≫≪瀧≫≪キスメット≫≪サンタルチヤ≫≪アヴェマリヤ≫≪江の島の歌≫≪山に登りて≫≪山の朝≫≪国民学校一年生≫≪僕の弟五郎ちゃん≫≪入営兵士を送る歌≫≪広瀬中佐≫≪君が代行進曲≫≪兵隊さんよありがとう≫≪冬の夜≫≪美しき天然≫ |

※長野師範附属国民学校編『芸能科音楽指導の諸問題』96～97頁に示されたデータを筆者が表組みした。旧漢字は現代漢字に直した。

ビューからも、「《春が来た》など兄にハーモニカを教わった」（河南・一四・女）、「戦地からの父の葉書に、風景が《うみ》のようだと書いてあって寂しさを慰められた」（高遠・一六・女）、といった声に代表されるように、学校の歌は校門を出て愛されていたことがわかる。さらに言えば「疎開時集団で登校の道すがらうたいつづけた」（誠之・一六・男）という言葉に表れているように、子どもたちは学校の内でも外でも、そしてその行き来の中でもいつも歌っていたのである。

長野師範附属国民学校の調査結果でもうひとつ注目すべきは、いわゆる軍歌と軍国歌謡のあげられ方である。著しいジェンダー差は当時の教育内容全般から見て当然のことではあるが、《愛国行進曲》、《愛馬行進曲》、《太平洋行進曲》、《軍艦マーチ》といったメディア発の軍歌・軍国歌謡は男子児童に深く広く浸透していた（表2・2・6参照）。当時の男児たちが学校の内外でこうした歌を日常的に口ずさんでいたことはアンケートやインタビューにも示されている。これに対して記憶にジェンダー差があまりみられなかった曲が《海ゆかば》であった。

## 二　学校の中の《愛国行進曲》と《海ゆかば》(17)、(18)

軍歌と軍国歌謡について、学校の中での歌われ方に焦点を当てたい。もともとメディアから発信された歌が授業の中で歌われる頻度は低かったが、その中でも《海ゆかば》と《愛国行進曲》はそれぞれ性格は異なるが、他に比べると突出して頻繁に学校の中で歌われていた。当時日本国中をあげて歌われたこの二曲は、学校の中でどのような位置づけをもっていたのだろうか。これらの曲はメディア論的に作り手あるいは送り手側にとっての意味が論じられることが多いが、実際に子どもたちによってどのように経験されていたのか、アンケートやインタビューだけでなく、これらの曲名がたびたび記されている学校所蔵文書も参考にしながら探ってみたい。

表2・2・6　「愛好歌曲の性別的考察」

| | 男（362人） | 女（293人） | 全（655人） |
|---|---|---|---|
| 学校唱歌 | 36.3％ | 65.9％ | 48.1％ |
| 行事の歌 | 21.3％ | 10.6％ | 18.0％ |
| 学校で指導されたもの合計 | 57.6％ | 76.5％ | 66.1％ |
| 時局の歌 | 39.0％ | 10.9％ | 26.5％ |
| 国民歌謡と国民合唱 | 1.1％ | 2.9％ | 1.8％ |
| 童謡 | 0.7％ | 3.0％ | 1.7％ |
| 歌謡曲 | 0.4％ | 1.2％ | 0.8％ |
| 外来唱歌 | 0.6％ | 3.5％ | 1.9％ |
| その他 | 0.6％ | 2.0％ | 1.2％ |
| 社会的影響合計 | 42.4％ | 23.5％ | 33.9％ |

※長野師範附属国民学校編『芸能科音楽指導の諸問題』より「第十九表」（p.100）をレイアウトを変えて転載した。

※同書の中での「学校で指導されたる愛好歌曲」の分類は次のように説明されている。

・学校唱歌：学校で指導されたもの

・行事の歌（ただし四大節の祝日祭日の歌を含まず）学校唱歌のほかに朝の行事、あるいは他の諸行事さらに団体訓練の後などに際して斉唱あるいは合唱する「海ゆかば」「君のため」「愛国行進曲」「大日本青少年団歌」など

社会的影響による愛好歌曲は次の通りである。

・時局の歌：国民歌謡中とくに時局の濃厚なるものを含む

・国民合唱（国民歌謡の一部を含む）「国民合唱」に代表されるラジオ放送によって指導されたもの。時局色の濃い勇壮な軍歌調のもののみは「時局の歌」に入れる。

・童謡

・歌謡曲：≪愛馬行≫≪上海の月≫などの大人の感覚感情を対象として作作曲されたところの流行歌

・外来唱歌（儀式唱歌は含まず）：≪ローレライ≫≪菩提樹≫≪流浪の民≫などはもちろん、『小学唱歌』中の≪庭の千草≫≪美しき≫なども

・その他：日本の代表的な独唱曲、合唱曲。滝廉太郎、山田耕筰の作品など

①《愛国行進曲》

高遠国民学校作成の文書記録によると、昭和一七年と一九年の春の小運動会の閉会式において、整列後《愛国行進曲》を歌ったことが記載されている。長野師範附属小学校・国民学校では高遠以上にきわだって頻繁にこの歌を歌っている。たとえば唱歌会（昭和一五年以降は音楽会）では昭和一三年から毎年この歌を前半の締めくくりとして、あるいは会全体の締めくくりとして「全員起立」で歌っており、子どもと客席とが一体となって歌っていたであろうことがわかる（長野師範附属小学校・国民学校「日誌」「学校日誌」）。他ではどうだっただろうか。

本稿では詳しく取り上げていないが飯田市の調査結果からも、行事で頻繁に《愛国行進曲》が歌われたことがわかる。座光寺村立座光寺尋常高等小学校の「昭和十五年度学校日誌」によれば、その年の七月七日の朝「支那事変勃発三周年記念日」式を行い、「一．敬礼　二．国歌　三．宮城遥拝　四．戦没将士追悼　戦線将士武運長久　五．事変一周年ニ当たり下賜セラレタル勅語奉読　六．紀元二千六百年紀元節ニ当タリ賜リタル詔書奉読　七．唱歌勅語奉答　八．式辞　九．唱歌愛国行進曲　一〇．敬礼」と次第が書かれている。厳粛に執り行われた式の締めくくりとして、《愛国行進曲》を皆で勇ましく明るく歌って終わるわけである。また上田においても国民学校以前だが、「神科小・青年学校学芸会プログラム　昭和一四年三月三日」の次第を見ると前半と後半の中間での番外として《愛国行進曲》と記されており、小学校から青年学校そして参観の保護者までが一緒に斉唱したであろう光景が推測される。

このように見ていくと、《愛国行進曲》は音楽会や運動会や他の行事での全員斉唱という半ばフォーマルな扱い、つまり一律で硬直した儀式の歌とは一線を画しつつも全員が同じ姿勢で一体となって明るい昂揚感を味わう仕掛けとして学校内で使われていたことがわかる。この歌の歌われ方で特徴的なことは、学校内で《愛国行進曲》の歌唱指導が行われたという記憶がアンケートやインタビューに見当たらないことである。子どもたちの記憶をたどれば、授業で歌ったという証言（高遠・一二・男）もあるものの多くは「授業では指導されなかった」と記憶している。授業外の出征兵士を送る壮行会などで歌った記憶や、漠然と「よく歌った」といった記憶は複数が共有しており、学校内で歌う機会はあったものの、フォーマルな指導は行われなかったと推測してよいだろう。この点は、次に述べる《海ゆかば》と対照的である。

②《海ゆかば》

どの地域にも共通して「授業で歌った歌」としてあげられるのが、《海ゆかば》である。この曲はメディアから生まれた軍歌・軍国歌謡の中では特別な扱い、つまりフォーマルな指導がなされる位置づけの曲であった。大政翼賛会によって第二の国歌と位置づけられた曲であったのだから、それは当然の扱いであったともいえよう。指導の実際が最も詳細に語られた高遠国民学校の様子を中心に、学校文書ならびに子どもたちの証言から再現してみたい。

高遠国民学校の音楽会次第を見ると、昭和一八年三月三日の音楽会の際に第一曲目に先立つ番外として《海ゆかば》を全校で歌っている。参考までに長野師範附属をみると、昭和一七年の運動会開会の辞のあとに「唱歌（海ゆかば）」とある他は朝会で《海ゆかば》を練習した様子が記されている。高遠に戻ろう。昭和二〇年四月五日付「学校日誌」には、「本日より朝会時合同唱歌実施　海ゆかば　斉唱」とある。インタビューではこれ以前の年度にも朝会で《海ゆかば》を歌ったという確度の高い証言があるが、この日以降、まさに東京大空襲のあと終戦までの時期であるこの期間に、間違いなく毎日の朝会で《海ゆかば》は歌われていたのである。同年八月八日付の「学校日誌」には動員学徒の壮行式が国民儀礼に始まって《海ゆかば》を歌って閉式されたと記されている。長野師範附属の「学校日誌」にも、訓導の壮行式で《海ゆかば》を歌った記録（昭和二〇年六月一八日）があり、昭和一八年十月二一日明治神宮外苑競技場での文部省主催による出陣学徒壮行会の影響もあって、壮行式での《海ゆかば》斉唱はこのころ一般的だったようである。また、高遠国民学校の「学年会誌・勤労日誌」によれば、昭和二〇年八月に実施された五年生の宿泊訓練の際にも入寮翌日の朝礼で宮城遥拝、君が代斉唱に次いで《海ゆかば》を歌っている。昭和二〇年度の日誌類にたびたび登場する《海ゆかば》であるが、同年度以外の日誌類にはこの曲名は見当たらない。それ以前にも歌っていたであろうが、昭和二〇年度に入って子どもたちの集合場面での《海ゆかば》斉唱の頻度が高くなった可能性は十分考えられる。この可能性は何人かの学習者たちの記憶とも一致するが、あるいはそれは校庭に集合して戦死者を迎えて《海ゆかば》を歌ったという記憶がとくに強く残っているためであるかもしれない。また、「子どものころは意味も分からなかったが、メロディーが頭を離れず、大人になって意味を理解した時忘れられぬものとなった」（誠之・一六・女）、あるいは、「《海ゆかば》を歌わされる日には必ず村の子の親や兄の戦死の報告があり、今でも私はこの曲に対してのアレルギーが残っている」（誠之・一六・女）といったように、後年になって記憶にあらたな意味づけが重ねられてきたとも考えられる。

　高遠国民学校における《海ゆかば》をめぐっては、「指導された」具体的な光景が多くの学習者の記憶に鮮明に残っている。この歌は、いつの間にか覚えて愛唱していた傾向の強い《愛国行進曲》と違って、よりフォーマルな指導の対象となっていたようである。高遠ではこれがとくに顕著で、「大君の辺にこそ死なめ」の付点音符（傍線部分のリズム）の歌い方を繰り返し指導されたという記憶が複数の学習者の口から語られた。先生が「一生懸命音符を手でこうやってする《ママ》」もののその音符の長さがなかなか理解できなかった（高遠・一六・女・インタビュー）という証言や、「（「辺にこそ死なあめ」の部分を）繰り返し歌い直しさせた。ちょっとした節回しだと思う。先生

**楽譜２・２・１**　文部省編（1944）『高等科音楽一　女子用』、20頁より
（国立国会図書館近代デジタルライブラリーより転載）

が持っているイメージと子どもたちが歌うあれ《ママ》と違うのかね」（高遠・一七・男・インタビュー）という証言もあり、その結果この教師が「なあめ先生」とあだ名されたことも語られた。これに対して歌詞の内容について指導を受けた記憶は見当たらず、教師が歌詞よりもむしろ音楽的な細部へのこだわりをもっていたことがうかがわれる。

高遠以外でも《海ゆかば》については、「徹底的に教えこまれた」（河南・一二・男）、「全校朝会のとき《海ゆかば》意味もわからなかった。」（長野県内・一五・男）、「《海ゆかば》は学校で歌わされたと心に残っている。」（塩尻・一四・女）、「毎朝、朝礼の時に《海ゆかば》を歌った」（誠之・一五・女）、「朝礼の後、姿勢を正して先生の棒のようなタクトで《海ゆかば》を歌った」（高遠・一二・女）といったアンケート記述を通して、この曲がどの学校でも同じような歌われ方をしていたことがうかがわれる。

一般にマス・メディアを通して普及したと思われる《愛国行進曲》は、ラジオや蓄音機の普及率の差にかかわりなくどの地域の子どもたちにとっても愛唱歌であったと同時に、どの子どもたちにとっても「いつのまにか覚えていた歌」だったようである。一方、《海ゆかば》は学校で厳しく指導された形跡があり、どこの学校でも同じようなフォーマルな扱われ方をしていた。しかしこの曲をめぐる記憶の中には歌詞内容についての厳しい指導はなく、指導場面や歌唱場面の文脈と結びついた思い出のほうが強く残っていることが目をひく。集会風景の記憶や「なあめ先生」の記憶が示すように、当時の子どもたちの中には場面記憶や教師の人柄が「歌うこと」と強く結ばれて心に残ったようである。

## 二・二・五　むすびにかえて

ここまで行ってきたアンケートとインタビュー結果、そして刊行物や学校所蔵文書などの資料の検証は、「点」の実証の往復でしかないかもしれない。だがこれらの点を窓口として光を当てることで、学校の内外で歌う当時の子どもたちの姿が浮かび上がってきたのではないだろうか。

教科書掲載の唱歌を見てみると、ヨナヌキ・ピョンコぶしを脱却した新しいスタイルの唱歌の中でも、自然や季節の美しさを歌った唱歌が突出して子どもたちの心に強く残っている。これらの曲が国民共通の日本の原風景イメージをつくりあげる役割をかなり果たしたことは間違いなさそうであるが、子どもそれぞれの生きる文脈およびその中での経験との結びつけ方による意味づけの差異も見られ、歌う主体一人ひとりにとっての意味の検証の重要さがあらためて確認された。

これに対して、時局を反映した唱歌の記憶が語られることはあまりない。学校の唱歌教育において軍国主義が軍歌調というストレートなツールに乗せられるという方策は、新しい唱歌が好まれるようになるとともに有効性を失い、メディアの軍歌や軍国歌謡がその役割を古い軍歌調とともに引き継いでいったようである。だがこれらの歌詞が国語や修身、国史と連携して感動的なエピソードを歌う経験となると、知的な理解と情動的な感動とが結びつき、唱歌のスタイルを問わず強く子どもたちの心に残ったようである。

急速に普及しつつあったラジオや蓄音機といったメディアの歌は、軍歌や軍国歌謡を中心に子どもたちの生活の中に浸透していった。子どもたちの日常には、学校で学ぶ歌も深く浸透しており、子どもたちは学校の内外で唱歌もメディアの歌もさかんに歌っていた。この歌われ方にはジェンダー差があり、学校の内外を通じて女子は唱歌を、男子は軍歌・軍国歌謡を好む傾向があったようである。そうした中で学校内の重要な位置をしめていたのが、《愛国行進曲》と《海ゆかば》であった。とくに指導されることなく子どもたちに浸透した《愛国行進曲》は半ばフォーマルな扱いをうけ、一方《海ゆかば》はフォーマルな扱いとともに厳しい指導が行われる傾向があった。

子どもたちは唱歌、メディアの歌を歌うことによって、学校・社会との関係性の中でさまざまな意味を受け止め、産み出していた。教科書収録曲だけをとっても、その歌われ方には複数の諸相があった。たしかに学校という空間で歌うことそのものが意味の共有化を促す傾向はあるものの、それでもなお個々人の生きる文脈とその文脈の中での経験との結びつき方によって、多様な受け止め方、感じ方、そして意味の抱かれ方がある。さらにまた、その後の人生において歌う主体としての記憶の更新が意味を蓄積していくさまは、音楽教育全体にとって示唆深いことといえる。「一人で疎開をしていた時、『母こそは命の泉いとしごを…』（《母の歌》）という歌を習いましたが、寂しさに泣いたことを思い出します。今でもその歌は涙が出ます」（誠之・一五・女）といった言葉はこの時代固有の意味づけであるかもしれないが、歌う行為の意味が文脈と結びついて時を経ても人の心に深く刻まれることを示している。

こうした歌う主体としての子ども一人ひとりとともに歌の意味を紡ぎ出す存在が、教師であった。教師はけっして、国家が求める一定の思想や概念、一般的な理論や技能を子どもたちに伝達する透明な装置ではなく、一人の人として子どもとともに意味をつくり出す存在、言い換えれば教師自身もまた歌う意味をつくりだす主体であった。高遠における《海ゆかば》に関連して語られた「なあめ先生」や「棒のような指揮」の先生の姿は、教師への敬愛の念とともに、けっして一般化された機能的な歌の意味の背景に押しやられる記憶ではなかった。また、誠之の調査では教師の姿が個性的に濃密に語られていることも特筆に値する。教師の個性、資質の重要性は次のような言葉に顕著に表れている。

「大変熱心な指導ぶり、例えば指揮や口を大きく開けた歌唱指導が印象に残る」（誠之・一五・男）。

「音楽室が新館の明るい教室であったこと、瀬戸先生が厳しく、やさしい先生であったこと、授業中いつの間にか先生の情熱に吸い込まれていくことなど今でも先生のお顔の表情を思い出すことができます」（誠之・一六・女）。

「小学校三年生の時に習った《野菊》は疎開で皆が転校していく時だったせいか、とくに心に残る一曲。瀬戸先生の素晴らしい伴奏が入り、なんと良い歌かと思った」。（誠之・一五・女）。

さらに教師と子どもとの間に響く音そのものの豊かさは、概念化されえない歌の意味としてきわめて重要である。子どもたちが音の響きそのものにどれほど心ひかれたかは、次のような言葉からもうかがわれる。「《牧場の朝》ではじめて前奏付きで歌ったことの印象が強い。《牧場の朝》は今でも好き」（河南・一二・男）。「疎開先で代用教員の先生に代わり、誠之の授業とは余りにも違」ったという女性（誠之・一五）は、「転校して初めて歌った曲は《おぼろ月夜》、伴奏は曲の前を繰り返すだけ」と振り返り、誠之で体験した伴奏の音の豊かさを思い起こしている。

どのような前奏、伴奏だったのか、つまりその場にどのような音が鳴り響いていたのか、どれほど豊かな響きであったのかは、子どもたちの心に音そのものの記憶として強く残るのである。《村の鍛冶屋》や《機械》などで輪唱した楽しさや面白さが記憶に残っていることも、同じように音そのものの重要性を示すものと考えることができる。人と人とのかかわり合いの中を通うもの、そしてその場に響く音の豊かさが、歌う主体たる子どもの心に強く長く刻まれるのである。

注

（1）他者の行為を見るときにあたかも自分が同じ行為をするかのように働く細胞群をマカクザルがもつことが一九九六年に発見され、サルの脳内にあるのと同じようなミラーニューロンが人間にもあるのではないかという推測のもと、人間が他者の行為に共感できたりすることの科学的な説明が試みられようとしている。「私たちはミラーニューロンの仲介により、他人の意図を理解し、ひいては他人の未来の行動を―やはり意識する以前に―予測することができる。ミラーニューロンが可能にする自己と他者との相互依存は、人々の間の社会的相互作用を形成する。その相互作用の中での自己と他者との実際の出会いから、両者を深く結びつける実存的な意味の共有が生じるのである」（イアコボーニ　二〇〇九、三二四頁）。

（2）「メディア」の語については、そのもともとの語義としては「出来事に意味を付与した意見を知識に変換する記号の伝達媒体」（佐藤、一九九八）であり、新聞、雑誌やラジオ、音盤（レコード）はもとより情報が書かれた一枚の紙片ですらメディアたりうる。だがここでは「本格的な消費社会の到来とともに現れた新語として、『メディウム』は特に広告媒体として意識された新聞、雑誌、ラジオ等を集合的に示す『マス・メディア』として人口に膾炙された」（佐藤　一九九九

八、三頁）という定義に従い、昭和初期に子どもたちの学校外の生活において歌を媒介したラジオと音盤を主に取り上げることにする。

（3）軍歌や軍国歌謡と呼ばれるジャンルについては、本稿ではひとつにまとめて取り上げているが、そこに含まれる曲を厳密に定義することは難しいところもある。アンケートやインタビューの中で、回答者たちからたびたび「軍歌」という言葉が出る場合には「軍歌」を広くあいまいに定義している場合が多い。津金澤（一九九九）は十五年戦争の間に作られた新しい軍歌には、正規の軍隊歌とマス・メディアが公募などで作詞を担当して民間作曲家が作曲した軍国歌謡があり、両者の区分は次第に曖昧化していったという。たとえば《愛国行進曲》は後者の典型的な例であるが、当時も今もこれを広義の軍歌と受け止めている回答者が多い一方で、それを歌謡曲と考えている回答者もいた。昭和一一年六月に放送開始された日本放送協会の番組『国民歌謡』は《椰子の実》に代表されるような「芸術歌曲・ホームソング」（戸ノ下　二〇〇一）を生み出した一方で、次第に「教化、動員、意識昂揚をねらいとした楽曲」（戸ノ下　同）を多数放送するようになった。戸ノ下によって後者に分類される楽曲が、《愛国行進曲》、《愛馬進軍歌》、《太平洋行進曲》、《出征兵士を送る歌》、《暁に祈る》、そして《海ゆかば》などである。

（4）今川・村井（二〇一三）は芸能科音楽の歌唱教材の学習主題を国民科との連絡という点から検討し、身近な生活主題から地歴にかかわる主題まで、愛国心育成の目的に向けた学習主題が教科を横断して系統的にネットワーク化されて配列され、一定の思想の伝達が図られていたことを示した。

（5）高遠地域の調査と、上田地域在住者を対象とした調査については、本書の「序　調査地・調査対象校概要」を参照されたい。本文中では「高遠」「上田」とまとめて述べているが、アンケートとインタビュー個々の記述内容に触れる際には各国民学校名を記している。

（6）今日まで長野県民に広く親しまれている《信濃の国》（浅井洌作詞、北村季晴作曲）は、一九〇〇年に長野県の地理教育を目的としてつくられた唱歌である。作曲者は長野県出身者ではない。ここでは地域の特徴を示す曲と見ることもできるが、その一方で、大きく見れば明治期の公教育において全国的に作られた教育目的の唱歌であり、かならずしも地域の固有性を主張するのみの曲ではないともいえる。このことは次の高遠唱歌にも通じて言えることだろう。

（7）もともとは上伊那地理歴史唱歌の一部を《高遠唱歌》と呼んで校歌制定以前は校歌に準じて歌っていた。作詞は福沢青監、校閲伊沢修二である。

（8）国民学校芸能科音楽においてはじめて、音楽の教科書は正式に国定教科書『ウタノホン上』『うたのほん下』『初等科音楽一〜四』（一年から六年まで）となった。

（9）教科書収録曲について、ここでは国民学校期の国定教科書（注8参照）を中心に考えたいが、一部調査対象者が高学年で『新訂尋常小学唱歌』を使っていたこと、また、アンケート結果の中では『尋常小学唱歌』『尋常小学読本唱歌』収録曲への言及もあるため、これらの教科書収録曲にも必要に応じて触れることにする。本文中ではすべて「教科書収録曲」としているが、表2・2・1の中では国民学校期以前の教科書収録曲に＊を付して区別した。

（10）一八九三年（明治二六年）に文部省が小学校における祝日大祭日の儀式において歌うべき唱歌として《君が代》《勅語奉答》《神嘗祭》《天長節》《新嘗祭》《一月一日》《元始祭》《紀元節》を公示した。昭和になって、一月一日、紀元節、天長節に明治節を加えた四大節がもっとも重要な儀式とされた。国民学校令施行規則の第十四条、芸能科音楽の規定の中で「祭日祝日等に於ける唱歌に付ては周到なる指導を為し敬虔の念を養い愛国の精神を昂揚するに力むべし」とある。

（11）西島によるネーション意識とカントリー意識の概念規定は次の通り（西島、一九九五）。「ネーション意識」＝複数の政治的共同体の関係の中で、他者に対して自己主張するときに、例えば支配者集団によって方向づけられたイデオロギーや伝統のような特徴を、ヘゲモニーとして認知的に感じ取るレベル。具体的な指標としては、制度や儀礼、象徴、伝統などが含まれる。「カントリー意識」＝人々が自分の生活している場とその仲間を、自然発生的な共同体とその構成員であるという意識をもつときに、言語、領域、文化的な同一性を共同意識として、視覚や聴覚などを通じて感覚的に感じとるレベル。具体的な指標としては偶然以外には象徴的な機能をもたないルーティンに含まれる前近代的共同体の人間形成機能とその諸要素が考えられる。

（12）音階の第四音と第七音を欠く音階（固定度唱法でドレミソラ）をヨナヌキ音階（ヨナヌキ音階で成り立つ旋律はヨナヌキ節）、付点八分音符と十六分音符の組み合わせをピョンコぶしと呼び、山東（二〇〇八）は「ヨナヌキ調、ピョンコ節、七五調」を文法とする唱歌が国民統合の装置として機能したと指摘する。いわゆる唱歌調の特徴でもあるこのヨナヌキ調、ピョンコ節は軍歌調の特徴でもある。

（13）明治四三年『尋常小学読本唱歌』掲載の《われは海の子》は第七節までの歌詞をもち、その七番は「いで軍艦に乗組みて我は護らん海の国」といった軍国主義的な内容を含んでいた。
(14) 軍歌調と唱歌調は音楽的な特徴という点では同じであり、その違いは歌詞内容による。
(15) 楠正成が、「青葉に暮れる桜井の駅」(国史教科書より)で、子の正行(まさつら)を呼び寄せて「今度の合戦は天下分け目の戦いである。父が討ち死にした後は母の教えを守って、大きくなったら父の志を継いで忠義をつくし、大君のために朝敵を滅ぼすように」(国史教科書から筆者が現代語に意訳)と心を込めて諭し、天皇から下賜された菊水の短刀をかたみとして正行に与えた、という逸話である。その後正成は討ち死にした。
(16) 総務省統計局「二六―七ラジオ・テレビジョン放送局数及びテレビジョン放送受信契約数(大正一三年度~平成一六年度)」による。http://www.stat.go.jp/data/chouki/26.htm (二〇一二年一月一四日アクセス)
(17)《愛国行進曲》(森川幸雄作詞、瀬戸口藤吉作曲)は昭和一二(一九三七)年九月に内閣情報部が作詞懸賞募集、続いて作曲募集した曲で、「これまで音楽の問題を重要視してこなかった国家が、大金をかけて歌を募集するなどということは初めてのこと」(津金澤　一九九九、八一頁)というだけに、普及策が強力に講じられた。新聞やラジオによる宣伝、各地での発表演奏会や歌唱指導の効果もあり、昭和一三年正月新譜としての各レコード会社競作によるレコード売上数は百万枚を突破したと言われる。一方《海ゆかば》は、昭和一二年十月一三日からの第二回国民精神総動員強調週間に呼応して日本放送協会が信時潔に作曲委嘱(歌詞は大伴家持の歌による)したものである。
(18) この項は「学校の中の《愛国行進曲》と《海ゆかば》」(今川、二〇〇二)に加筆、一部修正したものである。

**引用・参考文献**


井上武士(一九三九)『唱歌の研究授業』賢文館。

今川恭子(二〇〇二)「学校の中の《海ゆかば》と《愛国行進曲》」東京芸術大学音楽教育研究室『音楽教育研究ジャーナル』第一八号、三九~四二頁。

今川恭子、村井沙千子(二〇一二)「国民学校芸能科音楽の歌唱教材にみる国民形成の一側面―戦時下における教科横断的主題の検討―」『聖心女子大学論叢』第一二一集、一九六~二一〇頁。

河口道朗(一九九一)『音楽教育の理論と歴史』音楽之友社。

佐藤卓己（一九九八）『現代メディア史』岩波書店。

山東功（二〇〇八）『唱歌と国語—明治近代化の装置』講談社。

嶋田由美（二〇〇九）「明治後半期『唱歌調』とは何か—その構造的特殊性と生成に至る教育的背景—」日本音楽教育学会『音楽教育学』第三十九巻第一号、一～十二頁。

長野師範学校男子部附属国民学校教科研究会　代表者上条茂（一九四三）『芸能科音楽指導の諸問題』信濃毎日新聞社出版部。

西島央（一九九五）「学校音楽の国民統合機能—ナショナル・アイデンティティとしての『カントリー意識』の確立を中心として—」『東京大学教育学部紀要三四巻（一九九四年）』一七三～一八四頁。

西島央（二〇〇〇）「唱歌教育の受容・消費と国民意識に関する社会学的考察—長野県高遠町における聞き取り調査をもとに」『東京大学大学院教育学研究科紀要』第三九巻（一九九九）二二五～二三六頁。

文政研究会編（一九四二）『國民學校と家庭』文部省普通学務局閲 大日本出版株式会社。

本多佐保美（二〇〇五）「芸能科音楽の問題性—教科書・教師用書の検討をとおして」『音楽教育史論叢　第Ⅱ巻　音楽と近代教育』開成出版、一九六～二一〇頁。

本多佐保美（二〇一二）「国民学校期教科書教材の音楽的特質を探る—リズム面からの分析を中心に」『千葉大学教育学部研究紀要』第六〇巻、三九～四六頁。

渡辺裕（二〇一〇）『歌う国民—唱歌、校歌、うたごえ』中公新書。

イアコボーニ、マルコ（二〇〇九）『ミラーニューロンの発見—「物まね細胞」が明かす驚きの脳科学』（塩川通緒訳　原著 Iacoboni,M. Mirroring People:The New Science of How Weconnect with Others.2008）早川書房。

# 第三章　器　楽

# 三・一　東京と長野における器楽活動の様相
## ―昭和初期から国民学校期にかけて

藤井　康之

### 三・一・一　はじめに

大太鼓、小太鼓、木琴を二十、それからミハルスがだいぶ盛んになった頃で、そういったものを一揃いそろえたんです。木琴なんかその頃はおもちゃの木琴しかなかったし、調子が合いません。それで日本楽器に頼んでハ調の木琴を二十本こしらえてもらって揃えたけれども、なかなかこいつが使えなかったですね。（笑）

これは、我が国の器楽教育の先駆的実践者の一人である、東京市の昭和尋常小学校で音楽教師をしていた上田友亀が、小学校音楽に器楽活動が取り入れられた昭和初期の様子を振り返って語った言葉である（瀬戸ほか　一九六五、一九頁）。この時代から数十年を経た現在、音楽室はリコーダー、鍵盤ハーモニカをはじめ、木琴や鉄琴、太鼓類、さらには日本の伝統楽器や民族楽器などの多様な楽器にあふれ、それらの楽器を用いながら、子どもたちはさまざまな国の音楽を演奏しているのが日常の風景となっている。

近年、戦前期の小学校器楽教育の実態が明らかにされつつあるが、まだ緒に就いたばかりである（菅　二〇一一など）。なぜなら器楽教育は戦後期になり、楽器産業の急速な進展によって多様な楽器が開発され、普及していったからである（中地　二〇〇六など）。しかし、戦後期に器楽教育の本格的な「普及」と「発展」がなされたのならば、それ以前の国民学校期において、制度的にはじめて取り入れられた器楽教育はどのように意味づけられるのだろうか。そこではどのような器楽活動が行われていたのだろうか。

本論は、学校関係史料（学校日誌、職員日誌、学事報告、備品簿、予算関係書類、文集等）、音楽教育雑誌、当時の児童へのアンケートデータ、当時の音楽教師へのインタビューデータなどを用いながら、制度的に器楽教育が音楽授業に導入され実践が可能となった、国民学校期の器楽活動の実態の一端を、東京と長野の国民学校を対象としながら明らかにすることを主題としている。

### 三・一・二　昭和初期から国民学校期における器楽教育の状況

明治期から昭和初期にかけて、小学校音楽は「唱歌科」という科目名称に表されているように、歌唱活動を中心とした時代であった。先述した上田は、昭和初期の音楽授業において器楽活動は「もちろんありませんでしたよ」と述べ、その後、本論でも取り上げる瀬戸尊や、東京市の和泉尋常小学校および橋本尋常小学校において音楽教師を勤めた山本栄らが徐々に取り組みはじめた（上田　一九八六、七三頁）。黎明期の器楽活動に対しては、上田によれば、「チンドン屋の真似なんか役に立たないというひどい意見もだいぶあった」（瀬戸ほか　一九六五、一九頁）という。

器楽教育は、昭和一六年の「国民学校令」の「器楽ノ指導ヲ為スコトヲ得」という文言が付加されることによって、はじめて制度的に取り入れられることとなった。しかし制度的に取り入れられたとはいえ、順調に器楽活動が行われたわけではなかった。当時の音楽教育雑誌を見ると、さまざまな器楽教育実践の問題が取り上げられている。たとえば、「国民学校芸能科音楽に於て『器楽ノ指導ヲ為スヲ得ルコト』と明示されて以来器楽指導に関する研究が真剣に論議され始めた。即ち、器楽の指導をなした方がよいか、或はなさなくてもよいか、又指導するならば如何なる楽器で、如何なる指導法で、如何なる教材でなさるべきかといふ問題が次々と起つて来たことである」（若松　一九四二、一二〇頁）、「今回の改正の一特色をなす部面であるが、現在何処の学校も困つてゐる問題である。第一楽器がない。更に適当な楽曲がない、或は指導者に自信がない。結局、器楽指導は『一寸手が出せない』と云ふのが大多数の声ではあるまいか」（久木原　一九四三、五六頁）などである。これら二つの言から、器楽教育において「楽器」「教材」「教師」の問題が大きかったことがうかがわれる。

まず「楽器」についてであるが、当時、全国の学校においては器楽教育に必要な楽器はもちろんのこと、ピアノすらも満足になかった状況にあった。川上日本楽器社長の川上嘉市は愛知県を例にあげながら、次のように述べている。

音楽ある所には必ず楽器が無ければならない。随つて楽器の普及は音楽の普及に伴ふものである。上述の如く近来音楽教育が重視されて来たに拘らず、楽器の我国に於ける普及の度は誠に低くして、現在国民学校中ピアノを所有するものは総校数の二〇％にも満たぬ状態である。最近愛知県下の或る国民学校に於ては二十学級の生徒を有し乍らオルガン一台しか備付がなく、生徒の約半数は音楽の授業時間は、楽器なくして授業をして

居ると云ふ例もあつた。斯る例は他にも枚挙に遑のない有様である。（川上　一九四一、九頁）

このように全国的にピアノすらも満足にない状況の中で、ましてや器楽教育を行うために必要な楽器不足はかなり深刻だった。上田は、「全然手がつかなかったでしょう。それは楽器もないし、予算的にも、もちろんそんな予算が取れるわけでないですから」（上田　一九八六、七八頁）と、予算的な事情による楽器設備の不足について述懐している。さらに浅草尋常小学校の音楽教師であった長妻完至は、次のように楽器の粗悪さについて述べている。

　どこの学校でも、か丶る楽器が備へられるかどうか、ハーモニカの如きは勿論衛星上から見ても、児童各自に持たしめねばなるまいし、木琴の如きは価格の低廉なものになると、殆ど玩具の域を脱せず音律そのものが甚だあやしいものが多く、諸処で実地にやつてゐる容子《ママ》を見ると殆ど噪音に近い、寧る快感ではなく、如何に過渡期とは云ひ乍ら大いに考へさせられる問題と思ふので此の辺は大きな研究問題とならうと思ふ。（長妻　一九四〇、一二九頁）

次に「教材」については、先述の若松や久木原が述べているように、当該期においては器楽活動のための適当な教材はほとんどなく、本格的な器楽合奏曲集『合奏の本』が文部省から発行されたのは戦後期の昭和二三年になってからであった。山本によれば、「純粋の器楽曲はまだやってないで、だいたい唱歌の教材を中心にしてね、それで曲集を出した。それを持って、そのころ放送へときどき出たことがある。（略）僕はときどき出て、僕の編曲したものや、その本で合奏をやりました」（山本　一九八六、九二頁）と、当時を語っている。

最後に「教師」については、音楽を教えることのできる担任教師の数が少なく、専門的なトレーニングも受けていないため音楽的力量が低かった。たとえば、大阪の天王寺師範学校に勤めていた梅澤信一は、次のような教師の問題に言及している。

国民学校の先生不足と言ふ事は各府県共通の現象であらうと思はれるが、大阪も同様で無資格の先生が多くなり有資格でも初訓の先生がふえた。と言つても、必ずしも本訓の先生と比べて皆が皆教育精神、教育技術に於て劣つて居るとは言へないが（本訓の人にも困つた者が居る）大体に於て指導者の質が低下したものと見てよからう。それにしても他の教科なら何とかやつて行けるかも知れないが、音楽だけは一寸間に合はんと言ふことは先生自身がよく自覚されて居ることと思ふ。だからと言つて初訓や助教の先生が怒つてしまつて「そんなら明日からもう先生はやめた」と言つて出勤されなくなつたんではなほ困る情勢にあるのだから「我国初等国民教育のために勉強して下さい」とお願ひするより外ない。（梅澤　一九四三、五四頁）

また、先に引用した長妻も、「実際に相当な楽器を得たとしても指導者が之等を指導し得る実力がなければ何もならぬことであるから、両々相俟つてお互に研究を重ねて、この芸能科音楽の指導者としての力量の修養を怠つてはならぬ訳で、全く之等の有効適切ならしめんには、かゝつて指導者の修養にあると云はねばならぬ」（長妻　一九四〇、一二九頁）と、器楽教育において教師の音楽的力量が大きな課題となることを指摘している。

これまで述べた三つの問題は授業内の器楽活動だけの問題ではなく、次節においても指摘されているように、授業外のブラスバンド活動においても同様であり、戦前期の学校にかかわる器楽活動全般に共通した問題であったといえる。では、このような諸問題を抱えつつも、東京と長野においてどのような器楽活動が授業の中で行われたのか描出してみよう。

### 三・一・三　東京の国民学校

本節では、誠之国民学校（以下、誠之）を中心に、東京女子高等師範学校附属小学校（以下、女高師附小）、東京高等師範学校附属小学校（以下、高師附小）を視野に入れながら、それぞれの学校における器楽活動を見ていくことにしたい。

#### 一　誠之国民学校

①瀬戸の器楽教育理念―「子どもの要求」「子どもの生活」とリズム指導の重視―

誠之の器楽活動を描出するときに、当時、同校の音楽教師であった瀬戸尊を抜きにして語ることはできない。すでに述べたように、器楽教育は昭和初期から、上田、山本ら一部の音楽教師たちによって意欲的に行われていたが、瀬戸は彼らより一歩先んじて大正末期から精力的に器楽活動を実践していた。瀬戸は、器楽活動をはじめたきっかけを、次のように述懐している。

大正十四年かな、岡崎師範の附属にいたときにはじめてやったんです。それは盲の人がたくさんいて、その盲の人が見にくる音楽会なんです。それはちょっとした簡易楽器だけれどもそのときにやったんですよね。演奏のためにやったわけだな、いわゆる音楽会で盲の人が大勢くるから。ぼくが普段やっていたというよりも、どっちかというとむしろ演奏会のためにやったんだ。だから、オルガン、太鼓、ハーモニカ、木琴を少しと、それからあとはトライアングルを教生にも入っていただいてやったんです。それが最初かな、動機としてはね、

写真3・1・1　東京の昭和国民学校六年生男児の器楽合奏の様子（上田　一九四三、八頁）

写真3・1・2　昭和一三年に、東京の麻布尋常小学校唱歌室で催された器楽研究授業《虫の声》の指導の様子（学校音楽研究会編　一九三八、頁数なし）

ほんとうの意味の器楽教育の動機というのはもっとあとなんですよ。東京に来てから、昭和のはじめですね。（瀬戸ほか　一九六五、一八頁）

その後昭和期に入り、瀬戸は次の赴任校である東京の麻布尋常小学校において、積極的に器楽教育に力を入れることとなる。では、瀬戸の「ほんとうの意味の器楽教育の動機」とはなんだろうか。瀬戸は、「動機」について次のように語っている。

結局子どもの実態、子どもの要求、子どもの生活を見つめてやったのが動機です。いわゆる合唱のできない子がたくさんいるでしょう。そういう子どもたちがむしろ私の対象になったと思いますね。動機というのはそういうことですね。だから、そういう点では派手ではないんです。最初は太鼓がなかったから木の箱を叩いたり、それからトライアングルの代りに仏壇にあるチンチン、ああいうものでやったり、それはすばらしいもので写真も残っています、昭和五年のが。（瀬戸ほか　一九六五、一八頁）

なお、上田も器楽活動を取り入れた「動機」を、瀬戸の「動機」と重ね合わせながら、次のように語っている。

（合奏をはじめたのは）昭和七、八年ですね。それは瀬戸くんの話のように、歌でやってもなかなかうまくやれない子どもが多いし、レコードを聴かせてもほんとうに聴いていない。それで何か子どもの生活に結びついたものを考えなければいかんと考えていたんです…。（瀬戸ほか　一九六五、一九頁）

瀬戸の「子どもの要求」「子どもの生活」に基づいた器楽活動は、リズム指導が重要な位置を占めている。誠之で、女子組の担任を受け持っていた高杉盈子は、瀬戸のリズム指導観について、次のように綴っている。

日頃の瀬戸先生の持論として「必ずリズムをつかむ事、それが出来れば、どんなむずかしい音楽鑑賞も楽しく出来、聞く事が出来る。さあ、これは何拍子かな、この音楽は二拍子か、四拍子か」と有名なレコードをかけてはご指導くださいました。（高杉　一九七九、七九頁）

瀬戸のリズムを重視する理念は、独自のリズム指導となって音楽活動の中で行われている。それが、次項で述べる高師附小の音楽教師だった井上武士に「トンクーは面白いな」（学校音楽研究会編　一九三八、二一頁）と評された「トン、クー、ムネ」の指導である。この指導は、すでに麻布尋常小学校時代に行われていたものであるが、誠之の当時の児童の多くも、このことについて覚えていた。瀬戸によれば、「トン」は四分音符を（右手で左手を叩く）、「クー」は音をのばすときに（空間に円を描く）、「ムネ」は休符を（胸に手を交差させる）、それぞれ表している（学校音楽研究会編　一九三八、一二～一四頁）。

当時の児童の一人は、「大太鼓等に当った時等リズムのとり方を『トン、クウ、ムネ』と教えていただきました。トン（太鼓を打つ）、クウ（間をとるため手をまわす）、ムネ（休止符、胸に手をおく）」（誠之・一四・女）と、アンケートにそのときの記憶を記している。瀬戸は独自のリズム指導によって、リズム、拍子感を子どもたちに意識的に感得させ、演奏させることをねらったのである。「トン、クー、ムネ」の指導は、戦前期だけではなく戦後期においても引き続き実践されている。

さらに「トン、クー、ムネ」のリズム指導だけではなく、瀬戸は音楽授業とは別に、個別のリズム指導も行っていた。このときの共通の思い出を、当時の児童や同僚の教師は次のように述懐している。

三年生頃のことです。瀬戸先生は、リズム音楽を取り入れようとなさり、体で覚えさせようと考えたのでしょうか。女子は三クラスありましたが、各クラスから五人位えらばれて、放課後、屋上にゆき、ある人はタンバリンをたゝき、ある人はチョークで書かれた○の中を、リズムに合わせて、トン、パー、トン、パー、トン、トン、パー、などと口ずさみ乍ら、跳んだ記憶があります。これはテストケースでやったのでしょう。授業でやったわけではありませんでした。（誠之・一四・女）

瀬戸先生はリズムをつかむことを熱心に教えて下さり、体を通して拍子をとること、例えば屋上に白墨で○を書き、トントンパーとか、トンパートンパーとスキップをしました。（誠之・一四・女）

トントンパートントンパーといった具合に屋上に白墨で○を書き、タンバリンをたたきつゝ歩行したり、スキップしたりしたものでした。（高杉　一九七九、七九頁）

②器楽活動の実際

瀬戸が昭和一五年九月に誠之に着任し、国民学校期の音楽授業が大きく変わったことを、児童の一人は「瀬戸

**写真3・1・3**　誠之の卒業生が所有していた写真

先生になってからすっかりかわり、和音、器楽、合唱等々いろいろなことが行われ、とても楽しかったのを覚えています」（誠之・一二・女）と、鮮明に記憶している。では、どのような器楽活動が行われたのだろうか。

まず、誠之の楽器状況について見てみたい。「備品原簿」によれば、瀬戸が着任した約半年後の昭和一六年二月から三月に、「太鼓（吊革付）一、トライアングル一、ミハルス二打、シムバル一対」と記入されていることから、わずかではあるが誠之で楽器が購入されていたことがわかる。これは瀬戸が「国民学校令」に対応するための準備と、前任校時代から力を入れていた器楽活動を、同校でも引き続き行おうとしていたためと思われる。

当時の児童へのアンケートでは、ミハルスと、「備品原簿」には記入されていない木琴を用いた器楽活動の記憶が多い。ミハルスに関しては、「カスタネットは当時ミハルスといひ、各自が買わされました」（誠之・一三・男）、「春の小川をミハルスを用いながら歌いました」（誠之・一四・女）などが、一方木琴については、「『みなと』『村のかじ屋』などを木琴（両手）で上手にできました」（誠之・一四・女）などの証言がある。

写真3・1・3は、昭和一六年一一月に催された本郷区連合音楽会の日に、音楽室で撮影されたものである。この写真を見ると、トライアングル、太鼓類、シンバル、タンバリン、木琴、オルガンの楽器が確認でき、児童たちはこれらの楽器を中心に器楽活動を行っていたことがうかがわれる。ある児童は、音楽室に備えられていた楽器の情景について、「ピアノ（グランド）、太鼓、木琴、棚にはトライアングル、タンバリンなど」（誠之・一四・女）があったことを覚えている。瀬戸に指導を受けた児童たちは、これらの楽器を用いながらさまざまな場で、先述した山本と同様に、「唱歌」を中心とした音楽を演奏したことを明確に記憶している。

たとえば、《虫の声》については、「私の組が研究会の発表会でしょうか、参観者の前で演じました。瀬戸先生は児童の能力にふさわしい器楽を割あててみんなが楽しめるように心をくだいて下さったと思います。蟲の声をトライアングルや鈴、カスタネットを使ったのを今思い出しました」（誠之・一四・女）という思い出が、アンケートに綴られている。

また、《カッコウワルツ》の記憶も多い。「三年生頃、音楽の研究発表会だったでしょうか。級中で太鼓、タンバリン、カスタネット、木琴に分かれ担任の先生の指揮で〝カッコウワルツ〟を演奏しました。カスタネットを持ってリズムに合わせ踊った事は忘れられない思いでです」（誠之・一四・女）と、今なお鮮明に研究発表会風景を記憶している児童もいた。この研究発表会については、女子の組の担任をしていた吉村郁子も、次のように回想している。

レコードにあわせて、カスタネット、トライアングル、タンブリンなど使い、カッコウワルツを演奏したのですが、音楽はあまり得意でない私がタクトを振るというわけで、随分緊張したものです。Oさんに太鼓をお願いして、そのリズムにあわせて一生懸命練習したものです。そのリズムにあわせて手を振り足を動かし踊ったのはどなた達だったかしら。（略）皆様が下校された後も私はレコードをかけて、くりかえしくりかえし、そのリズムを耳底深くきざみこみました。」（吉村　一九七九、一一六頁）

研究発表会を記憶していた児童は、「後で知りましたが、瀬戸先生の陰でのご指導があったようです」とアンケートに書いていることから、吉村のように音楽が得意ではない同僚の教師たちの手助けをしていたことがうかがわれる。さらに《カッコウワルツ》については、同僚の高杉が次のような回想を残している。

よく音楽の時間の参観者も沢山ございました。その発表会に、この二組がえらばれて「カッコウワルツ」を練習する事になりました。音楽の時間のみならず、放課後も残り、今日は木琴、今日はハーモニカ、或は大太鼓、小太鼓といった具合に私も一緒に練習いたしました。（略）音楽発表会の当日は誠之の古めかしい講堂で二組全員が壇上にのぼり、カッコウワルツの大演奏を致しました。誰か大太鼓があやしくなった時は、そっと瀬戸先生が後から応援して下さって無事に終了いたしました。今でもカッコウワルツがきこえてくる時は、あの当時を思い越こし、「カッコウワルツ」は私の懐かしのメロデ《ママ》ーとなっています。（高杉　一九七九、七九頁）

この他に児童たちの印象に残っている合奏曲として、《花火》《たなばた》《港》などがある。《花火》と《たなばた》では、「追分小学校で『花火』どんとなった花火きれいだな♪『たなばた』笹の葉さらさら軒端に揺れる～

♪を演奏したことがあります（トライアングル担当）」（誠之・一五・女）という思い出が、《港》では、「各自木琴を持って登校した。〝そらも港もよは晴れて〟が最初の木琴を習った曲だった様な気がする」（誠之・一一・女）という思い出が、それぞれ記憶されている。

なお、瀬戸が器楽指導の際に用いた楽譜については、当時の児童の証言からはわからなかった。ただ、昭和一三年に、麻布尋常小学校で行った器楽指導の研究授業の実践記録を見ると、彼がつくったリズム譜やパート譜が示されていることから（学校音楽研究会編　一九三八、一三〜一四頁）、おそらく誠之においても、山本や上田と同じように、瀬戸自身で編曲した楽譜によって指導したものと考えられる。瀬戸が当該期に編曲した楽譜が残されていないため、当時の器楽活動をうかがい知る参考として、上田が編曲した《港》と《村の鍛冶屋》の楽譜を文末に付しておくことにしたい（上田　一九四三、一四五〜一四六頁、一五二〜一五三頁）。

瀬戸の器楽活動は、「研究会の発表会でしょうか、参観者の前で演じました」「よく音楽の時間の参観者も沢山ございました」「音楽発表会」「追分小学校で（中略）演奏したことがあります」と、これまでの児童や教師の記憶にあるように、授業内にとどまるものではなかった。「学校日誌」を見てみると、昭和一六年度に「深川区より合同参観　瀬戸訓導ノ講話ヲ聴キテ帰ル」（六月）、「父兄会　音楽教育の実演」（六月）、昭和一七年度に「音楽研究授業」（六月）、昭和一八年度に「音楽指導講習」（六月）、昭和一九年度に「音楽研究授業」（六月）などの記述が見られることから、父兄の前や学校内外の音楽会、研究授業などで、瀬戸が積極的に器楽指導をデモンストレーションしていたことがうかがえる。ある児童は、「音楽室の後ろの方に参観者用の椅子が置かれ、他校から参観に見えている方が度々ありました」（誠之・一四・女）ということを覚えており、誠之では瀬戸の授業を見るために参観者が来ても対応できるような準備が整えられていたようである。

## 二　東京女子高等師範学校附属小学校

女高師附小では、小菅和江が音楽授業を担当していた。小菅は音楽教育雑誌上で、器楽教育の意義について、「聴覚訓練」との有機的な関連と「団体的精神」の育成による「国民精神」形成の二点を、次のように強調している。

聴覚訓練の上からも、簡易楽器が、音の高低・強弱・音色・律動・和音等に対する鋭敏な聴覚を養ふといふ事を重視されるべきだと思ひます。（小菅　一九四〇、八七頁）

各自が心を合せて之を演奏し、音を和してゆかうとする努力がなされます。そこに団体的訓練がなされ、皆で一つの美しいものを目指して進むといふ善なる気持ちと一体になる時、団体的精神即ち協力して一つのものを基づいてゆかうと言ふ心が養はれるのです。之こそ国民精神の芽生えとなる尊い気持ちの統一だと思ひます。（小菅　一九四〇、八八頁）

この二つの意義の下、小菅は「五六年の男子にハーモニカバンドを編成させて、唱歌・時局的歌曲・マーチの合奏指導」（小菅　一九四〇、八八頁）、「『エンソク』の歌曲に合せてミハルスを用ひ、二拍子を鮮明に拍たせつ、行進させ、音の律動・強弱に対する敏感性を全身全霊を働かして修練する」（小菅　一九四一、頁数なし）器楽活動を行っていたことを報告している。しかし実際には、ほかの音楽活動に比べて、器楽活動を熱心に繰り広げていたわけではなかったことを、小菅はインタビューの際に語っていた（小菅　二〇〇〇）。事実、後任の音楽教師であった福田静子によれば、小菅が「和音がわかるから」と思い、赴任した際に購入した木琴が、福田着任時にも未使用のまま戸棚に収められており、大がかりな合奏に発展したのは戦後になってからとのことであったという（福田　一九九八）。

### 三　東京高等師範学校附属小学校

高師附小では、小林つやえ、井上武士の音楽教師がいた。本多ほかの研究（本多ほか　二〇〇七、四八頁）によれば、小林は低学年を担当しており、身体を使ったリズムの体験や遊戯的な指導を重視していた小林は、リズム指導の一方法として、ミハルスを使用した活動を行っていた。一方、主に高学年を担当していた井上は、「『「器楽ノ指導ヲ為スコトヲ得』と示されてあります。芸能科音楽実践の一項目として器楽指導をも実施することが許されて居るのであります。芸能科音楽実践の目標は、以上の如く『歌唱指導』『鑑賞指導』及び『器楽指導』と判断することが出来ます」（井上　一九四三a、七頁）と器楽活動の重要性については認めていたが、「器楽指導は出来ればやるといふ程度に考へて居ります」（井上　一九四三b、七～八頁）と述べているように、器楽活動に対しては消極的だったようである。

#### 三・一・四　長野の国民学校

本節では、長野の上田地域、飯田地域、高遠地域にある各国民学校の器楽活動について、述べていくことにしたい。

## 一　上田地域の国民学校

上田地域で対象とする学校は、塩尻、神科、上田南、上田中央、上田北、上田東、豊殿の各国民学校である。塩尻の「学校日誌」を見ると、国民学校が発足した昭和一六年四月に、「国民学校として考えねばならぬ問題」として「音楽の教授の研究」が記述されていることから、従来の歌唱活動だけではなく、国民学校の発足にあわせて、鑑賞活動や器楽活動も含めた「音楽の教授の研究」が意識されていたようである。

次節の山中の項でも触れているが、器楽活動に関する児童の記憶は、「オルガン、ハーモニカ、ラッパ」（塩尻・一三・女）、「ピアノ一台、オルガン一台、吹奏楽器。コルネットを練習した」（塩尻・一四・男）、「太鼓、ピアノ、レコード、蓄音器、木琴、ラッパ（進軍ラッパを先輩が吹いたのを覚えている）」（塩尻・一六・男）、「ピアノ、オルガン、けん楽器《ママ》、きんかん楽器《ママ》等一式があった」（塩尻・一六・男）など、吹奏楽器を中心とした記憶が多く見られた。これらの吹奏楽器を中心とした記憶は、昭和一六年一〇月に「ブラスバンド楽器着荷（在京本校出身者寄贈）」「ブラスバンド　音楽室におく　手入する」、昭和一七年九月に「校庭運動会　期日　十月十日　ブラスバンド　ラッパ　独唱等を取込む事」、昭和一八年一一月三日から五日にかけて、「来校者　高橋先生　ブラスバンド児童」など、「学校日誌」に記述されているように、塩尻がブラスバンド活動に力を入れていたことと関係しているであろう。

その一方、「楽器は有りましたがおぼえていません。楽器を使った授業はないように思います」（塩尻・一四・男）、「楽器は、ピアノ、オルガン、その他は記憶がない」（塩尻・一六・男）など、器楽活動についてはっきりと覚えていない児童がいた。また、塩尻では男女児童がハーモニカについて、「ハーモニカはお米を持っていき町の楽器屋で買いました」（塩尻・一三・女）、「ハーモニカは自分が買ったのを持っていた様な気がする」（塩尻・一六・男）と記憶していた。しかし、女子児童によれば、「吹けるまでの授業はとれませんでした」とのことであった。これらの証言から、塩尻では、授業において器楽活動をほとんど行ってなかったと思われる。

神科の「学校日誌」には、昭和一七年一一月に「来校者　箱山調律師　楽器修理」との記述が見られるが、どの「楽器修理」なのか不明である。しかし、次節でも指摘しているように、神科の青年学校では、昭和一七年五月一九日から二〇日にかけて、「喇叭鼓隊　午後八時ヨリ練習」「喇叭鼓隊　練習」、国民学校では同年八月に、「県主催吹奏楽講習ニ斉藤訓導出席ノタメ長野へ出発　十二日迄」、昭和一八年四月に「ブラスバンド十人編成寄附方申込」などの記述が「学校日誌」にあることから、塩尻と同様に「喇叭鼓隊」「吹奏楽」が盛んであった神科では、これらの活動に使用する「楽器修理」をした可能性が高い。

神科で学んだ児童たちは、楽器の設備について、「ドラム、タイコ」（神科・一二・男）、「ピアノ、オルガン、木琴、アコーデオン」（神科・一三・男）、「オルガン、木琴」（神科・一六・男）などを記憶している。木琴があったことを覚えている児童が二人いるものの、木琴を使用した具体的な活動について記憶している児童はいなかった。

また、「個々にハーモニカ、カスタネット」（神科・一五・男）を持っていたことを記憶している児童があり、カスタネットを使用した活動として、「先生のピアノに合せてリズム合せ（カスタネット）」（神科・一二・男）との証言がある。「学校日誌」によれば、神科でピアノが購入されたのは昭和一五年九月、ピアノ披露式が一二月に行われているので、もし「ピアノに合せてリズム合せ」をしたのであれば、おそらく昭和一六年以降であろう。神科の器楽授業で注目したいのは、上述の「個々にハーモニカ、カスタネット」を持っていたと記憶している児童の証言である。この児童によれば、「太鼓、小太鼓、タンバリン、ラッパ、トランペットは特殊チームが習い行進の先頭に立った」ことを覚えており、ここから太鼓類や吹奏楽器は、授業の中ではなく、一部の児童によって学校行事等で使用された可能性が高いと思われる。

上田南の「昭和十五～十八年度買物帳」を見ると、昭和一五年度に、「金四円二〇銭　ハーモニカ　一、金四円十八銭　ハーモニカ　一、金弐円二十三銭　木琴　一、金弐円五十七銭　木琴　一　上田市海野町　琴光堂」、また昭和一八年度の「寄附台帳」には、「木琴五〇台、海野町　坂井静枝　二〇〇円、同河合様　一〇〇円、常田町壮年団　五〇円」との記述があり、昭和一五年度に地元の楽器店から購入したハーモニカ二つと木琴二台、昭和一八年度には地元の人たちの寄附金によって木琴五〇台が購入されている。しかし、上田南で学んだ児童は、「ピアノだけの音楽室があった様に思います」（上田南・一六・女）と記憶しており、ハーモニカや大量の木琴を使用した活動については不明である。しかし、昭和二二年度の「購入仕訳簿」には、「木琴バチ音楽用　三二本、六四円」との購入記録があることから、おそらく戦後になって、木琴を使った器楽活動が盛んに行われるようになったと推察される。

上田中央の「予算下調」には、昭和一九年度に、「ミハルス　数量五〇、単価七五銭、金額三七円」との記述が見られるが、どのようにミハルスが使われたのかは不明である。戦後になり、昭和二三年度の「物品購入回議簿」に「木琴　半音附」「半音附木琴　木製　音楽用　一六、ミハルス　三〇、タンボリン《ママ》　皮製　一、トライアングル　金属製　二、タンボリン《ママ》　一、シンバル　一」の購入記録がある。昭和二四年三月に行われた学芸会の反省を綴った記録において、「学芸会の反省　歌と器楽、夜汽車、村のかじや、四ノ一、村のかじや、テンポ早し　木琴

とオルガン合奏　三ノ二、オルガンの基礎的練習、木琴のトレモロ指導」との木琴に関する記述が見られることから、上田中央では、上田南と同じように、戦後、さらに楽器の充実がなされることによって、木琴をはじめ、打楽器を含めた本格的な器楽活動が行われるようになったと考えられる。

上田北で学んだ児童は、「ピアノの他には楽器はなかった又生徒は楽器に触れることは許されなかったように記憶しています」（上田北・一二・男）、「楽器はピアノのみ」（上田北・一四・男）と記憶しており、器楽活動に関する記憶は見られなかった。

上田東で学んだ児童も、「オルガン、ピアノ、木琴」（上田東・一六・女）があったことを記憶しているが、一方で「楽器はピアノ、眺めるだけで触れることもできませんでした」（上田東・一四・男）との記憶も見られ、おそらく本格的な器楽活動は行われていなかったと思われる。

同様に、豊殿においても児童は、「音楽室はあり、ピアノ一台、オルガン一台があった。ほとんどの音楽授業はオルガンであった」（豊殿・一四・男）、「先生がピアノで授業。ピアノ、オルガンには手もふれられなかった」（豊殿・一六・男）と、ピアノとオルガンに関する記憶が鮮明で、器楽活動について覚えている児童はいなかった。

## 二　飯田地域の国民学校

飯田地域の器楽活動については、本多がすでに論じているので（本多ほか　二〇一〇）、本多ほかの研究を参照しながら、座光寺と上郷の器楽活動について述べていくことにしたい。

座光寺の昭和一五年度の「学事報告」には、「国民生活ニ必須ナル普通ノ知識技能ヲ体得セシメ情操ヲ醇化セシメ健全ナル心身ノ育成ニ力ム　一、教授の徹底　実践化　特ニ芸能科　情操醇化　音楽　音感教育　楽器練習　音

楽会　七月二十一日　二月二十七日」との記述が見られ、翌年に実施される国民学校に備えた音楽教育の一つとして「楽器練習」が意識されている。翌年四月の「職員会誌」には「芸能科　音楽　音楽会　毎学期一回　式歌練習十分徹底サセル、職員　音楽研究ヲ為ス　木琴一〇　笛一〇　購入　ハーモニカ（個人）活用」と記されており、芸能科音楽に対応するために、ハーモニカは個人のものを活用するものの、木琴一〇台、笛一〇本が新たに購入されている。座光寺の児童は木琴について、「音楽室ありました。木琴、蓄音機、オルガン」（座光寺・一三・女）、「ピアノとオルガン、木琴（小）がありました。木琴は数が少ないので順に替って練習した」（座光寺・一五・女）との記憶があり、購入された木琴を使って、学期ごとに開かれる音楽会で披露する楽器の練習が授業の中で行われていたことが推察できる。また、昭和二三年度の「学事報告」には、「木琴　東京におられる座光寺出身の方から寄附」との記述があり、戦後も引き続き、木琴による器楽活動が行われていたことがわかる。

上郷の昭和一六年度の「学校日誌」には、「六．器楽につき、ハーモニカ　呼吸のし方を持っと　アコーディオン　弾き方の指導　木琴　□□につき」「九．器楽をやると音楽に子供が熱心になる」と、三月に行われた音楽会の反省記録が記されている。ここから、ハーモニカ、アコーディオン、木琴の演奏を、子どもたちが「熱心」にしていたことがうかがえる。翌年の「学校日誌」にも、一一月に行われた音楽会の記述があり、その中で「音楽会反省議事　九．器楽の吹奏もよろしかつた」とある。

上郷の児童は楽器の中でも木琴について、「木琴は音楽会に使用する場合等は使わしてもらい、両手が上手に使えず苦労したのをおぼえています」（上郷・一二・女）、「備品　グランドピアノ、オルガン、木琴。ピアノは先生だけ。木琴は全員。オルガンは時々私達にも使用出来た」（上郷・一二・不明）、「楽器はピアノ一、オルガン一、木琴三。ピアノ、オルガンには生徒はふれることが出来ませんでした。木琴は交代でさわる程度でした」（上郷・

一六・女）と記憶している。上郷でも、座光寺と同じように、音楽会での演奏に向けて、授業の中で木琴の練習をしていたようである。

## 三　高遠地域の国民学校

高遠地域には高遠国民学校があった。高遠における器楽活動を述べるにあたっては、国府の研究に基づきながら述べることにする（国府　二〇〇四、一一二〜一一三頁）。

高遠には、ピアノとオルガンがあったが、「昭和一二年度　看護日誌」の四月七日の記録によれば、「音楽室に入り、ピアノ、オルガン其の他に手をつけぬ様注意す」とあり、上田北、上田東、豊殿と同様に、普段子どもたちはピアノ、オルガンに手を触れることはできなかったようである。

一方それ以外の楽器は、昭和一六年度にカスタネット一つ、昭和一七年度に木琴五つが購入されている。アンケートでは、カスタネットや木琴が音楽室にあったことを記憶している児童たちもいたが、実際に器楽活動を行った記憶はなかった。戦後期になり、昭和二三年五月二六日の「学校日誌」には、「木琴注文書発送一九台」という記録が見られる。九月一二日には「鈴木出張　木琴講習」、一二月一九日には「行事　木琴講習会　講師　鈴木」とあり、一人の教師が木琴の講習を受け、そこで学んだことをほかの教師たちに伝えていたことがわかる。これらのことから、高遠における器楽活動は戦後期になってはじめて本格化したといえよう。

### 三・一・五　おわりに

本論は、学校関係史料、音楽教育雑誌、当時の児童へのアンケートデータ、当時の音楽教師へのインタビューデータなどを用いながら、東京と長野の国民学校における器楽教育の実態の一端を明らかにしてきた。

器楽活動は、国民学校期になってはじめて制度的に取り入れられたが、東京と長野での器楽活動の取り組みを見てみると、瀬戸尊が指導していた誠之での器楽活動以外は、盛んに器楽実践が行われていたとは言い難い状況にあった。全国における小学校の指導的役割を果たしてきた女高師附小や高師附小においては、楽器の設備がある程度用意され、器楽活動が行われていたものの、小菅、小林、井上を含めた音楽教師たちは、多様な楽器を用いた豊かな器楽実践を行うまでにはいたっていなかった。

一方、長野に目を向けてみると、上田地域の塩尻、神科ではブラスバンドや喇叭鼓隊が編成されていたことから、授業での器楽活動よりも、これらの活動が器楽活動の中心となり、場合によっては神科のように、一部の児童による「特殊チーム」だけが授業外での器楽活動に積極的にかかわっていたと推察される。

また、上田南や上田中央のように、戦後になって本格的な器楽活動が行われたと思われる学校、上田北、上田東、豊殿のように、器楽活動がほとんど行われていなかったと考えられる学校などがあり、実態は一様ではない。

飯田地域の座光寺、上郷でも、ブラスバンド活動が盛んであったが（本多ほか　二〇一〇、一三三頁）、塩尻、神科とは異なり、音楽会で披露するための木琴の器楽活動が行われていた。木琴は、このほかにも本論で取り上げた上田南、上田中央、高遠の学校関係史料、塩尻、神科、上田東の児童へのアンケートにも見られる楽器で、戦前戦後期にかけて、子どもたちの器楽経験の充実に寄与した楽器といえる。しかし、第一項でも長妻を引用しながら触れたが、当時の木琴は現在のそれとは異なり、品質が粗悪だったために扱いに困ったようである。当時の木琴についで回想した興味深い座談会がある（瀬戸ほか　一九六五、一九～二〇頁）。座談会のメンバーは、本論で取り上げた瀬戸、上田、山本に加え、戦後期に「日本器楽教育連盟代表」を務めた石川誠一である。

石川：当時一番困ったのは、木琴やハーモニカの調整の問題でしたね。木琴なんかもガチャモクで、狂ってくるとどうしようもなかった。

山本：あの頃の木琴はｃｉｓ（嬰ハ）になってましたね。

上田：ｃｉｓになったのは、Ｃにこしらえてもらったのが、たいがいｃｉｓになったんです。

瀬戸：いつか日比谷の公会堂へ行って木琴をやったんです。いざやってみるとｃｉｓなんだよ。熱気でかわいてしまったんです。これはよわったね。

本論で取り上げたそれぞれの学校でどのような品質の木琴を使用していたのかわからないが、この時期の木琴を使った器楽活動がどのようなものだったのかを知るうえで重要な発言といえよう。

最後に、本論を通して今後の器楽教育研究に対する示唆を二点述べてみたい。一点目は個々の特殊性を重視した研究の蓄積についてである。本論でこれまで見てきたように、東京や長野というそれぞれの府(都)県を見ても、国民学校期に取り入れられた器楽活動はすべての学校が足並みを揃えて実践を展開したわけではなかった。すなわち、各地域、各学校において器楽活動の取り組みには大きな差異が見られた。このことから、第一項でも触れたように、各学校における楽器設備の状況と教師の音楽的力量に加え、長野で見られたブラスバンドや喇叭鼓隊のように、その地域における学校文化や器楽文化の特性をも同時に考慮しつつ、個々の学校内外の器楽活動の実態を豊かに蓄積することによって、器楽教育、ひいては子どもたちの器楽経験の全体像を明らかにしていく必要があるだろう。

二点目は戦前戦後期の連続性についてである。上田は、国民学校期の器楽教育について、次のように述べている。

だんだん方々で（中略）研究する人が出て来まして、昭和十六年国民学校になった頃には、大体現在の形の母体が出来ておりました。（大村ほか　一九五七、三頁）

新音楽教育に於ける主要課題は、器楽指導ではあるまいか。といってもこの課題は、この度新しく取り上げられたものではない。国民学校でも既に芸能科音楽の中に採り入れられていたものであり、それより数年前から心ある人達によって実際的な研究が行われていて素地が作られていた。（上田　一九四七、一〇頁）

**写真３・１・４**　誠之の卒業生が所有していた写真。昭和二〇年代後半に、誠之の講堂で行われた音楽会の様子

本論の冒頭で述べたように、楽器産業の興隆と歩調をあわせて、我が国の器楽教育の「普及」と「発展」が本格的になされたのは戦後期になってからである。しかし、上田が述懐するように、戦後期における器楽教育の「母体」と「素地」が、昭和初期から国民学校期にかけて確実につくられていったことは重要である。事実、本論が対象とした

学校の一部ではあるが、東京の誠之や女高師附小、長野の上田南、上田中央、座光寺、上郷のように、国民学校期における器楽活動の取り組みが、戦後期につながる大切な「母体」と「素地」となっていた場合もある。

この点において、国民学校期における器楽教育の実践は、現在の器楽教育と地続きにあるとともに、国民学校期はそれまでの器楽教育のあり方を跡づけ、戦後期へといいたる器楽教育のあり方を展望していくための看過できない画期として、きわめて重要な意味を持つのである。

## 引用・参考文献


井上武士（一九四三a）「音楽教育者への要望」『音楽教育』第五巻第一号。

井上武士（一九四三b）『国民学校芸能科音楽問答』藤井書店。

上田友亀（一九四三）『国民学校　器楽指導の研究』共益商社書店。

上田友亀（一九四七）「新音楽教育を動かす器楽指導」『教育音楽』八月号。

上田友亀（一九八六）「上田友亀―初期の器楽教育実践―」木村信之編『音楽教育の証言者たち　上　戦前を中心に』音楽之友社。

梅澤信一（一九四三）「国民学校音楽教室を巡りて」『音楽教育』第五巻第三号。

大村兼次ほか（一九五七）「座談会　器楽教育における当面の諸問題について―楽器業界の人々をかこんで―」『器楽教育』第4号。

学校音楽研究会編（一九三八）「学校音楽研究会推薦　第一回唱歌研究授業」『学校音楽』第六巻第一一号。

川上嘉市（一九四一）「日本に於ける楽器政策」音楽教育研究会編『音楽教育研究』第三巻第一〇号。

菅道子（二〇一一）「一九三〇年代の山本栄による簡易楽器指導の導入」『和歌山大学教育学部教育実践総合センター紀要』二一。

久木原定助（一九四三）「国民学校芸能科音楽巡り」『音楽教育』第五巻第三号。

国府華子（二〇〇四）「第一章　音楽室の光景：設備・楽器・備品から見る音楽授業　第一節　高遠国民学校」『音楽教育史

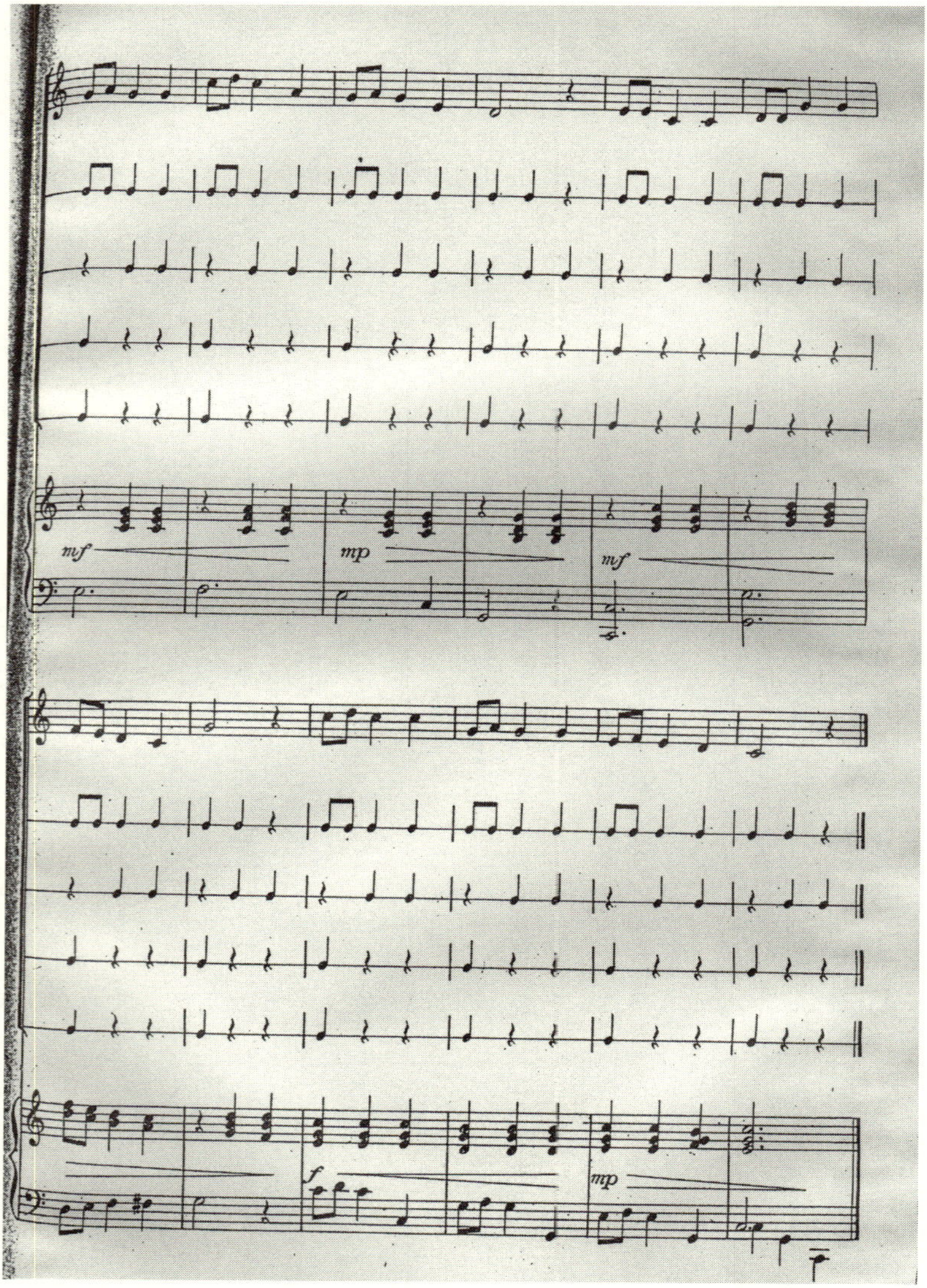

楽譜３・１・１　器楽合奏例《港》

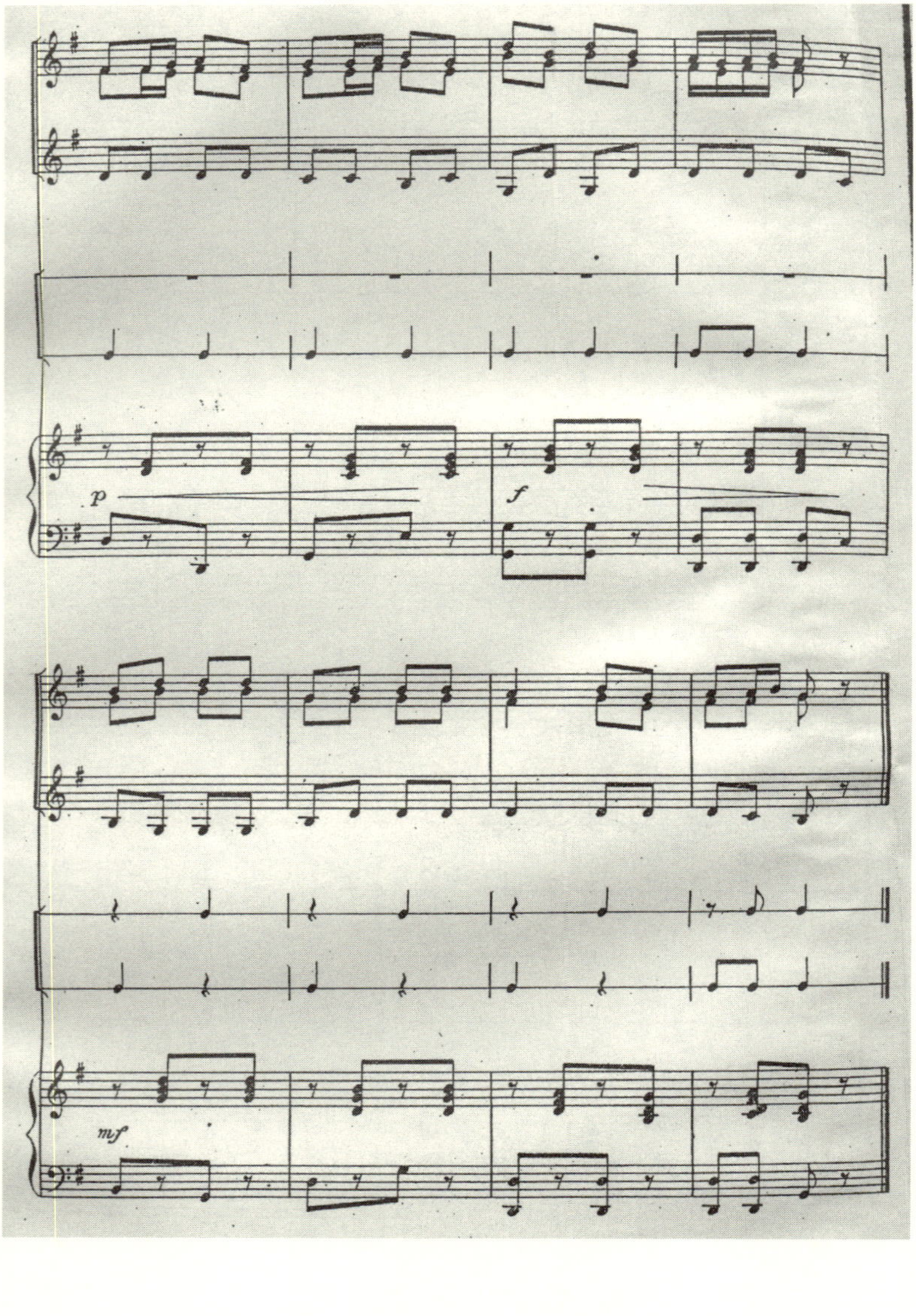
p
f
mf

楽譜3・1・2　器楽合奏例《村の鍛冶屋》

における制度。教師・学習者の関係性の探究—国民学校時代の音楽教育体験者の聞き取り調査に基づいて—』（平成一三年度～一五年度科学研究費補助金（基盤研究（B）（二））　研究成果報告書）。

小菅和江（一九四〇）「芸能科音楽における器楽指導」東京女子高等師範学校附属小学校内児童教育研究会編『児童教育』第三四巻第八号。

小菅和江（一九四一）「第三部初等科第一学年芸能科音楽授業案」東京女子高等師範学校附属小学校内児童教育研究会編『第七回教育実際指導講習会要項』。

小菅和江（二〇〇〇）、小菅先生のご自宅にてインタビュー。参加者は西島央、藤井康之、本多佐保美。

瀬戸尊、山本栄、石川誠一、上田友亀（一九六五）「座談会　先駆者が語る器楽教育の変遷」『器楽教育』第八巻第二号。

高杉盈子（一九七九）「誠之小学校の思い出」誠之小学校昭和二〇年卒業同期生会編『再現卒業式記念論文集　誠之国民学校の思い出』。

中地雅之（二〇〇六）「器楽教育の展開」音楽教育史学会編『戦後音楽教育六十年』開成出版。

長妻完至（一九四〇）「芸能科指導について」『国民学校』第一巻第七号。

福田静子（一九九八）、渋谷駅の喫茶店にてインタビュー。参加者は上田のり子（元・お茶の水女子大学附属小学校音楽教諭）、国府華子、佐野靖、西島央、藤井康之。

本多佐保美、藤井康之、佐藤香織（二〇〇七）「昭和一〇年代の東京高等師範学校附属小学校・国民学校の音楽授業構成—井上武士・小林つやえの授業実践から見る—」『千葉大学教育学部研究紀要』第五五巻。

本多佐保美、西島央、永山香織、大沼覚子、藤井康之（二〇一〇）「昭和初期小学校音楽科教育の形成過程に関する研究—長野県飯田市の事例をとおして見る地域と学校—」『千葉大学教育学部研究紀要』第五八巻。

山本栄（一九八六）「山本栄—器楽教育の実践と普及活動—」木村信之編『音楽教育の証言者たち　上　戦前を中心に』音楽之友社。

吉村郁子（一九七九）「『女三組と私』」誠之小学校昭和二〇年卒業同期生会編『再現卒業式記念論文集　誠之国民学校の思い出』。

若松盛治（一九四二）「国民学校に於ける簡易楽器の指導に就て」『音楽教育』第四巻第三号。

# 三・二　国民学校におけるブラスバンド及び喇叭鼓隊の活動

山中　和佳子

## 三・二・一　はじめに

昭和一六年に公布された国民学校令によって、国民学校の「芸能科音楽」に輪唱や重唱を含む歌唱、鑑賞、器楽といった学習領域が示された。これによって、子どもたちは学校の授業において楽器に接する機会をもつことができるようになった。これとは別に、当時の子どもたちが器楽に接した音楽体験としては、吹奏楽器（本章では木管、金管楽器を指す）を用いたブラスバンド(1)の活動が挙げられるだろう。

日本における民間のアマチュアによるブラスバンドの登場は明治末期以降であり（塚原　二〇〇一、八五頁）、昭和初期には、陸軍や海軍軍楽隊だけでなく、日本の工場や会社にブラスバンドの楽団が創立されたほか、中学などの学校における課外活動としても導入され始めた。さらに昭和一〇年代になると、中学だけでなく小学校及び国民学校にも吹奏楽団が構成されるようになるなど、全国的にブラスバンドが増加した。戦前のブラスバンドに関する研究において、明治期における軍楽隊や昭和期における職場の厚生音楽のためのブラスバンドについては研究されているものの、国民学校の子どもたちや教師によるブラスバンド活動の実態については、あまりスポットが当てられておらず現在でも詳細になっていない部分がある。

それでは、当時の国民学校における子どもたちのブラスバンドの経験はどのようなものであったのだろうか。国民学校側はどのようにブラスバンドを導入し、定着させようとしたのか。本論では、長野県の上田地域（塩尻、神科、豊殿、上田）と飯田地域（座光寺、上郷）の小学校が所蔵していた文書に加え、アンケートやインタビューの内容も資料として、可能な限り子どもたちの実体験に迫りながら、当時の国民学校における子どもたち及び教師によるブラスバンド活動の内実を明らかにしていく。その手順として、まず、児童・生徒が関連していた当時の日本の吹奏楽界における出来事を中心に概観した後、長野県の国民学校を中心に国民学校期におけるブラスバンドの導入経緯とその意図、教師や子どもたちにおける吹奏楽器の演奏技術の習得方法、子どもたちの学校内外における楽器演奏や聴取体験、喇叭鼓隊の活動について検討していく。

### 三・二・二　昭和前期におけるアマチュアブラスバンドの隆盛

日本のアマチュアによるブラスバンド活動には、職場などの従業者による活動、学校教育における児童・生徒・学生による課外活動、その他青年団や地域市民による活動などが挙げられる。日本の職場におけるアマチュアブラスバンドは、明治末期の明治四四年に日本製鉄八幡製鉄所に結成されたのがはじまりであり、学校教育におけるアマチュアブラスバンドも、明治末期の明治四二年に京都府立第二中学校が教育の一環として編成したことがはじまりといわれている（塚原　二〇〇一、一一四～一一五頁）。その後、「いつも事変戦争と吹奏楽の勃興は形影相伴っている」（田邊他　一九四二、一頁）というように、昭和六年の満州事変が契機となって、アマチュアブラスバンドは昭和初期に盛んに編成されるようになった。学校のアマチュアブラスバンドにおいては、東京府立第一商業学校や逗子開成中学など、主に中学や商業学校が先駆けとなって活動が行われた。

アマチュアブラスバンドの団体数の増加と同時にそれらの広報活動も行われ、昭和八年には雑誌『ブラスバンド』が創刊された。そこには楽器の指導方法や各地の学校や工場におけるブラスバンドの活動報告、講習会の報告、また音楽家や有識者たちによる座談会などの記事が掲載されており、この雑誌が当時どれだけの人の目に触れたのかは定かではないものの、全国的にブラスバンドの活動を促進させようという意欲がこの雑誌から読み取れる。

昭和九年には、この『ブラスバンド』に「アマチュア吹奏楽団」を統制する機関を設立するべきか否かを問う記事が掲載された。その問いには、音楽関係者のみならず陸軍・海軍の軍楽隊関係者、学校にブラスバンドを取り入れていた先駆的な教師たち、及び会社に創設されたブラスバンドの部長などが応えている。そこには、「組織は全国的にするは理想であるが、イキナリ全国的にすることは困難である。先づ地方的に連盟を組織して、追々それを全国に及ぼす」べきであるという意見や（伊藤　一九三四、四頁）、「地方的団体の代表を以て中央機関を組織する」などの意見が示された（堀内　一九三四、四頁）。

そしてこの記事が掲載された昭和九年に、まず東海地方でアマチュアブラスバンド東海連盟が結成され、昭和一一年には関東に全関東吹奏楽団連盟、全関西吹奏楽団連盟が相次いで結成された（塚原　二〇〇一、一一八～一一九頁）。これらの各地の吹奏楽連盟は、昭和一五年の紀元二千六百年祝典を目標として結束し、昭和一四年一一月には全国的な機関である「大日本吹奏楽連盟」を結成したのである（目黒他　一九四〇、一二頁）。この大日本吹奏楽連盟は戦後「全日本吹奏楽連盟」と名称を変え、現在も日本の子どもたちや大人のアマチュアによるブラスバンド活動を支えている。

昭和前期の職場や青年団におけるアマチュアのブラスバンドの隆盛に伴い、当時の小学校においてもブラスバンド活動の活性化を試みる動きが起こった。東京ではブラスバンド活動を行っている小学校が連携して、昭和一一年に東京市小学校吹奏楽連盟を発足させた。発足時に加盟していた小学校数は七校と少なかったが、同年には連盟の第一回目の合同演奏会として「明治節奉祝子供のための演奏会」を開催している。この演奏会では、高等小学校の生徒によるブラスバンドや後述する「喇叭鼓隊」が「軍艦マーチ」や「我等の軍隊」などを合奏しており、「聴衆の大部は子供で三千枚のプログラムが開会前に不足してしまった」ほど、演奏会は盛況であったようである（紺野一九三六、頁無）。

昭和一六年から昭和一八年にかけては、大日本吹奏楽連盟が主催した天長節奉祝音楽会が毎年催された。この音楽会のプログラムによれば、官庁や工場などによる吹奏楽連合の他に、国民学校の児童による「国民学校吹奏楽喇叭鼓隊連合（東京市国民学校吹奏楽連盟主演）」も出演しており（大石　一九八三、一九六頁）、子どもたちが大人や青年たちに交じって、音楽会に演奏者として参加していた様子がうかがえる。また、プログラム最後の合同演奏は、ラジオで放送された。

このように、昭和前期にはアマチュアによるブラスバンドの活動を支える礎が築かれた。さらに、小学校及び国民学校の多くの子どもたちは学校内外においてブラスバンドに接しており、子どもによっては聴くことだけでなく楽器を演奏する機会をもつようになったのである。それでは、当時の子どもたちは国民学校においてどのようなブラスバンド活動を行っていたのだろうか。次に、長野県の国民学校を中心に国民学校におけるブラスバンドの活動の実際について見ていきたい。

## 三・二・三　国民学校におけるブラスバンド楽器の導入

ブラスバンドを編成するには、まず指導者や楽器を揃えなければならない。しかし、戦前の学校におけるブラスバンドの活動には、塚原が「唱歌教員はバンド指導にはまったく畑違いだったし、なによりも学校バンドの実現には高額の楽器や楽譜の調達が大きな壁になっていたとみられる」（塚原　二〇〇一、一一四頁）と指摘しているように、楽器の不足のみならず指導する教師の力量不足といった問題があった。それでは、昭和一〇年代において学校現場はどのようにこれらの問題を乗り越えてブラスバンドを導入しようとしたのだろうか。

一番大きな問題は、楽器を導入するための資金の調達である。「昭和十六年　塩尻国民学校　職員会誌」には、「六月十八日　寄附について（中略）千五百円は学校備品購入費に充つ」と記されている。その中には、理科、体錬科などとともに「音楽　ブラスバンド　五百円」という記載もみられ、ブラスバンドの設備を整えるための費用が準備されていたようである。この記述の他にも、楽器の導入に関して寄附や寄贈といった文言が他の学校文書に見られた。例えば、「昭和十六年　塩尻国民学校　当直日誌」によれば、一〇月二七日に「東京より楽器到着」しており、同日の「昭和十六年　塩尻国民学校　学校日誌」には、「十月二七日月　ブラスバンド楽器着荷（在京本校出身者寄贈）」と記載されている。このように、ブラスバンドの楽器調達やそのための費用といった問題は、学校の予算から捻出するというよりも専ら寄附によって解消されていたと考えられる(2)。

塩尻国民学校に楽器が到着してから一日ほどの間、どこに楽器が置かれていたのかは不明ではあるが、二日後の「学校日誌」には「十月二九日水　ブラスバンド　音楽室におく　手入する」とあったように、国民学校の音楽室

写真３・２・１　塩尻国民学校におけるブラスバンドの演奏の様子

に楽器を保管するようになった。塩尻国民学校において、このようなブラスバンドや吹奏楽器に関する記録は昭和一六年度以前の文書資料には見られなかったことから、この昭和一六年度が塩尻国民学校にブラスバンドの楽器が導入された最初の年であると考えられる。

塩尻国民学校が、昭和一六年度にブラスバンド楽器として導入した楽器の種類について明記された文書資料は、残念ながら見当たらなかった。当時塩尻国民学校に通っていた児童に対するアンケート調査には、学校にあった楽器として「コルネット」（塩尻・一五・男）、「ラッパ」（塩尻・一四・女）、「けん楽器《ママ》、きんかん楽器、等一式あった。音楽行進に必要な用具等一式があった。」（塩尻・一七・男）などの記述があったものの、コルネット以外の詳細な吹奏楽器については記述されていない。しかし、塩尻小学校が保管している、昭和一七年の塩尻国民学校におけるブラスバンドの演奏の様子を撮った写真にはクラリネット、テナーホルンと思われる金管楽器、ピストントロンボーン、トランペット、コルネットと思われる金管楽器、大太鼓、小太鼓を演奏する男子児童が写されている（写真3・2・1）。昭和一六年度から一七年度にかけて、この学校で新しくブラスバンド楽器を購入したという記録が無いことからも、昭和一六年度に導入された楽器類には、前述した楽器たちが含まれていたといってよいだろう。

それでは、国民学校においてはどのような意図のもとブラスバンドが編成されていたのだろうか。長野県上田地域の「昭和十六年　塩尻国民学校　学事報告」には、以下のように記されている。

我ガ校ノ教育方針モ国民学校教育ノ本旨「皇国ノ道ニ則リテ普通教育ヲ施シ国民ノ基礎的鍛錬成ヲナス」ト示サレタ処ニ置イタコトハ勿論デアリマス（中略）要スルトコロ国民学校教育ノ本旨ニ帰一スルモノデ本年度ハ従来ノ考ヘヲ一層拡充シ強調シテ当ッテ来タ。国民学校ノ教育方針

第二條　国民生活ニ必須ナル普通ノ知識技能ヲ体得セシメ情操ヲ醇化シ健全ナル身体ノ育成ニ力ムルコト

第二條ニ当ル事項

・音楽時間ニ於ケル楽器指導

・ブラスバンドノ組織

・三月三日　音楽会

塩尻国民学校のこの資料によれば、ブラスバンドの活動は芸能科音楽における器楽指導と同じ目的のもとに据えられていた。換言すれば、ブラスバンドの組織に際しては「情操教育の面から国民精神の涵養に奉仕」し、皇国民に「高雅な情操と、芸術的技術的な表現能力」（山本　一九九九、二六九頁）を有させるといった、芸能科音楽の使命

と近しい役割をもたせようと考えられていたことが指摘できるだろう。

### 三・二・四　教師と子どもたちの演奏技術の習得

ブラスバンドを指導するには、指導者が楽器の特性やその音楽の特徴を知っておく必要があるし、楽器に触れて息を使って音を出すことを体感しておくことも重要である。しかし前述したように、当時ブラスバンドを指導する立場にあった教師には、指導するための知識や技術が不足しており、地方には「バンド組織の簡単な理論即ち各楽器の性質をも知らないようなやり方さへして居る」学校も多くあった（平野　一九三四、四頁）。そのため、「講習会でも開かれなければ地方のバンド指導者は非常な困難と戦いつづけて結局不成功に終わって」しまうとして（廣岡　一九三三、二七頁）、ブラスバンドの先駆者たちが協力して楽器や楽譜を推薦したり講習会を開催したりすることなどが望まれるようになったのである。

昭和一〇年代半ばになると、昭和一三年に結成された大日本吹奏楽連盟によって長期講習会や夏季講習会などの短期集中型の講習会が開催されるようになった。上田地域の神科国民学校では、昭和一七年の「学校日誌」に「八月七日金　県主催吹奏楽講習ニ斉藤訓導出席ノタメ長野へ出発　十二日迄」という記述がみられた。斉藤訓導は、当時大日本吹奏楽連盟によって昭和一七年に長野、新潟、宇都宮など各地一〇か所で開催された短期型の「吹奏楽講習会」（大塚　一九四二、三四頁）へ参加していたと考えられる。

塩尻小学校には、昭和一四〜一六年度、昭和一八〜二〇年度までの「第一種第二種合綴　学務書類　塩尻村役場」が所蔵されており、昭和一六年度、昭和一八年度の「学務書類」に綴じられていた長野県報には、この県主催吹奏

表3・2・1　昭和一六年度、昭和一八年度長野県主催吹奏楽講習会の概要

○『昭和十六年度学務書類』「長野県報昭和一六年七月一七日」より
　長野県吹奏楽講習会に関する件

　吹奏楽ニヨリ国民情操ヲ陶冶シソノ士気ヲ鼓舞スル目的ヲ以テ左記ニ依リ首記講習会ヲ開催致候ニ付関係者ヲシテ受講セシメラレ度

一、名称　長野県吹奏楽講習会
二、主催　大日本吹奏楽連盟　長野県
三、後援　日本放送協会、長野放送局
四、会場　長野市山王国民学校
五、会期　八月一二日ヨリ一七日マデ六日間
六、時間　午後二時ヨリ五時。午後七時ヨリ九時ノ二回　楽典午前八時ヨリ一〇時
七、科目ト講師
　木管楽器指導　（交渉中）
　金管楽器指導　陸軍出身　平島　義男
　打楽器指導　（交渉中）
　合奏指導　陸軍楽長　和田小太郎
　楽典指導　伏見三男人　富俊夫
八、練習曲（指導スル曲）
　式典　君ヵ代、国の鎮め、水漬く屍、陸軍分列行進曲、軍艦行進曲、愛国行進曲
　一般曲（行進曲）　大政翼賛、航室日本、我らの軍隊、盟友
　　（序曲）　剛毅
〔以下後略〕

○『昭和一八年度学務書類』「長野県報昭和一八年七月一九日　吹奏楽講習に関する件」より抜粋
大東亜決戦下銃後士気昂揚ノ為吹奏楽普及ノ要益々緊切ナルニ鑑ミ今般吹奏楽連盟トノ共催ニ依リ左記ノ通リ夏期講習会ヲ開催致ス事ト相成候條受講方取計相成度
　楽典大要　大日本吹奏楽連盟理事　長野県吹奏楽連盟常任理事富俊夫
合奏訓練　元日本吹奏楽連盟理事　元陸軍軍楽長　和田小太郎
　木管楽器　元陸軍軍楽隊員　楠正治
　金属管楽器　元海軍軍楽隊員　萩原広禎
　低音金属管楽器　元陸軍軍楽隊員　大庭操
　打楽器　元海軍軍楽隊員　丸山善一郎
〔以下後略〕

楽講習会の概要が掲載されている。前述した神科国民学校の斉藤訓導が出席した、昭和一七年度の講習会の内容については確認することができなかったが、昭和一六年度と昭和一八年度の資料を見ることができた（表3・2・1）。これによると、講習会の指導内容は楽器の演奏指導だけでなく合奏、楽典といった範囲にまで及んでおり、さらに昭和一八年度になると、金管楽器が「金属管楽器」と「低金属管楽器」に分けられ、より金管楽器の指導に力が入れられるようになっている。教師たちは、ブラスバンドを学校で編成するに当たって、学校外に出向いて講習会に参加し、陸軍及び海軍のブラスバンドのプロから楽器演奏のみならず音楽理論や指揮を学び、指導のための知識と技術を習得していたのである。

次に、子どもたちによる演奏技術の習得について見てみよう。昭和一六年一〇月二七日に楽器を導入した塩尻国民学校において、昭和一六年度の「職員会誌」には、「十一月十五日土　来校者ブラスバンド講師　高橋展寿氏」とあり、同日の「学校日誌」にも「ブラスバンドの指導を受ける」という記述があった(3)。さらに「職員会誌」によると、「十一月十七日月　ブラスバンド講習　第三日目　高橋講師　午後三時十分のバスにて帰京」と記載されており、東京から講師を招いて講習を受けていた様子が見受けられる。昭和一七年の塩尻国民学校においては、ブラスバンドの講習に関連する記録は見られなかったが、昭和一八年の「当直日誌」には、「十月二十一日　高橋先生及高二児童□□　ブラスバンド練習」とある。その後一一月三日から六日までブラスバンドの練習の為に、高橋先生と子どもたちが数名来校している。

また、ブラスバンドの指導ではないが、飯田地域の上郷国民学校では、昭和二〇年五月一〇日の「学校日誌」に国民学校に青年学校生徒がラッパを練習するために来校し、さらに練習とともに「青校山上元治君　ラッパ指導に来る」と記録されている。青年学校の生徒から国民学校の児童への技術の伝達といった、学校間の繋がりがうかがえる。

塩尻国民学校の「当直日誌」には、前述したようにブラスバンドを練習する児童として数名が登校したと記録されていた。アンケート回答を見ると、「コルネットを練習した」（塩尻・一五・男）、「木琴、ラッパ等、グループで練習した事あり」（上郷・一五・男）という記述があった一方で、「ラッパ類は出来るものがクラブのように使っていたと思います」（上郷・一三・男）、「トランペットは特殊チーム者が習い行進の先頭に立った」（神科・一五・男）、「進軍ラッパを先輩が吹いたのを覚えている」（塩尻・一七・男）という記述もみられた。吹奏楽器は、国民学校の児童が誰でも自由に演奏できたわけではなく、ある程度選ばれた子どもたち、特に高等科の児童が多く楽器を演奏していたようである（神科・一五・男・インタビュー）。学校に吹奏楽器が導入されても、多くの子どもたちに関しては、自ら演奏するよりもやはり演奏を聴くといった体験の方が多かったのだろう。

## 三・二・五　学校内外におけるブラスバンドの演奏場面と聴取体験

今回手がかりとしてきた文書のなかには、ブラスバンドの活躍の場として、運動会のなかで演奏するという記録が見られた。例えば、「昭和十七年　塩尻国民学校　職員会誌」には「九月十五日　校庭運動会　期日　十月十日（中略）ブラスバンド　ラッパ　独唱を取り込む事」と記述されている。さらに現在の上田市立清明小学校に残された、昭和一七年度一〇月八日の上田市各国民学校、上田青年学校、上田実科高等女学校による総合校庭運動会に関する資料には、「二、国旗掲揚　吹奏楽にて奏楽　四、君が代斉唱　吹奏楽にて伴奏　一同唱ふ　十、海行かば斉唱　吹奏楽にて伴奏　一同唱ふ　十三、国旗降下　吹奏楽にて奏楽〔吹奏楽と関連する部分のみ抜粋〕」との記録が残されている。ブラスバンドが、児童や生徒たちの行進の伴奏ではなく、国歌斉唱や国旗を扱うといった儀式的な場面で演奏をしていた様子が読み取れる。この運動会は、青年学校と合同であったため、ブラスバンドの演奏は国民学校の児童によるものではなかった可能性は大きいが、子どもたちにとっては、身近にブラスバンドの演奏を聴くことができる体験の一つであったといえるだろう。またアンケートには、家のそばの学校から「高等科の生徒たちのブラスバンドの練習がいつも聞こえてその曲はほとんど軍歌でした。出征兵士を演奏しながら送って行ったのを憶えています」（上田南・一五・男）という記述が見られた。兵士を送るという戦争と直接結び付くような場面にも、生徒たちによるブラスバンドの演奏が利用されていたと考えられる。

これらの行事や儀式以外にブラスバンドに接する体験としては、学校内外の音楽会があった。学校のイベントとして、神科国民学校では昭和一七年五月二三日の「学校日誌」に「一、午後三時　高二児童受け持ち列車　上田行海軍々楽隊演奏見学」と記述されており、同日の神科青年学校の「学校日誌」にも、上田市公会堂での海軍軍楽隊演奏会についての記述が見られた。上田の各国民学校の資料にはこの演奏会に関する記録は見られなかったが、神科の子どもたちが電車に乗って演奏を聴きに行ったことからも、おそらく各地区から聴衆が集まる大きな演奏会だったのだろう。この他に音楽会に関することとして、アンケートには「音楽を小さい時から好きだったので、上田市の公会堂（今の市民会館）の学生（当時の上田中学）の生徒のブラスバンド等、一人でも聴きに行ったことがある」（上田東・一六・女）という回答がみられ、学校を通してではなく自ら演奏会に行った記憶も記されていた。

このほか、「昭和二〇年　豊殿国民学校　宿直日誌」には、「七月三〇日　上田市中央国民学校吹奏楽団来校午後一時ヨリ三時迄講堂ニ於テ演奏　全校児童ヲシテ聴カシム」という記録があった。国民学校の児童の前で他校の児童がブラスバンドの演奏を披露するといったように、ブラスバンドの演奏を通して近隣の学校間が交流していた様子がうかがえる内容である。

## 三・二・六　「喇叭鼓隊」の活動

これまでブラスバンドについて主に述べてきたが、長野県で調査した各小学校の記録には、吹奏楽器を含んでいたと考えられる楽器編成として、ブラスバンド以外に「喇叭鼓隊（ラッパ鼓隊）」、横笛を使用する鼓笛隊など複数の名称が見られた。中でも喇叭鼓隊については、長野県で調査した史料の中にも比較的多く記されていた。喇叭鼓隊とは、昭和二（一九二七）年、陸軍戸山学校軍楽隊によって創案されたものである。陸軍戸山学校による喇叭鼓隊教科書には、次のように記されている。

近来わが国には種々の合奏音楽が行はれている。けれども多くは室内演奏用のものにて主として娯楽を目的とするものであり且つ練習困難なものであつて、自己の学務に精励する傍、寸暇を利用して心身を鍛錬し剛健なる国民たらんとする吾等青年の志気を鼓舞するに好適なるものが殆どない。今假りに勇壮活発にして習得容易なる軍隊用の喇叭を吹奏して其の目的を達しやうとしても其の音律は余りに単純であつて現今の青年の意気にシツクリ合はない憾がある。そこで此喇叭に考案の基礎を置き出来上つたのが喇叭鼓隊用の喇叭である（陸軍戸山学校　一九二八、緒言頁）。

喇叭鼓隊は、青年が学業にいそしむ傍ら、士気昂揚や心身の鍛練を目的として、簡単に吹奏できながらも音楽的な充実感も得ることができる、ということを考慮して創案された楽器と編成であった。

このラッパは、軍隊用の信号ラッパと同じ構造でありピストンがなく、倍音列を利用して音を出す。そのため、演奏が可能な音は一点ハ音→一点ト音→二点ハ音→二点ホ音→二点ト音の五つである。この構造のラッパには大・中・小の三種類があり、陸軍戸山学校著『喇叭鼓隊教科書』によれば、喇叭鼓隊の最も大きな編成は小ラッパが二パート、中ラッパが二パート、大ラッパが一パートに加えて、大・小太鼓及び大太鼓の奏者が併せ持って奏するシンバルの打楽器との組合せであった。喇叭鼓隊のための合奏曲は、すべてのラッパがハ長調を基調としている上「一個の喇叭から出る五つの音以外は用いないのであるから、一般半音階のできる楽器のように何でも好みの曲をやると云ふ事は出来」ず（陸軍戸山学校　一九二八、緒言頁）、ハ長調のⅠとⅤの和音のみで作られていた（楽譜3・2・1）（陸軍戸山学校　一九二八、三二頁）。

喇叭鼓隊のラッパは運指法を習得する必要が無いため、演奏もその指導も容易であった。従って、陸軍戸山学校の狙い通り「ブラスバンドの楽器は指がなかなか複雑で熟練するまでには相当の期間と努力を要しますがラッパ鼓隊のラッパは全々指の動きを要しませんから、みっちり努力すれば二、三カ月で街頭吹奏行進位は出来る」ようになったという（川瀬　一九三九、五頁）。また、編成に必要な費用についても、ブラスバンドでは一千円かかるのに対して喇叭鼓隊は三百円と比較的安価なこともあって（川瀬　一九三九、五頁）、青年団だけでなく小学校及び国民学校にも広く普及したのである。

現在の上田市立豊殿小学校には、小ラッパ、中ラッパが合わせて六本保存されている（写真3・2・2）。豊殿国民学校の文書資料には、喇叭鼓隊についての記録が見られなかったため明確な判断はできないが、このラッパを使った合奏や喇叭鼓隊としての活動が、豊殿国民学校でも行われていたと考えられる。では、これらの喇叭鼓隊は

楽譜3・2・1　陸軍戸山学校（1928）『喇叭鼓隊教科書』共益商社書店、31頁より一部抜粋

実際にどのような場で演奏されていたのだろうか。

飯田地域の「昭和十七年　座光寺国民学校　学事報告」の中には、「二、国民学校、最□目標　『皇国民の□□』に向かひ教授訓練養護の上に、全校一丸となって努力してきた。一、訓練音楽訓練　毎週一回　喇叭鼓隊の編□」という記述が見られた(4)。また上郷国民学校においても、「昭和一八年　上郷国民学校　校長日誌」に「五月一一日　ラッパ鼓隊　楽器寄附ノ件」と記録されている。これらの学校については、喇叭鼓隊は存在していたようであるものの、残念ながらこの他の喇叭鼓隊に関する具体的な活動内容については記述されていない。

その一方で、豊殿と同じ上田地域の

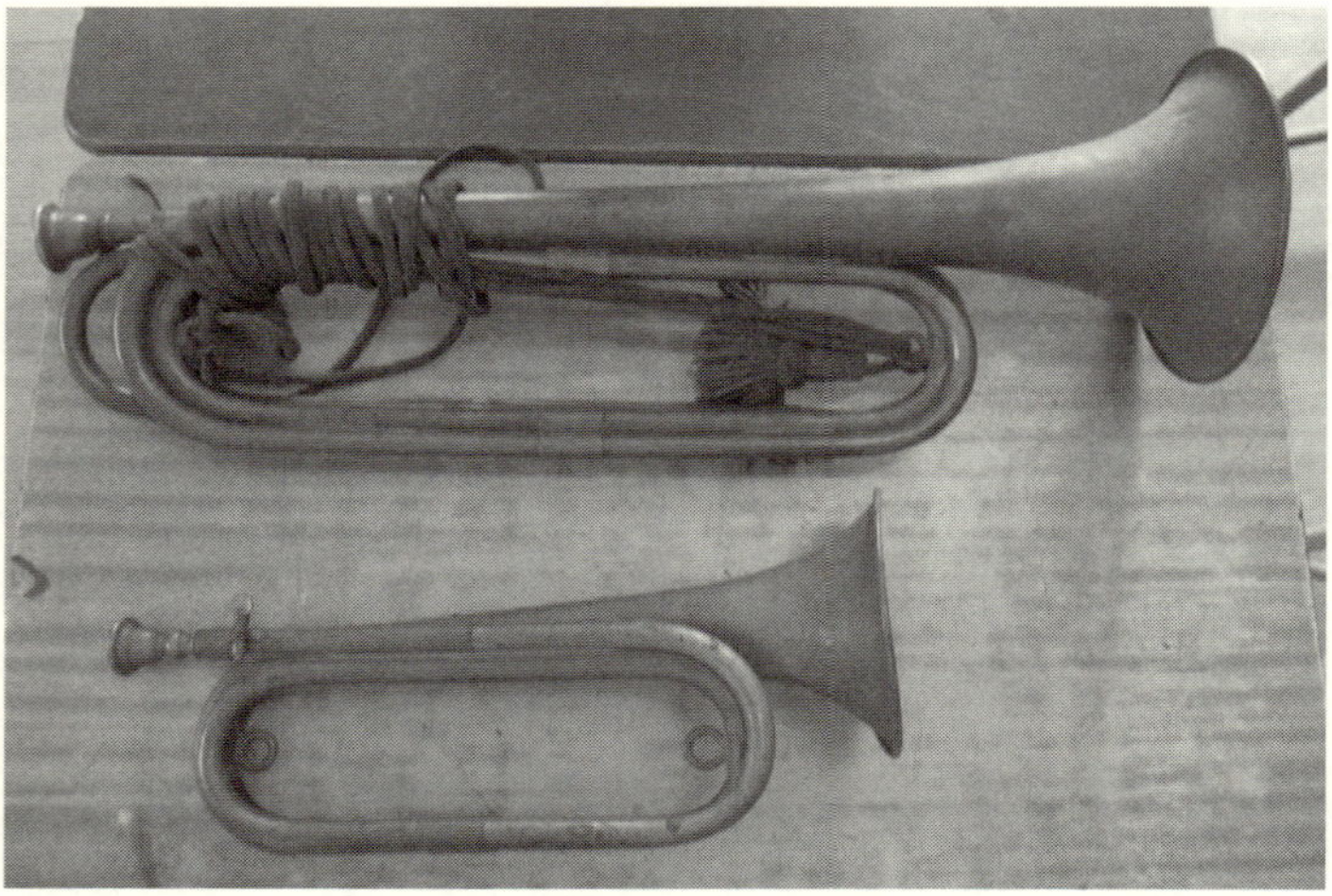

**写真3・2・2**　上田市立豊殿小学校に所蔵されている喇叭鼓隊の小ラッパ、中ラッパ

神科国民高等学校と青年学校においては、文書の中で何点か喇叭鼓隊の活動に関する記録が見られた。これらの「学校日誌」をみると、昭和一五年四月九日の学務委員会の協議では、「六．喇叭鼓隊　兵士歓迎ニ用ヒズ、儀式ニ用フルコトニ決定」している。また、神科青年学校「学校日誌」の昭和一七年五月一九日には、「喇叭鼓隊　午後八時ヨリ練習　山崎指導員及び丸山教諭指導」と記されている。二一日の記録には「喇叭」の部分を省略したのか「鼓隊練習」と記述されているものの、「喇叭鼓隊」もしくは「鼓隊」の練習は、一九日から三日間続けられた。さらにこの練習期間後の五月二二日には「御祝閲拝□記念　並ニ　青少年学徒ニ御下賜勅語奉読式　午前五時ヨリ実施〔中略〕一、国民儀礼　鼓隊」という記録がある。おそらく喇叭鼓隊は、本番の儀式での演奏に合わせて、その数日前からメンバーを集めて練習を行う、といったように編成されていたのではないだろうか。一九日の喇叭鼓隊による練習から二二日の儀式までを一連の流れとして捉えると、二二日の「鼓隊」について、ラッパが含まれていたとも考えられる。

この他にも、昭和一九年の青年学校の「学校日誌」によると、一〇月一二日には、学校に査閲官の藤原中佐を迎える際、神科国民学校にて「生徒　国校喇叭鼓隊付」とともに職員や村長らが出迎えた様子が記録されている。昭和一五年度の神科高等学校、青年学校における喇叭鼓隊に関する協議事項が、戦争が激しさを増した昭和一九年まで遂行されていたかどうかは定かではない。しかし、兵士の歓迎といった場での演奏に関する記録が見られなかったことからも、神科国民高等学校、青年学校の喇叭鼓隊は、主に学校内における儀式、もしくは学校と関連した行事を演奏活動の場としていたと推察できる。

## 三・二・七　おわりに

今回手がかりとした長野県の上田、飯田地域では、昭和一六年前後の国民学校になる時期から地方でありながらもラッパ等の単体の楽器を使っていた記録だけでなく、喇叭鼓隊やブラスバンドの活動の記録が文書資料やアンケートに多くみることができた。そこからは、子どもたちの活動だけでなく教師たちが学校に講師を招いたり講習会に出向いたりして演奏技術の習得に励み、子どもたちのブラスバンドの活動を支えていた様子も浮かび上がってきた。

さらには、子どもたちが放課後学校で練習するなど、昭和前期において現在の日本における部活動としてのブラスバンド活動の前身があり、この活動に関して戦前から戦後へのつながりがあったことが指摘できる。

国民学校の児童たちは、ブラスバンドの演奏会に行ったり他の学校児童の演奏を聴いたりするといった活動を通して、それまで遠い存在であった吹奏楽器に接し、より多様な音楽を体験していた。これらのブラスバンドの聴取体験は、芸能科音楽における鑑賞指導の方法として示された、「演奏による鑑賞」の役目も担っていたと考えられるのではないだろうか。

昭和前期におけるブラスバンドの普及は、軍楽隊と密接に関係していたため語る上で戦争とは切り離せない。しかし、アンケートの中に「吹奏楽器を吹きたいと思いつつ誠之では機会がなく疎開先の学校で国旗掲揚等のラッパ手として練習しました（疎開先　石川県）」（誠之・一五・男）という意見が見られたように、子どもたちにとっては楽器に息を通し音の振動を体感し、音を生み出すという面白さを味わう絶好の機会であったことは、見逃してはならないだろう。

注

（1）昭和一五年以降の雑誌記事では、従来使用されていた「ブラスバンド」という名称に代わって「吹奏楽」と呼称される場合が多くなっているが、本章では混乱を避けるため原則として「ブラスバンド」の名称を使用する。

（2）日本管楽器株式会社の昭和八年の楽器広告を見ると、吹奏楽器の価格は、一番安い日管のコルネットが二一三円、日管のトロンペットが二一七円であった（執筆者不明（一九三三、三）「NIKKAN BAND INSTRUMENTS」『ブラスバンド』第一巻第一号、頁数不明）。

（3）この「学校日誌」では、来校したブラスバンド講師の名前が「菅沼潮氏」となっており、「職員会誌」の名前と異なっている。どちらの講師が来たのか、または二人が来たのかは不明であるが、後述するように昭和一八年の同じ時期にも「高橋先生」がブラスバンド指導に来校していることから、昭和一六年度においても、高橋講師は来校していたと考えられる。

（4）史料の文字の判別が困難ではあるが、□の部分を推測するとおそらく「最高目標」「皇国民の錬成」「喇叭鼓隊の編成」であるだろう。

## 引用・参考文献


伊藤隆一（一九三四、一〇）「アマチュア吹奏楽団制統《ママ》機関設立の可否」、『ブラスバンド』第二巻第三号、五頁。大石清（一九八三）「九．アマテュア・バンドの歴史」、『新版　吹奏楽講座　第七巻　吹奏楽の編成と歴史』音楽之友社、一九二～二三〇頁。

大塚正則（一九四二、一二）「吹奏楽講習会を視察して」、『吹奏楽』第二巻一一号、三四～三五頁。

春日嘉藤治（一九三三、六）「非常時と音楽に関して」、『ブラスバンド』第一巻第二号、一頁。

上田誠二（二〇一〇）『音楽はいかに現代社会をデザインしたか　教育と音楽の大衆社会史』新曜社。

川瀬信二（一九三九、一）「小学児童の音楽隊　編成と指導（一）」、『吹奏楽ブラスバンドラッパ鼓隊ニュース』第五巻第一号、四～五頁。

紺野五郎（一九三六、一一）「東京市小学校吹奏楽連盟第一回合同演奏会の記」、『ブラスバンド喇叭鼓隊ニュース』第二巻第一一号、頁不明。

執筆者不明（一九三三、三）「NIKKAN BAND INSTRUMENTS」、『ブラスバンド』第一巻第一号、頁数不明。

田邊勝三、目黒三策他（一九四二、一二）「管楽器創始期秘話（座談会）」、『吹奏楽』第二巻第一二号、四九～五二頁。

塚原康子（二〇〇一）「軍楽隊と戦前の大衆音楽」、『ブラスバンドの社会史　軍楽隊から歌伴へ』青弓社、八四～一一四頁。

平野主水（一九三四、一〇）「アマチュア吹奏楽団制統《ママ》機関設立の可否」、『ブラスバンド』第二巻第三号、四頁。

廣岡九一（一九三三、一二）「スクールバンドの現在と将来」、『ブラスバンド』第一巻第四号、二七頁。

堀内敬三（一九三四、一〇）「アマチュア吹奏楽団制統《ママ》機関設立の可否」、『ブラスバンド』第二巻第三号、四頁。

目黒三策、伊藤博ほか（一九四〇、二）「紀元二千六百年祝典と吹奏楽（上）」、『吹奏楽ブラスバンド喇叭鼓隊ニュース』第六巻第二号、一二頁。

山本文茂（一九九九）「芸能科音楽の理念と内容――法令条文の解釈を中心に――」浜野政雄監修『音楽教育の研究――理論と実践の統一をめざして――』音楽之友社、二六九頁。

陸軍戸山学校（一九二八）『喇叭鼓隊教科書』共益商社書店。

# 第四章　鑑　賞

## 四・一　国民学校芸能科音楽における鑑賞

長井（大沼）覚子

小学校における鑑賞指導の必要性は、一部の先進的な音楽の専門家・研究者、教師や学校によって、明治後期から大正期より提唱され、制度に先駆けて実践されていた(1)。そのような研究・実践の蓄積の上に鑑賞は、「国民学校令」並びに「同施行規則」において、公的な制度の中で初めてその指導が位置づけられることとなる。それでは、芸能科音楽における鑑賞指導は、「国民学校令」施行以前の実践から何を受け継ぎ、何を目指し、それをどのように達成しようとしていたのか。これを明らかにするために、本節では、まず、教師用書に記された鑑賞の指導方針、鑑賞用教材、及び指導法の分析を行う。次いで、鑑賞指導のツールとして欠かせなかったレコード教材がどのように整備されていったのかの検討を通して、前述の課題に迫っていきたい。なお、ここで取りあげる「鑑賞」とは、「ある楽曲を対象とし、それを聴き、味わう」活動とし、聴音練習については本章第四節において詳しく述べる。

## 四・一・一　鑑賞活動の指導方針

「国民学校令施行令規則」において、芸能科音楽の目標・内容は、従前の唱歌科が示すところ（明治四〇年改正「小学校令」）と比較して、扱う範囲が拡大された。鑑賞指導の方針は、教師用書に「児童の音楽的能力の発達に伴ひ、歌唱と相俟って声楽楽器の音楽美を感得させ、且国民音楽創造の素地を培ふ」ことと記された。そして、それに伴っては、「広く東西古今に亙り、児童に適切な教材を選択して之を聴かせ」ることが必要であり、結果として「高尚なる芸術音楽を鑑賞する能力」が養われると説明された（『ウタノホン上　教師用』二〇頁）。この方針は、全学年に共通して掲げられている。

ところで、「国民学校令」において鑑賞教育が制度的に位置づけられるにはどのような背景があったのだろうか。我が国における鑑賞教育の軌跡を検討した寺田は、一般大衆による「音楽を聴くこと」への関心の増大を、専門家たちによる鑑賞教育や啓蒙活動を促進させた大きな要因の一つとしている。さらに、音楽に対する大衆の関心の高まりは、明治二〇年代以降の公開演奏会の増加や、蓄音機、ラジオ、レコード等の普及が契機となっている、とも指摘している（寺田　二〇〇一、一〇頁）。そのような中、鑑賞に関する言説も徐々に増え始める。教育との関係では、音楽・舞踊評論家であった牛山充が、「学校に於ける鑑賞力と批判眼との養成」と題する論考を発表し、真に音楽を理解できる聴衆を育てるために中等教育以上の学校における音楽鑑賞教育を提唱した（牛山　一九一〇ａ・牛山　一九一〇ｂ）。その後、大正四年には当時の唱歌教育界をリードしていた青柳善吾が、「鑑賞的教授に就て」を小川友吉のペンネームで執筆している。この中で青柳は、「歌うという以前に必ず聴くという働きが第一になければならない、最も能く聴き得るものは最も能く歌い得る」と述べ、受容（鑑賞）と発表（表現）の二方面を重視する必要性を訴えた（小川　一九一五）。青柳がこのように主張した背景には、唱歌科においては受容と発表は分離することができないにもかかわらず、唱歌教授（発表）のみに偏っていた当時の状況への問題意識があった（2）。

表現と鑑賞、両者が大切であることは、鑑賞の指導方針を述べた文中の「歌唱と相俟って」という文言からもうかがえるように、芸能科全体の問題でもあった（3）。すべての学年の教師用書の第一章におかれた「芸能科指導の精神」には、「芸能科には各科目とも表現、鑑賞、理会《ママ》等の諸方面があるが、作ることと、見ることと、知ることとは本来離れるべからざるものであるから、之等は、相互に密接な関連を保ち」つつ、「芸術技能の修練」が行われることが必要である、と記されている（『ウタノホン上　教師用』二頁）。

芸術、そして音楽という領域のもつ特質から、表現と鑑賞を関連させながら実践を行い、「音楽美を感得」させる必要性が認められたわけだが、同時に鑑賞の指導によってめざしていたは、「国民音楽創造の素地を培ふ」ことであった。これは、「皇国民の錬成」を最高目的とする国民学校において、芸能科音楽もまた、「国民的情操の醇化」の達成を担わされたことに由来する。この点と関連して着目すべきは、芸能科の指導法方針の中に、「芸能科に於ては、吾が国芸術技能の特質を知らしめねばならない。祖先の遺産としての歴史的な芸能的な作品は、国民精神や国民的情操の最も具象的な現れであり、大きな陶冶力をもつものであり。従つて、児童は之にふれることによつて、最も有数に端的に国民的情操を陶冶することができる」、そして、鑑賞指導において、この点に注意する必要があるとしていることである（同前、三頁）。すなわち、日本の伝統的な文化、技術に触れること、特に鑑賞の場合にはそのことに十分留意することによって「国民的情操の醇化」を成し遂げようとしていたのである。さらに、「我が国民の芸能的な天分や個性や伝統及び外来文化摂取醇化の精神、態度等を理会《ママ》せしめ、これ等のものが今後我が国芸能文化創造の根幹となるべきものであること」と述べ（同上）、日本の伝統文化・技術に加えて、外来文化を日本のものとして受容、発展させていく態度等に学びながら、「国民音楽創造の素地」を育むことがめざされた。

### 四・一・二　芸能科音楽における鑑賞教材

以上のような方針を受けて、芸能科音楽における鑑賞は、実際にはどのような教材によって、どのようなことを指導しようと計画していたのだろうか。最初に教材から見ていきたい。

まず、芸能科全体での方針としては、「我が国の芸能文化につき、芸能科の目的を達するために必要なものを国民生活及び学校行事の実際に即し、児童の心身及び技能の発達に留意して」教材を選択すべきであることが示された（『ウタノホン上　教師用』四頁）。続いて、この趣旨に沿った教材の配列を四段階に分けて整理している。

第一期　初等科第一学年、第二学年

児童の思想感情の拡充と表現意欲の自由暢達を主眼とし、特に児童の主体的活動、遊戯的態度に即して表現の豊富を期し、表現の喜びを感得させることに留意する。

第二期　初等科第三学年

前期の主体的な遊戯的な表現を次第に自覚的な又目的的な表現に導き、観照《ママ》的な写実的な態度への円滑な誘導に力める。

第三期　初等科第四学年、第五学年、第六学年

観照《ママ》的な態度を確立し、対象の理性的な認識を修練させ、芸術的規範や自然の理法に随順させしめつつ創造する精神を養ひ、技能を修練させる。

第四期　高等科第一学年、第二学年

［省略］

低学年では楽しみながら、遊びながら表現の喜びを感じさせる。そこから次第に、対象となる作品を理性的、客観的に把握し、技術や文化に対する「観照《ママ》的」態度を形成するということをめざすように、教材配列をしていくということである。

音楽については、「国民学校施行令規則」第一四条に、「歌詞及楽譜ハ国民的ニシテ児童ノ心情ヲ快活純美ナラシメ徳性ノ涵養ニ資スルモノタルベシ」と記され、より具体的には、以下の四点が掲げられた（『ウタノホン上教師用』二一頁）。

①唱歌教材を模範的に吹き込んだもの、または唱歌教材に関係ある声楽曲、器楽曲を吹きこんだもの。
②音楽の形式又は律動を知らせるのに適当なもの。
③聴覚訓練に必要な楽器の音色、性能、管弦楽の組織等を知らせるのに適当なもの。
④高学年に於いては稍々高尚な芸術音楽を鑑賞させるために適当なもの。

こうした指針に沿って選ばれた鑑賞教材は、教科書には掲載されず、教師用書に、その指導法（作曲者や楽曲の解説などを含む）と共に提示された(4)。

表4・1・1は、教師用書に掲載された鑑賞教材の一覧である。まず、表中に示した通り、低学年のうちには教師用書に「描写曲」と記載される楽曲の割合が多く、高学年になるにつれて減少していく。しかし、「描写曲」という説明はなされなくとも、なにがしかの情景を連想させる作品や、物語的な解説によって、子どもの興味関心に訴える作品が多いことは同時に指摘しておきたい。

次に、芸能科全体の方針として、我が国の伝統文化に多く触れることが必要とされていたが、日本の伝統音楽の範疇に入る教材はどれくらいあったのだろうか。大まかに見れば、《子守歌》、《さくらさくら》、《春の海》、《ひらいたひらいた》、《数へ歌変奏曲》、《ここはどこの細道ぢゃ》、《六段の調》、《さくら変奏曲》、《越天楽》、《千鳥の曲》、《正調追分》がこのジャンルにあたると言え、全七一曲中の一一曲となっている。西洋バロック、古典派、ロマン派の作品と分類できるものが一四曲、外国通俗曲に分類できるものが二七曲、に対して見れば、ある一定の割合で、意識的に「日本の伝統音楽」と呼べるものが位置づけられていることは確かである(5)。しかし、やや詳しく見ていけば、《ひらいたひらいた》と《ここはどこの細道ぢゃ》は、下総皖一によって輪唱や二部合唱、三部合唱に編曲され、日本古来の「わらべうた」としての在り方に焦点をあてて扱われているわけではない（『初等科音楽　教師用第二』二一頁、『初等科音楽　教師用第三』一一四頁）。また、《数へ歌変奏曲》や《さくら変奏曲》は、どちらかと言えば「変奏曲」という形式の理解を主眼としているようにも見受けられる（『初等科音楽　教師用第二』二八頁、『初等科音楽　教師用第四』一一四頁）。《春の海》は大正末期に作曲されており、同時代的な作品であると同時に、箏と尺八の二重奏ではなく、箏とヴァイオリンの二重奏のもの(6)が音盤には吹きこまれている。こ

**表4・1・1　教師用書に掲載された鑑賞教材**

| 学年 | 楽　　曲 | 描写曲 | 『資料集成』への掲載 | 連絡曲 |
|---|---|---|---|---|
| 第一学年 | 君が代行進曲（吉本光蔵） | | ○ | 君が代 |
| | 森の鍛冶屋（ミハエリス） | ○ | ○ | エンソク |
| | 森の水車（アイレンベルク） | ○ | ○ | エンソク |
| | 小鳥屋の店（レーク） | ○ | ○ | ハトポツポ |
| | 子守歌（日本古謡） | | | コモリウタ |
| | 国際急行列車（プーエ） | ○ | ○ | デンシヤゴツコ |
| | 時計屋の店（オルト） | ○ | ○ | |
| | 郭公ワルツ（ショナソン） | | | ウミ、モモタラウ（三拍子） |
| | おもちやの兵隊さん（ゼッセル） | | | 兵隊ゴツコ |
| 第二学年 | 春の歌（メンデルスゾーン） | | ○ | 春が来た |
| | さくらさくら（日本古謡） | | | さくらさくら |
| | 軍艦行進曲（瀬戸口藤吉） | | ○ | 軍かん |
| | 森の狩猟（フェルカー） | ○ | | |
| | カール王行進曲（ウンラート） | | ○ | かけっこ |
| | ウオーターローの戦（アンダーソン） | ○ | ○ | おもちゃの戦車 |
| | 軍隊行進曲（シューベルト） | | ○ | 兵たいさん |
| | 氷滑りの円舞曲（ヴァルトトイフェル） | | ○ | |
| | 人形の行進（リンデマン） | ○ | | ひなまつり |
| 第三学年 | 鉛の兵隊進めや進め（ピエルネ） | ○ | | |
| | 攻撃（陸軍戸山学校軍楽隊） | ○ | | |
| | 軽騎兵（スッペ） | | ○ | |
| | ファシストの歌（ブランク） | | | |
| | 愛馬行進曲（陸軍軍楽隊） | | | 軍犬利根 |
| | アンネン・ポルカ（ヨハン・シュトラウス） | | | |
| | 黄海海戦記念（海軍軍楽隊） | | | |
| | 敷島行進曲（同上） | | | |
| | 金と銀（レハール） | | | |
| | 分列行進曲（ルルー） | | ○ | 軍旗 |
| | 巨人衛兵の分列式（フリードリッヒ大王） | | | |
| | 凱旋行進曲（陸軍戸山学校軍楽隊） | | | |
| | 立派な兵隊（同上） | | | |
| | ダニューブ河の漣（イヴァノビッチ） | | ○ | 梅の花（三拍子） |

| | | | | |
|---|---|---|---|---|
| 第四学年 | 春の海（宮城道雄） | | | |
| | 国の鎮め（海軍省制定） | | | 4月30日靖国神社祭 |
| | ドイツ舞曲（モーツァルト） | | | 若葉（三拍子） |
| | ひらいたひらいた（下総皖一） | | | 機械（二部輪唱） |
| | ガヴォット（ゴセック） | | ○ | |
| | 日本海海戦（海軍軍楽隊） | | | 5月27日日本海海戦 |
| | ガヴォット（ラモー） | | | |
| | 山の子供（平井保喜） | | | |
| | 波濤を越えて（ローザス） | | ○ | 船は帆船よ |
| | メヌエット（ビゼー） | | | |
| | 祖母さんの誕生日（マリー） | | ○ | |
| | 水浸く屍（海軍省制定） | | | 無言のがいせん、10月23日靖国神社祭 |
| | 数え歌変奏曲（下総皖一） | | | 数へ歌 |
| | 鉄兜隊行進曲（ブルーメ） | | | 少年戦車兵 |
| 第五学年 | いやさか（古関祐而） | | | 朝礼の行進 |
| | トルコ行進曲（モーツァルト） | | | |
| | シューベルトの子守歌 | | ○ | 子守歌 |
| | 太平洋行進曲（海軍軍楽隊） | | | |
| | 海ゆかば（信時潔） | | | |
| | ここはどこの細道ぢや（下総皖一） | | | |
| | ブランデンブルク行進曲（ヘンリオン） | | | |
| | サンタルチヤ（民謡） | | | |
| | 豊年（武井守成） | | | 秋の歌 |
| | 特別攻撃隊（東京音楽学校） | | | 特別攻撃隊 |
| | モーツァルトの子守歌 | | | 母の歌 |
| | 六段の調（八橋検校） | | ○ | |
| | 子供のための旋律 | | | |
| | 青きドナウの流れ（ヨハン・シュトラウス） | | | |
| 第六学年 | 管弦楽用諸楽器 | | | |
| | おもちやの交響曲（ハイドン） | | ○ | |
| | さくら変奏曲（宮城道雄） | | | |
| | 「詩人と農夫」の序曲（スッペ） | | | |
| | 越天楽（雅楽） | | | |
| | 「ウイリアム・テル」の序曲（ロッシーニ） | | ○ | |
| | 千鳥の曲（吉沢検校） | | | |
| | 白鳥（サン＝サーンス） | | | |
| | 正調追分（民謡） | | | |
| | タンホイザー行進曲（ワーグナー） | | ○ | |
| | 月光の曲（ベートーヴェン） | | ○ | |

※連絡曲については、教師用諸に「連絡」「関連」が明示されているものに限り、鑑賞曲中に唱歌教材の旋律が出てくるものなどは省いた。

のように見てくると、芸能科全体としては「祖先の遺産としての歴史的な芸能的な作品」が、「国民精神や国民的情操の最も具象的な現れであり、大きな陶冶力をもつもの」と位置づけられ、児童がこれに触れることによって「最も有数に端的に国民的情操を陶冶することができる」、特に鑑賞においてそのことに留意するよう求められていたものの、実際には、西洋音楽的な手法や様式をとった楽曲に触れる機会の方が多かったのではないか。なお、詳細には触れないが、時局に関連した教材が、第一学年の最初に登場する《君が代行進曲》を始め多数選ばれていることも見逃せない。

最後に、「国民学校令」施行以前に鑑賞用教材として推奨されていた楽曲との比較を試みたい。表4・1・1に示した通り、芸能科音楽で示された鑑賞教材は、井上武士(7)と黒澤隆朝の共著『小学校唱歌教授資料集成』(昭和一〇年〜一一年)に所収された教材と、多くの重なりがあることを確認した。井上武士は、芸能科音楽の教科書と指導書の編纂委員に選ばれ、学習指導の実際面を中心になって検討したと言われており、昭和初期の井上の実践が、国民学校期の鑑賞指導に一定の影響を与えたことは想像に難くない。本多・国府はさらに、小出浩平(8)の「レコードによる鑑賞指導の実際」(『学校音楽』昭和一一〜一六年)に挙げられた教材と国民学校期の教材も比較し、「特に第一学年、第二学年では、指導学年の異動はあるものの、相当数の曲が芸能科音楽の鑑賞教材曲と重なっていることがわかる。外国の描写的な曲(主として低学年)、通俗曲、評価の定まったクラシックの名曲は共通しているものが多い」と述べている(本多・国府 二〇〇〇、四六頁)。また、本多らは、国民学校期教材曲と戦後の学習指導要領および教科書に掲載された曲目を比較し、「戦意高揚のための軍国主義的な曲は戦後になってすべて消し去られたが、外国曲で描写的な曲、通俗的な曲、クラシックの名曲、および日本の音楽は、かなりの曲が戦後も引き続いて鑑賞教材として残っていること」(同前、四六〜四七頁)を指摘している。このように、教材に関して言えば、国民学校期以前より研究され、国民学校期、戦後と教育的効果のあるものとして多くの楽曲が引き継がれていったことがわかるだろう。

## 四・一・三　教師用書にみる鑑賞指導の方法

教材に次いで、指導法の特徴も探っていきたい。教師用書には「鑑賞指導の実際」として、学年ごとの教材選択基準(9)、そして一曲ごとの曲目解説、指導例が示されている。例えば、初等科一年の第二曲目に掲載された《君が代行進曲》の指導方法は次のようなものであった（『ウタノホン上　教師用』二二一〜二二二頁）。

先づ静かに音盤を聴かせ終つて、最初に出て来た曲は何であるかを思ひ出させる。児童はたいていこの曲は、「君が代」であることを知つてゐるから、教師は国歌の尊厳であることをよく説明する。次に中間楽節は何であるかを尋ねる。これは知らぬ児童が多いと思ふから、一度ピヤノでひいて聴かせ、曲名を教へる。再び音盤を掛けて、拍子をとりながら律動をはつきりと知覚させる。中間楽節の旋律も、真似の出来る程度にラララ等の方法で歌はせる。

明治期より教授法として採用されてきた、教師と子どもの問答法を使いながら、楽曲を部分ごとに認識し、行進曲のリズムを感じ取らせるために、身体の動きも取り入れている。また、楽曲解説には、この教材が国歌《君が代》と「連絡」するものであることが第一に述べられている（同前、二二一頁）。

さらに、第二曲目《森の鍛冶屋》（ミハエリス作曲）についても見てみよう。冒頭には、「森の中の鍛冶屋を材料とした描写音楽である。『ウタノホン』上巻第四『エンソク』と関連する。遠足で見聞した景色等を思い出させて之と連絡をとる」と、「描写音楽」であること、そして、歌唱領域の連絡曲についても触れられている。続いて指導法は次のように記されている。

> 曲の始めは静かな朝の気分を現はし《ママ》、次に鍛冶屋の鐘の音を打楽器で現はして居る。極めて律動的な曲である。児童に曲の中の、モノを打つやうな音は何か、と尋ねる。児童は色々の答をするであらう。そこで教師は、これは鍛冶屋の槌の音であると説明し、引きつづいて曲の内容を話してやる。鳥の声に注意させる。曲の中の教会から聞えて来る音楽は、パイプ・オルガンの演奏である。全曲のリズムをはっきりと知覚させることが大切である。

ここでも問答法を用いながら、まずは、曲の情景を子どもに説明するところから始めている。「律動的な曲である」ことは、音盤の中の「④音楽の形式、律動を知らせるのに適当なもの」という趣旨に合致し、「全曲のリズムをはっきりと知覚させる」という文言からは、音楽の形式的、要素的理解へ進めようとする道筋が確認できる。

以上、具体的な指導法を《君が代行進曲》、《森の鍛冶屋》によって簡単に見てきたが、この二曲の解説にも含まれる、芸能科音楽における鑑賞指導法の特徴として二点を指摘しておきたい。第一に、楽曲に対する解説や実際の指導法が、前項で触れた「四段階の教材配列方法」（二一五～二一六頁）や、音盤に吹きこまれる音楽を具体的に提示した四つの視点（二一六頁）に沿って記述されていることである。低学年のうちは「描写音楽」が多く、効果音的な表現にも注目させたり、生活経験と関連させたりしながら、楽曲に親しみを持たせようとしている。そして、旋律、リズム、拍子、調等の要素を把握し、各々の変化に気づくことから、次第に楽曲を認識していくという方法を採り、最終的には音楽の構造的理解に至ることがめざされているのである。第六学年では、「簡易なる交響曲に導き」（『初等科四　教師用』二〇頁）と示されているが、教材配列だけでなく、その指導法からも、描写的音楽から、絶対音楽の鑑賞へ導きたいという意図が見えてくる。

第二に、唱歌との「連絡」を明示していることである。「序」においてすでに藤井が指摘した通り、国民学校では教科・科目間の有機的な関連を図るべきものであることが定められていた(10)。表４・１・１には、教師用書に連絡すべきと記された唱歌を掲載した。連絡教材として指定されているものは、第一学年から第五学年までに見られるが、特に低学年に多いことがわかる。低学年の内は特に、歌唱教材と関連させながら、楽曲に親しみを持たせようと、高学年に至っては、楽曲の鑑賞に集中させようとする意図があったのだろうか。関連の在り方としては、①表題や内容でのつながりを持たせたものと、②音楽的要素や形式でのつながりを持たせたもの、の二パターンに大別される。前者のパターンは、《君が代行進曲》や《森の鍛冶屋》の例や、第四学年《国の鎮め》を靖国神社祭のような行事などと結びつけるものがある。また、第三学年の《愛馬行進曲》では、戦争における動物利用に関連して《軍犬利根》（初等科音楽一）が指定されている。「軍犬利根」の物語は「初等科国語一」にも掲載され、唱歌《軍犬利根》の連絡教材となっており、ここに、鑑賞—唱歌—国民科国語までの、広い関連の様相が見て取れる。後者のパターンについて言えば、第一学年の《郭公ワルツ》では、同曲が三拍子であることにちなんで、同じく三拍子の《ウミ》、《モモタラウ》との連絡が、第四学年の《ひらいたひらいた》では、これが輪唱、二部合唱に編曲されていることを受けて、同じく輪唱《機械》への連絡を指定している。唱歌との関連ではないが、他領域との関連ではでは、第一学年の《おもちゃの兵隊さん》において、「木琴の備へつけのある学校なら、それを拍子に合はせて叩かせて見てもよい」と、器楽との関連が[11]（『ウタノホン上　教師用』一八頁）、第二学年《カール王行進曲》では学校舞踊との関連が示されていた（『うたのほん下　教師用』二二頁）。

こうして、低学年から高学年に至る鑑賞指導の中で、「国民的音楽創造の素地を培う」ことや「国民的情操の醇化」がめざされていたわけであるが、しかしながら実際には、西洋クラシックを中心とした数々の音楽に触れながら、音楽の構造的理解に進み、楽曲を味わう能力を養う、といった純粋に音楽的な目的も見え隠れする。こうした指導法については、国民学校令施行以前から、また施行後にも盛んに研究会が行われたり、例えば『教育音楽』や『学校音楽』といいた教育雑誌に指導法の連載が組まれたりしていた。その成果が、教師用書の中に結実され、他領域との関連も含めて、発達段階を考慮しながら、網の目のように、精緻にはりめぐらされてることとなった。

### 四・一・四　ハード面の整備

鑑賞の方法としては、教師用書に「主として演奏、音盤、ラジオ、映画音楽、等による」と示された（『ウタノホン上　教師用』二〇頁）。「演奏による鑑賞」は、授業中の歌唱または楽器の演奏、校内における学芸会、児童に適切な一般の音楽会を指し（同前、二一頁）、芸能科音楽で言う鑑賞とは、「授業中に起る凡ゆる場面、教師の範唱、音楽に於て優れてゐる児童の歌唱、及び鑑賞用に備へたる各種レコード、ラジオ、学芸会、その他に於ける音楽等も総て鑑賞の対象と考へたい」という広い意味に解釈されていたのである（三苫　一九四〇、九〜一〇頁）。ただし実際には、演奏と音盤、とりわけ音盤による鑑賞が主と想定され、教師用書にもそれを前提とした指導法が掲載されたのであった。

これを受けて文部省は、音盤の作成にも着手していた。国民学校において使用される教科書の発行と同時の昭和一六年四月にはすべての音盤ができあがっており、これらは日本コロムビアより発売された。

鑑賞用のレコードは国民学校令施行以前から制作の実績があり、昭和の初めには、すでに東京市教育局によって、当時発売されていた小学校の鑑賞用レコードの調査・選曲作業が行われている（本多・国府　二〇〇〇）。昭和四年九月に設立された、日本コロムビア教育部は、『「耳よりの教育」のためのレコード』を昭和七～八年にかけて作った。山田耕筰選の「標準音楽鑑賞教育レコード」、『児童のための音楽』、『十二楽聖とその代表曲』は音楽鑑賞用としてシリーズ化されたものである。山田は併せて、『レコードによる洋楽鑑賞の実際』（昭和七年）、『児童のための音楽』（昭和七年）、『レコードと楽譜による音楽鑑賞指導の実際』（昭和十年）という鑑賞指導書も著している。昭和一三年には、井上武士と小出浩平による『児童のための音楽鑑賞レコード』も発売されており、指導法同様に、昭和十六年までの経験の蓄積が芸能科音楽での鑑賞指導実施に貢献したことがわかる。

以上のように、ハード面での整備が着々と進められていったわけであるが、そうした動きに沿いながら各学校でもレコードを購入したり、蓄音機やラジオなどの設備を整えていった（具体的な時期や内容については、本章第二節・第三節を参照）。一方で、小出が「学校教育に於けるレコードの地位はいまだ明確なる地位をもっていない」（小出　一九三七、四六頁）とも述べたように、各学校の状況によって、鑑賞指導に対する理解や、ハード面の整備に差があったということもまた事実であった。

## 四・一・五　おわりに

以上本節では、教師用書に記載の鑑賞の指導方針、鑑賞用教材、及び指導法の分析と、ハード面の整備状況の検討を通して、芸能科音楽における鑑賞指導が何を目指し、それをどのように達成しようとしていたのかを探ってきた。

鑑賞活動は、公的な教育制度に明文化される以前より、その必要性が叫ばれ、研究されたが、それは、例えば青柳善吾の場合には、「発表（表現）」と「鑑賞」は不可分であるという芸術的、音楽的な問題意識に立脚していた。そのことは、芸能科音楽においても十分に認識されていたものの、鑑賞も含め、すべての活動の目的は名目上、「国民的情操の醇化」に収斂されていく。教材に関して言えば、低学年のうちは描写曲や外国通俗曲など、また唱歌との関連を通して、楽曲や、鑑賞という行為そのものに親しむよう意図されていた。描写曲や通俗曲は学年が進むにつれて次第に姿を消し、最後には交響曲のような絶対音楽の鑑賞へと進むように教材が配列された。同時に、旋律、リズム、拍子、調等の要素を把握し、各々の変化に気づくことから、次第に楽曲を認識していくという方法を採り、音楽の客観的・構造的理解に至ることがめざされているのである。一方で、「国民的情操の醇化」と密接にかかわるジャンルとして、日本の伝統音楽も意識的に教材として取り入れられた。

鑑賞指導を成立させるためには、教材・指導法の研究の他に、蓄音機やレコードといったハード面での整備も不可欠であったが、この点についても、国民学校令施行以前からの経験の蓄積があった。昭和一六年四月には教師用書に掲載されたすべての楽曲を吹きこんだレコードが完成していたのである。こうして作られた鑑賞用レコードを各学校が少しずつ買い集め、鑑賞指導への取り組みを見せたのは、後述する通りである。

さて、このように精緻に理念化され、体系化された鑑賞指導の教材・方法は、戦前期における鑑賞指導研究の集大成とも言え、戦後の鑑賞指導を確実に準備したということも指摘できるであろう。一方で、当時の教師や子どもたちにはどのように受け止められたのであろうか。教師用書などの資料を紐解くことによって、鑑賞指導によってどのような能力を身に付けさせたいと願うか、また、国家的な目的にどのように導くか、その道筋としての方法を理念的には理解することができる。しかしながら、それが本当に現場の教師にとって実現可能なものであったのか、子どもたちがどのような経験として受け止めたのかについては、今後の検証が待たれるであろう。

注

（１）戦前から戦後の小学校における鑑賞指導の史的展開については、寺田貴雄が『音楽鑑賞教育』誌に二〇〇一年から二〇〇二年にかけて連載した、「日本における音楽鑑賞教育の軌跡」（全一三回）に詳しい。

（２）大正五年の第七回全国小学校唱歌教授担任中等学校音楽科担任教員協議会（東京高等師範学校附属小学校）において も、従来、歌う対象であった唱歌を聴き、味わうことを通して、唱歌科の授業に鑑賞の指導領域を設定しようとする試みが報告された（佐藤直次「唱歌科の聴き方について」『教育研究』第一五八号、大正五年）。

（３）芸能科音楽の解説項目にも、「芸能科音楽の技術的修練として歌唱と鑑賞との二方面があり」と記され、さらには、「歌唱、鑑賞及び基礎練習は指導の根本精神として一元的であることを理想とする」と、各領域を関連させて指導にあたるべきとされている（『ウタノホン上　教師用』一三頁）。

（４）教師用書における指導法解説部分について山本は、「純粋に音楽的・音楽教育的観点に限定して論評するならば、国民学校芸能科音楽が後世に残した偉大な遺産と言っても過言ではない」と評価している（山本　一九九九、一八三頁）。

（５）楽曲の分類、総数については、山本（一九九九）、本多・国府（二〇〇〇）を参考にした。

（６）《春の海》は昭和四年に箏と尺八の二重奏として発表された作品だが、昭和八年来日のフランス人ヴァイオリン奏者シユメが編曲し、宮城の箏と合奏した。編曲版はレコードにも吹き込まれている（上参郷　一九八三、二四四七～二四四八頁）。

（7）井上武士は大正七年に東京音楽学校甲種師範科を卒業。長野県師範学校等を経て、昭和六年より東京高等師範学校附属小学校に勤務し意欲的な授業を展開した。昭和一五年には国民学校芸能科音楽教科書編纂委員に任命された。篠原・西島によれば、井上は当初、歌唱を重要視し、鑑賞は歌唱指導の補助的役割。鑑賞教育そのものの意義や目的についてはほとんど論じていなかった。しかし、昭和一二年に完成した黒澤との共著『小学校唱歌教授資料集成』では、鑑賞教材は補助教材ではなく、楽曲を鑑賞するための多様なアプローチを掲載した（篠原・西島二〇一〇）。

（8）小出は井上武士と共に「学校音楽研究会」を結成し、昭和八年より『学校音楽』を発刊した。同誌は創刊当時より、小学校から青年学校までの鑑賞教材解説の記事を掲載していた（昭和一二年以降は幼稚園向けの教材解説も加わる）。

（9）例えば、初等科一年では「『ウタノホン』に収められた歌曲を吹きこんだ音盤の外、大体、次の如き系統によつて之を行ふ」とあり、以下次のように記されている（『ウタノホン上　教師用』一二頁）。

声楽　唱歌教材に関係ある独唱曲、斉唱曲を模範的に吹き込んだもの

器楽　律動的なるものを主とし、楽器は管楽器、打楽器、ピヤノ等を使用したもの

　　楽曲の種類は、行進曲、描写曲、舞曲等

（10）歌唱教材と国語科教材の関連については、本多（二〇〇五）、今川・村井（二〇一三）等において詳細に分析されている。

（11）もっともこれは、リズムの把握を主眼とした活動とも言える。

引用・参考文献

今川恭子・村井沙千子（二〇一三）「国民学校芸能科音楽の歌唱教材にみる国民形成の一側面――戦時下における教科横断的主題の検討――」『聖心女子大学論叢』第一二一集、二三～五三頁。

牛山充（一九一〇ａ）「学校に於ける鑑賞力と批判眼との養成（一）」『音楽』第一巻第六号、目黒書店、二四～二七頁。

牛山充（一九一〇ｂ）「学校に於ける鑑賞力と批判眼との養成（二）」『音楽』第一巻第七号、目黒書店、一〇～一三頁。

小川友吉（一九一五）「鑑賞的教授に就て」『音楽』第六巻第二号、目黒書店、一一～一三頁。

上参郷祐康（一九八三）「宮城道雄」『音楽大事典』第五巻、平凡社、二四四七～二四四八頁。（第三版、一九八四年）

篠原秀夫・西島千尋（二〇一〇a）「井上武士が目指した『知的』な音楽鑑賞教育『Music Appreciation in the Schoolroom』の影響に着目して」『金沢大学人間社会学域学校教育学類附属教育実践支援センター教育実践研究』第三六号、五三～六三頁。

寺田貴雄（二〇〇一）「日本における音楽鑑賞教育の軌跡　一．明治二〇年代の演奏会と人々の意識」『音楽鑑賞教育』第三八九号、一〇～一三頁。

本多佐保美（二〇〇五）「芸能科音楽の問題性――教科書・教師用書の検討を通して――」『音楽教育史論叢』第二巻：音楽と近代教育、開成出版、一九六～二一〇頁。

本多佐保美・国府華子（二〇〇〇）「国民学校期における鑑賞教材の音楽内容に関する一考察――教師用指導書と音盤の分析を中心に――」『音楽教育史研究』第三号、四三～五八頁。

三苫正雄（一九四〇）『国民学校芸能科精義』教育科学社。

山本文茂（一九九九）「芸能科音楽教材の特質――教科書・教師用指導書の分析を通して――」『音楽教育の研究――理論と実践の統一をめざして――』音楽之友社、二七八～二九五頁。

# 四・二　音楽室の設備・備品からみた鑑賞

国府　華子

学校教育で音楽鑑賞を扱うよう明文化されたのは、昭和一六年の国民学校期である。しかし、その流れは明治期に始まっており、洋楽レコードの普及やメディアの発達、専門家たちの言説や教育現場での取り組みの積み重ねが、この国民学校での鑑賞教育に結びついたであろうことは、これまでの先行研究(1)によっても明らかとなっている。しかしまた、このような学校における鑑賞教育の試みは一部でのことであり、小出浩平の「学校教育に於けるレコードの地位はいまだ明確なる地位をもっていない」(一九三七、四六頁)という言葉からもわかるように、レコードそのものが学校に受け入れられているという状況ではなく、ハード面において音楽鑑賞の実施が非常に難しい状況であった事もまた事実である。

このような状況の中で国民学校期、その前後において実際の学校ではどのように音楽鑑賞のための設備や備品を整え、使用していたのだろうか。本稿では、高遠国民学校、誠之国民学校の当時の文書、当時の生徒の方々へのインタビューを基に当時の音楽鑑賞を振り返ることにする。

## 四・二・一　昭和初期のレコード状況

それぞれの学校について見る前に、当時のレコードの販売状況を見ておく事にしたい。ここにレコードの生産枚数を示す数字がある（表4・2・1参照）。昭和一一年をピークに数が減ってきているのがわかる。芸能科音楽用鑑賞レコードは、昭和一六年、国民学校の新学期がスタートする時期にはすでに出来上がっていたので、芸能科音楽用鑑賞レコードの発売は、レコード生産全体から見れば、原材料などの不足で生産枚数が減少し始めていた中でのことだったのである。鑑賞用レコードは日本コロムビアより発売されたわけだが、このコロムビアという会社は、明治四三年に株式会社日本蓄音器商会として創立された、日本の蓄音機とレコードの製造販売において草分け的な存在であった。特筆すべきは、昭和四年九月に教育部を特設して、「耳よりの教育」のためのレコードを制作していたことである(3)。最初は英語や国語、算数といった内容のものを取り上げていた。昭和五年九月に出版されている『語学と音楽の研究　児童のためのコロムビア教育レコード総目録』を見てみると、音楽に関わるものは、

表4・2・1　レコードの生産量

| 昭和 | 枚数（枚） | 金額（円） |
|---|---|---|
| 4 | 10,483,364 | 6,029,828 |
| 5 | 14,400,206 | 6,540,011 |
| 6 | 16,894,889 | 6,153,707 |
| 7 | 17,016,351 | 8,739,785 |
| 8 | 24,675,124 | 11,639,690 |
| 9 | 25,730,707 | 13,220,867 |
| 10 | 28,922,390 | 15,618,854 |
| 11 | 29,682,590 | 19,299,312 |
| 12 | 26,409,270 | 15,263,415 |
| 13 | 19,634,340 | 18,160,177 |

（倉田二〇〇六、一九〇頁）

国語のための読本教材（歌入り）、唱歌、日本音楽、洋楽などが見られ、全部で六七枚が紹介されているが、ここでも大半は読本教材に関連したものである。音楽鑑賞用のレコードを見ても、それまでに販売されていたものからのピックアップであり、系統だったものとは言えない。

音楽鑑賞用としてシリーズ化されたものが販売されたのは、昭和七〜八年にかけてのことである。これが、山田耕筰選集の「標準音楽鑑賞教育レコード」、「児童のための音楽（六枚）」、「十二楽聖とその代表曲（第一〜三集各四枚）」のシリーズである。さらに昭和一三年には、井上武士と小出浩平が選集した「児童のための音楽鑑賞レコード（一〜三集　各六枚）」も販売されている。そして山田はレコードのみでなく、『レコードによる洋楽鑑賞の実際』（昭和七年）『児童のための音楽』（昭和七年）『レコードと楽譜による音楽鑑賞指導の実際』（昭和一〇年）という著書も出版し、どのように鑑賞させるのか、曲の解説や指導者への注意について詳細に述べている。さらに、山田はこれらをもとに全国で講演会を行っていたようであり、音楽鑑賞の普及に力を入れていたことがわかる。同じ時期、田邊尚雄も蓄音機を使用した音楽鑑賞の講演会を行っていた（寺田　二〇〇一、一一七頁）。このような講演会やメディアの発達、一部の小学校での音楽鑑賞の取り組みなどが、国民学校で音楽鑑賞を取り入れることになった流れを生み出していたと考えられているが、また、レコードの業界では、コロムビアが教育という分野で実績を重ね、教育レコードという基盤を整えていたことが、昭和一六年の国民学校スタートと同時に鑑賞用のレコードを販売することに繋がったのだと考えられる。

### 四・二・二　高遠国民学校の音楽鑑賞

第一章第一項でも述べたように、蓄音機は大正一二年八月にグランドピアノと同時に購入されている。これは情操教育のためには音楽が重要であり、「オルガンによる授業からピアノによる授業と、レコードの音楽鑑賞にかえるべきである」（『信州高遠学校百年史』四八五頁）という考えによるものであった。当時は、教師自身がレコードを購入し、鑑賞が行われていたようである。蓄音機の針は昭和一二年～一八年まで毎年購入されており、度々蓄音機の修理も行われていることが残されている資料からわかる（五二一～五三頁、表1・1・2参照）。昭和一三年には、二〇〇〇という膨大な数のレコード針が購入されているが、これは昭和一三年に、蓄音機と針に鋼鉄を使用することが禁止される（歌崎　一九九八、三〇六頁）ことになったことが影響しているのではないだろうか。これらのことから、蓄音機を何らかの形で使用していたと考えることができる。

では、レコードはどうだったのだろうか。昭和八年度から毎年購入されており、学校保存文書を見る限り、国民学校が始まった時にはかなりの枚数が揃っていた事になる。レコードの曲名が記入されているのは、昭和一一年度の《羽衣》と昭和一二年度の《荒城の月》のみである。レコードの枚数のみしか記載されていない年度、コロムビア教育レコード、タイヘイレコードのように会社名が記入されているもの、ダンス用レコード、基礎唱歌用レコード、鑑賞用レコードのように用途が記入されているものがある。レコードの曲目や内容が記されていないものについては、どのような内容のものであったかは不明である。前述のように、教育用とされたレコードであっても、外国語や国語、ダンス用など様々なレコードが販売されていたからである。しかし、内容が記載されているものを見てみると、「ダンス用（体育用）」「唱歌用」「鑑賞用」「娯楽用」とおおまかに分けることができる。

鑑賞用と記されているものに限って見てみると、昭和一一年に初めて「音楽鑑賞レコード」という記述があり、音楽鑑賞用のレコードの購入がなされていることがわかる。会社名は書かれていないが、六枚一組と書かれてあり、この一一年の段階でコロムビアから発売されていた前述の山田選集のレコードではなかったかと推察できる。また、昭和一〇年に購入された、『音楽鑑賞の実際』という書籍は、昭和一〇年に発刊された同名の山田の著作ではないかと思われる。推測の域をでるものではないが、国民学校期前に書籍とレコードを揃えているということは、音楽鑑賞に関心を持ち、取り組もうとしていた教師がいたのではないかと考えることもできる。

国民学校期となる昭和一六年以降のレコード購入は、すべてが音楽鑑賞のものとなっている。昭和一八年度には鑑賞用レコードの五、六年生用が購入されている。これは、国民学校期の教科書に掲載されていた鑑賞曲のレコードであると思われる。

高遠国民学校の蓄音機やレコードの購入状況を考えると、設備・備品としては音楽鑑賞を行うことができるだけの環境が整っていたことになる。インタビューの中でやったかもしれない、というような回答もいくつか聞かれたが、実際の授業の中で鑑賞を行ったことを示すような記録は残されておらず、また、アンケートやインタビューでもほとんどが「やらなかった」「記憶にない」という回答であった。したがって、音楽の授業で音楽鑑賞を行っていたと断言するのは難しい。音楽室は、前述の通り国民学校以外の併設学校も使用していたことから、高等科や青年学校、女学校で鑑賞が行われていたと推測する事はできるかもしれない。

### 四・二・三　誠之国民学校の音楽鑑賞

学校所蔵の昭和一二年の「公文書」に、蓄音機が三台あったという記録が残されている。購入は、昭和八年、九年、一一年となっており、国民学校が始まる前に購入されている事がわかる。また昭和一八年の「備品原簿」には、蓄音機が大正一四年に寄付されているという記載がある。この記述から、大正時代にはすでに蓄音機が学校に整備されていたと考えられる。

昭和一二年の「公文書」には、蓄音機の利用状況と所有レコードの枚数についての記述も残されている。利用状況については、「音楽教育・体操遊戯・物理実験・其の他の教授・娯楽・其ノ他」という六つの項目があり、「音楽教育・体操遊戯・その他の教授・娯楽」の欄に○がつけられている。この文書は、「学校ニ於ケル蓄音機ラジオ利用状況調査ノ件」という内容のものである。他の学校でも調査していることを考えると、当時の学校ではこの項目に設けられている六つの項目でレコードが使用されていたと考えることができる。実際に所有していたレコードは、音楽教育が一七枚、体操遊戯が六枚、娯楽が三四枚となっている。この音楽教育の分類で所有されていたレコードの内容については不明ではあるが、国民学校が始まる前の昭和一二年の時点でこれだけのレコードを所有しており、学校教育の中でレコードが使用されていたのではないかと推測することができる。

高遠国民学校では行っていたという記録が見られなかった音楽鑑賞だが、誠之国民学校では、昭和一八年度の「看護日誌」に、表4・2・2のような音楽鑑賞にかかわる記述が見られる。これによると授業の中ではなく、昼会の時間に何学年かが揃って音楽鑑賞していたようである。この昼会の時間には音楽鑑賞だけでなく、「体操」や「行進練習」「音楽練習」なども行われており、日によってその内容が変わっている。音楽鑑賞について見てみると、そこで取り上げられた曲目は、国民学校教科書『教師用指導書』掲載の「鑑賞用音盤一覧」に示されている曲である。この昼会での音楽鑑賞については多くの人の記憶に残っており、アンケートの中でも「木製の校舎の講堂で、五年生と六年生全員で青きドナウ等のレコードを鑑賞した」（一三・男）、「昼休み時間中、講堂内でドナウ川のさざなみか青きドナウ、また、スケーターワルツ、特に、ドナウ川のさざなみをよく覚えている」（一四・男）、「音

表4・2・2　昼会での音楽鑑賞（「誠之国民学校　昭和一八年度　監護日誌」より）

| 月日 | 鑑賞に関わる記載事項 |
|---|---|
| 四月二〇日 | 昼会　1　音楽鑑賞　二、三、四年　於　屋内　軍艦行進曲 |
| 四月二二日 | 昼会　1　音楽鑑賞　五、六年　於　屋内　数へ歌変奏曲 |
| 五月六日 | 昼会　音楽鑑賞　五、六年　講堂 |
| 五月三一日 | 昼会　音楽鑑賞　五、六年　講堂　レコード　攻撃　勇敢なる水兵 |
| 六月二日 | 昼会　音楽鑑賞　三、四年　講堂　愛馬行進曲　勇敢なる水兵 |
| 六月七日 | 昼会　五、六年　音楽鑑賞 |
| 六月一六日 | 昼会　音楽鑑賞　四、五、六年　詩人と農夫 |
| 六月二三日 | 昼会　五、六年　音楽鑑賞　青きドナウ河の流 |
| 六月三〇日 | 昼会　四年　音楽鑑賞　瀬戸訓導 |
| 一〇月一一日 | 昼会　三、四年　音楽鑑賞　波濤を越えて |

楽の授業でなく、学年全体か、学校全体か、講堂でレコード鑑賞をした記憶があります。ドナウの漣」（一四・男）のような回答が見られた。

この他、アンケートで曲目をあげて鑑賞をしたと回答がある中では、ベートーヴェン《月光の曲》が非常に多かった。この曲については、「国語との関連」（誠之・一三・男）で聴いたという回答や「教科書で『月光』のエピソードがあった時」（一二・男）に聴いたという回答も見られた。次いで多かったのが、イヴァノヴィッチ《ダニユーヴ河の漣》である。しかし、《ドナウ川の漣》と曲名を間違えている回答が多く、同じく鑑賞曲であった、ヨハン・シュトラウスの《青きドナウの流れ》を指している可能性もある。この他、数は少ないが、鑑賞用音盤の曲目に入っていないような曲名をあげている回答も見られた。それに対して、表４・２・２にある曲でも《攻撃》《愛馬行進曲》《軍艦行進曲》などは、アンケートの中で曲名としてはあがってきていない。もちろん、全員が聴いていたわけではないだろうが、戦争と関係のない曲の方が記憶に残っていることは非常に興味深い。

実際に誠之で行われた音楽鑑賞は、子どもたちにどのように受け止められ、記憶されていたのだろうか。「長時間聞くと退屈した様に思います」（一二・女）、「鑑賞の仕方がわからずつらい授業でした」（一五・女）というようなマイナスの受け止めも見られるが、「講堂でレコード鑑賞をし、非常に感動した」（一三・男）、「心を打つ音楽だった」（一三・男）、「当時、家庭ではレコードをもってなかった時代なので、レコード鑑賞を楽しんだもので す」（一四・男）というように、楽しい記憶として刻まれている人もいる。また、「（春の海で）カモメの声など解説をされた」（一二・女）、「よくわからず感想文が書けませんでした」（一四・女）、という回答からは、ただレコードを流していただけではなく、説明を加えたり、感想を書かせたりしていたことがうかがえる。レコードそのものがめずらしく、また、西洋音楽に触れる機会の少なかった当時、学校で行われた音楽鑑賞は、貴重な音楽との出会いの場であったことは間違いないだろう。

## 四・二・四　まとめ

高遠国民学校も誠之国民学校も、国民学校になる以前から蓄音機とレコードを所有していた。学校にあったレコードがどのような内容のものか、つまり音楽鑑賞用のものであったかどうかは不明な部分もあるが、学校教育にレコードが使用されていたことの可能性を示すものである。また、これらのレコードは音楽に限ったものではなかった。教育用のレコードを最初に製作したコロムビアも語学などからスタートしており、誠之国民学校の文書に残されていた調査書からも音楽以外の授業のものが存在したことを示す記述が見られる。高遠では実際に音楽鑑賞を行ったという記録や、証言を得る事はできなかったが、当時まだ浸透してはいなかったと考えられる音楽鑑賞用のレコードを購入している記録が残っており、それに関わる音楽鑑賞の書籍も購入していることから、国民学校期以前から音楽鑑賞への関心を持っていたと考えられる。

実際に音楽鑑賞が行われていたのか、という点では、二校の差がはっきりと現れた。記録にも残っておらず、当時の児童の記憶にもほとんど残っていなかった高遠に対して、誠之は、音楽鑑賞を行った記録があり、また、児童の記憶にもしっかりと刻まれていた。このような差は見られたが、設備・備品という点から見ると、蓄音機やレコードなどを各学校で揃えることが難しく、さらには、学校教育にレコードを用いることそのものがまだしっかりと根付いていなかったと言われているこの時期に、今回取り上げた二校では、国民学校になる以前から音楽鑑賞を取り入れていくための設備や備品を少しずつ整え、準備していたことが見えてきた。もちろん、設備や備品が整ったから音楽鑑賞が実施できるというわけではないが、新たに設けられた領域に対して確実に準備を進めていたのだと言うことができるだろう。

注

（1）寺田貴雄の「日本における音楽鑑賞教育の軌跡」『音楽鑑賞教育』二〇〇一年一月号～二〇〇二年三月号、山本文茂の

『戦後音楽鑑賞教育の流れ』に、明治からの日本における音楽鑑賞教育の流れが詳述されている。
(2)『音楽教育の証言者たち　上　戦前を中心に』に国民学校の鑑賞用レコード作成に携わった足羽章が、国民学校での音楽鑑賞スタートに間に合うよう、準備を進めたことを証言している(一四八〜一四九頁)。
(3)『日蓄(コロムビア)三十年史』に、昭和四年九月に「耳よりの教育」をスタートさせ、最初は国語や語学そして算術教育に発展させていったことが述べられている(一二〇〜一三三頁)。
(4)昭和一〇〜一四年度までの「請求簿」、昭和一五〜一七年度の「上伊那郡高遠町歳出予算書」、昭和一三、一四、一八年度の「旧予算書綴」、昭和八〜一二年度の「大正七年度以降　昭和一四年度まで　予算書綴」をもとに、レコードと蓄音機に関わる項目を抜粋して表を作成した。

## 引用・参考文献


歌崎和彦(一九九八)『証言　日本洋楽レコード史』音楽之友社。

木村信之編(一九八六)昭和『音楽教育の証言者たち　上　戦前を中心に』音楽之友社。

倉田喜弘(二〇〇六)『日本レコード文化史』岩波書店。

小出浩平(一九三七)「學校に於けるレコード」『音楽世界』第九巻第七号。

寺田貴雄(二〇〇一〜二〇〇二)「日本における音楽鑑賞教育の軌跡」『音楽鑑賞教育』二〇〇一年一月号〜二〇〇二年三月号。

本多佐保美ほか(二〇〇四)『音楽教育史研究における制度・教師・学習者の関係性の探求—国民学校時代の音楽教育体験者の聞き取り調査に基づいて』平成一三〜一五年度科学研究費補助金(基盤研究B)研究成果報告書。

『語学と音楽の研究　児童教育のための　コロムビア教育　レコード総目録』　昭和五年九月。

『信州高遠学校百年史』(一九七二)信州高遠学校百年史刊行委員会。

『日蓄(コロムビア)三十年史』昭和一五年　(株)日本蓄音器商会。

# 四・三　昭和一〇年代の小学校におけるレコード使用の諸相
## ――座光寺小学校所蔵のレコード付録に着目して――

長井（大沼）覚子

### 四・三・一　はじめに

昭和初年、小学校における鑑賞指導については、すでにいくつかの理論書が出版される他、『教育音楽』や『学校音楽』などの雑誌にも、鑑賞に関する記事や指導例、研究授業事例等が掲載されるようになっていた(1)。これらを見ると、確かに、戦前期において鑑賞指導が一定の成果を上げていたように推測できる。他方、個々の学校に焦点を当てたとき、レコードや鑑賞活動といったものが、その学校にどのように位置づいていたのだろうか。この問いに答えるための一つの手がかりとして、飯田市の座光寺小学校において発見された、三〇冊余りのレコード付録に着目してみたい。

本章第一節において触れた通り、国民学校期に使用された教師用書には、鑑賞の方法として「演奏、音盤、ラジオ、音楽映画、等」があげられていた（『ウタノホン上　教師用』二〇頁）。中でも「音盤」すなわちレコードと、これを再生する機器（蓄音機）は、それらの設備さえ整っていれば、容易に、様々な音楽を聴くことが可能になる道具であった。しかし裏を返せば、唱歌と比較して、器楽や鑑賞にはこうした設備・備品の整備状況が活動の実施状況を左右するのである。以上のことを考えれば、学校にどのようなレコードが所蔵されていたかを知ることは、当時の鑑賞指導の実態を明らかにするための端緒にもなるであろう。そこで本稿では、座光寺小学校に残されたレコード付録、及び各学校に残された史料（学校日誌など）、インタビュー、アンケート調査の結果などの検討を通して、①鑑賞活動にかかわる環境整備がどのようになされていったのか、②レコードがどのような場面において使用されたのか（2）、③レコードを用いた活動を当時の子たちがどのように受け止めたのか、について明らかにすることを目的としたい。

## 四・三・二　座光寺小学校におけるレコード使用環境の整備

発見されたレコード付録は三〇冊余りで、これらは紐で綴じられた状態で保管されていた（写真4・3・4を参照）。他の学校の史料蒐集を通しては、レコードを購入したという記録はあっても、購入されたレコード名が判明しない場合もあり、その点では当時の実態を知る上での貴重な手がかりとなる史料である。

表4・3・1は、付録に記されたレコードのタイトルを整理したものである。レコードのジャンルは、タイトルや解説書を手がかりに、①西洋クラシック音楽・外国通俗曲・各国民謡、②唱歌、③童謡、④体育関連（遊戯・舞踊・体操・行進など）、⑤時局関連（軍歌など）、⑥その他、に大別した。第一章国府論文に掲載された表1・1・2は、同じ長野県内の高遠小学校・国民学校のレコード購入記録であるが、この記録と座光寺のレコード記録

| NO. | 演奏者 | 作（訳）詞者 | 作曲者 | その他 |
|---|---|---|---|---|
| 32013 | | | | 「ねんねんころりよ　おころりよ」 |
| J1651-A | ウィーン交響楽団、パウル・カービー指揮 | | ワルドトイフェル | |
| J1651-B | ウィーン交響楽団、パウル・カービー指揮 | | ランナー | |
| 90575 | 管弦楽 | | メンデルスゾーン | 児童のための音楽鑑賞レコード第二輯、井上武士・小出浩平選定並に解説 |
| 90575 | 管弦楽 | | アンダーソン | 児童のための音楽鑑賞レコード第二輯、井上武士・小出浩平選定並に解説 |
| J-1990 | ステファノ・フェルッチ管弦楽団 | | ジョナソン | |
| J-1990 | マルソーとサンダース | | イヴァノヴィッチ | 「信州飯田主税町飯田レコード交換所」の印あり |
| 12001 | 下八川圭祐、ピアノ多部三郎 | | ロシア民謡 | |
| 12001 | 下八川圭祐、ピアノ多部三郎 | 堀内敬三訳詞 | ムソルグスキー | |
| 33317 | 混声四部合唱、木下保指揮、東京音楽学校生徒 | | ボヘミア民謡 | |
| 33317 | 女声斉唱、木下保指揮、東京音楽学校生徒 | | アメリカ民謡 | |
| 28141 | ヴァイオリン独奏　諏訪根自子、ピアノ伴奏　マダム・ロイヒテンベルグ | | チャイコフスキー | |
| 28141 | ヴァイオリン独奏　諏訪根自子、ピアノ伴奏　マダム・ロイヒテンベルグ | | マリー | |
| 33300 | 澤崎定之指揮、東京音楽学校生徒 | 石倉小三郎 | シューマン | |
| 33300 | 澤崎定之指揮、東京音楽学校生徒 | 伊藤武雄 | シューベルト | |
| 33150A | 中島けい子、ピアノ　上田仁、フリュート　宮田清蔵 | | 文部省新訂尋常小学唱歌 | 文部省新訂尋常小学唱歌 正しい歌ひ方、井上武士指導 |
| 33150B | 中島けい子、ピアノ　上田仁、フリュート　宮田清蔵 | | 文部省新訂尋常小学唱歌 | 文部省新訂尋常小学唱歌 正しい歌ひ方、井上武士指導 |
| 33155A | 文谷千代子、ピアノ　上田仁、フリュート　宮田清蔵 | | 文部省新訂尋常小学唱歌 | 文部省新訂尋常小学唱歌 正しい歌ひ方、井上武士指導 |
| 33155B | 中島けい子、ピアノ　上田仁、フリュート　宮田清蔵 | | 文部省新訂尋常小学唱歌 | 文部省新訂尋常小学唱歌 正しい歌ひ方、井上武士指導 |
| 33163A | 中島けい子、ピアノ　上田仁、フリュート　宮田清蔵 | | 文部省新訂尋常小学唱歌 | 文部省新訂尋常小学唱歌 正しい歌ひ方、井上武士指導 |
| 33163B | 中島けい子、ピアノ　上田仁、フリュート　宮田清蔵 | | 文部省新訂尋常小学唱歌 | 文部省新訂尋常小学唱歌 正しい歌ひ方、井上武士指導 |

表4・3・1　座光寺小学校所蔵レコード付録一覧表

| | 曲名 | ジャンル | 井上・黒澤 | 教師用書 | 発売元 | 発売年 |
|---|---|---|---|---|---|---|
| 1 | 子守唄 | ① | | 第1学年 | コロムビア | |
| 2 | スケイタース　ワルツ | ① | 第4学年 | 第2学年 | コロムビア | |
| 2 | シェーンブリュンナーワルツ | ① | | | コロムビア | |
| 3 | 春の歌 | ① | 第3学年 | 第2学年 | コロムビア | 昭和13年 |
| 3 | ウォーターローの戦い | ① | 第4学年 | 第2学年 | コロムビア | 昭和13年 |
| 4 | 管弦楽　郭公ワルツ | ① | | 第1学年 | コロムビア | |
| 4 | 手風琴二重奏　ダニューブの漣 | ① | 第3・6学年 | 第3学年 | コロムビア | |
| 5 | ヴォルガの船唄 | ① | 第4学年 | | キング | |
| 5 | 独唱　蚤の歌 | ① | | | キング | |
| 6 | 霜の旦 | ① | | | コロムビア | |
| 6 | 旅愁 | ① | | | コロムビア | |
| 7 | アンダンテ・カンタービレ | ① | 第6学年 | | コロムビア | |
| 7 | 金婚式 | ① | 第2学年 | 第4学年 | コロムビア | |
| 8 | 流浪の民 | ① | | | コロムビア | |
| 8 | 野薔薇 | ① | | | コロムビア | |
| 9 | 文部省新訂尋常小学唱歌<br>日の丸の旗、鳩、おきやがりこぼし（第一学年） | ② | 第1学年 | 第1学年<br>（唱歌教材） | コロムビア | 昭和7年 |
| 9 | 文部省新訂尋常小学唱歌<br>兵隊さん、電車ごっこ（第一学年） | ② | 第1学年 | 第1学年<br>（唱歌教材） | コロムビア | 昭和7年 |
| 10 | 文部省新訂尋常小学唱歌<br>茶摘、青葉（第三学年） | ② | 第3学年 | | コロムビア | 昭和7年 |
| 10 | 文部省新訂尋常小学唱歌<br>蛍、汽車（第三学年） | ② | 第3学年 | | コロムビア | 昭和7年 |
| 11 | 文部省新訂尋常小学唱歌<br>赤とんぼ、麦まき（第三学年） | ② | | | コロムビア | 昭和7年 |
| 11 | 文部省新訂尋常小学唱歌<br>飛行機（第三学年） | ② | | 第1学年<br>（唱歌教材） | コロムビア | 昭和7年 |

| NO. | 演奏者 | 作（訳）詞者 | 作曲者 | その他 |
|---|---|---|---|---|
| 33165A | 斉唱　中島けい子、文谷千代子、清宮スミ子、雨宮寿美枝子、久田昌子、ピアノ、フリュート伴奏 | | 文部省新訂尋常小学唱歌 | 監督指導　井上武士 |
| 33165B | 斉唱　雨宮寿美枝子、久田昌子、ピアノ、フリュート伴奏 | | 文部省新訂尋常小学唱歌 | 監督指導　井上武士 |
| 33172A | 独唱　文谷千代子、ピアノ、フリュート、セロ伴奏 | | 文部省新訂尋常小学唱歌 | 指導監督　井上武士 |
| 33172B | 独唱　文谷千代子、ピアノ、フリュート、セロ伴奏 | | 文部省新訂尋常小学唱歌 | 指導監督　井上武士 |
| 33174A | 斉唱　文谷千代子、中島けい子、清宮スミ子、久田昌子、雨宮寿美枝、岩橋和子、鈴木啓子、川口和歌、ピアノ、フリュート、セロ伴奏 | | 文部省新訂尋常小学唱歌 | 監督指導　井上武士 |
| 33174B | | | | |
| 33179A | 斉唱　東京府立第六高等女学校生徒、ピアノ、ヴァイオリン、セロ伴奏 | | 文部省新訂尋常小学唱歌 | 監督　井上武士 |
| 33179B | 斉唱　東京府立第六高等女学校生徒、ピアノ、ヴァイオリン、セロ伴奏 | | 文部省新訂尋常小学唱歌 | 監督　井上武士 |
| A-141 | 児童斉唱、ピヤノ伴奏 | | | 初等科第一学年用範唱音盤、ガクカウ、ヒノマル、ユフヤケコヤケ、エンソク、カクレンボ、ホタルコイ、ウミ、オウマ |
| A-164 | 歌　大内至子、日本ビクター児童合唱団、日本ビクター管弦楽団 | 佐伯孝夫 | 中山晋平 | 振付　島田豊 |
| 30111 | 松原操、飯田ふさ江、コロムビア児童合唱団、コロムビア・オーケストラ | 橋本善三郎 | 佐々木すぐる | 東京大阪朝日新聞社懸賞入選歌 |
| 30111 | 指導　ダン・道子、コロムビア児童合唱団、コロムビア・オーケストラ | | | |
| A-128 | 杉山美子、日本ビクター児童合唱団 | 北原白秋 | 中山晋平 | 振付　島田豊 |
| | | | | 日本教育舞踊協会選輯 |
| A-4096 | 日本ビクター管弦楽団 | | 深海善次 | 全日本体操連盟制定 |
| 8445 | ピアノ　丹生健夫、クラリネット　佐野鋤 | | | 号令　江木理一、伴奏曲『花園ポルカ』（日本放送協会曲） |
| 33511 | 日本コロムビア吹奏楽団 | | 宮田清蔵編曲並に指揮 | 小学校用行進曲 |

| | 曲名 | ジャンル | 井上・黒澤 | 教師用書 | 発売元 | 発売年 |
|---|---|---|---|---|---|---|
| 12 | 文部省新訂尋常小学唱歌<br>舞へや歌へや（第五学年） | ② | 第５学年 | | コロムビア | 昭和７年 |
| 12 | 文部省新訂尋常小学唱歌<br>朝の歌（第五学年） | ② | 第５学年 | | コロムビア | 昭和７年 |
| 13 | 文部省新訂尋常小学唱歌<br>牧場の朝（第四学年） | ② | | | コロムビア | 昭和７年 |
| 13 | 文部省新訂尋常小学唱歌<br>ゐなかの四季（第四学年） | ② | 第４学年 | | コロムビア | 昭和７年 |
| 14 | 文部省新訂尋常小学唱歌　瀧<br>（第六学年） | ② | 第６学年 | | コロムビア | 昭和７年 |
| 14 | 文部省新訂尋常小学唱歌<br>ふるさと（第六学年） | ② | 第６学年 | | コロムビア | 昭和７年 |
| 15 | 文部省新訂尋常小学唱歌<br>瀬戸内海（第六学年） | ② | 第６学年 | | コロムビア | 昭和７年 |
| 15 | 文部省新訂尋常小学唱歌<br>我等の村（第六学年） | ② | 第６学年 | | コロムビア | 昭和７年 |
| 16 | ウタノホン　上 | ② | | 第１学年 | ビクター教育レコード | |
| 17 | 童謡　オ池ノ常会 | ③ | | | ビクター | |
| 18 | 童謡　兵隊さんよありがたう | ③⑤ | | | コロムビア | 昭和14年 |
| 18 | 童謡のお稽古<br>兵隊さんよありがたう | ③⑤ | | | コロムビア | 昭和14年 |
| 19 | 日本童謡名作集第五輯<br>「アメフリ」踊り方 | ③④ | | | ビクター | |
| 20 | 学校舞踊レコード（中学年用） | ④ | | | コロムビア | 昭和10年 |
| 21 | 行進曲　国民行進（小学校用） | ④ | | | ビクター | 昭和12年 |
| 22 | 体育　学校用ラヂオ体操 | ④ | | | ポリドール | |
| 23 | 日本陸軍（天に代りて不義を討つ）、抜刀隊（吾は官軍我敵は） | ④⑤ | | 第３学年（分列行進曲） | コロムビア | |

| NO. | 演奏者 | 作（訳）詞者 | 作曲者 | その他 |
|---|---|---|---|---|
| 29530 | 陸軍戸山学校軍楽隊 | 本多信壽 | 陸軍戸山学校軍楽隊 | 振付　河野達郎 |
| A-4250 | 柴田睦陸、中村淑子、日本ビクター管弦楽団 | | 橋本国彦編曲 | |
| A-4250 | 中山悌一、東京交響楽団 | 北原白秋 | 橋本国彦 | |
| 100111 | 伊藤久男、霧島昇、藤山一郎、二葉あき子、コロムビア・オーケストラ | | 佐々木すぐる | 航空日制定記念、朝日新聞社選定 |
| 100111 | 中野忠晴、松平晃、二葉あき子、奥山彩子、菊池章子、コロムビア・オーケストラ | 西條八十 | 古関裕而、仁木他喜雄（編曲） | |
| 29500 | 内藤清五楽長指揮、帝国海軍軍楽隊 | | 吉本光蔵 | |
| 29500 | 内藤清五楽長指揮、帝国海軍軍楽隊 | 海のますらを | 海軍軍楽隊 | |
| P-5074 | 宮内庁式部職楽部 | | | 紀元二千六百年奉祝会制定 |
| J54726 | 徳山　、浪岡惣一郎、四家文子、中村淑子、日本ビクター管弦楽団 | | 深海善次　編曲 | 紀元二千六百年奉祝会・日本放送協会制定（きんし輝く日本の…）、楽譜あり |
| | | | | 楽譜　東京日日新聞社 |
| 26983A | 米倉俊英（唄）、日本コロムビア女声合唱団、日本コロムビア交響楽団、山田耕筰指揮 | | 山田耕筰 | 東京日日大阪毎日両新聞社募集歌 |
| 26983B | 江文也（唄）、日本コロムビア男声合唱団、日本コロムビア交響楽団、山田耕筰指揮 | | 山田耕筰 | 大日本連合青年団制定、青年団民謡 |
| 5010-A | 戸山学校　陸軍々楽隊 | | | |
| 5010-B | 戸山学校　陸軍々楽隊 | | | |
| 5527-A | 陸軍戸山学校軍楽隊 | 石黒行平 | 鈴木鼓村 | |
| 5527-B | 陸軍戸山学校軍楽隊 | 永井建子 | 永井建子 | |
| J-54244 | 徳山璉、灰田勝彦、浪岡惣一郎、日本ビクター合唱団、日本ビクター管弦楽団 | 福田米三郎 | 堀内敬三 | 朝日新聞社懸賞募集入選歌 |
| J-54244 | 灰田勝彦、浪岡惣一郎、日本ビクター合唱団、日本ビクター管弦楽団 | 大岡博 | 佐々木俊一 | 朝日新聞社懸賞募集佳作第一席 |
| 8244A | 木村岳風 | 頼山陽、橋本左内 | | |
| 8244B | 木村岳風 | 頼山陽 | | |

（本多が作成した表をもとに、筆者が加筆作成）

| | 曲名 | ジャンル | 井上・黒澤 | 教師用書 | 発売元 | 発売年 |
|---|---|---|---|---|---|---|
| 24 | 体育ダンス　進軍の歌 | ④⑤ | | | コロムビア | |
| 25 | 青少年歌　大日本青少年団歌 | ⑤ | | | ビクター | |
| 25 | 青少年歌　青年進軍歌 | ⑤ | | | ビクター | |
| 26 | 航空日本の歌 | ⑤ | | | コロムビア | 昭和15年 |
| 26 | 歌謡曲　空の船長 | ⑤ | | | コロムビア | 昭和15年 |
| 27 | 吹奏楽　君ケ代行進曲 | ⑤ | 第1学年 | 第1学年 | コロムビア | |
| 27 | 軍歌　足柄行進曲 | ⑤ | | | コロムビア | |
| 28 | 奉祝舞楽「悠久」 | ⑤ | | | ポリドール | |
| 29 | 奉祝国民歌　紀元二千六百年 | ⑤ | | | ビクター | 昭和14年 |
| 30 | 大陸行進曲 | ⑤ | | | | 昭和13年 |
| 31 | 独唱　青年の歌 | ⑤ | | | コロムビア | |
| 31 | 合唱　空は青空 | ⑤ | | | コロムビア | |
| 32 | 軍歌　勇敢なる水兵 | ⑤ | | 第3学年（黄海海戦記念） | ニットー | |
| 32 | 軍歌　雪の進軍 | ⑤ | | | ニットー | |
| 33 | 軍歌　道は六百八十里 | ⑤ | | | ニットー | |
| 33 | 軍歌　月下の陣 | ⑤ | | | ニットー | |
| 34 | 軍歌　皇軍大捷の歌 | ⑤ | | | ビクター | 昭和12年 |
| 34 | 軍歌　かちどきの歌 | ⑤ | | | ビクター | 昭和12年 |
| 35 | 詩吟　川中島、残月 | ⑥ | | | ポリドール | |
| 35 | 詩吟　本能寺 | ⑥ | | | ポリドール | |

ジャンル：①西洋クラシック音楽他　②唱歌　③童謡　④体育関連（遊戯・舞踊・体操・行進など）　⑤時局関連（軍歌など）　⑥その他

を比較すると、「コロムビア教育レコード」や、鑑賞用、唱歌用、ラジオ体操用、ダンス用、詩吟など、レコードのタイトルや用途には共通点があることがわかる。

では、座光寺小学校・国民学校において、これらのレコードや、レコードの再生に必要な蓄音機はいつ頃購入されたのだろうか。蓄音機の購入時期を明確に示す記録は見つかっていないが、昭和一三年度の座光寺村予算書によれば、ピアノ、オルガン、メトロノームと共に、蓄音機修繕のための予算が確保されていた（「昭和一三年度下伊那郡座光寺村歳入出予算」）。また、レコード針も消耗品費として予算に組み込まれていることが確認できている。アンケート調査からは、昭和一二、一三、一五年入学の卒業生より、音楽室に蓄音機があった、という回答が見られており、昭和一三年までには、すでに蓄音機が購入されたと推測できる。飯田市の他の学校ではどのような状況であったのだろうか。上郷小学校では、昭和一〇年にレコード音楽会が開かれている他（「昭和一〇年度　学校日誌　上郷小学校」）、第一章第五節で触れたように、昭和一二年には婦人会より電気蓄音機の寄付を受けている。竜丘小学校では、昭和二年、グランドピアノと共に蓄音機を購入しており、他の二校に先んじて購入となった背景には、竜丘小学校では校長の下平芳太郎を中心に自由教育の影響を強く受けていたことが考えられる。

レコード購入については、昭和一三年度から昭和一九年度の予算書に、六～一〇円（多い時は二〇円）ほどの予算が計上されている。特に、昭和一七年度には「鑑賞音盤（国民学校初等科三、四年用）」、「器楽声楽鑑賞音盤（高等科用）」（「昭和一七年度予算書　座光寺学校」）、昭和一九年度には「五、六年用鑑賞音盤」（「昭和一九年度教育予算書　座光寺国民学校」）などと記入されており、明らかに、芸能科音楽の内容を意識したレコードの購入が計画されていたことがわかる(3)。こうした予算計画や、他の小学校における蓄音機及びレコードの整備状況、各レコードの発売年などから推測するに、座光寺小学校では、「国民学校令」施行前の昭和一〇年前後から、制度に先行して、蓄音機を設置したり、レコードを少しずつ買い集めていたと言えるだろう。そして、戦局が厳しくなった昭和一九年頃にも、意欲的に鑑賞活動の環境を整えようと試みていたのである。

## 四・三・三　レコード使用の諸相――付録の分析を通して――

座光寺小学校所蔵のレコード付録リストでは、そのジャンルを六つ（①西洋クラシック音楽・外国通俗曲・各国民謡、②唱歌、③童謡、④体育関連、⑤時局関連、⑥その他）に分類した。ここでは③童謡を除く各ジャンルのレコードの性格について、国民学校教師用書等に掲載の鑑賞教材との比較、学校関係史料、アンケート及びインタビュー調査の結果、他の学校の状況との比較を通して検討し、座光寺小学校・国民学校においてこれらのレコードがどのように使用されたのか、その可能性について考えてみたい。

### 一　西洋クラシック音楽・外国通俗曲・各国民謡

《スケイタースワルツ》、《春の歌》、《ウォーターローの戦い》、《君が代行進曲》(4)、《郭公ワルツ》、《ダニューブ河の漣》（写真4・3・1）、《ヴォルガの舟唄》、《蚤の歌》、《金婚式》などは、主に鑑賞活動に使用されたレコードだと推測される。教師用書掲載の鑑賞教材と照合すると、第一学年の《君が代行進曲》と《郭公ワルツ》、第二学年の《氷滑りの円舞曲》（付録では《スケイタースワルツ》）、第三学年の《ダニューブ河の漣》、第四学年の《祖母さんの誕生日》（付録では《金婚式》）、がレコード付録タイトルと一致している（表4・3・1参照）。また教師用書中の教材解説よれば、鑑賞時に同時に聴かせる教材として、第三学年の《黄海海戦記念》に《勇敢なる水兵》、《分列行進曲》に《抜刀隊》、がそれぞれ含まれており、これらの曲についてもレコード付録が残されている（『初等科音楽一　教師用』二五・二八頁）。

これらの作品は、井上武士・黒澤隆朝共著による『小学校唱歌教授資料集成』（昭和一一～一二年）の中にもすでに、具体的な指導事例とともに提示されていると同時に[5]、『学校音楽』など教育雑誌の鑑賞教材解説にもたびたび現れた。《春の歌》と《ウォーターローの戦い》は、井上と小出浩平が制作した「児童のための音楽鑑賞レコード」[6]（日本コロムビア）のシリーズの第二集に所収されている（写真4・3・2）。

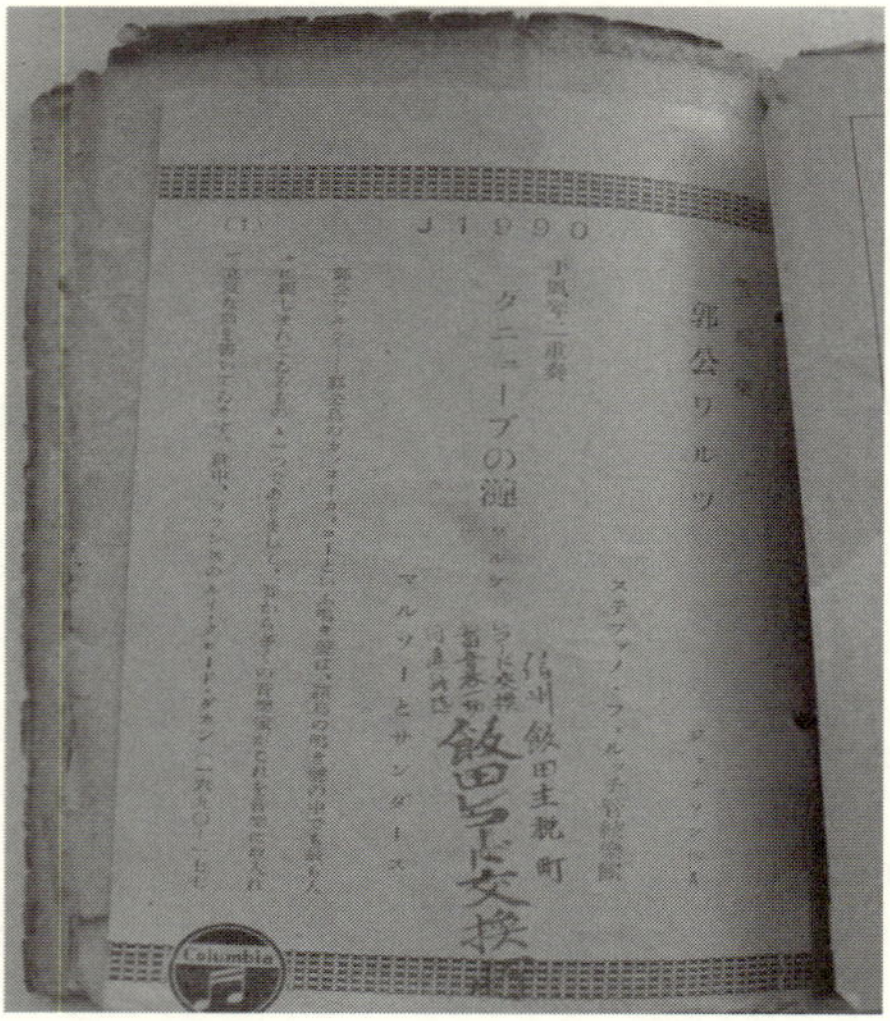


写真4・3・1　《ダニューブ河の漣》

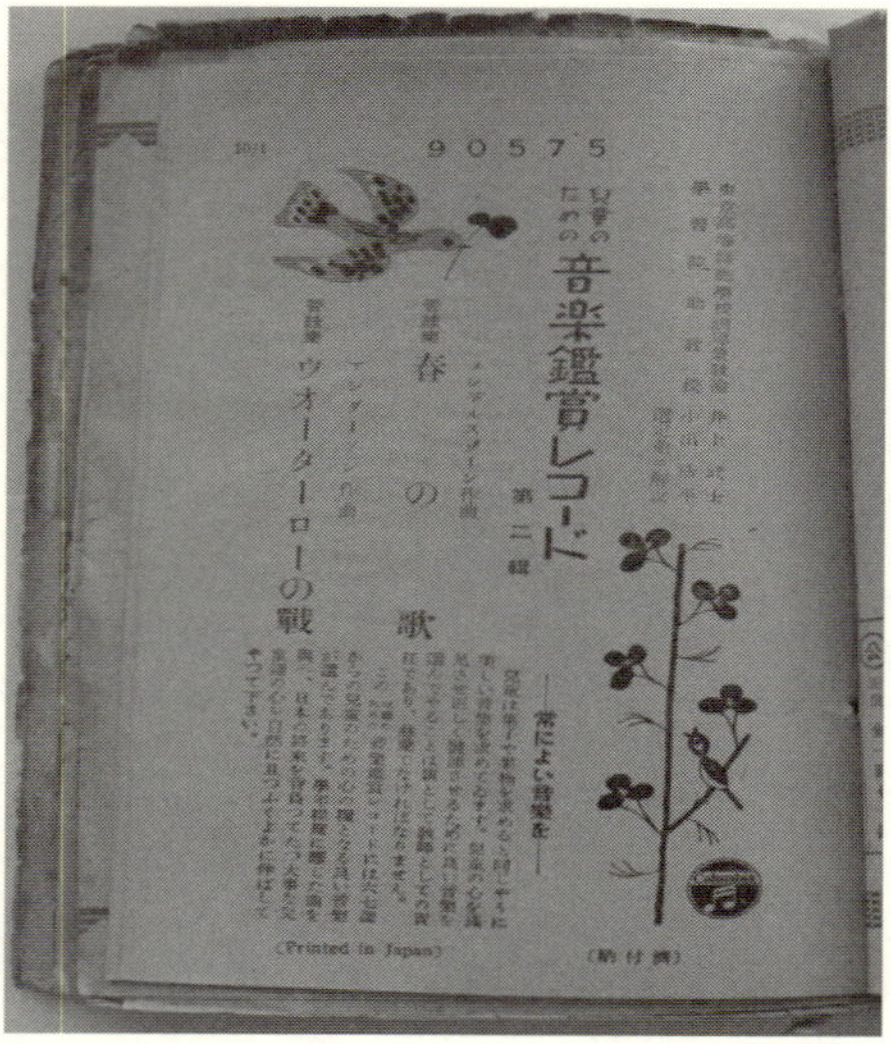


写真4・3・2
「児童のための音楽鑑賞レコード」

## 二　唱歌

レコード付録の多くを占めるのが、『文部省新訂尋常小学唱歌』（昭和七年、写真4・3・3）や『ウタノホン上』（写真4・3・4）といった、唱歌教材を吹き込んだものであった。これらは主に、「正しい歌ひ方」を示す範唱用レコードであった。教師用書には、芸能科音楽における鑑賞指導の方法として「演奏、音盤、ラジオ、音楽映画、等」が挙げられたことはすでに指摘したところであるが、「音盤」の内容には、唱歌教材を模範的に吹き込んだものも含まれていた。これらの範唱用レコードは同時に、鑑賞教材としても使用される用途もあった（『ウタノホン上　教師用』二〇〜二一頁）。

写真４・３・３
『文部省新訂尋常小学唱歌』

写真４・３・４　『ウタノホン上』

## 三　体育関連（遊戯・舞踊・体操・行進など）

《日本童謡名作集第五集　「アメフリ」踊り方》、《体育ダンス　進軍の歌》、《学校舞踊レコード（中学年用）》などは、主に遊戯に使用されたレコードであろう(7)。これらの遊戯は、体育の授業で行われるほか、運動会などでも披露されたと考えられる。しかし、座光寺小学校卒業生のアンケートの回答からは、「運動会で歌に合せて遊戯をしました」（一三・女）や「遊ぎは運動会では各学年で必ず歌いながらした」（一四・男）など、遊戯にレコードを使用したという記憶は見られなかった。

遊戯以外では、「軍歌」、《軍艦行進曲》、《敵は幾万》が騎馬戦、棒たおし、行進などのBGMとして使用されたという回答がアンケートに多く見られた。レコード付録のなかで行進に特化したものとしては、《行進曲　国民行進（小学校用）》が残っている（本書　第五章　第一節参照）。同様に、上郷国民学校、高遠国民学校、誠之国民学校でも、運動会においてレコードを使用した記録が残されている(8)。

体操については、《体育　学校用ラヂオ体操》が残されている。学校文書には、「昭和一五年五月二五日　朝会体操　レコードに合せて国民体錬を為す」の記述がある他、上郷国民学校でも「本日より□体操の音楽レコード変えたり、調子合わず」（昭和一七年一二月二七日『昭和一七年度　学校日誌』）と記録されているなど、体操時にレコードを使用していた様子がうかがえる。

## 四　時局関連

時局関連のものについては、すでに鑑賞教材の項で《君が代行進曲》や《勇敢なる水兵》について触れたが、行進曲や軍歌、また新聞社公募の国民歌謡などが見られる。《奉祝国民歌　紀元二千六百年》と《奉祝舞曲　悠久》

については、「昭和十五年一二月二八日　第一時　式練習　終業式　紀元二千六百年頌歌　奉祝歌を心をこめて歌ふ　悠久二千」といった記録が残されているが、このような儀式と関連して、まさに時局に対応した形でレコードも使用されたのではないかと推測される。

## 五　その他

その他、付録リストのなかで印象的なのは、詩吟《川中島》《残月》及び詩吟《本能寺》である。詩吟は、高遠小学校でも昭和一四年度に購入されているが、芸能科音楽の鑑賞教材には現れてこないジャンルである。予算書の中には、併設の座光寺青年学校の備品費として「レコード（軍歌　五、詩吟　三）」計八枚、一六円分があてられており、青年学校で使用するために購入されたとも考えられる（「昭和一七年度予算書　座光寺学校」）。

『下伊那教育会史』によれば、飯田地域が所属する下伊那教育会では、時代はさかのぼるものの、明治四四年に通俗教育施設の一端として蓄音機一台（五七円）、ローヤル板四六枚（六七円五〇銭）などを購入している。購入したローヤル板の内訳は、唱歌一／詩吟二／薩摩琵琶一一／筑前琵琶二／浪花節一四／義太夫一〇／その他（謡曲や尺八など）、となっている。ここでは社会教育に必要な設備の一つとして、琵琶や浪花節、義太夫などと共に詩吟レコードが購入されているのだが、学校にもこうした動きの影響があったのだろうか。他方、一九九七年に行ったパイロット・リサーチ（国民学校時代に教育を受けた人々を対象）の結果には、「音楽ではなくおゆうぎ（体育）で詩吟や舞いを（楠まさしげ）よくやらされた。リズムにあわせてナギナタなどもおこなわれた」というアンケート回答も見られ（西島　二〇〇〇、一三頁）、鑑賞のみにとどまらない可能性も見えてきた。

## 四・三・四　鑑賞の記憶

現在のところ、座光寺小学校・国民学校において、唱歌あるいは芸能科音楽の授業内で鑑賞活動を行ったという明確な文書史料は見つかっていない。そのかわり、授業の枠内かどうかは不明だが、「レコード会」や「レコード鑑賞会」を行ったという記録はいくつか残されている。

昭和一四年一一月二八日　レコード会　低学年、高学年　二部に分かちて実施
昭和一五年一二月一四日　レコード会　第三時　四以下　放課後　五以上
昭和一八年四月二九日　午前三年以下　午後四年以上　レコード鑑賞会

昭和一四年、昭和一五年、昭和一八年のように、クラス単位ではなく、低学年と高学年などの集団でレコード鑑賞会を行うやり方については上郷小学校（昭和一〇年一二月二〇日「レコード音楽会　第一時　尋四以下　第二、三時　尋五以上」）や、「昼会」の時間に、講堂で二・三学年合同の音楽鑑賞会などが行われていた誠之小学校との共通点が見られる。誠之小学校のアンケートでは、音楽室での鑑賞よりも、講堂で学年ごとに鑑賞をしたという記憶の方が圧倒的に多い。

設備が整い、学校文書の記録としてもレコード鑑賞会の開催が記されていた一方で、当時の子どもたちの記憶としては、あまり多くのことが語られていない。同様の傾向は、飯田市の各国民学校、高遠国民学校、上田市の各国

民学校にも見られている。座光寺国民学校卒業生によるアンケート回答のうち、鑑賞に関する項目で見られた作品は、《ヴォルガの船唄》、《蚕の歌》、《月光》の三曲だけであった。《ヴォルガの舟唄》と《蚕の歌》はレコード付録にも見られる曲で、昭和一三年度入学男性は、「ボルガの舟歌を覚えている。重厚で重苦しい感じでした。シャリアピン？・ロシア民謡？・今思えばツァー時代農奴の労働歌だったのかと思って居る」、「ボルガの舟歌以外は覚えて居ないが、音楽の時間にたまに有った様に思う（担任が音楽が好きだったからかとも思う）他の組の事は分らない」と語っている。また、同じく昭和一三年度に入学した女性は、「一度だけ覚えてる曲『のみのうた』を聴き皆大喜びをした事位」「『ノミのうた』をきいたくらいで覚えありません」と述べている。

その他、レコード付録は残っていないものの、《月光》を聴いたという記憶もみられた（座光寺・一六・男）。《月光》に関する記憶は誠之卒業生にも多く見られている。特に、「ベートーベンの月光の曲　当時の国語の教材にベートーベンと盲目の少女の交遊の話が出ておりそれにからめて聞かされました　教科書には曲の内容を記述してありましたがとてもそこまでは判りませんでした」（一一・男）、「国語の教科書で『月光の曲』をやっていた時、学年全部が雨天体操場に集められ、ピアノの上手な女子生徒がベートーベン『月光』ソナタを弾くのを鑑賞した」（一二・男）など、国語教材との関連で《月光》を鑑賞したという回答が複数あった。《月光》は、教師用書によれば第六学年の鑑賞教材になっている（『初等科音楽四　教師用』）。国語の教科書を確認すると、『尋常小学国語読本巻十二』（大正一二年度以降使用）や『小学国語読本尋常科用巻十一』（昭和一三年度以降使用）、国民学校期の『初等科国語七』（昭和一八年度以降使用）に「月光の曲」（資料一）が所収されており、《月光》に関する、誠之小学校卒業生の回答は、鑑賞活動と他教科の関連の内容を具体的に示すものとなっている。

**資料1**　「第九課　月光の曲」(『尋常小学国語読本　巻十二』より

ドイツの有名な音楽家ベートーベンがまだ若い時分のことであった。月のさえた冬の夜友人と二人町へ散歩出て、薄暗い小路を通り、或小さいみすぼらしい家の前まで来ると、中からピヤノの音が聞える。

「あゝ、あれは僕の作つた曲だ。聴き給へ。なかなかうまいではないか。」

彼は突然かういつて足を止めた。

二人は戸外にたゝずんでしばらく耳をすましてゐたが、やがてピヤノの音がはたと止んで、

「にいさん、まあ何といふよい曲なんでせう。私にはもうとてもひけません。ほんたうに一度でもよいから、演奏会へ行つて聴いてみたい。」

と、情けないやうにいつてゐるのは若い女の声である。

「そんなことをいつたつて仕方がない。家賃さへも払へない今の身の上ではないか。」

と兄の声。

［中略］

「はいつてみよう。さうして一曲ひいてやらう。」

［中略］

ひき終わるとベートーベンは、つと立上つた。三人は「どうかもう一曲。」としきりに頼んだ。彼は再びピヤノの前に腰を下した。月は益々さえわたつて来る。「それでは此の月の光を題に一曲。」といつて、彼はしばらくすみきつた空を眺めてゐたが、やがて指がピヤノの鍵にふれたと思ふと、やさしい沈んだ調は、ちやうど東の空に上る月が次第々々にやみの世界を照らすやう、一転すると、今度は如何にももののすごい、いはば奇怪の物の精が寄集つて、夜の芝生にをどるやう、最後は又急流の岩に激し荒波の岸に砕けるやうな調に、三人の心はもう驚と感激で一ぱいになつて、唯ぼうつとして、ひき終つたのも気付かぬくらゐ。

［中略］

彼は急いで家に帰つた。さうして其の夜はまんじりともせず机に向つて、かの曲を譜に書きあげた。ベートーベンの「月光の曲」といつて、不朽の名声を博したのは此の曲である。

## 四・三・五　おわりに

以上、座光寺小学校に所蔵されていたレコード付録の分析を中心に、昭和十年代の小学校おけるレコード使用の諸相について考察してきた。最後に、鑑賞指導にかかわる環境の整備と、当時の子どもたちの経験という観点から、以下、明らかになったことをまとめておきたい。

一つに、座光寺小学校・国民学校では、レコードや蓄音機を使用して鑑賞などを行う環境がある程度整っていたということである。他の学校の状況もふまえると、おそらく「国民学校令」に先行して諸般の準備が進められてきたのではないかと思われる。二つに、レコードの使用には鑑賞だけでなく、様々な用途があった、ということである。レコードは新しい音楽文化との出会いの場を提供するものであると同時に、例えば、「正しい歌ひ方」のモデルを示すものでもあった。また、当時は、行進や体操、特に遊戯用レコードが数多く販売されるようになり（『児童舞踊一〇〇年史』九二～九三頁）、音楽の授業のみならず体育や運動会等の行事でも用いられた。三つに、鑑賞に関して言えば、授業の枠組みかどうかは不明だが、「レコード鑑賞会」が開かれていたことが明らかになった。鑑賞会の形態については、上郷小学校や誠之小学校とも共通点があった。しかしながら、設備が整い、学校日誌にもレコード鑑賞会の記録が現れている一方で、卒業生の記憶としては、特定の作品の鑑賞以外には、あまり多くのことが語られなかった。この点については、上郷小学校、高遠小学校、上田地域の各小学校にも同様の傾向が見られた。それまでの研究や実践の蓄積の上に、制度に位置づけられた鑑賞活動ではあったが、その具体的な指導内容や方法、学びの内実については、さらなる探究が必要であろう。

さて本節では、座光寺小学校という、地域の一小学校の事例に焦点をあてて論を進めてきたわけだが、ここで触れたような状況の背景には、教育界、音楽界全体の動きとの関連があると同時に、小学校を取り巻く地域の文化的状況との関連もあると推察される。先に述べたとおり、下伊那教育会は明治四四年に通俗教育設備の一つとして蓄音機やローヤル板を購入した。また同じ飯田地域の竜丘地区では、青年会や処女会主催で音楽会やレコード会を開催している。同区の地域誌である『竜丘時報』第一号（昭和六年）に掲載された、「情操教化としての音楽」（高島繁一）には、この地区での音楽文化の広がりについて述べられており、こうした地域の音楽文化の状況と、学校に求められた音楽教育や設備内容も無関係ではないはずである。

同時に、第一章において西島が論じたように、学校に設備が整うことによって、「学校から地域への文化的還元」がなされるという側面もあっただろう。上田市の国民学校に目を移せば、「上塩尻□の女青団より音盤を貸し□られといい来たりしため横関先生に依頼せり」（塩尻国民学校、昭和一八年四月二六日）、「来校者　師範生三名　ピアノ、レコード使用」、「保育所遊戯練習の為　校庭の電蓄使用ス」（塩尻国民学校、昭和一八年九月二六日）「下郷の人　学校より借用せしレコード九枚　返しに来る」、「豊里でレコード一枚（軍艦行進曲）借りに来る」（豊殿国民学校、昭和一九年三月六日）など、地域の人々が学校の設備を借りに来たという記述が学校日誌に散見される。このように、学校の設備が地域の音楽文化や、当時の人々の音楽経験に貢献することも少なくなかったのではないか。「学校文化と地域文化」また、「地域の中の学校」という視点での考察も、今後、さらに深めていく必要があるだろう。

注

（1）山本壽、津田昌業、青柳善吾、金森保次郎、草川宣雄、井上武士、小出浩平らは、戦前期の音楽教育界をリードすると同時に、鑑賞指導の理念、指導法、教材についても研究を重ねた。

（2）後述の通り、レコードが使用される場面は鑑賞や唱歌教育だけにとどまらなかった。例えば、誠之小学校では、三台の蓄音機（昭和八年、九年、一一年に購入）は、音楽教育、体操遊戯、読本朗読等に使われていたという（昭和一二年度「公文書」より蓄音機利用状況調査への回答。本多二〇〇四、五一頁）。

（3）昭和一六年四月九日の職員会誌には、芸能科音楽について「蓄音機使用」が話題に上っており、国民学校令施行に合せ、改めて、授業内において蓄音機を活用しようとした動きがうかがえる。（『昭和十六年度　職員会誌　座光寺国民学校』）

（4）《君が代行進曲》については、鼓笛隊用楽譜も所蔵されており、鑑賞教材としてだけではなく、行進や器楽の補助教材としても使用されていたのではないかと推測される。

（5）教師用書と、『小学校唱歌教授資料集成』に掲載された鑑賞教材の重なりについては、拙稿（本章第一節）の表一を参照されたい。

（6）「児童の為の音楽鑑賞レコード」は、一・二年、三・四年、五・六年の三回に分けて発売され、三回目が昭和一三年六月に発売された（本多・国府二〇〇〇、五七頁）。

（7）遊戯伴奏用のレコードは、地方都市の幼稚園や小学校の舞踊指導者および一般家庭からの要望に応え、昭和五年にコロムビア・レコードが、童謡レコードに歌詞と舞踊振付を添付する試みを始めたことから生まれたと言われている。舞踊振付解説付きの童謡レコードは非常な好評を博し、ビクター、キングなどが次々と同調した。（『児童舞踊一〇〇年史』九二〜九三頁）

（8）例えば、誠之国民学校の『昭和十六年度運動会記録』には、三年生女子の遊戯に使用するレコードとして「出場…翼賛行進曲　遊戯…僕等の力　軍艦行進曲　退場…国民行進　正常走」が記されている。

引用・参考文献

下伊那教育会史編集委員会（一九八七）『下伊那教育会史百周年記念』下伊那教育会。

全日本児童舞踊協会（二〇〇四）『日本の子どものダンスの歴史―児童舞踊一〇〇年史―』大修館書店。

西島央（二〇〇〇）「児童からみた国民学校芸能科音楽―音楽教育の歴史の読み直しに向けて―」『音楽教育研究ジャーナル』第一四号、三～一八頁。

本多佐保美ほか（二〇〇四）『音楽教育史研究における制度・教師・学習者の関係性の探求―国民学校時代の音楽教育体験者の聞き取り調査に基づいて―』（平成一三～平成一五年度科学研究費補助金研究成果報告書）。

本多佐保美・国府華子（二〇〇〇）「国民学校期における鑑賞教材の音楽内容に関する一考察―教師用指導書と音盤の分析を中心に―」『音楽教育史研究』第三号、四三～五八頁。

山本文茂（一九九九）「芸能科音楽教材の特質―教科書・教師用指導書の分析を通して―」『音楽教育の研究―理論と実践の統一をめざして―』音楽之友社、二七八～二九五頁。

# 四・四　高遠国民学校と誠之国民学校における聴音練習

村上　康子

## 四・四・一　はじめに

「和音のドミソとか、先生がピアノを弾いて音あてみたいなことはやった（高遠・一二・男）」
「先生に指名された児童が起立し、先生のピアノのハホト音を聴き分け、大きな声で『ハ、ホ、ト』と答えて、先生に『よし』っと言われ着席（誠之・一三・男）」

これは、芸能科音楽の授業風景について行った調査の回答である。すでに本書で藤井が述べているように、唱歌から芸能科音楽へと科目名称が変更した国民学校時代、それ以前と比較して授業内容の拡充が図られた。右記の回答は器楽、鑑賞と共に拡充された授業内容、基礎練習の中の聴音練習の風景であるが、この聴音練習は器楽、鑑賞といった他の活動と比較して、インタビューやアンケートの中でより多くの人の記憶に残っていた活動である。

聴音練習については、「高等女学校教授要目」にも記されており、国民学校期以前から公教育においても「耳を鋭敏にする」という意識があったことがうかがえる。しかし、「国民学校令施行規則」第十四条で「発音及聴音ノ練習ヲ重ンジ自然ノ発声ニ依ル正シキ発音ヲ為サシメ且音ノ高低、強弱、音色、律動、和音等ニ対シ鋭敏ナル聴覚ノ育成ニ力ムベシ」と定められたことにより、「鋭敏ナル聴覚ノ育成」が初等教育段階から明確な目標として掲げられることとなった。当時の教師用書にも、聴音練習の指導内容、指導方法がきめ細かく示されている。また、当時の雑誌にも、聴音練習をはじめとした音感教育に関係する文献は数多く見られ、「鋭敏ナル聴覚ノ育成」の目的、その指導法の一部を知ることができる。

本稿では、この聴音練習について、具体的にどのような指導が目論まれていたのか、そして、実際にどのような指導が行われていたのか、当時の教師用書、及び、アンケート、インタビューデータを中心に検討していく。

尚、ここで取り上げる「聴音練習」という語であるが、これに類する語として「和音聴音」「音感訓練」「音感教育」等が挙げられる。本稿では当時の教師用書等に則り、芸能科音楽の時間に行われた基礎練習の一部と考えられる、和音聴音を始めとした授業内容について「聴音練習」という語を用いることとする。

### 四・四・一　教師用書に見る「聴音練習」の指導内容

「国民学校令」の施行に合わせて作成された『ウタノホン』、『うたのほん』、『初等科音楽』は日本初の音楽の国定教科書である。国定教科書の教師用に掲載されている内容が、実際の指導に大きな影響を与えたことは間違いない。それぞれの教科書の教師用には、聴音練習の学年ごと、月ごとの課題がきめ細かく示され、「鋭敏ナル聴覚ノ育成」のための指導内容が系統的に記されていた。表4・4・1は教師用書に記された第一学年の聴音練習の内容を示したものである。

まずは第一学年の活動内容を見てみよう。四月中に行う内容をまとめると、①音を聴く態度を養う、②音を記憶し、記憶した音と同じ音を識別する、③音の相違が大きいものおとを識別する、④同じ物質から生じる音を識別する、というように系統立てられている。さらに、五月になると、ピアノやオルガンを使用した音の高低の識別を行うことになっている。これも、はじめは音程幅を大きく、次第に音程幅を縮めていくことが示されている。その後、和音聴音へと進んでいく。最初に「ハホト」を教え、次に「ハヘイ」を教える。「ハホト」と「ハヘイ」の識別ができるようになったら「ロニト」と進み、一学期が終わる。二学期になると、「ハホト」「ハヘイ」「ロニト」の和音の書き取り、分散和音唱、単音抽出唱と進む。第三学期は、和音合唱の練習が始まる。このようにして、第一学年で徹底的にハ長調の主要三和音を学ぶことが示されている。

第二学年になると、「ハヘイ」の「ハ」を一全音上昇させる和音という形で、新しい和音「ニヘイ」を記憶させ、第一学年時に学習した「ハホト」「ハヘイ」「ロニト」と混ぜて聴音練習を行い、五線紙に書き取りをさせ、分散和音唱、単音抽出唱、和音合唱を行う。これと同じように、既習和音を変化させる形で新たに学ぶべき和音が示され、既習和音の転回形や、新たに出てくる三和音を学習していくということが記されている。第三学年ではさらなる新和音（属七を含む）の記憶と共に、和声進行を学ぶこととなっている。教師用『初等科音楽 一』三八頁には第三学年四月の内容として「始めに『ハホト』『ハヘイ』の和音合唱を復習して、更によく歌えるやうに練習し、次にその連結をする。すなわちハ長調のⅠⅣⅠの和音進行の練習を行ふのである」と記されており、五月には同じ方法でⅠⅤⅠの和声進行を学ぶよう記されている。さらに、七月にはハ長調ⅠⅣⅤⅠの終止形合唱をするよう記されている。第二学年までは一つの和音を合唱するという課題であったのが、和声進行を意識した課題が記されていることがわかる。第四学年になると、派生音が含まれるようになり、ヘ長調、ト長調の主要三和音、イ短調の学習

表4・4・1　『ウタノホン上』教師用に記された聴音練習の内容

| | | |
|---|---|---|
| 1学期 | 4月 | 音を覚える練習の第一段階としては、先づ児童をして音に注意を向けるやうな練習をする。「ものおと」の識別から始めて、児童にその物音を聴く態度を養成する。「ものおと」は、児童の生活に即したものが適当で、しかもなるべく美しい音の出るものがよい。一例を挙げると、鐘、太鼓、笛、等は適当で、「ものおと」をよく覚えさせて後、二三の教へた音の中から何の音かを識別させるやうにする。聴かせる「もの音」は、児童の最も覚え易い音がよい。次に音が似て居るが、発音物体が異るものを識別させる。例へば、ブリキの缶と洗面器の如く近い音のするものがよい。最後は、同種のものから出る音の識別にもつて行く。例へば、大きい太鼓と少さい太鼓のやうなものがよい。期間は、約四月中の練習であるが、早くよく出来れば、次に移つてよい。 |
| | 5月 | 次は楽器（ピヤノ又はオルガン）による高い低い音の識別をさせる。この時は、始めは高低の差を大きくし、次第に差を小さくするがよい。音の名を云ふ必要はなく、どちらが高いか、低いか、と云ふことを判断させればよい。大体、五月一杯位練習をする。 |
| | 6，7月 | 和音訓練は、和音を記憶させることから出発する。先づ和音「ハホト」を教へ、これを覚えたら「ハヘイ」を教へる。両者をピヤノ又はオルガンで弾き、これを識別させる。和音の「ハホト」「ハヘイ」と云ふ名を教へるのであるが、始めは和音に或名前—例へば、「ハホト」は赤の音、「ハヘイ」は白の音の如く—をつけ、それによつて遊戯をさせるのも効果がある。例へば、「ハホト」は赤、「ハヘイ」は白と約束をしてピヤノでその何れかを弾くと、赤のときは、赤いカードを、白のときは白のカードを拾ふ。その他、動作と結びつけて、「ハホト」は起立、「ハヘイ」は着席と約束して、聴音によつて起立させたり、着席させる等、教師の工夫によつて、種種のことが出来る。「ハホト」「ハヘイ」の次に「ロニト」を教へる。三つの和音は、一学期終り迄よく覚えて居るやうにする。<br>和音の聴覚訓練は、短時間でもくり返し、回数多く練習する方がよい効果が得られる。和音を弾くときは、分散和音的に弾かないで一つの和音として弾く。その音の響きに即して記憶させるのである。 |

| | | |
|---|---|---|
| 2学期 | | 九月から、第一学期に学んだ五線譜の音名読と結合して和音の書取をさせる。ピヤノ又はオルガンで和音を弾き、これを書取らせる。この場合は、児童用書の巻末にあるやうな拡大した五線譜を使用する。又、児童用書の表紙裏にある大きい五線に、オハジキのやうなもので、和音をならべることも興味がある。<br>次は、書取をすることによつて、和音を構成して居る音がはつきりとわかるやうになつたならば、この和音を分散的に弾き、よく聴きとらせ、且つこれを歌はせるのである。出来るならば、和音「ハホト」「ハヘイ」「ロニト」を分散和音唱をさせるがよい。音域の関係で、困難な場合は別であるが、出来るだけ歌はせると高さと云ふものが判然として来る。児童用書の巻末にも例があるから、それによつてよく練習する必要がある。始めは、和音をピヤノ又はオルガンで弾き、ピヤノの助けをかりて分散和音唱をするが、段段と練習するに従つて、和音だけ弾いてすぐ分散和音唱をなし、和音を弾かなくても、分散和音唱が出来るやうに導くことが肝要である。<br>分散和音唱が出来れば、次は和音からある音をぬき出して歌はせる。例へば、和音「ハホト」をピアノで弾き、その中から「ハ音」又は、「ホ音」を歌はせる等である。これが単音抽出唱である。<br>和音を記憶し、和音の分散和音を記憶し、次いで単音抽出唱により、単音の音高記憶に導くのである。<br>更に分散和音唱には、律動をつけて練習することが必要であるが、その例は、児童用書の巻末にもあるから之を利用する。分散和音唱の発展したものとして、児童用書の巻末にも掲げてあるやうな歌詞をつけた分散和音の練習をする。 |
| 3学期 | | 第三学期は、和音合唱の練習に入る。組を三組に分けて、各組に和音の単音抽出をさせ、合唱の練習をするのである。<br>この外に、和音の単音抽出を練習して、単音の音高を記憶させる。<br>例へば、「ハ」の音高を聴きわける練習、又はピヤノを弾かないで「ハ音」が歌へるやうに練習させ、覚えさせるのである。<br>単音は、或一音にきめて練習する方が効果的である。 |

が行われる。ヘ長調、ト長調の副次三和音も新たな和音として含められる。第五学年では、「第四学年における終止形を更に発展させて、聴覚訓練を主とし、進んで歌唱、合唱の練習を行うのである（初等科音楽三教師用、三二頁）。」とされており、聴音練習の項に具体的な楽曲が提示され、その楽曲の調性の終止形合唱などを指導することが示されている。第六学年では第五学年の内容にプラスして日本固有の音階による合唱の基礎練習なども記されている。

このように、教科書に掲載された楽曲との関連性を意識しながら、各調性のカデンツァを認識することが初等教育段階の最終的な目標として設定されている。調性感や和声感を養うことで実際の音楽活動が豊かになるような活動として聴音練習が目論まれているように思われる。さらに、教科書編纂者たちの書いた雑誌記事を見てみると、「国民学校に於ては初等科より重音唱歌を授けることになつたので是非これ（和音訓練）を行ひ、一方音楽の基礎練習を向上せしむると同時に鋭敏なる聴覚の育成につとめなければならぬ（小松　一九四二、六頁、括弧内筆者）。」や、「芸能科音楽に於ては盛んに歌唱の指導が行はれなければならない。児童はこの歌唱指導によつて、歌唱の技能を修練し歌唱による情操の醇化を受けるのであるが、それは単に歌唱の為のみの歌唱指導であつてはならない。この歌唱指導の蓄積が、常に鋭敏なる聴覚育成を目標とする音高の記憶に迄延長進展されなければならないのである（井上　一九四二、五頁）。」というように、様々な音楽活動と並行して音感を育成していくことが鋭敏なる聴覚の育成に必要であることを指摘している。『ウタノホン』教師用一二頁にも「鋭敏なる聴覚の育成は、歌唱及び鑑賞指導の根底であるばかりでなく」とあり、あらゆる音楽活動が「聴覚」と関連するということ、そして、聴音練習のような基礎練習を音楽的に意味あるものとするために歌唱など実際の音楽活動との関連づけが重要であるという理念の基で作成された指導内容といえる。

さて、このように聴音練習が音楽的な意図を背景としていたと考えられる一方で、『国民学校芸能科音楽指導解説』に記されているように「国防上に必要な鋭敏なる聴覚とか、職業上に必要な鋭敏なる聴覚、即ち国民としての日常生活に直接必要な鋭敏なる聴覚の育成といふ意味からも、この聴音練習が極めて必要であるといふことにも十分着眼しなければならないのである（井上　一九四一、六頁）。」などの史料もある。さらに、当時の雑誌記事には、海軍対潜学校における音感教育の特殊な教育方針が述べられた記事（加藤　一九四四）や、音に敏感な生徒がモーターの不調に気づいたという投稿記事（涌井　一九四四）、などが掲載されており、鋭敏なる聴覚の育成が国防上あるいは産業上の目的と一致することを示す文章が散見される。河口（一九八三）は文部省主催の講習会等で聴音練習における国防・産業上の意図を徹底していったという見解を史料を用いて示し「その効用は、〔中略〕音楽学習を通して獲得されるであろう〈音の感受性〉を利用し手段にした、国防の面においてなのであった（河口　一九八三、九一頁）。」と述べている。

このように、「鋭敏ナル聴覚ノ育成」については純粋に音楽的な意図と国防・産業上の意図という二つの意図が共存していたといえるであろう。

### 四・四・三　聴音練習の実際

さて、先に述べたように音楽的な意図と国防・産業上の意図とが共存していたと考えられるこの聴音練習という活動であるが、具体的に国民学校ではどのような聴音練習が行われていたのだろうか。インタビューデータ、アンケートデータを中心に聴音練習を再現してみたい。

高遠国民学校出身者へのインタビューでは、聴音練習を授業の始めに行なっていたということで記憶が一致していた（1）。さらに、その指導方法については「和音のドミソとか、先生がピアノを弾いて音あてみたいなことはやった（一二・女）」「先生が三つ一度に弾いて、今の音、何と何と何かっていうのをあてるのはやった（一二・男）」などの回答に見られるように、先生がピアノで三和音を弾き、それをあてるという方法で聴音練習が行われていたようである。分散和音唱、和音合唱などの活動への発展は記憶されていなかった。

誠之国民学校の出身者によるアンケートでは、「和音の書きとり（聴き取り）は毎時間始まり五分で、だんだん難しくなった。五線紙に和音を書き提出、次の授業に返された（一二・女）」という回答や、「ピアノで一音一音聴かせ、その後で和音を聞かせることを何回もやった（一三・男）」「ハホトホハ、ハヘイヘハ・・・・ジャン（合成音）などと、音の聞き分けに熱心で試験もピアノ脇に一人ずつ呼んでそれだった記憶がある（一四・男）」、「単音でハホトを弾きジャンと一度に鳴らして歌わしたと思います（一五・女）」といった回答がある。このように、音を聴いて答える活動だけでなく、和音の書き取りや、分散和音唱、和音合唱などの記憶も残っていた。また、この聴音練習や音感に関しては、「音感ニスグレテイル」「聴音甚ダ正確ナリ」「音程確カナリ」などの記述が学校所蔵資料の「学籍簿」にも多く残っていた（本書第二章第一節一一二頁参照）。正解・不正解がはっきりしているため評価しやすい活動であったとも言えるであろう。

さらに、誠之国民学校出身者のアンケートでは「三年生の中ごろからピアノを習っておりましたので和音ハホト、ハヘイなど得意でした（一二・男）」、「和音の聴音は小学校としては結構進んでいた方だと思います。学令《ママ》前からピアノを習っていた私にとっては全く朝飯前で瀬戸先生に舌を巻かせたものでした（一三・男）」など、自宅で音楽関係の習い事をしていた子どもをはじめとして「得意だった」という回答が少なからず見られた。しかしその一方で、「和音の聴き分けは全然分かりませんでした。お友達の中ではピアノを習っていらっしゃる方が数人手を挙げて答えていた。あれは非常に苦痛でした（一二・女）」、「私は和音の聞き分けはあまり出来なかったので、聞き分けられてすぐ手を上げる人が羨ましかったことを思い出しました（一二・女）」、というように、「苦手だった」という回答者も多い。また、「田舎から出てきて全然解らず情けない思いをしたことを忘れることが出来ません。むづかしい和音をしっかり聞き分ける友達を尊敬したものです（一三・女）」、「確かに瀬戸先生は当時としては優れた教育を行なっていたかもしれない。しかし、地方の『普通』の音楽教育しか受けてこなかった者にとっては、不当な扱いを受けたという印象しかない。何の指導もなくいきなり和音のテストなどさせられたのでは出来るわけがありません。おかげで音楽の授業ほど嫌いなものはありませんでした（一二・女）」という回答もあった。このように、苦手意識を植え付けられる子ども、あるいは苦痛を感じる子どもが少なからず居たようである。限られた時間の中で、一人の教員が多数の子どもたちに対して行うこの聴音練習を音楽的な活動として位置付けること、あるいは聴音練習の意義を実感させるような音楽活動を行うことは難しい。さらに、正解・不正解がはっきりすることの活動により、苦手意識や苦痛を感じたという子どもも少なくない。誠之国民学校で音楽を担当していた瀬戸氏は、この時代に執筆活動も行っており、かなり力量のある教師だったと想像される。その瀬戸氏の授業だったからこそ、「展開していく感じの和音や解決に導く和音について、興味をかき立てるお話をよくなさいました（一四・男）」、「和音はそれぞれの音が綺麗に響き合って美しい巾のある音になる。この反対にお互いに合わない音があり、不協和音といって、きたない音になると説明がある（一三・男）」というように、純粋に音楽的な説明を受けていたことを記憶している回答者がいたのであろう(2)。瀬戸は、国民学校開始以前「絶対音感を如何に養成してもそれが即音楽教育（少なくとも小学校に於ける）の眞目的に到達したとはいへない（瀬戸　一九三七、三五頁）」と述べ、その意義に疑問を抱きつつも、誠之国民学校では授業のたびに和音を用いた聴音練習を行っていた。さらに、実践を振り返る形で、聴音練習の意義についても考察している（瀬戸　一九五四）。聴音練習あるいは音感教育に対する自身の考えについて、模索しつつ実践を行っていた教師といえる。しかし、このような教師はおそらく少数派であり、その教師の実践ですら、数々の問題が生じていた。教師用書の音楽的な理念を捉えるに至らず、教師用書の内容をそのまま行うにとどまっていた教師も多かったのではないだろうか。「聴覚を訓練せよと云つたら、国民学校のイタイケ盛りの子達に絶対音感を訓練することと考へてしまつて、その結果学校の音楽を焦土化してしまつた（片山　一九四二、二頁）。」あるいは、「芸能科音楽は聴覚訓練―聴音だけをやるのぢゃありません。それもやりながら大局は音楽の本来の使命に邁進するのであつて、どうもその点誤解されてゐる所がありまして、困つて居ります（井坂・田邊ほか　一九四一、四四頁）。」というように、教師用書のそれも初期の内容をそのまま授業で行っていただけで、実際の音楽活動と関連づけるといった理念を授業で反映させることがなかった教師も存在したようである。また、アンケートやインタビューの内容から子どもたちの聴音のレベルや授業の進行状況などを考えても、教師用書に記された内容に匹敵する水準で授業を進めることはかなり難しかったのではないかと想像される。

### 四・四・四　まとめにかえて

授業内容の記憶としてどこの国民学校の卒業生においても比較的多くの記憶が語られたのが、聴音練習である。具体的に全国の国民学校のどれぐらいの割合で授業に取り入れられたのかを推測することはできないが、師範学校附属国民学校や都市部の国民学校のみでなく、地方の国民学校、高遠国民学校でも多くの回答者から活動の記憶が引き出されたことは注目に値する。他方、六年生になってその高遠国民学校に転校してきた子どもの中にも（和音聴音について）「そんな音楽的なことを教えてくださる先生は伊那にはおりませんでしたのでね（一四、女）」という回答があり、和音聴音は高遠国民学校があった上伊那地区に限ってみても、すべての学校で行われていたわけではないと推測できる。しかし、一九九七年に行われたパイロットリサーチでも、一〇一名中四〇名ほどが和音の聴き分けをしたという回答をしている。同調査において器楽の指導を受けたという回答は若干数であり、何らかの形で鑑賞を行ったという回答も一〇名程度であった（西島　二〇〇〇、一〇〜一一頁）。このように、明らかに他の活動と比較して多くの回答者が聴音練習を「した」と回答しており、その点は、「国民学校令」によって活動が取り入れられた鑑賞・器楽に対する記憶とは明らかに異なる。多くのインタビューで語られている様に、音楽の授業の際には毎回のように行われていたため、他の活動と比較して記憶に残ったということも理由のひとつであろう。肯定的な印象であれ、否定的な印象であれ、少なくとも、当時の子ども達の記憶に残った活動であったことは間違いない。

その聴音練習であるが、その意義を吟味し活動を計画しているという教師がいた一方で、活動の意義はさておき教師用書に書かれた内容をこなしていたという教師がいたことも想像される。教科書編纂者たちが述べていたような音楽的な意図とは異なる形で実践されていた可能性を指摘できる。

さらに、この活動はおそらく家庭での音楽経験によってその受け止めが大きく異なっていた。誠之国民学校の学籍簿の中には、「音楽ハ二年ノ頃ヨリ、ピアノノ練習ヲツヅケ音感ヨシ（一五・女子）」などの記録がみられるし、アンケートでも「ピアノを習っている人々は良く判ったが、我々はあまりわからなかった（一五・男）」「家にはピアノのような楽器もなくあまり得意ではなかった（一六・男）」などの回答がみられる。他方、東京女子高等師範学校附属国民学校でのインタビューに於いて、「私をはじめ、他のピアノなどを習っていた人たちはみな同じように思っていたはずだ。家庭での音楽学習経験の有無によって、小菅先生〔音楽専科の先生〕にたいする印象は違っていたと思う」という証言がある（本多ほか 一九九九、三八頁）。

制度上の規定により国民学校期に一斉に指導すべき内容となった「聴音練習」であったが、その受け止めは学校、地域、家庭環境、さらには教師の活動に対する理念といったものが関連しあって異なった様相を見せているのである。

注

（1）昭和一二年度入学のインタビュイーの記憶が大方共通しており、授業の再現は彼らデータを基にしている。昭和一二年度入学生の音楽の指導は小池先生であり、その略歴については学校所蔵文書「職員履歴」によると次の通りである。

一九一四年（大正三年）、生まれ。

一九三四年（昭和九年）、実業補習学校教員養成所卒業

一九四一年（昭和一六年）～一九四五年（昭和二〇年）、長野県上伊那郡高遠国民学校訓導ニ補ス。

（2）ここで取り上げたように、音楽的な内容の説明を受けたという回答があった一方で、「和音の聞き分けをする理由として先生から『敵の飛行機の爆音の判別（爆撃機か戦闘機か偵察機か等）に役立つから』と説明された記憶があります。」（誠之・一四・男）、「和音の聴き分けが上達すると、飛行機（敵味方を問わず）の爆音の聴き分け（機種による違い）が可能になる、といった説明があった。」（誠之・一三・男）という回答に見られるように、国防上の目的が説明されことを記憶していた回答者も多かった。

引用・参考文献

井坂行男、田邊秀雄ほか（一九四一）「聴覚訓練の諸問題―『聴覚訓練レコード』を中心に―」『レコード音楽』第一五巻第

八号、四三〜五四頁。

井上武士（一九四一）「国民学校に於ける聴覚訓練について」『国民学校芸能科音楽指導解説』日本放送出版協会、四〜一二頁。

井上武士（一九四二）「芸能科音楽の進展」『教育音楽』第四巻第二号、四〜六頁。

片山頴太郎（一九四二）「意味を忘れた音楽は」『音楽教育』第四巻第八号、二〜三頁。

加藤省吾（一九四四）「耳で海を征く―海軍対潜学校訪問記」『音楽知識』第二巻第九号、一一〜一三頁。

河口道朗（一九八三）「軍国主義と音楽教育」『音楽教育の歴史』〈小学校音楽教育講座〉二、音楽之友社、七八〜九三頁。

小松耕輔（一九四二）「国民学校音楽の実際と大東亜問題」『音楽教育』第四巻第四号、四〜八頁。

瀬戸尊（一九三七）「絶対音感教育に就いて」『音楽世界』第九巻第三号、三五・二三頁。

瀬戸尊（一九五四）「音感教育とその在り方」『児童心理』第八巻第五号、四一六〜四二一頁。

西島央（二〇〇〇）「児童から見た国民学校芸能科音楽―音楽教育の歴史の見直しに向けて―」『音楽教育研究ジャーナル』第一四号、四〜一八頁。

本多佐保美ほか（一九九九）「東京女子高等師範学校附属国民学校の音楽教育―文献資料と当時の子どもたちへのインタビューに基づく音楽授業」『音楽教育史研究』第二号、三七〜四八頁。

湧井虎雄（一九四四）「モーターの不調」『音楽知識』第二巻第一一号、三〇頁に掲載された投稿より。

# 第五章　行事・儀式

# 五・一　国民学校の運動会における音・音楽

本多　佐保美

## 五・一・一　はじめに

「国民学校令施行規則」には、次のような規定がある。
「第一条　六　儀式、学校行事等ヲ重ンジ之ヲ教科ト併セ一体トシテ教育ノ実ヲ挙グルに力ムベシ」

国民学校の教育は、すなわち、「皇国ノ道ヲ修練セシメ（第一条の一）」ることを究極の目標として、心と体を一体とし、教授と訓練を分離させず、それぞれの教科の相互の関連を緊密にし、日常の授業は、儀式、行事と一体となって、「教育ノ実ヲ挙グル」ことが求められていた。統合の原理が、すべてを規定していたとみることができる。

これは学校現場でも十分、認識されており、たとえば塩尻国民学校の昭和一六年度、四月一二日の職員会での記録は、次のようになっている（「昭和十六年度職員会誌　塩尻国民学校」）。

「国民学校として考えねばならぬ問題
1．各学年共、程度に応じ、時局の認識について　日々の行事の研究
2．音楽の教授の研究
3．体操の時間を最も有効にするには如何にしたらよいか〔中略〕
4．行事を週間によって目安をつけてゆくわけだが、村の行事、朝令、体育運動、衛生等に学校の行事を如何に結びつけていったらよいか」

学校行事を村の行事とも結びつけ、すべてを統合して考えること、そしてそのかなめとして音楽と体操が挙げられていることに注目すべきであろう。

「国民学校令施行規則」の中で、芸能科音楽の内容を規定する第一四条では、「学校行事及団体的行動トノ関連ニ留意スベシ」とある。これについて、井上武士は著書の中で次のように述べている。「学級として或ひは学校全体として行進するとか、行軍するやうな場合に、行進歌軍歌を歌ったり、または吹奏楽や鼓笛隊などを使ふこと、更に蓄音器を利用するといふやうなこと一切を含めて居ると思ひます」（井上　一九四三、六～七頁）。国民学校のあらゆる場面をとらえて、音楽は関わっていくことができる。行進の時の歌や楽器や蓄音器など、すべてにおいて音楽の力を発揮することができるので、これまでよりさらに一層留意すべしと述べているのである。

では、こうした理念は、実際の教育の場面ではどのように発揮されたのだろうか。本節では、当時の学校行事として、運動会に焦点を当て、運動会という文脈の中での音・音楽のありようを、学校文書とアンケート等にみる子どもたちの受け止めとを照合させながら、描き出すことを試みる。

## 五・一・二　運動会の音環境と子どもたちの記憶

### 一　拡声器とレコードによる運動会

アンケート回答に、「戦時中のため行進は分列行進で競技中も含め、軍歌が鳴りっぱなし（軍艦マーチ、敵は幾万、…）」（誠之・一三・男）、「種々の行進曲がスタートから終了時までスピーカーを通して流れていたのは覚えています」（誠之・一三・男）、「入場行進、棒たおし、かけっこなど音楽を用いてハッスルした」（高遠・一二・女）、「運動会は入場と退場の時、競技の間に鳴るレコード音楽を聞くとなんとなくうれしく、はれがましく思った」（高遠・一四・女）とあるように、運動会の様々な場面で、音楽が流されていた。蓄音器とレコード、拡声器を使っての音楽放送であった。

当時の誠之の全校児童数は、一八〇〇～一九〇〇名という状況で、校庭は狭く運動会を行うことはできず、駒込の六義園を借りて運動会が行われた。「運動会記録」には、どんな場面でどのレコードをかけるか、具体的な曲名が詳細に記されている。「昭和一八年度体錬大会記録」には、奏楽用に搬入する物品として、「ポータブル（一）、レコード（各種）〔中略〕責任者（吉井、瀬戸、各学年ノ指揮者）」との記述が見られ、蓄音機とレコードが用いられたことがわかる。

高遠においても、すでに昭和八年度から蓄音器が備品としてあり、蓄音器の針も毎年購入されており（「旧予算書綴」、第一章第一節五二～五三頁参照）、それは運動会でも使われた。拡声装置は他所から借りてきて放送を行っていたようである。競技の演技中や入退場、あるいは行進や遊戯の際に音楽が使われていた。高遠の昭和一八年秋の運動会では、奏楽係として、「式歌、遊戯音楽ノ統制進行、拡声装置、レコード用意」の担当係を御子柴先生らがつとめている（「自昭和十八年度至昭和二十四年度　運動会記録」）。運動会記録には、「当初、マイクより雑音あり」とか、「当初拡声器移動にて若干開始に間あり。其故障と円を画くに四分を要せり」、また、《村の鍛冶屋》の遊戯の時、「マイクの具合悪しく音楽放送不完全なりし」、《機械》の遊戯の時にも「拡声器又具合悪く聞えず、雑音ピイピイと入る。間が抜けて惜しい」といった記述が見られ、機材の調子は不具合も多かったことがわかる。

他地域における拡声器の整備の状況を見てみると、飯田地域では収集した資料中に、拡声器に関する記録は見出せなかった。上田地域では、神科尋常高等小学校の「昭和十五年度　学校日誌」、八月二〇日の項に、校長が村役場にて村長と会見し、ピアノ購入の件と、拡声器設備の件を話しあったと記されている。その後、村出身者の寄付により、ピアノ（平型ピアノ）購入は実現したが、拡声器設備の件は立ち消えになった。紀元二六〇〇年の佳節を祝しての動きであったが、これ以後、拡声器の設備充実の件が記録にあらわれるのは、昭和一九年のことである。「昭和十九年度　学校日誌」によれば、九月一八日に、臨時学務委員会が村役場において開催され、校長が出席し、協議の結果「拡声器（小枝時計店所有　中古価格　一七〇〇円）一台購入」が決定した。その後、一〇月四日には、無事、拡声器が学校に搬入され、「午後　音楽室ヨリ校庭へ向ケテ発声試験ヲナス　結果極メテ良好　感度ヨシ」（「学校日誌」）となった。こうして数日後に予定された秋の運動会にて、学校備え付けの拡声器使用が実現したのである。

また、同じく上田地域の上田尋常高等小学校の運動会では、すでに昭和一一年以前から、拡声器の使用が認められる。当時の運動会記録「校庭運動会式次第」中の昭和一一年の記録に、「本年も音楽等には拡声器を使用することにする。〔中略〕拡声器の音が場内に徹底しなかった。ラッパをもっと下向きにしては如何」との記述が見える。

上田のこの運動会は、上田尋常高等小学校と上田実科高等女学校とが合同で開催するものであり、また、市内各小学校は当時、東、西、南、城下、北校と本校とに分かれていたので、その六校がすべて一同に会して行う一大運動会であった。こうした規模の大きな運動会であればこそ、より早い時期から拡声器が使用されたものと思われる。

## 二 運動会で聞いた音・音楽

収集した文書記録に見る限り、昭和一〇年代は、電気的に拡声された音環境が運動会に次第に定着した時代であったといえる。拡声器と蓄音器とレコードとを使って、競技の間、入退場の時などに常に音楽が流れていた。そこで子どもたちは、どんな音・音楽を聞いたのだろうか。運動会における行進や競技の際の音楽で、印象に残っている曲名等、アンケートに見る子どもたちの記憶をまとめたものが表5・1・1である。

全体として、軍歌および国民歌謡の記憶が圧倒的である。具体的な曲名としては、《軍艦マーチ》、《敵は幾万》、《愛国行進曲》などが目立つ。意気を高揚させるような軍隊調の曲、そして行進曲のたぐいである。誠之において、《クシコス・ポスト》や《トルコ行進曲》、《天国と地獄》といった西洋クラシック曲も若干含まれているという違いはあるものの、全体としては、記憶に残る曲名等に学校差や地域差は見られない。

特に、騎馬戦や棒たおし等の競技の前後には、必ず軍歌で入退場した記憶はいくつも見られる。これは文書資料とも呼応する。高遠国民学校の昭和一八年秋の運動会では、三、四、五年生男子の騎馬戦で入場の際に《愛馬行進曲》(1)が放送されている。昭和一九年秋の運動会でも、同じく三、四、五年生男子の騎馬戦で《愛馬進軍》(1)にて入場、また六年生以上の男子が行う棒たおしでは、《くろがねの力》(2)にて勇ましく入場したとある(「運動会記録」)。

表5・1・1　運動会での音楽の記憶

| | |
|---|---|
| 上伊那地域 | 高遠<br>・入場行進、棒たおし、かけっこなど音楽を聞いてハッスルした（12・女）<br>・運動会は入場と退場の時、競技の間になるレコード音楽を聞くとなんとなくうれしく、晴れがましく思った（14・女）<br>・騎馬戦等は軍歌を放送していました（16・女）<br>河南<br>・戦争中なので勇ましい軍歌が使われた様な気がする（15・女）<br>・騎馬戦では必ず、「敵は幾万ありとても」が歌われた。棒倒し、綱引き、リレー競走等の際にも、「軍艦マーチ」のようなBGMがあったような気がする（16・男） |
| 飯田地域 | 座光寺<br>・当時は当たり前でした軍艦マーチ（11・男）<br>・「見よ東海・・・」レコードで流されていました（11・男）<br>・騎馬合戦のときなどに軍歌（12・女）<br>・行進の時、棒たおしの時の音楽、「守るも攻めるも」（13・女）<br>・音楽にあわせて行進、競技をする事はだいすきで、心はずませてやりました（13・女）<br>・かけっこの時　テンポの速い音楽、騎馬合戦の前　敵は幾万（16・男）<br>・騎馬合戦のとき、軍隊行進曲？　守るも攻めるもくろがねの、勇ましい曲だったような気がする（16・女）<br>上郷<br>・棒倒し等で軍艦マーチ（12・男）<br>・行進のとき等、軍歌が使われていました。愛国行進曲。棒倒しのとき「守るも攻めるもくろがねの」（12・女）<br>・競技・かけっこは軍隊音楽（12・男）<br>・行進の時に、高橋先生のクラリネットの曲にあわせて、全校が集合したり〔中略〕かけ足をしたことがあります（12・男）<br>・騎馬合戦、棒倒し、軍艦マーチで（13・男）<br>・「敵は幾万・・・」のうたが流れていました（13・男）<br>・君が代行進曲、愛国行進曲、敵は幾万ありとても、斗争心をあおるような曲が多かった（14・男）<br>・クラリオネットに合わせて行進した記憶あり（15・男）<br>・棒倒しには勇ましく「敵は幾万ありとても」、曲は覚えていないが、正常歩行進では米英の国旗を踏んで（16・男）<br>追手町<br>・城下グランドで運動会、高野忠先生の吹くクラリオネットで行進しました（12・女）<br>・見よ東海の空あけて・・・etc.（14・男）<br>・行進の際は、見よ東海の空あけてが流れた（14・女）<br>竜丘<br>・ラジオ体操第一、第二の吹奏　天然の美の曲を愛用して楽しみました（12・男）<br>・行進曲（16・男）<br>丸山<br>・軍艦マーチ（14・女）<br>・主として軍歌（15・男）<br>・騎馬合戦の時の「敵は幾万」（16・男）<br>・先生の助手に選ばれ、様々な場でレコードを掛けたり、拡声機の操作を手伝った（16・男）<br>その他<br>・行進曲など大太鼓、小だいこなどで行進しました（13・女） |

| | |
|---|---|
| 上田地域 | 塩尻<br>・軍艦マーチ　騎馬戦、棒倒し（14・男）<br>・戦時中ですので、行進は軍歌でした（15・女）<br>神科<br>・軍艦マーチで行進する。手を大きくふり足を高くあげて、元気一ぱいに行進しました（12・女）<br>・行進、競技の際は威勢のよい軍歌が多かったような気がする（12・女）<br>豊殿<br>・行進曲は軍隊での曲だったと思います（12・女）<br>・軍艦マーチのみ（13・男）<br>上田<br>・高学年になると「軍艦マーチ」等が多くなる（13・男）<br>・クシコスの郵便—競技の時、流していた（14・女）<br>・軍カンマーチ（14・女） |
| 東京 | 誠之<br>・行進曲の印象はある（12・男）<br>・天国と地獄、クシコス・ポスト（12・男）<br>・５、６年生が曲を伴奏に、男は分列行進、女子は少し違う行進をやりました（12・男）<br>・軍艦マーチなど（12・男）<br>・戦時下なので、次第に軍歌が流され、旗行列で西片町を歩くようになりました。「見よ東海・・・」（12・男）<br>・「天国と地獄」がやはり定番だったと記憶しています（12・男）<br>・拡声器からは勇壮なマーチが、「煙も見えず雲もなく・・・」〔勇敢なる水兵〕（12・男）<br>・行進の時は、「抜刀隊」「興亜行進曲」など（12・女）<br>・今でも、軍隊行進曲など、行進の時の曲が頭に残っている（12・女）<br>・いつも軍隊調の意気高揚する様な音楽だったと思います（12・女）<br>・軍隊行進曲、トルコ行進曲に合わせて行進した（12・女）<br>・有名な行進曲がほとんど。日本のものも含む西洋音楽（吹奏楽）（13・男）<br>・行進曲、軍歌がほとんどでした。行進の先頭には校旗、ドラム（縦型）でリズムを取ることもありました。「敵は幾万・・・」の前奏？など（13・男）<br>・運動会（六義園運動場）で、６～７名でハーモニカの合奏を進行バンドにされ、私もメンバーの一人になったことを思い出します（13・男）<br>・戦時中でしたから軍艦行進曲、愛国行進曲、大日本青少年団歌、少国民進軍歌、等ではなかったかと？（13・男）<br>・分列行進をやりました。行進曲は「抜刀隊」だったか？（13・男）<br>・運動会の行進の時は、「みよとうかいの空あけて」と云う曲ではなかったか（13・女）<br>・敵は幾万、君が代行進曲のようなもの（13・男）<br>・昭和18年以降は戦時色が強くなり、高学年の生徒はよく分列行進をさせられた。その時の音楽は、「太平洋行進曲」「愛国行進曲」「軍艦行進曲」など（14・男）<br>・戦時中のことですから、欧米のマーチが段々減ってきて、軍艦マーチ、君が代行進曲などに変っていったように記憶しています（14・男）<br>・たえずマーチがいきおいよくかかっていたように思うが（14・男） |

注）〔　　〕は曲名を補足して記入した。表記はなるべく原文のままとしたが、明らかな誤字は修正した。

インタビューに、「騎馬戦に音楽を流した。《敵は幾万》を。勝ったほうが、帰ってくるときには〝あなうれし喜ばし〟っていうのをやった。〝あなうれし、喜ばし、戦い勝ちぬ〟とかいう歌(3)をレコードで」（高遠・一二・男・インタビュー）という回答があったことから、特に騎馬戦や棒たおしの競技では、出場前に《敵は幾万》を、勝ったときには、《凱旋》というように、ある決まった曲を決まった場面でかける習慣があったようである。

一方、誠之の「昭和十六年度運動会記録」には、運動会中に使用されたレコードの曲名が具体的に記されており、競技の入退場の時などにどんな曲がかかったのかがわかる。その「運動会記録」をもとに、事項を抜粋してまとめたのが表５・１・２である。入退場に使われたレコードの曲名は、《翼賛行進曲》、《軍艦行進曲》、《国民学校行進曲》、《国民行進曲》等、すべて行進曲となっている。

地域は変わるが、飯田の座光寺小学校には、当時、学校が所蔵していたレコードの付録資料がまとめて保存されている（第四章第三節参照）。その中に、運動会の行進や入退場等で使用されたと思われる曲がいくつも見られる。たとえば、《抜刀隊》、《行進曲　国民行進》、《君が代行進曲》、《勇敢なる水兵》などである。《君が代行進曲》は、帝国海軍軍楽隊の演奏、《勇敢なる水兵》は、戸山学校陸軍軍楽隊の演奏である。付録資料の記述から、《抜刀隊》は、「小学校用行進曲」（傍点引用者）として日本コロムビア吹奏楽団により、小学生に適する行進のテンポで新たに録音・作成されたものであることがわかる。また、誠之の資料中にも曲名が見られる《行進曲　国民行進》であるが、この行進の目的は、「一．正しい歩き方の修練、二．健康の増進、三．脚力の強化、四．団体的訓練」（傍点引用者）にあると付録資料に記されている。戦時下の国民学校にあっては、団体的訓練の一方策として、行進という身体的動作を徹底的に鍛錬することが求められたことが、これらの資料から読み取れる。

井上武士が、学校行事や団体的訓練といった国民学校のあらゆる場面をとらえて、音楽は関わっていくことがで

表5・1・2　誠之国民学校　昭和16年秋の運動会プログラム
（「昭和十六年度運動会記録」より、事項を抜粋して表にまとめた）

昭和16年11月5日（水）六義園
一、開会式（午前八時半）
　1　国旗掲揚　2　宮城遥拝　3　黙祷　4　国歌奉唱　5　開会の辞
二、運動
　1　全校体操　全校
　2　綱引　三男　使用レコード　入場　陸軍のラッパ譜
　　速歩行進其ノ一
　3　僕等の力　帝国海軍　四女　レコード　出場…翼賛行進曲
　　遊戯…僕等の力　軍艦行進曲
　　退場…国民行進　正常走
　4　旗囲み　三女　レコード　入場　国民学校行進曲
　　退場　国民行進曲　正常走
　5　競走　五男女
　6　引合競争　四男
　7　移動球入　二女
　8　体操　五六男
　9　敵陣攻略　二男
　10　大球ころがし　一女　レコード（　　　）…演技中
　11　競走　六男女
　12　体操　一二男
　13　花火・シーソー　二女　レコード（シーソー）
　14　体操　三四男
　15　競走　一男女
　16　我が誠之　六女　レコード（正常歩　正常走）
　17　剣道　五男
　18　兵隊さんへ送りませう　国民進軍歌　三女
　　レコード　入場（国民学校行進曲）
　　遊戯（兵隊さんへ送りませう　国民進軍歌）
　　退場（正常走行進曲）
　19　騎馬追撃戦　六男
　20　職員競技　職員
　21　継走　一二三男女選手
昼食（休憩）
　22　順送球　五女
　23　競走　二男女
　24　柔道　六男
　25　律動体操　晴れたお空　一女
　26　攻防戦　五男
　27　競走　四男女
　28　撃墜　一男　競技中は空襲のレコードをかける（空襲何ぞ恐るべき）
　29　障碍競走　六男
　30　海・航空日本　五六女
　31　競走　三男女
　32　協力　四女　レコード　出場（大政翼賛行進曲）
　　競技中（適当に願います）
　　退場（国民行進曲　正常走）
　33　分列行進　四五六男
　34　十字行進　五六女　太鼓必要　行進マーチを連続してかける
　35　継走　四五六男女選手
三、閉会式（午後三時）
　1　閉会の辞　2　校歌斉唱　3　万歳三唱　4　国旗降納

**表5・1・3　誠之国民学校　昭和18年秋の運動会プログラム**
（「昭和十八年度体錬大会記録」より事項を適宜抜粋して、表にまとめた）

昭和18年10月26日（火）　六義園
一、開会式（八時半）
1　国旗掲揚　2　宮城奉拝　3　祈念　4　国歌奉唱　5　開会の辞
二、運動
1　体操（徒手）　五六年全
2　疾走　四男
3　遊戯（軍艦・兵隊さん）二女
4　疾走　三男
5　縄跳　六女
6　体操（徒手）　一二年全
7　疾走　一年全
8　遊戯（オウマ）一年全　会場退出完了まで（何回も）
9　疾走　五男
10　投擲　六男
11　的落し　二男
12　順送球　五女
13　体操（徒手）　三四年全
14　剣道　五男
15　前転　四男
16　継走　一二三年
昼食（休憩）
17　十字行進　四五六女　行進曲
18　廻旋継走　三女
19　体操　六男
20　綱引　三男
21　薙刀　六女
22　騎馬戦　五男
23　遊戯（機械）　四女　レコード　行進曲（出場）　機械　太鼓
退場に　駆け足
24　柔道　六男
25　疾走（歩走）　五女
26　継走　四五六男女
27　分列行進　四五六男
三、閉会式（十四時半）
1　閉会の辞　2　校歌斉唱　3　万歳三唱　4　国旗降納

国民学校体錬会ニ関スル注意事項（抜粋）
（一）基本方針　一、教材…要項ト細目ニヨレ　二、児童本位ニセヨ
（二）実施上ノ注意
六、音楽遊戯ハ技巧ノ末ニ走ラズ要項ニ示サレタル教材ノミニ限定シ実施スルモノトス
当日の役割
四　奏楽係　瀬戸、村瀬、宗田
準備　機材整備
イ　購入　ロ　借入　ハ　搬入
奏楽用　椅子（三脚）ポータブル（一）オルガン　椅子つき（一）三角金（一）
木琴（一二）太鼓（一）レコード（各種）　責任者（吉井、瀬戸、各学年ノ指揮者）

表5・1・4　高遠国民学校　昭和18年秋の運動会プログラム
（「自昭和十八年度至昭和二十四年度　運動会記録　高遠学校」より、事項を適宜抽出し、表にまとめた）

午前七時半集合整列　国旗掲揚　宮城遥拝　国歌奉唱　勅語奉読　祈念
開会の辞　午前七時五十分運動開始

1. 国民保健体操　第二
2. 競走　拓全
3. 綱引　初二、三、四、五男
4. 徒手体操　高男
5. 競走　女全
6. 戦技　障害通過　拓三
7. 競走　初二
8. 柔道　高男
9. 綱引　高以上女
10. 大球継走　初三、四女
11. 日の丸（遊）兵隊さん（遊）初二
12. 救護競争　初五六男
13. 遊戯　ガツコウ　オウマ　初一
14. 進む日の丸　初三、四男
15. ぐるぐる廻る　初五、六女
16. 戦技　牽引継走　拓一
17. 競走　初五
18. オヒイレボール　初一
19. 百足継走　高男
20. 跳箱　高女
21. 村の鍛冶屋（遊）初三、四女
22. 騎馬戦　初三、四、五男
23. 自転車教練　女全
24. けんとび　初二
25. 鍛へる足（遊）初五、六女
26. 競走　高男
27. 大日本青年体操　青全
28. 一寸拝借　女一
29. 徒手体操　初三、四
30. 剣道　初五、六男
31. 競走　初一
32. 基本態勢　歩怯　高以上女
33. 全校継走　女子選手

昼食　昼休四十五分間
開始　○時二十五分　振鈴

34. 唱歌　体錬の歌
35. 大日本国民体操
36. 競走　初四
37. ハタヒロヒ　来年度入学児童
38. 徒手体操　初五、六
39. 大東亜決戦の歌（遊）　女全
40. 綱引　初六以上男
41. 競走　高女
42. 大日本女子青年体操　女全
43. 競走　初三
44. 綱引　初一対職員
45. 東海道五十三次　初五六女
46. 跳箱　高男
47. 的落し　初二
48. 競走　初六
49. 家庭防空の備へ堅し　女二専
50. 相撲基本体操
51. 春の小川（遊）初三、四女
52. 徒手体操　高女
53. 輪廻し継走　職員
54. 銃剣術　拓青二
55. 七転八起　初五、六男
56. 綱引　初二、三、四、五、六女
57. 大球送り　初一
58. 肉弾戦　初三、四男
59. 障碍物競走　高女
60. 全校継走（男子）　選手
61. 機械（遊）　初五以上女
62. 棒倒し　初六以上男
63. 分列行進　初三以上全一回

雨も降らず全員元気旺盛遂に　最終回の分列行進を迎ふ。秩序整然堂々と行はる。
国民的感激湧き上るを覚ゆ。
三時二十七分終了〔中略〕校庭の掃除終了　四時

表5・1・5　運動会プログラムのフィナーレの構成

| 学校 | 年 | トリ1 | トリ2 | トリ3 |
|---|---|---|---|---|
| 誠之 | 昭16秋 | 継走　456男女選手 | 十字行進　56女 | 分列行進　456男 |
| 高遠 | 昭17春 | ラジオ体操第三　全校 | 全校継走　選手 | 分列 |
| 長野師範 | 昭17秋 | 大隊教練 | 愛国行進曲（遊戯）5以上女 | 棒倒し |
| 高遠 | 昭18秋 | 分列行進　3以上全 | 棒倒し　6以上男 | 機械（遊戯）5以上女 |
| 誠之 | 昭18秋 | 分列行進　456男 | 継走　456男女 | 疾走（歩走）5女 |
| 上田南 | 昭18秋 | ラジオ体操　2以上 | 継走　全校男 | 音楽遊戯　基本動作　6女 |
| 高遠 | 昭19春 | 分列行進　3以上 | 第二ラジオ体操　全 | 全校継走　選手 |
| 高遠 | 昭19秋 | 分列行進　3以上 | 全校継走　選手 | 薙刀　高女、女学 |
| 高遠 | 昭21秋 | 整理体操　全校 | 紅白継走　全校女選 | 荒城の月（遊戯）　女校全 |
| 伊那里 | 昭21秋 | 全校遊戯 | 全校リレー | 信濃の国　5以上女 |
| 高遠 | 昭22秋 | 整理体操 | 紅白継走　全選男 | 子供おどり（遊戯）　小中女全 |
| 長藤 | 昭23秋 | 整理体操 | 全校リレー | 信濃国 |

表5・1・6　高遠、誠之、上田の運動会　名称、種目数、遊戯数

| 学校名 | 日にち | 名称 | 全種目数 | 遊戯数 |
|---|---|---|---|---|
| 誠之 | 昭和16年11月5日 | 昭和十六年度秋季大運動会 | 35 | 5 |
| 高遠 | 昭和18年10月8日 | 昭和十八年度校庭秋季大運動会 | 63 | 8 |
| 誠之 | 昭和18年10月26日 | 昭和十八年度体錬大会 | 27 | 3 |
| 上田南 | 昭和18年11月4日 | 昭和十八年度校庭大運動会 | 48 | 6 |
| 高遠 | 昭和19年5月27日 | 昭和十九年度海軍記念日小運動会 | 24 | 1 |
| 高遠 | 昭和19年10月10日 | 昭和十九年度体錬大会 | 49 | 3 |
| 高遠 | 昭和22年10月8日 | 昭和二十二年度秋季大運動会 | 58 | 11 |

きる、行進の時の歌や楽器や蓄音器など、すべてにおいて音楽の力を発揮することができると述べていたとおり、電気的に拡声されたレコードの音楽によって、行進という戦時下の団体訓練は統率され、促進されたといえる。

「運動会での軍隊式の分列行進は誠之の名物であった」（誠之・一三・男）、「十字行進が花形でした。軍事色強い行進曲によるものです。上級生（5年、6年）の催物でした」（誠之・一三・女）というように、運動会での行進の記憶は、アンケートに多く見出された。

行進の際に用いられた音楽について、アンケート回答では、「行進は何時もトルコ行進曲だった気が致します。運動場の各四点から行進して中央で斜めに交叉する行進だったと思います」（誠之・一二・女）、「軍隊行進曲にのって十字行進というマスゲームをしました」（誠之・一二・女）、「トルコ行進曲、軍隊行進曲（?）などで、運動場を一ぱいに使って行進した記憶があります」（誠之・一二・女）等、西洋クラシックの行進曲をあげるものと、「6年生の時の『十字行進』（曲は記憶なし）、行進の時は『抜刀隊』『興亜行進曲』など」（誠之・一二・女）、「行進曲は軍歌だったと思います」（誠之・一二・女）、「レコードは軍事調、行進曲が多かったと思う」（誠之・一三・男）等、いわゆる軍歌あるいは戦時に多数作曲された、時局を反映した行進曲名をあげるものに二分された。これは、戦局の変化に伴い、西洋クラシックの行進曲は徐々に減り、だんだんと戦時の軍隊式の行進曲に変わっていったものではないかと考えられる。

アンケート回答の中で、行進の時の心情面にまで言及したものは、ほとんど見出すことができない。しかし、たとえば、「6年生の時、女子級担任の高玉先生が涙をためて我々の行進を見ていたのがとても印象的」（誠之・一二・男）と、当時の教師の思い出と重ね合わせつつ、行進の光景を記憶している回答があった。また、「周知のとおり、運動会での軍隊式の分列行進は誠之の名物であった。どんな音楽だったのかは記憶にない。分列行進の練習は盛んで、これは学校の天皇の教育で、きわめて重要な役割を果していた。わたしは緊張を強いられたという記憶しかない」（誠之・一三・男）という回答からは、当時の時代的状況が読み取れると同時に、現在から振り返った過去の価値判断といったものが垣間見える。いずれにせよ、国民学校期の運動会において、行進という身体動作が、そこで用いられた音楽とともに、子どもたちの記憶に鮮明に残るほどに徹底的に行われたものだったことは間違いない（4）。

当時の運動会のフィナーレのプログラムについて、各学校の演目を抽出して表５・１・５にまとめた。運動会の最後を飾るにふさわしい演目は、戦前においては分列行進であったことは明らかである。分列行進以外には、継走（リレー）もフィナーレに位置づく種目であったが、遊戯もフィナーレの種目としていくつか入っていることも、表５・１・５からわかる。戦後になると、運動会の最後を飾るのは、リレー以外では、女学校生徒全員による《荒城の月》（高遠、昭和二一年秋）や、女子全員による《子供おどり》（高遠、昭和二一年秋）、《信濃の国》（伊那里、昭和二一年秋、長藤、昭和二三年秋）等の遊戯となっている。

## 五・一・三　遊戯と音楽

### 一　国民学校期の遊戯

国民学校においては、その教科課程は、特に第一学年で体錬科体操と芸能科音楽とを合せて週五時間、第二学年では六時間と定められたことに表れているように、特に体操と音楽とは連絡をとって取扱うことが求められた。第二章で紹介した高遠国民学校の文書資料、「自昭和二十年度学年会誌勤労日誌　初一」を見ると、第一学年の例であるが、各教科がどのように連絡をとっていたかがわかる。体操と音楽について見ると、たとえば、昭和二〇年八月二〇日から二五日までの週の指導内容は、「音楽　オンマ　オツキサマ　符点《ママ》に気をつけて元気よく歌はせる」「体操　オンマの遊ギを教ふ」となっている。音楽の授業で歌った歌を、体操の時間に遊戯にて行うというように、音楽と体操とで連絡をとった指導がなされていた。これも国民学校における統合の教育のあり方の一つのあらわれと見ることができる。

「国民学校体錬科教授要項並ニ実施細目」（昭和一七年、以下「細目」と略称）の「音楽遊戯」[5]の項を見ると、「一、基本歩法ニ於テハ音楽ニ合セ軽快ナル歩法ヲ練習セシメ以テ脚力並ニ体ノ支配力ヲ養フト共ニ快活優美ナル心情ヲ培フニ力ムルコト」（傍点引用者）とある。音楽遊戯の教育の目指すところは、「快活優美ナル心情」を育てることとされた。

東京高等師範学校附属国民学校訓導の齋藤薫雄は、その著書の中で、音楽遊戯の指導上注意すべき問題として、次の三点をあげている。第一に、基本練習に重きを置くこと。第二に、技巧の末に走ることなく、運動を主とし、体育的効果を中心にねらうこと。第三に、単なる肉体の運動ではなく、歌と総合した運動でなければならない。そのため、歌曲の理解を充分にし、音楽と運動との一体化ということを常にねらうこと（齋藤薫雄　一九四三、二三六～二三七頁）。基本練習に重きを置き、技巧の末に走らず、そして音楽と運動との一体化をとおして「快活優美ナル心情」を培うことが目指されていたと言える。

さてそれでは、音楽と運動との一体化は実際どのように実現されたのだろうか。詳細を見ていくことにする。

収集した資料から適宜、事項を抽出し、表5・1・2として誠之の昭和一六年度運動会の記録を、表5・1・3として誠之の昭和一八年度の記録を、表5・1・4には高遠国民学校の昭和一八年度の記録をまとめた。

収集した文書資料中には、いくつもの運動会記録が含まれ、運動会全体の概要を把握できる資料は多数あったが、その中から高遠と誠之を中心に抜粋して表５・１・６に示す。実施日と名称、全種目数と、そのうちの遊戯の数をリスト化したものである。

まず、全種目数について検討してみよう。誠之の運動会は先述のとおり、一八〇〇～一九〇〇名という大人数の児童を抱え、校内では行えないため、六義園に場を借りて毎年行われた。東京の大規模校の事例は、一村一校の地方の学校の運動会とはおのずとあり方が異なるのは当然のことであるが、ここであえて比較するならば、誠之の全種目数は、高遠や上田にくらべ、約半分となっている。これは、大人数の子どもを統率しつつ、プログラムを組まねばならないという現実的制約から来るものでもあったろう。一方の高遠の昭和一八年秋の運動会では、全部で六三種目、そのうち遊戯は八番あった。この種目数の多さは、「村の祭りとしても存在した」（吉見俊哉　一九九九、三九頁）地方の学校における運動会の特徴のあらわれと捉えていいだろう。その後、昭和一九年秋には、「時局に鑑み〔中略〕練習を余りに必要とすべき種目は避ける方針」（「運動会記録」）をとって、全部で四九種目と縮小され、そのうち遊戯は三番のみとなった。

昭和一七年の資料を欠くが、誠之では、昭和一六年にくらべ、昭和一八年の運動会（体錬会）プログラムはやはり縮小傾向となり、全種目数はさらに減っている。「昭和十八年度体錬大会記録」中に「時局ニ鑑ミ体錬会ニ必要ナル設備ハ現有設備ヲ使用シ新ニ購入スルガ如キナキ様特ニ注意スルコト」、「警報発令ノ際ノ処置ヲ計画立案シ予メ訓練シ置クコト」とあるとおり、時局の変化に配慮した措置であった。翌年の昭和一九年八月には、誠之では集団疎開が始まり、一九年秋の運動会は行われていない（「学校日誌」）。

運動会の名称についても、「近頃は単なる事実を表はす名称よりも、理念を表はす名称が用ゐられるやうになつて来たから、運動会を、体錬会とか体錬祭などと改称することもよからう」と齋藤薫雄が述べているように（齋藤一九四三、三七九頁）、やはり時局とともに変更を余儀なくされるようになる。誠之では、昭和一八年秋から、「運動会」が「体錬大会」に変更された。高遠では一年遅れて、昭和一九年秋から「体錬大会」となっている。

なお、比較のため、表5・1・6に戦後の事例も加えておく。高遠の昭和二二年秋の運動会では、全種目数が五八となり、遊戯数も一一と増大した。戦時下の統制の軛《くびき》がはずれ、「村の祭り」としての傾向が戻ってきたことが伺える。

## 二　「細目」に規定された遊戯の曲目

遊戯として行うべき曲目は、昭和一七年に出された「細目」において、明確に定められた。表5・1・7に示したとおり、一、二年生の音楽遊戯曲目は、《ガクカウ》、《ヒノマル》《オウマ》、《ハトポッポ》、《ヘイタイゴッコ》、

| 高遠<br>昭和19年秋 | 高遠<br>昭和22年秋 |
|---|---|
| 日ノ丸　1全<br>ハトポッポ　1全<br>兵隊さん　全 | おうま　1全 |
| 春の小川　34女 | 村まつり　3全<br>きかい　4全<br>ひばり　34全 |
| | |
| | |
| | 漣　56女<br>みんなよい子　2全<br>電車汽車　2全<br>金婚式　女全<br>夕日　1全<br>寧楽の都　女全<br>ファスト　女全<br>子供おどり　小中女全<br>信濃の国　56中女 |

表5・1・7　各学校プログラムにみる遊戯曲目一覧

| 教授要項（S17）／教授要目（S11）<br>昭和17年＊／昭和11年◎ | | 誠之<br>昭和16年秋 | 高遠<br>昭和18年秋 | 誠之<br>昭和18年秋 | 上田南<br>昭和18年秋 |
|---|---|---|---|---|---|
| 一・二年 | ガクカウ＊ | | ガツコウ　1全 | | |
| | ヒノマル＊◎ | | 日の丸　2全 | オウマ　1全 | オウマ　1全 |
| | オウマ＊ | | オウマ　1全 | | |
| | ハトポッポ＊◎ | | | | |
| | ヘイタイゴッコ＊ | | | | |
| | 春がきた＊◎ | | | | |
| | 軍かん＊ | | | 軍艦　2女 | 軍かん　2全 |
| | うさぎ＊ | | | | |
| | かけっこ＊ | | | | |
| | 兵たいさん＊◎ | | 兵隊さん　2全 | 兵隊さん　2女 | |
| | ヒカウキ◎ | | | | |
| | 案山子◎ | | | | |
| | 蝶々◎ | | | | |
| | 雪◎ | | | | |
| | カタツムリ☆ | | | | |
| | シーソー☆ | シーソー　2女 | | | |
| 三・四年 | 春の小川＊◎ | | 春の小川　34女 | | |
| | 村祭＊ | | | | |
| | 手まり歌＊ | | | | 手まり歌　3女 |
| | 機械＊ | | 機械　5以上女 | 機械　4女 | |
| | 村の鍛冶屋＊ | | 村の鍛冶屋　34女 | | |
| | きたへる足＊ | | 鍛へる足　56女 | | きたへる足　4女 |
| | ひばり◎ | | | | |
| | かぞへ歌◎ | | | | |
| | 汽車◎ | | | | |
| | 氷すべり◎ | | | | |
| | 舟の旅◎ | | | | |
| 五・六年 | 水師営の会見◎ | | | | |
| | 海◎ | 海　56女 | | | |
| | 朧月夜◎ | | | | |
| | 故郷◎ | | | | |
| | | | | 基本動作　5女 | |
| | | | | 基本動作　6女 | |
| 高等科 | 春風◎ | | | | |
| | 幼き頃の思い出◎ | | | | |
| | 荒城の月◎ | | | | |
| | ポルカセリーズ☆ | | | | |
| 教授要項外 | | 僕等の力、帝国海軍　4女<br>花火　2女<br>兵隊さんへ送りませう　3女<br>国民進軍歌　3女<br>航空日本　56女 | 進む日の丸　34男<br>大東亜決戦の歌　女全 | | |

注1）曲名のあとの数字は、学年を表す。全は男女とも。女は女子のみ。女全は女学校全員の意。ひらがな、カタカナの別などは、元資料の表記に従う。

注2）◎は昭和11年、＊は昭和17年制定で教授要目（要項）に示されている曲名。☆は昭和11年の教授要目に行進遊戯として示されている曲名。

《春がきた》、《軍かん》、《うさぎ》、《かけっこ》、《兵たいさん》の一〇曲で、すべて『ウタノホン上』（第一学年用）、『うたのほん下』（第二学年用）に載っている曲である。三、四年生の遊戯曲目、《春の小川》、《村祭》、《手まり歌》、《機械》、《村の鍛冶屋》、《きたへる足》の六曲もすべて、『初等科音楽一』（第三学年用）、『初等科音楽二』（第四学年用）に掲載の曲である。これらの中には、『新訂尋常小学唱歌』に掲載の曲、たとえば《ヒノマル》《ハトポッポ》《春の小川》など、国民学校以前から遊戯として流布していた曲も含まれるが、《ガクカウ》、《オウマ》、《軍かん》、《うさぎ》などは、この時代に新しく国民学校の教材として作曲された曲から選んで、早速、遊戯の振付がなされ、音楽遊戯の曲として制定されたものであった。

国民学校新作教材のうち、どの曲が新しく遊戯として行うべき曲として選ばれたのかというと、一つには、国民精神の昂揚や勇壮活発な心情を養うことをねらいとした曲群（《ヘイタイゴッコ》、《軍かん》、《かけっこ》等）、二つには、音楽的に見て興味深い曲群（《機械》、《うさぎ》、《手まり歌》）であるといえる。

後者のうち、《機械》は国民学校の音楽教科書の中で一番最初に出てくる輪唱曲で（四年生に掲載）、遊戯の振付けも「こっちの動作とむこうの動作とが輪唱めいた動作になるような」動きで、東京女子高等師範学校附属国民学校の卒業生へのインタビューでは、四年生になったらこれをやるんだと上級生の演技を見ていたことが印象深く語られた（本多・藤井・今川　一九九九、四三頁）。高遠の昭和一八年秋の運動会プログラムで、《機械》は遊戯としては最後の種目として置かれており、おそらく高等科の女子も含め五年生以上の女子全員での遊戯が、運動会の最後を飾り華々しく行われたと思われる。「機械の動きを取入れた面白い遊戯なり」（「運動会記録」）と、観客の目を楽しませた様子も記されている。

誠之においても、昭和一八年の運動会プログラムで、《機械》は遊戯としては最後の種目に置かれている。

「細目」には、各遊戯ごとに、目的、方法、指導上の注意点等が詳細に規定されている。《機械》の項を見ると、その目的は、「軽快ナル動作ニヨリ明朗活発ナル心情ヲ養フ」こととある。そしてその方法は、「二人ノ間隔ヲ約二米トシ、互ニ向合ヒ横隊ヲ作ル」、「各動作ハ一組ガ八呼間ヅツ遅レテ行フ」、「〔ピストンの歌詞のところは〕休止符ノ時、拍手ヲ一回ナス」等（「細目」一三八〜一三九頁）とある。輪唱の曲の特徴を動きにうまく移し替え、休符では手をたたいて拍を意識させる等の振付となっており、音楽と動きとの一体化の一つの表れが、ここに見られる。この曲の記憶は、飯田地域の上郷のアンケートの中にも見られた。「運動会で女子が遊戯に、工場だ機械だ鉄だよ音だよ」（上郷・一五・男）

一方、《うさぎ》と《手まり歌》は、国民学校になって新たに導入された日本音階による楽曲である(6)。この二曲が遊戯の曲目として選定されたことは興味深い。《うさぎ》の遊戯は、「両臂《ひじ》ヲ頭上ニカザシテ耳ヲ作リ互ニ円心ノ方へ両脚跳ヲ一回ナス」（「細目」一三四頁）ような動きであったり、《手まり歌》の遊戯は、「動作ヲ実際ノ手マリツキノ如クナサシムル」（「細目」一三七頁）というように、歌詞の意味に直結した模倣的な動きの、わかりやすい遊戯であったようだ。

収集した資料に見る限り、こうした日本音階による楽曲を運動会の遊戯の演目に選んだ学校は、戦前においては、上田南（昭和一八年秋の運動会）と河南《かなみ》（昭和一八年または一九年秋の運動会）の二校だけであった(7)。また、アンケート回答で、《うさぎ》と《手まり歌》の二曲に言及した回答はなかった。戦後になると、高遠、河南、美和、長藤《おさふじ》等の昭和二一年秋の運動会で、《うさぎ》が遊戯としてプログラムにあがってくる。これらのことから、「我が国固有の童謡」「日本固有の音階」（『教師用書』より）といった特徴が強調されて取り入れられたこれらの楽曲も、勇壮活発さが求められた戦時下の運動会のレパートリーとしては、あまりふさわしくないものと考えられて、選曲されることが少なかったことが推察される。

### 三　各学校が選んだ遊戯の曲目と子どもたちの受け止め

高遠学校文書中の「月暦表」を見ると、昭和一七年六月二一日（日）に、信濃教育会総集会の一部として「女教員会体操遊戯講習」が行われている。国民学校になってからの新作の遊戯曲目も、こうした講習会で伝達され、学校に持ち帰って子どもたちに指導したものと思われる。誠之においても、昭和一七年度の「学校日誌」に「一一月一二日（木）体錬講習（主として音楽遊戯）低学年担任男先生並に女先生全部　講師―女高師の北原先生」、「一一月一六日（月）体操音楽講習会　第三回（二時―五時半）」等の記述があり、やはり音楽遊戯の講習が行われていたことがわかる。

教師たちはこのような講習会を受け、「細目」に規定された曲の中から各学校が遊戯の曲目をそれぞれ選んで指導したわけだが、「細目」の曲の中でどの曲がプログラムに選ばれたかを一覧表にして表5・1・7に示した。「細目」が制定されたのが昭和一七年であるので、昭和一六年度の運動会では、まだ「細目」に規定された曲以外の曲目が主となっている。昭和一六年度秋の誠之の遊戯曲目は、一年女子による《花火》、《シーソー》、三年女子による《兵隊さんへ送りませう》、《国民進軍歌》、五、六年女子による《海》、《航空日本》等となっている。このうち、いわゆる唱歌による遊戯は、《花火》、《シーソー》、《海》の三曲であり、それ以外の五曲はすべて時局を反映した歌、および国民歌謡のたぐいによる遊戯であった(8)。

唱歌による遊戯について、誠之のアンケートを見ると、「三年生位の時に小柄だった私は一年生の入場の時に先頭に立って誘導して、花火・菊の花と云う遊戯をいっしょにしました」（一二・女）、「どんと咲いた（鳴った？）

花火がきれいだな・・・という唱歌を歌いながら、一〇人位づつ輪になって、しゃがみ込んだ姿勢から丈一杯両手を高く掲げて踊った遊戯は、仲々楽しかった」（一五・女）、「1年生の時、『菊の花』のお遊戯をした様に思います」（一五・女）、「唱歌〝海〟でお遊戯を致しました。杉田先生が熱心に指導して下さいました。波が寄せては返すところの仕草が特に印象に残っております」（一二・女）、「5、6年になって六義園の運動場で行いました。用具をリヤカーにのせ運動場まで運びました。練習は遅くまでやりました。印象に残っているのは〔中略〕遊戯では海？（松原遠く・・・）」（一二・女）、「4年生の時『海』と『くろがねの力』の遊戯」（一二・女）といった回答が見られた。

「しゃがみ込んだ姿勢から丈一杯両手を高く掲げて」、「波が寄せては返すところの仕草」といった記述からは、唱歌の歌詞と結びついた遊戯の動きが目に浮かぶ。こうした遊戯の思い出は、アンケート回答者にとっても、楽しく懐かしい記憶として残っていることは想像に難くない。

《花火》（下総皖一作曲）、《菊の花》（井上武士作曲）は、どちらも国民学校二年生の教科書に掲載の新作教材である。指導のねらいは、《花火》は「美しい花火の歌を歌はせて快活純美の情を養ふ」、《菊の花》は「美しく気高い菊の花の歌を歌はせて、快活純美の情を養ひ、国民的情操の醇化に資する」とされた（『うたのほん下　教師用書』）。数多く作られた国民学校期の教材の中で、両曲とも戦後も生き残った佳作といっていいだろう。《花火》は、器楽合奏で演奏した思い出を語ったアンケート回答者は複数あった。「追分小学校で『花火』、『たなばた』を演奏したことがある。瀬戸先生はリズミカルな美しい音色の歌を特にえらんでしっかり教えて下さったと思います」（一五・女）とあるように、運動会の遊戯においても、音楽的にみても、いい曲だと思われる曲を選んで指導がなされたといえる。《花火》、《菊の花》、そして《海》ともに、昭和一七年制定の「細目」には入らなかった曲であった。

誠之の昭和一八年秋の運動会での遊戯曲目は、一年生全員による《オウマ》、二年生女子による《軍かん》、《兵たいさん》、四年生女子による《機械》のみとなった。すべて、「細目」に規定された曲目である。「昭和十八年度体錬大会記録」中に、体錬会の実施に当たっての注意事項として、遊戯に関して「音楽遊戯ハ技巧ノ末ニ走ラズ要項ニ示サレタル教材ノミニ限定シ実施スルモノトス」と記されており、その方針通りのプログラムが組まれたことがわかる。

高遠では昭和一八年秋の運動会では、一年生全員による《ガクカウ》《オウマ》、二年生全員による《ヒノマル》《兵たいさん》が、また、三、四年女子による《春の小川》、《村の鍛冶屋》、五年以上の女子による《機械》、五、六年女子による《きたへる足》が行われている。すべて「細目」に規定の曲である。「運動会記録」に、「オウマノカアサンヤサシイカアサンの処の動作、観衆に喜ばる。拍手挙る」、「春の小川、遊戯開始前迄、前運動の気分続いてゐて騒然として、拙い」といった記述が見られる。

一方、「細目」に定められた唱歌遊戯以外の曲としては、高遠では、昭和一八年秋の場合、国民学校に併設の高等女学校生徒全員による《大東亜決戦の歌》(9)の遊戯が行われている。誠之では、先に見たとおり、昭和一六年には、《僕等の力》《帝国海軍》(四年生女子)、《兵隊さんへ送りませう》《国民進軍歌》(三年生女子)、《航空日本》(五、六年生女子)の五曲の遊戯が行われている。アンケートにも、「〔前略〕戦時中でしたので当時うたわれていた曲に振りをつけたダンスもしました」(誠之・一二・女)、「『力、力、くろがねの力』と云う歌でダンスをしました。足を踏み出し、手を突き出す様な振り付けだったのを覚えて居ます」(誠之・一二・女)といった回答が見られた。

このような時局歌、国民歌謡や軍歌による遊戯は、学校という場を使って上からおろされていったという経緯があった。誠之の「昭和一三年度　公文書」に、昭和一三年八月、《愛国行進曲》の遊戯を女子児童に教示する旨の通達がなされていた記録がある。「紀元二千六百年奉祝会選定別紙行進遊戯愛国行進曲ハ昭和十一年六月文部省訓令第十八号学校体操教授要目教材ノ配当ニ関スル注意六ニ該当スルモノト認メラルルヲ以テ女児ノミニ実施方本市ヲ通ジ其ノ筋ヨリ通牒有之候條可然御取計相成度候也」（「昭和一三年度　公文書」）。昭和一三年八月一九日付けの東京市本郷区長からの通達であった。また、《愛国行進曲》以外の曲についても、学校で児童に遊戯を教示すべき旨の何らかの通達がなされていた可能性は考えられる。

《愛国行進曲》等、時局歌や国民歌謡、軍歌による遊戯の記録は、収集した資料中に、多数見出される。長野師範附属小学校・国民学校の運動会においては、《愛国行進曲》の遊戯は、昭和一三年以来、毎年行われている（収集した資料は、一七年度まで）。高遠の近隣の学校の例では、藤沢では昭和一八年秋の運動会で、高等科女子による《太平洋行進曲》、および全校生徒による《愛国行進曲》が行われている（藤沢小学校　一九七九、一〇一頁）。こうした遊戯は、当時、日本全国どこの学校においても行われたものであった。

この項の最後に、アンケート回答に見られた遊戯の曲の記憶を、学校別にまとめた表を表5・1・8としてあげておく。

長野県の各地域では、《信濃の国》の回答が圧倒的に多い(10)が、これまでに見たように、少なくとも国民学校期の運動会記録等、文書資料には、遊戯として、あるいは運動会の中で歌った歌としても、《信濃の国》は見出されなかった。「3年から5年位までは、秋の大運動会には信濃の国のおゆうぎを全校生徒がしましたが、体育の先生で宮原先生という方が上手に教えてくれたので、すばらしいおゆうぎが出来た事はおぼえています（木曽の

表5・1・8　学校別にみた運動会の遊戯の曲の記憶
（高遠、飯田、上田、誠之アンケートより）

| | |
|---|---|
| 高遠（10） | 《信濃の国》（5）、《高遠唱歌》（2）、《日の丸》《かもめの水平さん》《荒城の月》（1） |
| 河南（18） | 《校歌》（11）、《信濃の国》（5）、《ゆりかごの歌》《荒城の月》（2）、《むすんでひらいて》《白虎隊》《ももたろう》《はとぽっぽ》《一寸法師》《案山子》《茶摘み》《おぼろ月夜》《証城寺の狸囃子》（1） |
| 藤沢（10） | 《信濃の国》（6）、《故郷》《春の小川》《案山子》《故郷の空》《うさぎのダンス》《夕日》《荒城の月》《ドナウ川のさざ波》（1） |
| 長藤（6） | 《信濃の国》（4）、《日の丸》（2）、《日の丸行進曲》《朝はどこから》（1） |
| 三義（10） | 《信濃の国》（9）、《春の小川》《めだかの学校》《故郷の空》《荒城の月》（1） |
| 座光寺（8） | 《信濃の国》（3）、《ゆりかごの歌》（2）、《赤とんぼ》《日の丸》《おぼろ月夜》《かたつむり》（1） |
| 上郷（13） | 《信濃の国》（7）、《もみじ》（3）、《春の小川》（2）、《雪》《機械》《ゆりかごの歌》（1） |
| 神科（8） | 《信濃の国》（4）、《白虎隊》（3）、《夕日》（2）、《信州男児》《荒城の月》《日の丸》（1） |
| 上田（6） | 《信濃の国》（2）、《昭和の子ども》《ゆりかごの歌》《春の小川》《野菊》《はとぽっぽ》（1） |
| 誠之（17） | 《海（松原遠く）》（7）、《花火》（3）、《菊の花》《カドリール》《くろがねの力》（2）、《ヘイタイさん》《花（春のうららの）》《故郷》《愛国行進曲》《太平洋行進由》（1） |

注1）学校名の下は遊戯の曲名をあげた回答数。括弧内の数字はこの曲をあげた回答者数。

栈橋《かけはし》などの時はみごとでした）」（豊殿・一二・女）というように、各学校ごとに指導に長けた教師の存在や、遊戯の伝統のあり方の違いによって、《信濃の国》の遊戯の実施は多様な様相を見せたことだろう。この回答者は、昭和一七年度に六年生になっている。戦争がはげしくなるとともに、《信濃の国》は運動会の遊戯として、あるいは運動会中に歌う歌としてふさわしくないと判断されて行われなくなったとも考えられる。文書資料中、《信濃の国》の曲名が現れるのは、遊戯としては、昭和二一年秋の伊那里《いなさと》、昭和二三年秋の長藤《おさふじ》での運動会であり、運動会中に歌われたのは、昭和二一年秋の長藤の運動会、閉会式においてであった。

《信濃の国》以外の曲としては、これまで見てきた国民学校期新作の唱歌、および時局を反映した軍隊調の行進曲などのほか、国民学校期以前の唱歌・童謡の記憶が目立つ。たとえば、《かもめの水兵さん》、《荒城の月》、《ゆりかごの歌》、《はとぽっぽ》《夕日》などである。

## 四　運動会における生演奏の記憶

高遠の運動会における遊戯の伴奏音楽はレコードのこともあったが、オルガンを外に出して、また何人かの代表がマイクの前で歌ったり、演じる児童自身が遊戯をしながら歌ったりといった生演奏のこともあった。昭和二〇年春の運動会の記録に、準備すべき用具として「オルガン一、同腰掛一」と挙げられている（「学校行事ニ関スル綴」）。インタビューでも「オルガンは簡単に持ち運びができるようなもので、女の先生が弾いたりした」（一二・男）、「運動会をやるっていえばオルガンを外に出して弾いていた。代表がオルガンのそばで歌った」（一七・男）といった回答が見られた。オルガンの伴奏にのせて、代表による唱歌隊または遊戯をしている子どもたち自身が歌うという、いわゆる唱歌遊戯の形態であった。文書記録に、《春の小川》の遊戯で「男子唱歌隊いくぶん揃わない」（「運動会記録」昭和一八年秋）といった記述や、戦後になるが、一年生の《ガクカウ》の遊戯で、「国民学校の一年生を黙って一回、歌って一回元気良くなす」（「運動会記録」昭和二一年一一月三日憲法発布祝賀国民大運動会）といった記述が見られる。拡声器とマイクは使われたものの、国民学校期も引き続き、遊戯を演じる児童自身が歌ったり、選ばれた子どもが代表で歌ったりといった、明治以来の伝統である唱歌遊戯の形態で行われていたことがわかる。

誠之でも、「昭和十八年度　体錬大会記録」の「準備　機材整備」の項に、「奏楽用　椅子（三脚）　ポータブル（一）　オルガン　椅子ツキ（一）　三角金（一）　木琴（一二）　太鼓（一）　レコード（各種）　責任者（吉井、瀬戸、各学年ノ指揮者）」との記述が見える。オルガン、椅子付き、とあること、またアンケートの中にも、「運動会で私が選ばれて『どんと鳴った花火だ・・』をマイクで歌いました」（一三・男）といった回答が見られることから、オルガンを伴奏に、代表がマイクの前で実際に唱歌を歌いながら、それにあわせての遊戯が行われていたと推察される。

また、この記録中、「三角金（一）　木琴（一二）　太鼓（一）」とあるのは、非常に興味深い。三角金、つまりトライアングルと、木琴、大太鼓を用いての生演奏が、運動会で行われていたわけである。おそらく遊戯の伴奏としての生演奏であったと考えられる。プログラムと照合すると、その演目は、一年生全員による《オウマ》だったと思われる。音楽の授業の中で、《オウマ》を木琴で習ったり、「ハニホ」の音名唱で学んだ記憶は、いくつか見出される。「三年ぐらいだったと思いますが、おうまのおやこを木琴で、ホトトトイトトトイハハニハイトとひき、今までドレミだったのが急に変わり子供の中でもびっくりしました」（一五・女）、「宗田先生に2年の時、『お馬の親子』を木琴で習い『ホトトトイトトト・・』と覚えたのを今でも思い出す」（一五・女）等である。五〇年以上を経た今でもはっきりと思い出せるほど、しっかりと教わった《オウマ》の曲を、運動会の遊戯の音楽として生演奏で披露する。一年生のかわいらしい遊戯の動きとあいまって、その音楽は子どもたちの心にしっかりと刻み込まれたものと思われる[11]。

もう一つ、当時の運動会で楽器を使った生演奏の記憶として、いくつか語られたのは、教師の姿である。誠之では、「行進の時、瀬戸先生が正確なリズムで太鼓をたたいておられたのが印象的だった」（一三・男）という瀬戸先生の姿。他方、飯田地域では、クラリネットを吹く先生の姿が、アンケート回答の中にいくつも見られた。「〔運動会の〕行進の時、高橋先生のクラリネットの曲に合わせて全校が集合したり、つなひきなど団体の行動の時にかけ足をしたことがありますが、音楽の音が小さいので困りました。しばらくしてレコードになりました」（上郷・一二・男）、「〔運動会で〕学校全体の中に一人クラリオ《ママ》ネットの使える先生がいて、クラリオ《ママ》ネットに合わせて行進した記憶あり」（上郷・一五・男）

運動会の、特に団体で行動する時、また行進の時の演奏の記憶である。団体での行動を統率する際に、クラリネットが吹奏された。前項で見た拡声器の整備が進むにつれ、次第に見られなくなった光景であったかもしれないが、教師が音・音楽によって集団を統率する姿というものが、この時代の子どもたちの音楽の記憶の一端にある[12]。

### 五・一・四　運動会で歌われた歌

最後に、運動会の中で歌われた歌について見ておく。各学校の運動会プログラムの中から、運動会の中で歌われた歌を抜き出したものが表5・1・9である。

表5・1・9　運動会の中で歌われた歌

| 学校 | 年 | 開会式 | 閉会式 | その他 |
|---|---|---|---|---|
| 誠之 | 昭16秋 | 君が代 | 校歌 | |
| 長野師範 | 昭16秋 | 愛国行進曲 | 校歌（信濃之国） | |
| 高遠 | 昭17春 | 君が代 | 愛国行進曲 | |
| 長野師範 | 昭17秋 | 海ゆかば | 校歌（信濃之国） | |
| 高遠 | 昭18秋 | 君が代 | | 体錬の歌（午後の開始時） |
| 河南 | 昭18又は19秋 | 運動会の歌 | 校歌 | |
| 誠之 | 昭18秋 | 君が代 | 校歌 | |
| 上田南 | 昭18秋 | 愛国行進曲 | 海ゆかば | |
| 高遠 | 昭19春 | 君が代 | 愛国行進曲 | |
| 高遠 | 昭19秋 | 君が代 | 御民われ | 体錬の歌（午後の開始時） |
| 高遠 | 昭20春 | 君が代 | 日本海々戦ノ歌 | |
| 河南 | 昭21秋 | 運動会の歌 | 校歌 | |
| 長藤 | 昭21秋 | 唱歌　スポーツの秋 | 唱歌　信濃の国 | |
| 高遠 | 昭22秋 | | 校歌 | |
| 高遠 | 昭23秋 | 運動会の歌 | 校歌 | |

開会式では、国旗掲揚、宮城遥拝、黙祷、国歌奉唱、祈念といった一連の国民儀礼が行われ、《君が代》が歌われた。《君が代》以外の曲としては、《愛国行進曲》と《海ゆかば》(13)が注目される。両曲とも昭和一二年に、国民の教化動員を目的に上から制定された国民歌の嚆矢となった曲である（戸ノ下達也　二〇〇八、五五頁）。「戦争中、何かと言えば歌われた曲。準国歌の観があった」（金田一他編　一九七九、二三二頁）というとおり、運動会の開会式や閉会式で歌われたのは、《君が代》に次ぐ準国歌としてという位置づけによるものであろう。日本国民としての人々をまとめあげる役割を担った曲であると言える。

一方の閉会式では、事例が少ないため一概には言えないものの、校歌を歌っている学校がいくつかある。《愛国行進曲》や《海ゆかば》、《御民われ》等以外では、閉会式では校歌を歌うという傾向があるととらえてよいのではないか。当時、高遠国民学校には、まだ校歌がなく、そのため運動会の閉会式で歌われた歌は、年によって様々となっている。

高遠の昭和一九年秋の運動会閉会式に歌われた《御民われ》(14)は、昭和一八年、大政翼賛会が国民皆唱運動推進にあたり公募した曲である（戸ノ下　二〇〇一、一三四頁）。

高遠国民学校文書中の「月暦表」には昭和一八年八月二四日に「みたみ我指導音楽会」があったことが記されている。近隣校の河南の卒業生であるが、何のときに歌ったのか定かではないが《御民われ》をとてもよく覚えており、「高遠で音楽の講習会のようなものがあって行った時、《御民われ》を習った」とはっきり記憶している方がいた（河南・一二・男）。高遠では、昭和一八年度の音楽会（昭和一九年三月四日開催）の最後にも、全校による合唱で《御民われ》が歌われているが、高遠の卒業生では、「資料に《御民われ》とあるが、記憶にない」（高遠・一七・男）という回答以外には、《御民われ》に言及した回答はなかった。

ここで誠之に目を転じると、誠之では運動会の閉会式で歌われた歌は、校歌である。文書記録のある一六年度、一八年度ともに、閉会式に校歌が歌われている。校歌は当時、運動会に限らず子どもたちが集合する場面でよく歌われた。アンケートにも、「始業式、終業式では校歌『之を誠におうしたつ教えの庭の・・』」（一二・男）、「校歌はどんな式典の時にも、最後に必ず斉唱」（一四・女）、「四大節や開校記念日には、校歌を斉唱しました。おかげで今だに校歌は良くおぼえています」（一三・男）、「始業式、終業式などには、先ず国歌斉唱として『君が代』を歌い、ついで校歌を歌うのが慣例でした」（一三・男）といった回答が目立つ。

「校歌のときは何か自分の自分たちの歌というものを感じました」（一四・男）という回答に見られるように、誠之において校歌は、全体的に肯定的な受け止めでとらえられており、それを歌うことで私たちの学校・母校という集団への帰属意識を高める効用が十分にあったと推察される。

当時、校歌がまだなかった高遠では、「特に校歌が無かったので、校歌がわりに高遠唱歌を歌っていた」(一二・男)という。《高遠唱歌》、そして《信濃の国》(15)は、地域の風景や文物を歌ったいわゆる地理歴史唱歌であるが、それらが運動会の中で歌われたという記録は、高遠国民学校の学校文書中には見出せなかった。

国民学校期、特に戦時下の国民学校の運動会では、開会式に国歌《君が代》および国歌に準ずる国民歌として《愛国行進曲》や《海ゆかば》が歌われ、閉会式には準国歌・国民歌である《愛国行進曲》、《海ゆかば》、《御民われ》など、あるいは校歌が歌われた。高遠国民学校では、戦後の昭和二一年秋、二二年春の運動会では特に歌は歌われていない。「運動会記録」中に、運動会に歌うべき適当な歌がなく苦慮していた様子が伺える記述も見られる。高遠で校歌が完成するのは昭和二二年四月のことである(16)。かくして昭和二二年秋の運動会閉会式では、晴れて高遠の校歌が歌われることとなった。

## 五・一・五　おわりに

本節では、高遠国民学校と誠之国民学校を中心に、学校文書と当時の子どもたちへのアンケート、インタビューの記録とを互いに照合しながら、国民学校期の運動会という場における音・音楽のありようを明らかにすることを試みた。

昭和一〇年代前半から国民学校期にかけては、電気的に拡声された音環境が運動会に次第に定着した時代であったといえる。拡声器と蓄音器とレコードを使って、運動会の様々な場面で常に音楽が流れていた。《軍艦マーチ》や《敵は幾万》などのいわゆる軍歌が、すなわち意気を高揚させるような軍隊調の曲が、騎馬戦や棒たおしなど、特定の種目の場面と結びつき、あるいは「行進」という身体動作の具体的な場面と結び付いて、子どもたちの記憶として語られた。また、運動会において演奏する教師の姿も、たとえば誠之における瀬戸先生の太鼓、上郷におけるクラリネットの吹奏、ともに「行進」の場面と結び付いていたことは偶然ではないだろう。すなわち、国民学校の運動会においては、教師の生演奏によって、あるいは電気的に拡声されたレコードの音楽によって、行進という戦時下の団体訓練は統率され、促進されたと言えるのではないか。

その一方で、遊戯では、オルガンを外に出し、代表がマイクの前で歌ったり、遊戯している子どもたち自身が歌ったりしての従前からの唱歌遊戯のスタイルも引き続き行われていた。《花火》や《海》の遊戯のエピソードからは、唱歌の歌詞と遊戯の動きが緊密に結び付いて、子どもたちの記憶にとどめられている様子を見ることができる。昭和一六年頃には、各学校で選択の余地のあった遊戯の曲目も、昭和一七年に「細目」が規定された後は、時局の変化もあって統制はより強化され、「細目」に規定された曲目以外を選択する余地はなくなる。とともに、運動会じたいの演目の縮小、遊戯の演目数の縮小がなされたのが昭和一八年、一九年頃以降となる。

戦時下・国民学校期の運動会における音・音楽のありようは、敗戦を境に内容においては消し去られたものがあり、あるいは方法においては、戦前と同じ方法で引き続き戦後もなだらかに続いている面もある。こうした過去の教育実践の累々とした集積の上に、今日、私たちが寄って立つ音楽教育実践の礎が築かれているのである。

注

（1）両曲とも《愛馬進軍歌》のことだと考えられる。陸軍省による公募・撰定曲で昭和一四年一月に国民歌謡として出版され、同年三月にレコード発売されている（金田一春彦他　一九八二、二三〇頁）。

（2）《くろがねの力》は、大日本体育協会の撰定曲で、昭和一四年九月、国民歌謡として出版、同年一〇月にレコード発売された（金田一他　一九八二、二四二頁）。

（3）《敵は幾万》は明治二四年発表の山田美妙作詞、小山作之助作曲の軍歌。「あなうれし、喜ばし、戦い勝ちぬ」という歌は明治二五年に作られた《凱旋》。佐々木信綱作詞、納所弁次郎作曲（金田一他　一九八二、一一三～一一九頁）。

（4）当時は、運動会に限らず、学校生活のあらゆる機会に、たとえば朝会や昼会の時などに、行進練習をすることが日常的に行われていた。誠之の「昭和一七年度　行事錬成表」では、「五月二六日（火）昼会　行進〔新運動上にて〕四、六年」、「五月二九日（金）昼会　行進〔新運動上にて〕五、六年」等とあり、集団行進の指導項目として、「イ姿勢正シク、ロ歩調ヲ合セテ、ハ無言デ行進」とある。また、昭和一八年度「監護日誌」に、「七月六日（火）朝会　国民行進曲について説明（瀬戸先生）右行進曲による『廻れ右』『足踏』の練習」等とある。アンケート回答にも、「学年毎の分列行進が新運動場で、昼休みのあと、度々行われた。その時は勇壮なマーチが流され、頭右《かしらみぎ》で校長先生に顔をむける」（誠之・一四・女）、「行進は、奉安殿の前では歩調をとれの号令で膝を直角に上げて行進していた」（誠之・一四・男）といった回答が見られた。こうしたことは、学校内にとどまらず、学校外においても同様で、それが日常であったことは、「学校日誌」等の記述や、次のようなアンケート回答からも了解される。「大詔奉戴日に氏神様である白山神社、又は靖国神社、時に皇居二重橋まで分隊をつくって歩く事があった。そんな時には、軍歌を歌った。勝ってくるぞと勇ましく・・・みよ東海の空あけて・・」（誠之・一四・女）

（5）音楽遊戯は、昭和一一年の「改正学校体操教授要目」では「唱歌及び行進遊戯」であったが、昭和一七年の「細目」においては「音楽遊戯」という名称になった（齋藤薫雄　一九四三、二三一頁）。

（6）《うさぎ》の指導のねらいは、「我が国固有の童謡を歌はせて、快活純美の情を養ひ、国民的情操の醇化に資する」（『うたのほん下　教師用』第二学年用、八六頁）、《手まり歌》の指導のねらいは、「〔前略〕快活純美の情を養ひ、且つ日本固有の陰音階からなる旋律を味はせて、国民的情操の醇化に資する」（『初等科音楽一　教師用』第三学年用、一三四頁）とされている。

（7）上田地域の上田南国民学校の昭和一八年秋の運動会にて、三年女子による《手まり歌》が行われている（「運動会記録」）。また、高遠の近隣学校の河南《かなみ》国民学校において、三、四年女子の遊戯として行われている（「自昭和十四年度　運動会記録　河南学校」）。河南の資料は年代が明記されていないが、「細目」が制定された昭和一七年の翌年、昭和一八年度または一九年度と推察される。

(8) たとえば、《国民進軍歌》は、昭和一五年に「東京日日」と「大阪毎日」の両新聞が募集した時局歌の一つで、同年、国民歌謡として楽譜が刊行されている(金田一他　一九八二、二五〇頁)。

(9) 昭和一六年二月、太平洋戦争が勃発してから最初に作られた曲。新聞により歌詞が公募され、作曲は海軍軍楽隊に委嘱した。昭和一七年三月にレコード発売されている(金田一他　一九八二、二六三頁)。

(10)《信濃の国》の遊戯の動きについて、非常に詳しく記述されていたのは、次のアンケート回答である。「女性全校遊戯の時は、1学年づつ丸くなり、流れて行く方向が学年ごとに違う方に行き、大きな丸い輪が右と左と反対に流れる様になって居ました。(流れよどまず行く水は)の時は、右に行く組と左へ行く組とで反対に行っていた様に思います。〔中略〕とても良い遊戯で、終わりの最後にする楽しみが、歌もそうですが此の遊戯も思い出の一つに残ります」(上田・その他・一二・女)。

(11) 高遠の昭和一八年秋の記録に、来年度入学児童の演ずる「旗ひろい」という競技中に、拡声器で《国民学校一年生》や《日の丸》(青空高く…)の歌を放送して声援を送ったという記述がある。文書資料中に国民学校の歌唱用音盤の購入記録はないので、レコードではなく、マイクを前に子どもたちがその場で歌ったと思われる。この例も、当時、音楽の授業で学んだ歌を運動会の場でも披露している例であり、ふだんの授業での学びと学校行事とを緊密に結びつけた事例ととらえられる。

(12) クラリネットを吹く教師の姿について、運動会の場面以外では、たとえば次のようなアンケート回答が見られる。「高橋先生は朝礼時等の君が代や校歌をクラリネットで演奏した」(上郷・一三・男)、「常盤先生、神社等野外で歌う時には、クラリネットで伴奏された」(飯田地域丸山・一六・男)。高遠でもクラリネットを吹く教師の姿は、具体的に語られた。「全校遠足の時、小池先生のクラリネットにあはせ、五郎山にて高遠唱歌と信濃の国を全校にて合唱しました」(高遠・一二・男)。戸外にて全員が声を合わせて歌う時に用いられたクラリネットの音は、それを演奏した教師の姿とともに、子どもたちの記憶に鮮明に残っている(第一章七七~七八頁コラム参照)。

(13) 上郷小学校二〇年会による当時の歌についてのアンケート(忘れられない・今でも唄える・思い出す歌)で、《海ゆかば》は突出して一位になっている。一回目のアンケートで一位であったのを不審に思い、二回、アンケートを実施したが、二回目もやはり一位であったという（上郷小学校二〇年会編　一九九五、四一～四二頁）。なお、両曲の受容については、第二章二節を参照。

（14）この曲もやはり、国民歌として、準国歌として国民意識をまとめるべくその役割を担わされた曲といえる。昭和一八年には長野各地で《御民われ》の指導講習会が開催されている。各学校日誌を見ると、上田の神科では、八月一六日に「翼賛会主催　『みたみわれ』歌唱指導会」が、飯田の上郷では、八月二五日に「国民歌『みたみわれ』を歌ふ会」が開催されたという記述が見られる。なお、「みたみわれ」の歌詞（和歌）に律音階による旋律が付された歌が、『初等科音楽』四（第6学年用）に載っているが、これは、国民歌としての《御民われ》とは別曲である。

（15）《信濃の国》についての思い出は、長野県のどの地域においてもアンケート回答中に数多く見られる。「確か6年の運動会にて全員で踊ったと思います。［中略］始めての長い曲で遊戯ができることをとても楽しい気持で稽古したのをおぼえています」（上郷・一二・女）という運動会での遊戯の思い出以外に、「長野県の様子又名所が歌われている歌と思った」（座光寺・一三・女）、「我が信州の名所旧跡、偉人などが歌詞の中に多く出ているため、歴史の勉強のつもりで必死に憶えました」（座光寺・一五・女）、「地理の時に『信濃の国』をうたいながら、地図帳の長野版を出して手をつきながら、山脈や川河、それに4つの平、山など、更に都市も自然におぼえました。その中に歴史もあって歌の途中で先生が歴史の（木曽義仲のこと）などを話してくれながらまた歌ったものです。これが楽しかったです」（上郷・一二・男）、「この歌のように信濃の国は素晴らしい所で、ここに生れて良かったと思った。松本、伊那、佐久、善光寺と千曲川等、この頃地理的感覚も生れたと思う」（塩尻・一四・男）、「信濃の国は、子供心にも県のイメージが広がり良かった」（上田その他・一六・女）「此の歌だけは、思い出深い本当に良い歌であり、又何よりも懐かしく思わず口ずさむ事があります」（上田その他・一三・女）というように、楽しい思い出と相まって非常に肯定的な受け止めの回答が数多く見られた。高遠では、毎年五月の全校遠足に五郎山にのぼり、先生が吹くクラリネットにあわせ、《信濃の国》と《高遠唱歌》を歌ったという記憶が複数見られた。

（16）高遠の「学校日誌」昭和二三年四月五日に「校歌出来　歌詞　松井芒人　前高遠校長　曲　平井保喜　音楽学校教授」とある。平井保喜とは平井康三郎のことである。

## 引用・参考文献

井上武士（一九四三）『国民学校芸能科音楽問答』藤井書店。

上郷小学校二〇年会編（一九九五）『ぺったんおしなご海ゆかば—子どもたちの上郷国民学校』績文堂出版株式会社。

金田一春彦・安西愛子編（一九七九）『日本の唱歌〔中〕大正・昭和篇』講談社文庫。

金田一春彦・安西愛子編（一九八二）『日本の唱歌〔下〕学生歌・軍歌・宗教歌篇』講談社文庫。

齋藤薫雄（一九四三）『国民学校体錬科　体操精義』教育科学社。

戸ノ下達也（二〇〇一）「電波に乗った歌声—『国民歌謡』から『国民合唱』へ」、赤沢史郎他編『戦時下の宣伝と文化　年報・日本現代史』第七号、現代史料出版、一一五～一四六頁。

戸ノ下達也（二〇〇八）『音楽を動員せよ—統制と娯楽の十五年戦争』青弓社。

中村佐伝治（一九七八）『「信濃の国」物語』信濃毎日新聞社。

本多佐保美・藤井康之・今川恭子（一九九九）「東京女子高等師範学校附属国民学校の音楽教育—文献資料と当時の子どもたちへのインタビューに基づく音楽授業」『音楽教育史研究』第二号、三七～四七頁。

藤沢小学校（一九七九）『藤沢学校のあゆみ』ぎょうせい。

吉見俊哉（一九九九）「ネーションの儀礼としての運動会」、吉見俊哉他『運動会と日本近代』青弓社、八～五三頁。

『国民学校体錬科教授要項並ニ実施細目』（一九四二）。

# 五・二　国民学校の音楽会

本多　佐保美

## 五・二・一　はじめに

戦前の学校行事の中で、運動会と学芸会は二大行事であり、学校行事として花形の存在であった（山本信良・今野敏彦　一九八六、一七〇頁）。本節では、前節で見た運動会に続き、国民学校期の行事としての学芸会に焦点を当てる。当時の長野県では、例年、三月の雛の節句に合わせて、「学芸会」ではなく、「唱歌会」、「音楽会」が行われていた。これは高遠、あるいは上伊那地域の他の小学校・国民学校、また飯田地域、上田地域でも同様であった。文書資料に音楽会プログラムが残っているので、正確な日付がわかる。それに加えて、アンケート回答にも、「体育館の壇上に雛壇をかざり、三月三日の雛祭りの日に音楽会をやりました」（藤沢・一二・女）、「音楽会は3月の雛の節句を祝う形で毎年開催された」（河南・一六・男）、「音楽会は毎年、3月3日に行なはれ、クラス毎に講堂のステージに上り、2月頃から練習した歌を全校生徒の前で合唱」（神科・一六・男）、「音楽会はいつも3月

３日の節句の日に開いた様に憶えています」（上田南・一五・男）、「３月３日のひな祭りの日が音楽会の日でした」（上田その他⑴一四・男）等が見られる。

本節では、主として長野県の国民学校期の音楽会について検討し、音楽会をとおして見えてくる当時の子どもたちの音楽に対しての受け止めや、当時の音楽授業のありようの一端を考察する。

比較として、適宜、誠之の状況も取り上げる。誠之では、全校あげての学芸会や音楽会は行われなかったが、組ごとや学年ごとの小学芸会の記憶はアンケート回答にいくつも見られる。「学芸会は全校ではなく、当時はクラス毎に行っていました。例えばひなまつりの一日、クラスで劇をやったり歌を歌ったりしました。劇の練習は生徒の家でしました」（一二・女）、「級で三月三日雛の日に、各班ごとに趣好をこらして出しものをし、一日遊びました（女子組でした）。日本舞踊あり劇あり歌あり、それぞれ自分たちで考えて作りました」（一二・女）などである。

学校文書資料中、誠之の「昭和十七年度学校日誌」には、「三月三日　雛祭リ学芸会　午前（第一、二、三学年）午後（第四、五学年）」とみえる。また同じく「昭和十七年度学校日誌」には、「昭和一七年五月五日　第二、三学年　小学芸会　警戒警報発令ニ付中止」、「五月六日　第二、三学年　小学芸会」とあり、また翌年の「昭和十八年度学校日誌」には、「五月五日　端午節句小学芸会　一、二、三年　於講堂　第二時より」とある。つづいてプログラムの詳細な記述が見える。すなわち、「一、斉唱　雨ふり　春の小川　二、遊戯　ガクカウ　一男女　三、斉唱　春がきた　さくらさくら　二女　四、音体　ヒノマル　一男女　五、対話　五月の節句　二男　六、簡易楽器演奏　鯉のぼり　三男」。歌を歌ったり、遊戯をしたり、器楽演奏をしたりの学芸会であった。

長野では、三月三日の雛祭りの日に、誠之では、三月三日に加えて、五月五日の端午の節句にも、学芸会・音楽会が行われていた。子どもの成長を祝う、日本古来の伝統的な節句の日にちなみ学校行事としての学芸会や音楽会が開催されていたことは興味深い(2)。

音楽会の教育的意義・目的については、学校文書資料中には、それに言及した資料は見出せなかったが、長野師範学校男子部附属国民学校教科研究会による『芸能科音楽指導の諸問題』の中には、音楽会の目的として次の三点が明確に述べられている。「平素学習し修練し得た成績を単に個人乃至学級内のものとせず、これを公の場に於て発表し、相互練磨によって一層修練の功を積み、習得した技能を全校的に享受鑑賞する」こと、「か丶る発表鑑賞の公の機会を設けることによって、全校児童は、その責任に於て愈々技能を錬磨し、全校一堂に会して、それぞれ修練された全能力を発揮し、(中略)自己の分に於て全体に奉仕し、全体への調和に於て、自己修養をなし国家人たるの素地に培ひ得る」こと、そして「父兄も亦全体の一員となって共に学び父兄の学校教育に対する理解と関心とを深め、児童教育への積極的協力を求めること」(長野師範学校男子部附属国民学校教科研究会　一九四三、二五〇頁)。音楽会の教育的意義として、一つには日頃の成果を公開し全校が共有すること、二つには音楽会での発表を目標として、その過程で技能を錬磨することによって、自己の分を発揮し全体に奉仕し、国家人たる素地を培うこと、三つにはこの機会を通して父兄の学校教育への理解と協力を得ること、この三点が考えられていた。こうした音楽会の教育的意義をふまえながら、以下、具体的にその内容を見ていくことにしよう。

### 五・二・二　音楽会プログラムの検討

収集した資料の中で、音楽会全体のプログラムがわかる資料は、表5・2・1に示すとおり、六点あった。

一．昭和一三年度　神科小学校青年学校　学芸会プログラム（昭和一四年三月三日）

二．昭和一五年度　長野県師範学校附属小学校　音楽会プログラム（昭和一五年一一月三日）
三．昭和一六年度　長野県師範学校附属国民学校　音楽会次第（昭和一六年一一月三日）
四．昭和一八年度　長野師範学校男子部附属国民学校　音楽会次第（昭和一八年）(3)
五．昭和一七年度　高遠国民学校　音楽会次第（昭和一八年三月三日）
六．昭和一八年度　高遠国民学校　音楽会次第（昭和一九年三月四日）

表5・2・1では、音楽会で歌われた、または演奏された曲名を、各学年ごとに、また演奏形態ごとに分類して示した。歌の演奏形態について、斉唱は（斉）、合唱は（合）あるいは（二部合）等、輪唱は（三部輪）等とカッコ内に記した。演奏は、国民学校初等科各学年によるもの、高等科生徒、教職員、全校で歌う場合、また独唱や重唱もあった。器楽についても、合奏か独奏か等で分類して示す。

また、六例の中で、高遠国民学校の昭和一七年度（昭和一八年三月三日）の音楽会次第を表5・2・2として、長野県師範学校附属国民学校の昭和一六年度（昭和一六年一一月三日）の音楽会次第を表5・2・3として掲出する。

高遠の昭和一七年度の音楽会は、午前一一時四〇分に始まり、会の最初に国民儀礼を行い、昼食をはさんで二三の番組が並ぶプログラムとなっている（表5・2・2）。演奏の冒頭は、全校による《海ゆかば》で荘重に始まり、会の最後はやはり全校による《少国民進軍歌》で華々しく会を閉じている。国民学校高等科および国民学校と同じ敷地内にあった拓殖青年学校や実科高等女学校（昭和一八年度から高等女学校に変更）の生徒らも参加しての音楽会であり、また職員による二部合唱、三部合唱も行われている。

| 昭和18年度長野師範男子部附属 | 昭和17年度高遠 | 昭和18年度高遠 |
|---|---|---|
| ガツカウ（斉）、兵タイゴッコ（斉）、ヒカウキ（斉）、カクレンボ（斉）、オウマ（斉）、ウミ（斉） | ハトポッポ（斉）、カラス（斉）、ウグヒス（斉）、コモリウタ（斉） | ウミ（斉）、オ人ギャウ（斉） |
| 兵隊さん（斉）、富士の山（斉）、花火（斉） | おひなさま（斉） | 朝の歌（斉）、おもちゃの戦車（斉） |
| 三勇士（三部合）、軍旗（三部合）野菊（斉） | 軍旗（三部合）、潜水艦（斉） | 手まり歌（斉）、潜水艦（斉）、田道間守（斉） |
| 入営（三部合）、ひらいたひらいた（輪・二部合） | 入営（三部合）、少年戦車兵（三部輪） | 入営（三部合）、少年戦車兵（三部輪）、船は帆船よ（斉）、大東亜戦争海軍の歌 |
| 朝礼の歌（斉）、秋の歌（三部合）、大八洲（三部合）、特別攻撃隊（三部合）＋高等科 | 児島高徳（斉）、冬景色（二部合） | 大八洲（三部合）、海（三部合）、忠霊塔（斉） |
| 明治天皇御製（斉）、朧月夜（二部合）、渡り鳥（三部合） | スキーの歌（斉）、故郷（二部合） | スキーの歌（斉）、朧月夜（二部合）、渡り鳥（三部合）、四季の雨（斉） |
| 太平洋（斉）、母（三部合） | 靄三題（斉）、少女のまとひ（二部合）、雪の進軍（斉）、植民の歌（斉）、薩摩守（斉）、御代の栄（二部合） | 雛祭の宵（斉）、菊の香（二部合）、凱旋（四部混声） |
| | 羽衣（二部合）、皇国（三部合） | 子守謡（混声四部）、アジヤの子供運動会（斉） |
| | 海ゆかば<br>少国民進軍歌 | 大東亜<br>みたみわれ |
| ここはどこの細道ぢや（音楽班）、試練の時（二、三部合唱）音楽班 | 田家翁、をりにふれて（三部輪）、生国足国（二部合）、青頌東郷元帥（二部合）、青船路（三部合）実、南へ進む日の御旗（二部合）青、初春の山（三部合）実補 | 大日本の歌（斉）青、日章旗（三部合）女、祖国（三部合）青、菩提樹（二部合）青、眠れ英霊（三部合）女補、花（二部合）女 |
| さくらさくら（2年）、うさぎ（2年）、秋（3年）、田道間守（3年）、田植え（3年）、靖国神社（4年）、山田長政（4年）、戦友（5年）、忠霊塔（5年） | 菊の花（2年）、手まり歌（3年）、野菊（3年） | 富士の山（2年）、橘中佐（5年）、海軍航空の歌（二重唱）高等科 |
| 港舞曲（ハモ・木琴）（5年）、少国民進軍歌（ハモ・木琴）（6年） | | |
| ソナチネ（ピアノ）（3年）、お婆さんの誕生日（木琴）（5年）、ウィンナマーチ（ピアノ連弾）（6年）、軍隊行進曲（木琴）（6年） | | 吾妻八景（クラリネット独奏）<br>教員 |

表5・2・1　音楽会プログラムにみる各学校の演奏曲・演奏形態の比較

| 演奏形態 | | 昭和13年度神科 | 昭和15年度長野師範 | 昭和16年度長野師範 |
|---|---|---|---|---|
| 斉唱・輪唱・合唱 | 1年 | ヘイタイ（斉）、僕の弟（斉） | 電車ごっこ（斉）、かたつむり（斉） | ハトポッポ（斉）、ウミ（斉）、カクレンボ（斉）、ユウヤケコヤケ（斉） |
| | 2年 | 富士山（斉）、ラヂオ（斉）、いろはがるた（斉） | 雨（斉）、富士山（斉） | 雨ふり（斉）、軍艦（斉）、国引き（斉） |
| | 3年 | 豊臣秀吉（斉）、山の上から（斉）、ひなまつり（斉） | 豊臣秀吉（斉）、虹（二部輪） | 鵯越（二部合）、朝の歌、かがやく光（斉）、茶摘音名唱豊太閤（二部合）、人形（二部合） |
| | 4年 | 牧場ノ朝（合）、船子（輪）、海辺の朝（合） | 広瀬中佐（二部合）、村のかじや（二部合） | 牧場の朝（斉）、月（三部合）聴覚訓練の実際 |
| | 5年 | 公孫樹（合）、菅公（合）、春（合） | 朝の歌（二部合）、海（二部合）、子供の報告（斉）、鯉のぼり（二部合） | うつくしき（二部合）＋高男、旅愁（二部合）、山にのぼりて、母（斉、二部合）、浦のあけくれ（三部合）＋高女 |
| | 6年 | 若草（斉）、スキーの歌（斉） | 虫のこえ（三部合）、故郷（二部合）、鎌倉（二部合） | 煤掃（二部輪）、埴生の宿（三部合）、秋の調（三部合） |
| | 高等科 | 雪の行進（斉）、興国の民（合）、太平洋（斉）、山村の春（輪）、羽衣（合） | 山（斉）、蓑虫（二部輪）、羽衣（二部合）高女 | 風薫る（斉）、花（二部合） |
| | 教職員 | 水師営の会見（合） | 煤掃（二部輪） | 富士の山、明治天皇御製ほか（独） |
| | 全校 | 愛国行進曲<br>校歌 | 愛国行進曲、校歌（信濃の国）、二千六百年頌歌 | 愛国行進曲<br>校歌（信濃の国） |
| | その他 | 白百合（斉）青女<br>朝霧（輪）青女 | 雛の宵（斉）教生 | |
| 独唱・重唱 | | | 僕の弟（1年）、牛若丸（1年）、かけっこ（2年）、母の心（2年）、蛍（3年）、かがやく光（3年）、牧場の朝（4年）、蚕（4年） | ガクカウ（1年）、オウマ（1年）、さくらさくら（2年）、うさぎ（2年）、花火（2年）、汽車（3年）、懐友（6年）二重唱、四季の雨（6年） |
| 器楽合奏 | | 故郷（ハーモニカ）（6年） | 港（木琴）（高男）<br>君が代行進曲（ハーモニカ）（6男） | 春が来た（木琴）（4年）、国民進軍歌（ハーモニカ）（5男）、ロングロングアゴー（木琴）（5女）、君が代行進曲（ハーモニカ）（6男） |
| 独奏・連弾 | | | | 茶摘（木琴）（3年）、バイエル88番（ピアノ）（5年）、ヲーターロー（ピアノ）（5年）、航空日本の歌（ハーモニカ）（5年）、荒城の月（ハーモニカ）（高2） |

注）高女は高等女学校、青は青年学校、実は実科高等女学校、実補は実業補習学校の意。

表5・2・2　高遠国民学校　昭和17年度音楽会次第　　昭和18年3月3日

一　一同整列　午前11時40分　　二　国民儀礼　　三　開会の辞　　四　演奏

| | | | |
|---|---|---|---|
| 番外 | 海ゆかば | 斉　唱 | 全　校 |
| 1 | 入営 | 三部合唱 | 初四男全 |
| 2 | ハトポッポ | | |
| | カラス | 斉　唱 | 初一男全 |
| 3 | スキーの歌 | 斉　唱 | 初六男全 |
| 4 | 霰三題 | 斉　唱 | 高二女全 |
| | 少女のまとひ | 二部合唱 | |
| 5 | 田家翁　をりにふれて | 三部輪唱 | 実二　全 |
| 6 | 菊の花 | 独　唱 | 初二東 西村太千夫 |
| 7 | 児島高徳 | 斉　唱 | 初五女全 |
| 8 | 雪の進軍 | 斉　唱 | 高一男全 |
| 9 | 生国足国 | 二部合唱 | 青一　全 |
| 10 | ウグヒス | 斉　唱 | 初一女全 |
| | コモリウタ | | |
| 11 | 植民の歌 | 斉　唱 | 高二男全 |
| 12 | 頌東郷元帥 | 二部合唱 | 青二　全 |
| 13 | 船路 | 三部合唱 | 実一　全 |
| | 休憩　昼食 | | |
| 14 | 軍旗 | 三部合唱 | 初三女全 |
| | 手まり歌 | 独　唱 | |
| 15 | おひなさま | 斉　唱 | 初二西全 |
| 16 | 少年戦車兵 | 三部輪唱 | 初四女全 |
| 17 | 故郷 | 二部合唱 | 初六女全 |
| 18 | 冬景色 | 二部合唱 | 初五男全 |
| 19 | 南へ進む日の御旗 | 二部合唱 | 青三全 |
| 20 | 野菊 | 独　唱 | |
| | 潜水艦 | 斉　唱 | 初三男全 |
| 21 | 初春の山 | 三部合唱 | 実補　全 |
| 22 | 薩摩守 | 斉　唱 | 高一女全 |
| | 御代の栄 | 二部合唱 | |
| 23 | 羽衣 | 二部合唱 | 職　員 |
| | 皇国 | 三部合唱 | |
| 番外 | 少国民進軍歌 | 斉　唱 | 全　校 |

五　閉会の辞

次に、長野県師範学校附属国民学校（以下、長野師範附属と略称）の昭和一六年度の音楽会プログラム（表5・2・3）を見てみよう。一一月三日の明治節を記念して開催されているこの音楽会プログラムからは、国民学校制度実施後のふだんの音楽授業の様子を推測することができる。前年度、昭和一五年度のプログラムと比較して目をひくのは、音楽会の第一部の中ほど、プログラム一一番で演じられた「茶摘《ちゃつみ》音名唱（斉唱、三ノ二）」、そして第二部やはり中ほど、プログラム三二番で行われた「聴覚訓練の実際」（四ノ一）である。ハニホによる音名での《茶摘》が三年生により歌われ、四年生は音楽会の壇上で、おそらく教師がピアノで弾くハホト、ハヘイ、ロニト等の和音を聴き分けることを実際にやって見せたものだろう。小学校が国民学校になってから七ヶ月、「音楽会」はその間の音楽学習の成果を父兄に示す格好の場となった(4)。

同校の学校日誌を見ると、すでに昭和一五年度の九月には、次のような記述が見える。「九月二四日　一．本日ヨリ国民学校案ニヨリ全学年ノ授業実施」。制度実施の半年ほど前からすでに、国民学校の授業内容を先取りした実践が行われていた。また、昭和一六年度の学校日誌には、たとえば「五月二九日　午前十一時ヨリ二十分間初四女児音楽ノ放送ヲナス　音名視唱　聴覚訓練　歌唱」とあり、四年生女子による音名視唱や聴覚訓練の成果披露が、学校放送を通してなされていたことも見てとれる。

もう一つ、長野師範附属のプログラムの特徴として、その選曲に注目したい。音楽会第一部の最後に、「一同起立」して全員で《愛国行進曲》を華々しく歌ったあと、第二部の冒頭はうって変わって独唱で静かに始まる。二年生による独唱で選ばれた曲は《うさぎ》であった。その後、《カクレンボ》（斉唱、一ノ三）、《ユウヤケコヤケ》（斉唱、一ノ二）と日本音階による歌がしばらく続く。第一部の一七番でも、やはり二年生の独唱で、《さくらさくら》が歌われている。前年度、昭和一五年度のプログラムではこうした選曲は見られない。運動会の項でも述べたように、「日本」、「我が国」ということがことさらに声高に言われたこの時代に、「日本音階による楽曲」は一つの重要なジャンルとして、学校音楽教材に取り入れられた。その成果披露の一端を、長野師範附属の昭和一六年度音楽会次第に見ることができる。

**表5・2・3**
長野県師範学校附属国民学校　昭和一六年度音楽会次第　（昭和一六年一一月三日）

一　整列　二　敬礼　三　国歌奉唱（君が代）　四　宮城遥拝　五　黙祷　六　開会の辞

第一部
一　鵯　越　二部合唱　三ノ一
二　ハトポッポ　斉　唱　一ノ一
三　ガクカウ　独　唱　一ノ二
寺井夏美
四　雨ふり　斉　唱　二ノ三
五　軍　艦　斉　唱　二ノ二
六　汽　車　独　唱　三ノ一
高野勝司
七　ウ　ミ　斉　唱　一ノ三
八　牧場の朝　斉　唱　四ノ二
九　荒城の月　ハーモニカ　高二
独　奏　小山義昭
一〇　国引き　斉　唱　二ノ一
一一　朝の歌、かがやく光　斉唱　三ノ二
茶摘音名唱
一二　バイエル（八八番）ピヤノ　五女
独　奏　丸井佳壽子
一三　風薫る　斉　唱　高　男
一四　茶　摘　木琴独奏　三ノ二
碓井昭代
一五　懐　友　二重唱　六男
宮川静一郎
鷹野昌代
一六　花　二部合唱　高女
一七　さくらさくら　独　唱　二ノ三
紐萱満知子
一八　煤　掃　二声輪唱　六女
一九　国民進軍歌　ハーモニカ　五男
合　奏
二〇　愛国行進曲　斉　唱　一同起立全員

第二部
二一　うさぎ　独　唱　二ノ二
北村光子
二二　カクレンボ　斉　唱　一ノ三
二三　豊太閤　二部合唱　三ノ一
二四　ユウヤケコヤケ　斉　唱　一ノ二
二五　花　火　独　奏　二ノ一
古川恵敏
二六　人　形　二部合唱　三ノ二

二七　春が来た　木琴合奏　四ノ二
二八　うつくしき　二部合唱　五男、高男
二九　ヲーターローの戦　ピヤノ独奏　五女
三〇　埴生の宿　三部合唱　丸山亘子
三一　オウマ　独　唱　六全
三二　聴覚訓練の実際　一ノ一
三三　旅　愁　二部合唱　西田由紀子
三四　富士の山、明治天皇御製　四ノ一
三五　月　三部合唱　五女
青年学校学徒御親閲奉唱歌　独唱
和田先生
四ノ二
三六　航空日本の歌　ハーモニカ　五男
三七　秋の調　独奏　上條　力
三八　ロングロングアゴー　三部合唱　六女
三九　四季の雨　木琴合奏　五女
四〇　山にのぼりて、母　独　唱　六女
斉、　西澤洋子
四一　君が代行進曲　二部合唱　五男、女
四二　浦のあけくれ　ハーモニカ合奏　六男
七　校歌（信濃の国）　三部合唱　五女、高女
八　閉会の辞

## 五・二・三　アンケート回答に見る国民学校の音楽会

次に、主としてアンケート回答をもとに、当時の子どもたちの音楽会についての記憶を検討してみよう。三月の雛祭りにあわせて行われた音楽会は、年に一度の学校をあげての行事であり、全体に楽しみにしていた、楽しかったと思い出を語る回答が多く見られた。「一年に一回の音楽会で体操場へ各教室の教壇を皆んなで持ちだす楽しさ、合唱、独唱で一日が楽しかった。軍歌を独自で歌っているせいか、合唱も元気良く歌えた」（藤沢・一六・男）、「クラスに歌の上手な人がいて独唱したり、全員で合唱したりしました。音楽会なのに寸劇等もしたように思いま

す。とってもたのしかったです」（藤沢・一六・女）等である。これは、他地域でも同様で、たとえば上田地域のアンケート回答に、「皆で歌うのが楽しかった」（塩尻・一二・男）という回答が見られる。

と同時に、「クラスごとに壇上に立って、一礼してから歌いはじめました。きちんと列がみだれない様に整列しました」（飯田追手町(5)・一五・女）といった回答からは、当時の静粛な音楽会の雰囲気も読み取ることができる。

壇上での演奏は非常に緊張したという思い出も複数語られた。「クラス全員が体操場の1m近い高い壇上に上り、先生の弾くオルガンに合せ斉唱、壇に上ることは恥ずかしく、唱歌の本で顔をかくすようにして歌った」（長藤・一四・男）、「全校の生徒の前の壇上で何時も最前列なので恥しくていやであった。練習の時は当日、間違ってはいけないと思い一生懸命だった」（高遠・一六・男）、「壇上に上って正面を見た時、皆あがって赤い顔になった」（三義・一七・男）等である。

## 一 独唱の記憶

プログラムに見るとおり、音楽会はクラス全体での合唱と歌のうまい子が選ばれての独唱とで構成されることが多かった。「『牧場の朝』を合唱し、一部独唱した様に思います。体操場の一段高い壇上で全校生を前に歌った気持は今でも思い出として残ります」（高遠・一二・男）、「音楽会は必ず声のきれいな人の独唱がありました」（高遠・一二・女）、「声の良い子は選ばれて歌っていました」（藤沢・一四・女）、「音楽会は年一度、全校生徒皆集り、各学年より1名の一番うまい人が選ばれ皆に披露する。他の人は全員にて合唱する」（三義・一二・男）、「1年生の時、音楽会に代表で歌って、台の上に上がった事を想ひ出してなつかしく思ひます。とてもうれしかったです

（独唱）」（高遠・一三・女）などである。

特に独唱に関しては、ご自身が選ばれて歌った記憶は鮮明であり、その時の気持ちや様子、あるいは曲名を答えている回答が多く見られた。「学級で毎年二人独唱する事になり、毎年1年～6年まで独唱者の一人でした」（藤沢・一六・男）、「三年生の時に友だちと二人だけでクラスの代表で歌いました」（藤沢・一六・男）、「1年の時、学芸会に1人でうたわされた。大変にいやであり登校をきらった。涙ながら歌った。かくれんぼ・・・」（河南・一七・男）、「各学年共、斉唱と独唱等やり、私も3回ほど独唱した」（長藤・一二・男）、「独唱もあり〔中略〕私は男の子とスキーの歌をうたいました（余り上手でないのに）。冬になるとスキーの歌を思い出します」（河南・一四・女）、「6年生の時でした。音楽が大変上手な先生でした。音楽会の時、独唱をさせて頂きました。姉がとつぎ行く歌でした」（美和・一三・女）、「楽しいけれどクラス全員の時はびくともしなかったが、独唱の時は、三回ともふるえて困ったことを覚えています。一年の時、雪だるま、三年の時、哀れの少女」（上伊那その他（6）・一二・女）

飯田地域、上田地域でも同様の傾向が見られる。「音楽会などで一人でソプラノを唄った事が有りますが下手でした」（上郷・一二・女）、「音楽会の前には唱歌の時間に練習し、独唱をする時の先生の指名が気がかりだった」（上郷・一三・男）、「私はボーイソプラノの為、音楽会には独唱しました」（飯田追手町・一四・男）、「私は歌がうまかったのか、声が良かったのか、音楽班に入れられ合唱を週1度、教えられたり、独唱させられた（日本海海戦を唄った。敵艦見えたり近づきたり・・・）」（飯田丸山・一六・男）等である。上田地域でも、「1年生と2年生、5年生の時に一人で独唱した思い出があります」（神科・一三・女）、「5年生頃、独唱をしましたが、マイクなどないから、先生から大□□の後までとどくように大きな声で唄えといわれました」（豊殿・一二・女）、「音楽会で独唱した記憶があります。曲は牧場の朝、または冬景色のどちらか〔この二曲が特に印象に残っているため引用者〕」（上田東・一三・男）等の回答が見られた。独唱者として選ばれた晴れがましさや誇らしさ、そして当日の緊張した様子などが、具体的な曲名や歌い出しの歌詞とともに生き生きと語られた。

## 二　「いい声」の記憶

ある回答者は、「白百合、親友が音楽会に独唱した歌です（5年か6年）。今でもあの素晴らしい声と先生の指導が耳に残っています」（美和・一三・女）と友だちの独唱について記憶している。さらにこの回答者はインタビューの中でも、「昔の音楽会は、声のいい人が独唱するとか、そういうことがとてもあって。〔中略〕ほんとに親しい友だちが、いい声で。毎年独唱にね。その子、一人きりでした。一番覚えてるのは、《白百合》っていうので。ほんとうにその人がいい声でねえ」と述べている。「いい声」というものを子どもなりに聴き分け、評価していた様子が伺える。また、音楽会では、高学年の声や先生の声も聴くことができた。「高等科の兄さん達が声変りのひびき声で、庇をたたく音高く・・・懐しく印象に残っています」（長藤・一二・不明）、「高等科男子生徒の合唱は、声変りで、低学年の私は妙な感じでした」（長藤・一二・男）、「音楽会は全校生徒が一堂（講堂兼雨天体操場）に集合して行うのですが、今の子供の様にリラックスした歌い方ではなく、直立不動であった。又、上級生の独唱などは大変上手なものだと感心した」（高遠・一五・男）、「音楽会は必ず冬期間であった様に思えます。各学年で合唱と独唱は別々にあって、輪唱も高学年にありました。〔中略〕又校長以下先生方の独唱、合唱、輪唱もありました。『箱根の山は』は忘れません」（河南・一七・女）。こうした回答から、先に見た長野師範学校男子部附属国民学校教科研究会の規定する音楽会の教育的意義の一つ、「日頃の成果を公開し全校が共有する」ことを通して、独唱のいい声や声変り後の低声の響きのある声に触れ、子どもの中に「いい声」のイメージや、声の響きに対して聴く耳が育っていったのではないかと考えられる。

他のインタビュイーは、音楽会の記憶を詳細に語っている。「みんな、体育館でもってずっと六〇〇人の衆がね、小学校1年生から高等までいるもんでね、中学まで。それでその中真ん中の所をずっと名前を呼ばれて出て行って、それで教壇へ上っていって、あそこでもって、マイクはないし地声でね。ピアノだけは、みんなで音楽室から出してきて体育館の教壇の上に乗せてそこで各担任の先生がそこに乗って。〔中略〕同級生のマサコさんなんていう人が小学校一年生の時に歌って、一人で独唱したんだよ、あの時にね。それでカラスの七つの子の。『カラス、なぜ泣くの・・・』それをマサコさんが歌ったのよ。〔中略〕普通の声だったけれど、わりかたいい声だった。特別キンキンという声でもなかったけれど、何か張りのある声だったね。〔中略〕別にね、こういう声で歌えというのではなくてね、とにかく先生が歌に対して本人の声をこういう声でしろとかそういうことは教わらなくて、とにかく大きい声で大きい口を開けて歌えということで、やはり音楽会に出るんだもので、何回も練習したよ」（藤沢・一六・男）と、声についての記憶が詳細に語られた。また、「合唱と言っても今のように素晴らしいあれではなくて、結局二つくらいにしてちょっと高音の衆と低音の衆にして、それでずらして歌うの」と、輪唱の思い出も語られた。

他地域のアンケート回答でも、「近所の友達が声がきれいで、音楽会のたびに独唱した事が忘れられない」（上田東・一六・女）、「音楽会には合唱と共に必ず独唱があり、とてもうらやましく思いました」（上田その他・一六・女）等、やはり友だちの、「いい声」、「きれいな声」についての記憶が語られた。

「音楽会の時、声のきれいな男の子が、『雲山万里をかけめぐり、敵を破ったおじさんが、今日は無言でかえられた』と独唱し、意味はわからなかったが上手だなと思ったことをおぼえています」（飯田丸山・一六・女）。この曲は、『初等科音楽二』（第四学年用）に掲載の《無言のがいせん》である。「きれいな声」の印象とともに、国民学校期の教材で印象に残る曲がはっきりと記憶に刻まれている例である。

### 三　演奏の方法

当時の音楽会は、独唱と斉唱・合唱と多様な演奏形態を交えたものであったが、さらに演奏の方法として、たとえば一番、二番、三番をそれぞれ交代で歌ったり、少人数で歌うなどの工夫がなされていたようである。「三月三日がいつも音楽会で、男女四人で『月』（出た出た月が・・・）のうたをうたったのが今だに忘れません」（藤沢・一二・女）、「『羽衣』を歌う時、天女と漁師に別れて歌った事」（三義・一二・女）、「最初は全員で一番を唄い、二番は独唱をし、三番を又全員で唄った様な気がします」（上伊那その他・一三・女）、「声の良い人が独唱をして、友達が『あかりをつけましょボンボリに・・・』と歌ったのを忘れません。3番までの歌は3人が一番ずつ歌うような方法でした」（上伊那その他・一五・女）、「5年生の時、三人が選ばれ『我は海の子』を1、2、3番と順々に独唱したが、三人共に歌詞を間違えた。特に小生は途中で歌詞を忘れ、上野先生がピアノを何回も弾き直してくれた」（三義・一七・男）等である。少人数で歌ったり、一人で歌わせたりと、演奏に変化をつける演出がなされており、それによって一人ひとりの声をじっくり聞かせることなどもできたものと考えられる。

### 四　合唱や輪唱

高遠国民学校の昭和一七年度の音楽会（表5・2・2）は、国民学校の制度実施二年目を締めくくる時期に行われたもので、そのプログラムからは、やはり日頃の音楽授業の成果がかいま見える。プログラム一番として、国民学校（初等科）四年男子による《入営》が、昼食休憩後の午後の始まりの最初にもプログラム一四番として、初等科三年女子による《軍旗》が取り上げられている。どちらも三部合唱の形態によるものである。すでに見たとおり、国民学校芸能科音楽の教材としては、「初等科ニ於テハ平易ナル単音唱歌ヲ課シ適宜輪唱歌及重音唱歌ヲ加ヘ（後略）」（7）と規定され、輪唱や重音唱歌すなわち合唱曲が教材として入ってきたことは大きな特徴である。

国民学校期の音楽教科書である『ウタノホン』、『初等科音楽』には、三年生で《軍旗》（三部合唱）、《三勇士》（三部合唱）、四年生で《機械》（二部輪唱）、《少年戦車兵》（三部合唱）と、順次合唱曲、輪唱曲が取り入れられ、六年生で《船出》（三部合唱）、《われは海の子》（二部合唱）等にいたる体系的な教材配列が構想されていた。

《軍旗》は、第三学年で初めて出てくる三部合唱の曲である。高遠国民学校の昭和一七年度音楽会での初等科三年女子による三部合唱《軍旗》の演奏は、尋常小学校から国民学校へとかわった制度的な変化を受けて、昭和一六年度、一七年度と二年間の積み重ねを経ての意欲的な取り組みであったはずであり、音楽会は、その成果披露の恰好の場であったと思われる。だからこそ、昼食休憩後の午後の始まりの最初に、《軍旗》のプログラムが組まれたのだろう。しかしながら、翌年度、昭和一八年度（昭和一九年三月）の音楽会次第を見ると、三年生による三部合唱の演奏はなくなり、合唱曲の扱いは四年生以上となっている（初等科女子四年による三部合唱《入営》と、四年生全員による三部輪唱《少年戦車兵》）。こうした変化を見ると、実際現場では、初等科三年生ではまだ三部合唱は難しかったのではないかと推察される。

他方、長野県師範学校附属国民学校の昭和一六年度の音楽会プログラム（表5・2・3）では、合唱曲は、三年生による《鵯越》（二部合唱）と《豊太閤》（二部合唱）で、両曲とも『尋常小学唱歌』第三学年に掲載されている曲である。尋常小学唱歌ではもちろん単旋律（斉唱）であるが、ここでは二部合唱版が用いられていたものであろう。

また、もう一つの事例として、長野県上田市の神科小学校の昭和一三年度（昭和一四年三月三日）の学芸会プログラムを見ておこう（表5・2・1）。学芸会であるので、劇や詩、剣舞も行われているが、それらは表5・2・1には載せていない。斉は斉唱、合は合唱、輪は輪唱の意である。合唱曲は四年生から《牧場ノ朝》、《海辺の朝》となっている。昭和一六年度の制度実施以前から、単音唱歌でない合唱曲がレパートリーとなっていたことがわかる。これは、現場の実態が制度に先駆けて醸成されていたと読み取ることができ、また、師範附属等でない普通の小学校における事例として興味深いものである(8)。

アンケート回答中に、合唱や輪唱の記憶は複数見られる。「5年か6年の時、合唱をして自分なりに上手に歌えたなあと満足して気持ち良かった事を覚えている」（上伊那その他・一五・女）、「私達は戦時下で、5年生、6年生の授業は、お天気が良ければ出征兵士の家庭へ勤労奉仕に行ったり、落ち付いた授業が受けられませんでしたが、週に一回位い《ママ》の音楽の時間に先生が一生懸命教えて下さり、三部合唱とか輪唱を、とても緊張して大勢の前で歌い拍手をしてもらった時は、うれしかったですね」（長藤・一四・女）、「クラスを代表しての独唱とクラス全体での合唱が総てであったように思います。輪唱で歌った『村のかじや』は単に合唱でなかったので当時としては特異な発表方法で記憶に残っています」（三義・一四・男）、「3年生くらいになると輪唱（少年戦車兵、機械等）4年生以上になると合唱（おぼろ月夜）もあったと記憶する。」（河南・一六・男）などである。

飯田や上田においても、「合唱のできるのはごくまれでしたし、『よくちがったふしが歌えて、しかもあうものだなー』と思いました」（上郷・一二・男）、「学校全体で音楽会などがあり、教科書の中からえらんで青葉、村の鍛冶屋など」（上郷・一四・男）、「皆んなで組毎に唄いました。輪唱と云ふのですか、とても楽しかった想出があります」（飯田追手町・一二・女）、「各組から選ばれた一〇～一五人くらいで、特訓し合唱をしたことがありました」（飯田大久保・一六・男）、「輪唱などもやったような気がする」（塩尻・一四・男）などが見られた。

「神生みませるこの国は豊葦原の中つ国・・・（合唱で）、母こそは命の泉いとし子を・・・、曲名は忘れましたが、音楽室で一生懸命練習して音楽会で歌ったのを思い出します」（高遠・一五・女）。これは、国民学校期の音楽教科書に掲載の楽曲を明確に記憶している回答である。前者は、《大八洲》で、『初等科音楽三』（第五学年用）に掲載された三部合唱曲、後者は、《母の歌》で、同じく第五学年の教科書に掲載の、ロ短調、四分の三拍子の曲である。

## 五　器楽の記憶

飯田地域の上郷国民学校では、昭和一六年度および一七年度の音楽会にて、早速器楽をプログラムの中に加えている。収集した資料の中に、音楽会プログラムや音楽会の内容そのものを示す資料は見出せなかったが、昭和一六年度の学校日誌には、音楽会反省会についての記述が見える。「三月八日　一・第二回音楽会　会場　中学講堂午後零時十分終る　一・午後一時四十分より反省会〔中略〕器楽につき　ハーモニカ　呼吸のし方をもっと　アコーディオン　弾き方の指導　木琴〔中略〕器楽をやると音楽に子供が熱心になる」。楽器名としては、ハーモニカ、アコーディオン、木琴と見える。「呼吸のし方をもっと」、「弾き方の指導」とあることから、課題は多いものの、「器楽をやると音楽に子供が熱心になる」との記述からは、音楽会での実施をとおして器楽の教育的意義が十分に認められたことが推察される。また、昭和一七年度、一一月二九日に開催された音楽会の反省事項の中にも、「器楽の吹奏もよろしかった」との記述が見られる。

アンケート回答にも、「木琴は音楽会に使用する場合等は使わしてもらい、両手が上手に使えず苦労したのをおぼえています」(上郷・一二・女)、「6年の音楽会の折、私達『礼組』は、楽器合奏をやることになり自分は木琴をやることで練習しておりました(以下略)」(上郷・一二・女)、「木琴・ピアノ・ハーモニカなど」(上郷・一二・女)、「6年の時、組でハーモニカをふきました。〝ふるさと〟でした。今でもその曲をおぼえております。(ドドドレミレミミファソ・・・)ハーモニカでふけます」(上郷・一二・女)といった回答が見られた。木琴とハーモニカによる合奏が行われたものと思われる。

この時期の器楽指導の実践は、第三章で見たとおり地域差があり、高遠および上田で器楽指導が本格化するのは、戦後になってからである。

一方、表5・2・3で示した昭和一六年度、長野師範附属の音楽会次第では、器楽の合奏や独奏がいくつも演目に含まれている。芸能科音楽における器楽の指導は、「国民学校令施行規則」第一四条に、「(前略)器楽ノ指導ヲナスコトヲ得」とされたが、長野師範附属においては、もっと積極的に器楽指導を行っていこうとした状況が見られる(9)。

前年度、昭和一五年度一一月開催の音楽会プログラムと比較すると(表5・2・1)、昭和一五年度にすでに木琴合奏《港》が高等科男子によって、ハーモニカ合奏《君が代行進曲》が六年生男子によって行われている。昭和一六年度の国民学校制度実施以後はその実績をふまえ、指導対象学年を下に下げて、演目数も増やしている様子がわかる。三年生による木琴独奏《茶摘》、四年生による木琴合奏《春が来た》や、五年生男子によるハーモニカ合奏《国民進軍歌》、五年生女子による木琴合奏《ロングロングアゴー》などである。三年生からの器楽の実践となり、レパートリーも大幅に拡大している。師範附属学校という実験学校的な立場から、器楽指導を他に先駆けて取り組んだことが伺える。

## 五・二・四　誠之における学芸会

誠之国民学校における学芸会は、先述のとおり、全校ではなく、クラスごとや学年ごとに行われ、長野県における音楽会の状況とは異なる。しかし、学芸会についての多様な記憶がアンケート回答から見出せるので、表5・2・4にまとめて掲出する。①学芸会全般についての記憶・劇の思い出、②疎開での思い出、③歌の記憶・具体的な曲名など、④器楽の記憶、⑤音感の発表会の記憶、⑥学外での演奏の思い出の六つに分類して示した（表5・2・4）。

「〔前略〕日本舞踊あり、劇あり、歌あり、それぞれ自分たちで考えて作りました」（一二・女）、「5～6年頃に、級の中でグループごとに自分達で演目を決めて、クラスの教壇の上で発表した。〔中略〕セリフは自分達で考えた」（一二・女）、「6年生の8月～3月の集団疎開の間、慰問に来てくれた地元の婦人会の人たちの前で、歌・踊り・劇など学芸会の真似ごとのようなことをしました。先生の指導でなく自分たちで昔話を元に劇を作って演じたり、忘れられない思い出です」（一四・女）等、自分たちで演目を決めて、劇などを作ったという思い出が生き生きと語られた。劇の記憶は複数見られるが、特に「釣り針の行方（海彦山彦）」に言及している回答は突出して多い。この教材は、『初等科国語二』（第三学年用）に掲載されているもので、劇の中で歌を歌ったり、カスタネットを担当したりと、音楽劇のように構成されたものであったようだ[10]。

すでに第三章で見たように、誠之における器楽の活動は非常に活発に行われていた。それは、学芸会の思い出に

表5・2・4　誠之における学芸会の記憶

①全般的な記憶・劇の思い出

・学芸会は全校ではなく、当時はクラス毎に行っていました。例えば、ひなまつりの一日、クラスで劇をやったり歌を歌ったりしました。劇の練習は生徒の家でしました（12・女）
・学芸会はありません。級で三月三日、雛の日に各班ごとに趣好をこらして出しものをし、一日遊びました（女子組でした）。日本舞踊あり、劇あり、歌あり、それぞれ自分たちで考えて作りました（12・女）
・お芝居の上手な方がおいでになり、いつも主役は彼女でしたが、皆それぞれに一生懸命に楽しく練習致しました。学校全体ではなく各級で行ったと記憶しております（12・女）
・5～6年頃に、級の中でグループごとに自分達で演目を決めて、クラスの教壇の上で発表した。人形劇をやった〔中略〕セリフは自分達で考へた（12・女）
・クラス内で劇の道具やお面など作って、楽しく練習しました。日本舞踊もやりました（個人で）（12・女）
・劇のお稽古をしました。確かおたまじゃくしから蛙になるお話だった気が致します。もう一つは、弟橘姫の劇を致しました〔中略〕弟橘姫が海に飛び込んで、海の神様を静めて大和武尊をお助けしたストーリーだったと思います（12・女）
・学芸会は各クラスでした事を覚えています。私のクラスは、声の良い方、又役者揃いで〔中略〕「ラララ赤い花束車に積んで・・」と独唱され、私達は数人でシェークスピアのリヤ王の一部を演じました（13・女）
・学芸会をした覚えはありません。その様な時代ではありません。テストするのに試験用紙も無かった時代です（14・男）
・学芸会では一度だけですが、その他大勢でなく、準主役をやったことがあります〔中略〕あまり嬉しくもなく、以後はずっと断り続けました（14・男）
・鬼が島、桃太郎、爆弾三勇士など。いつも主役がとれず、脇役であったこと（14・男）
・演技力の高いスターが数人いて、先生に選ばれて舞台に立っていた。ホオリノミコトとホデリノミコトの物語が記憶にある（15・男）
・学芸会の記憶では、音楽よりは劇で「猫と鼠」の（鼠のその5）に出演し、猫に鈴をつける相談で、「そうだそうだ」というセリフだけなのに、出番を待つ緊張の一瞬の思い出が強く残っています（15・男）
・浦島太郎（15・男）
・学芸会には良い思い出があります。劇で「海彦山彦」の山彦をやって、元気よくやれて、先生にほめられたことから、中学へ行って演劇部に直行しました（15・男）
・いざなぎのみことの劇をした時にサンゴになり、きれいなサンゴの絵を書いて先生にほめられた事、うれしかったです（15・女）
・海彦山彦（15・女）

・「海幸彦山幸彦」の音楽劇をやった覚えがあり、「ほてりのみことはお兄様、ほおりのみことは弟・・・」という歌を歌った覚えがあり、歌詞はあと忘れましたが出だしだけは思い出します（15・女）
・“釣り針の行くえ”という劇を講堂でやりました。男子１、２組と女子組（１、２）の合同で（15・女）
・浦島太郎（釣り針にかかった鯛）、天孫降臨（天照大神）をやりました。練習が学校以外にお友達のお宅に集って熱心にやりました（15・女）
・国語に出ていた「海彦山彦」を題材にした「釣り針の行方」で舞台を行ったり来たりしていました（15・女）
・主に「劇」に出ていたが、教科書の唱歌などクラスで歌ったような気もする。とにかく学芸会は楽しかった（15・女）
・学芸会は一部の方がお出になったので思い出しません（15・女）
・４年生の時、“釣り針のゆくへ”という国語の教科書にのっている海彦山彦が登場する劇をやりました。私は舞台の下か陰で歌を歌っただけでしたが、主役の男の子が格好よかったこと覚えています。器楽演奏もやったような記憶があります（15・女）
・つりばりのゆくえと云う学年でやりました音楽劇をやり、私は音楽の器楽の担当でカスタネットに選んで頂いたと思います（15・女）
・四年生の秋の「学芸会」だったか、東京で最後の学芸会の時は、国語の教科書に出ていた「ほてりのみことほをりのみこと」のお話を瀬戸先生（だと思う）が作曲されて、オペレッタみたいにしてやり、それがとても楽しくて印象に残っている（15・女）
・台本から演出まで行ったことがあります（幼稚なものですが）（16・男）
・浦島太郎の様な物語のものをかすかに思い出します（16・女）

---

②疎開での思い出
・疎開先の国民学校で学芸会をしたことを覚えていますので、誠之にいたときは学芸会がなかったのかもしれません（14・男）
・学童疎開でお寺で、村の人との親睦会で舞台（お寺の廊下）に上がり、友人のハーモニカ演奏で私が「加藤隼戦闘隊」を歌った思い出（14・男）
・疎開先のお寺で、短い劇など苦心してしました（14・男）
・集団疎開の前に（中略）お別れ会を致しました。その時、皆合唱したり、色々あったと思いますが、私は日本舞踊（童謡）を致しました。疎開先のお寺では〔中略〕ヘンゼルとグレーテルを私達のグループでしたのを覚えています（14・女）
・集団疎開先の栃木で、「四季の雨」を歌ったことがあります。雨の中、県の催し物だと思いますが、どこかの講堂に出たことを想い出します。そしてこの歌で疎開を思い出します（14・女）
・６年生の８月～３月の集団疎開の間、慰問に来てくれた地元の婦人会の人たちの前で、歌・踊り・劇など学芸会の真似ごとのようなことをしました。先生の指導でなく自分たちで昔話を元に劇を作って演じたり、忘れられない思い出です。集団疎開から６年生だけ帰京が決まった時、「あしたは東京

へ帰るのだ・・・」という歌詞で疎開の歌の替え歌を作りました（14・女）
・学芸会は主に疎開地で盛んにやり、劇の台本が欲しくてたまらなかったくらいです。舞台は立派なものを土地の人達が作ってくれて、当日は大勢が楽しみに来てきれました。東京よりも生き生きと過ごした時代です（15・女）
・学童疎開先で「村祭」や「紅葉」など学芸会で歌いました。疎開先のお寺で、〔中略〕村の方達に御礼として、合唱したり、「花」とか「港」の歌をとりいれたげきを作って演じたりしました（15・女）
・栃木の疎開先へも楽器を持っていき、学芸会、町の行事、兵隊さんの慰問等に合奏しました（16・女）
・疎開先で軍隊慰問に行った。あんじゅとずし王のあんじゅをやった。マイクが１つで舞台では私の前になく、声をふりしぼった（16・女）

---

③歌の記憶・具体的な曲名など
・私達男子三組と、女子二組が合同で、「夏は来ぬ」を歌ったことがある。その他は記憶なし（13・男）
・いつでしたか、学芸会で「夏は来ぬ」の演奏をやり、私はトライアングルを数回、チーンとやりました。まだ低学年でした（13・男）
・選ばれた人達での演劇だけでしたので印象は薄いのです。かすかな記憶ですが、２年か３年生の時、「春の小川」の輪唱に出演したことがあります。輪唱の楽しさに興奮した記憶は鮮烈です（15・男）
・あまり強く印象に残っていないが、私は歌を唄うグループに入れられる事が多かった記憶があり、唱歌の外の歌等を唄った記憶がある（独唱はした事がなく、合唱であった）（16・男）
・ほとんどなかった様に思います。印象に残っているのは、低学年の時に歌を合唱した様な気がします。どんな歌だったか、しばしもやすまず・・かもしれません（13・女）

---

④器楽の記憶
・ドラム、講堂での発表会で担当させられたが、満足に出来なかった（と云うより完全に落第）→終了後叱られなかった（12・男）
・カスタネット（合唱の時、学芸会など）〔学芸会は〕毎年だったが、全員ではなかった（ステージの関係では？）。練習と違って父兄が一杯だった。アッという間に終った（12・男）
・学芸会でハーモニカの合奏をしました。題名“村の鍛冶屋”（12・男）
・５年生位いの学芸会の時でしたか、男子１組の加藤さんがピアノをひき、林さんがタクトを取って、器楽と合唱の演奏があり、なかなかの出来でした（12・女）
・合唱に参加したような記憶がある（５～６年か？）。F君が緊張してトライアングルを叩いていたのは、舞台の上で見たのか、客席から見たのか、さだかでない（13・男）
・木琴、トライアングル、カスタネット、たしか、雨天体操場の檀上で合奏

したと記憶する。学芸会だったのだろうか（13・男）
・〔前略〕合唱やハーモニカの合奏等で結構楽しく過ごしました（13・男）
・大勢でカスタネットを打ったような気がします。私は音痴だったので、歌わせられることは特になかった（13・男）
・集団疎開に行く前、各教室でお別れ会があり、ハーモニカ演奏をした思い出がある（14・男）
・学芸会で鼓笛隊演奏と、うさぎの床屋を歌ったのだけ憶えてます（14・女）〔19年度から真砂小〕
・合唱はよくしました。カスタネット、タイコ、木琴等で合奏もしました（14・女）
・３年生頃かと存じますが、講堂のステージで（大勢で）歌った様な気がいたします。郭公ワルツです（14・女）
・疎開する前に、父兄の前で演奏会をしたことがありました。太鼓、トライアングル、カスタネット、木琴、輪唱、ダンスなどで合奏したことがあります（14・女）
・カッコーワルツを私達二組が発表した事。練習もとても大変でした。三拍子、リズムと皆一生けん命。当日は父兄参観で晴れがましい思出の日となりました（14・女）
・唯一度、四年生の頃、父兄を呼んで「音楽発表会」をした。講堂はせまかったから、クラス別に日を違えて行った。多分瀬戸先生指導によるもので、担任の先生がタクトを振り、太鼓、タンバリン、トライアングル等にわかれ、私はカスタネットを打ち乍ら、歌って踊ったように思う。後の文集によるとタクトを振った担任の先生が一番緊張したようだ。この時の曲名は「郭公ワルツ」（14・女）
・カッコーワルツの合奏をやった記憶がある（14・女）
・「虫の声」の曲をピアノ、木琴、カサネット、トライアングル、太鼓などで練習しました。私は大きな太鼓を、今でもどうたたいたか憶えています（14・女）
・一年のおひな祭りに女子２た《ママ》組が揃ったところで、小柄なので足の着かないグランドピアノの前に坐り、バイエルの曲を弾く。二、三年生の頃は転校生の一人がモーツァルトのソナタなど聴かせて下さって感激する（14・女）
・ハーモニカを低音、高音、ベースなどの音域に分け練習し合奏した記憶があります。曲名はわかりませんがメロディは憶えています（15・男）
・合唱に参加したことがなかった事、劇に出たことがなかった事、専ら独唱させられた（15・男）
・カッコウ・ワルツを、大編成で演奏した。どういう時かは忘れたが、檀上で、皆の前で演奏した（14・女）
・小学生の時にだれもする子がなく、自分で手をあげ、オモチャのマーチの音に合せ幕引きをしたことを憶えております。帽子をかぶり、左右首をふりながら致しました（15・女）

・「港」を大太鼓、木琴、トライアングル、タンバリンで演奏しました（15・女）
・小学校2年か3年の時、私達の学年は男女合同で学芸会で太鼓、タンバリン付き合唱演奏を行うことになり、私も6人ばかりのタンバリン打ちの1人でした。一生懸命に皆練習して、準備上々だったのですが、当日舞台に上った時、どうした手違いかタンバリン係りにタンバリンが配られませんでした。受持の先生は後で涙ぐんで居られましたが、私は狐につままれた感じでした（15・女）
・木琴の演奏会を覚えて居ります（16・女）
・講堂で台の上でパートに分れて練習した記憶があります。違った所で一人タイコを打って叱られた事が忘れられません。これは瀬戸先生だったと思います（16・女）
・講堂に坐らされて粛々と見学していた様に思ふ〔中略〕練習もかなり厳しかった。カスタネット等が出来ないと何度も何度も練習させられた様に思ふ（15・男）

---

⑤音感の発表会の記憶
・学力の発表会というか、音楽のハホト、ハヘイなどの音感を大勢の前で、講堂の檀上でテストされた記憶が残ってます（12・男）
・学芸会の記憶はない。父兄会の総会で、壇上で和音のテストをさせられた記憶がある（12・男）

---

⑥学外での演奏の思い出
・神宮の青年会館で、他校の方々との交流があり、「村のかじや」を合唱、合奏したのは楽しい思い出です（12・女）
・六年生の時に、合唱コンクールがあったので、放課後特訓されて、日比谷公会堂に行った思い出があります（12・女）
・たしか5年生の時、選抜された人達で3部合唱だったか、「村の鍛冶屋」を練習し〔中略〕公会堂で開催された発表会に出場した。かなり放課後の練習をしたと思う（12・女）
・昭和16年建国祭がありました。数多くの小学校が代表に選ばれたのでしょうか。日比谷公会堂で合唱コンクールがございまして、私達四年生の中から30名位でしたでしょうか、選ばれて「村の鍛冶屋」を二部か三部合唱致しました（12・女）
・NHKに行って歌ったのが、“村のかじや”だったと思います（12・女）
・戦地に慰問の歌を録音のため、瀬戸先生に引率されNHKに数名で参り、他の小学校の方々と共に歌った記憶があります（13・男）
・内幸町にあったNHKへ行き、生放送で歌ったことがありますが、どんな曲だったか忘れました（13・男）
・NHKラジオ、「みんな歌う会」というのを全員で聴き、ラジオに合わせて斉唱した（14・男）

---

注）（　　）内の数字は、入学年度。

もはっきりと表れている。子どもたちの記憶に残る楽器は、ハーモニカ、木琴、トライアングル、カスタネット、タンバリン、大太鼓などであり、また、具体的な曲名としては、《カッコーワルツ》、《虫の声》、《港》、《村の鍛冶屋》等があげられた。

特に、《カッコーワルツ》の思い出が数多く語られたのは興味深い。「カッコーワルツをみんなで合奏した。（中略）瀬戸先生は児童の能力にふさわしい楽器を割りあててみんなが楽しめるように心をくだいて下さったと思います」（一四・女）、「音楽に合わせて、身体を動かす（リトミックのような）事をやった。自分達で考えたものの中で、先生が良いと思われた人の振付を少しづつとって合せて練習し、発表した（カッコーワルツ）」（一四・女）、「三年生頃、音楽の研究発表会で、級中で太鼓、タンバリン、カスタネット、木琴にわかれ、担任の先生の指揮でカッコーワルツを演奏した。カスタネットを持ってリズムに合わせ、踊った事は忘れられない思い出」（一四・女）等である。子ども一人ひとりの役割分担にも配慮しながら、器楽の合奏に加えて、リトミックのような振付もついた発表が指導されたようである。

そのほか、誠之では、学外に出ていってのコンクールや他校との合同発表会、あるいはＮＨＫの放送に参加する等、子どもたちが音楽を発表する多様な機会が設定されていたことがわかる。それは選ばれた一部の児童だけであったかもしれないが、そうした機会を通して日頃の練習の成果を公開し、同時に他校の音楽を聞いて子どもたちが見聞を広めるよい機会ともなったと思われる。

### 五・二・五　おわりに

学校文書資料に見る音楽会の記録とアンケート回答を照合すると、国民学校制度実施前後に音楽の学習領域が拡大し、学校音楽で扱われる曲目や演奏形態・教材のレパートリーが確実に変化している様子が読み取れた。また、子どもたちの記憶からは、音楽会で演奏された楽曲の一端や演奏方法の具体的な部分等が見えてきた。

音楽会という場において、たとえば、声のいい子が選ばれて歌った独唱や、声変わりした高学年の歌声、先生たちの合唱など、多様な響きに触れることをとおして、子どもの中に、「いい声」のイメージや、声の響きに対して聴く耳が育っていったと思われる。この時期の音楽会の教育的意義・目的と考えられていた、日頃の成果を公開し全校が共有することという機能は、その意味で十分その役割を果たしていたと言い得る。

本節では、学校が作成主体である学校文書資料に加えて、当時の子どもたちへのアンケート調査およびインタビュー調査によって得られたデータを再構成し、国民学校期の音楽会の諸相を描くことを試みた。これは木村元（一九九七）の言う「ミクロなレベルでの具体的な諸相を解明する」（二一一頁）という方向性をもって、歴史の内実を捉え描いていこうとする目論見でもあった。

個々のアンケート回答に見る子どもたちの記憶が重なり合い、集積することによって、当時の音楽会の様子が光景として浮かび上がってきたのではないかと考える。もちろん個々のアンケート回答は、決して画一的にとらえることの出来ない、それぞれ固有の意味を持つが、同時にそれらが重なり合い集積して見えてくる当時の学校音楽の実相というものがある。そうしたミクロなレベルでの具体的な実相の中に、当時の学校音楽における子どもたちの学びが見えるのである。

注

(1) 上田地域におけるアンケートでは、塩尻、神科、豊殿、上田（中央、東、西、南、城下、北校）以外の学校の卒業生のアンケート回答については、「上田その他」と記す。

(2) 山本・今野によれば、大正一一年刊の手塚岸衛の著作にすでに、学校節句行事という考え方が見られ、三月三日の雛祭、五月五日の武者祭、七月七日の星祭等の例があげられているという。その教育的意義について、山本・今野では、「節句行事は国民的節日に移行され、国民的情操を陶冶する手段と化し」たととらえられている（山本・今野　一九八六、二四〇～二五二頁）。

(3) 長野師範学校男子部附属国民学校教科研究会（一九四三）、二五一～二五二頁。日付は不明。

(4) 誠之においても同様の状況が見られる。誠之の「昭和一六年度学校日誌」には次のような記述がある。「六月二八日父兄会午後一時開会　一．学校長国民学校に関する談話　一．音楽教育の実演（以下略）」。アンケート回答には、「父兄会の際、ピアノの傍に呼び出されて、3、4種の和音の聴き分けをデモンストレーションとしてやらされたのをはっきり覚えています」（一二・男）、「父兄会の総会で、檀上で和音のテストをさせられた記憶がある」（一二・男）とあり、これらを照合すると、和音の聴き分けの実演が、国民学校になって最初の父兄会で披露されたことがわかる。

(5) 飯田地域のアンケートについては、座光寺、上郷《かみさと》、竜丘以外の学校の卒業生のアンケート回答については、「飯田追手町」、「飯田丸山」、「飯田大久保」等と記す。

(6) 高遠近隣の学校は、一町六ヵ村と呼ばれ連合運動会等も合同で行われた。高遠、河南《かなみ》、藤沢、長藤《おさふじ》、伊那里《いなさと》、美和、三義《みよし》である。高遠におけるアンケートで、それ以外の小学校・国民学校卒業生による回答は「上伊那その他」と区別して記す。

(7) 日本放送出版協会（一九四〇）『文部省　国民学校教則案説明要領及解説』、一五九頁。

(8) 上伊那郷土館所蔵の「小学唱歌教授細目　尋常科の部」は、上伊那音楽研究会が昭和一〇年に編成した教授細目である。その中に、輪唱、合唱の取扱いについて、「尋五より簡単なる輪唱、二部合唱曲の唱法の指導を行ふ。教授に当りては、特に音程、拍子に留意するは勿論、声音の調和を図る」（三頁）とあることから、すでに昭和一〇年に、上伊那地域でも、尋常小学校高学年で輪唱や合唱を指導していこうとした様子が認められる。

（9）長野師範学校男子部附属国民学校教科研究会（一九四三）『芸能科音楽指導の諸問題』には、器楽指導の章が立てられ、子どもの器楽にたいする態度の調査結果や、ハーモニカと木琴指導の実際等が詳細に述べられている。

（10）国語の教材に音楽を取り入れて音楽劇のようにした同様の事例は、上伊那の河南でも見られた。河南のあるインタビュイーは、高学年の頃、歌や踊り、朗読を取り入れた「病院船」という劇をし、その中で《白衣の勤め》（『初等科音楽三』第五学年用に掲載の曲）を歌い、たいへん好評であったことを忘れられない思い出として語っている（河南・一六・女）。「病院船」は、国語の教材で、『初等科国語六』第五学年用に載っているものである。

## 引用・参考文献


木村　元（一九九七）「戦時期の教育史研究の動向と課題」、藤田英典他編『教育史像の再構築』世織書房、一九九～二二四頁。

幸山良子（二〇〇二）「高遠国民学校の音楽会」（共同研究：国民学校芸能科音楽の研究Ⅲ　高遠国民学校の音・音楽）、『音楽教育研究ジャーナル』第一八号、一三～一七頁。

長野師範学校男子部附属国民学校教科研究会（一九四三）『芸能科音楽指導の諸問題』、信濃毎日新聞社出版部。

日本放送出版協会（一九四〇）『文部省　国民学校教則案説明要領及解説』。

本多佐保美（二〇〇五）「芸能科音楽の問題性―教科書・教師用書の検討をとおして」、河口道朗監修『音楽教育史論叢　第Ⅱ巻　音楽と近代教育』開成出版、一九六～二一〇頁。

山本信良・今野敏彦（一九八六）『大正・昭和教育の天皇制イデオロギーⅡ』、新泉社。

# 五・三　記憶からたどる儀式の中の音楽とその社会的機能

西島　央

## 五・三・一　はじめに

君が代は／千代に八千代に／さざれ石の／巌となりて／苔のむすまで　《君が代》

あやに畏き天皇の／あやに尊き天皇の／あやに尊く畏くも／下し賜へり大勅語／是ぞめでたき日の本の／国の教の基なる／是ぞめでたき日の本の／人の教の鑑なる／あやに畏き天皇の／勅語のままに勤みて／あやに尊き天皇の／大御心に答へまつらむ　《勅語奉答》

年のはじめの例とて／終なき世のめでたさを／松竹たてて門ごとに／いはふ今日こそたのしけれ　《一月一日》

雲に聳ゆる高千穂の／高根おろしに草も木も／なびきふしけん大御世を／あふぐ今日こそたのしけれ　《紀元節》

今日の吉き日は大君の／うまれたひし吉き日なり／今日の吉き日はみひかりの／さし出たまひし吉き日なり／ひかり遍き君が代を／いはへ諸人もろともに／めぐみ遍き君が代を／いはへ諸人もろともに　《天長節》

アジアの東日出づるところ／ひじりの君のあらはれまして／古きあめつちとざせるきりを／大御光にくまなくはらひ／教あまねく道明らけく／治めたまへる御代たふと　《明治節》

これらの歌は、明治憲法下の小学校で祭日や入学式などの儀式の際に斉唱された歌―儀式唱歌―だが、当時の子どもたちは意味はわからずともそらんじて歌うことができたという。では、これらの歌は、《春の小川》や《朧月夜》などの現在でも歌い継がれている、日本の原風景を詠みこんだ唱歌と同じように覚え、同じような意味をもつ歌だったのだろうか。それとも、同じようにそらんじて歌うことができても、覚え方や意味は違ったのだろうか。

二一世紀を生きる私たちにとって、実際に目にしたことはなくても《春の小川》や《朧月夜》に詠みこまれた風景を〝日本らしい〟と感じたり、会ったことはなくても日本国内に住む人々を相互に〝日本人〟と認識したりするのはごくあたりまえのことだ。しかし、明治から昭和初期の日本に住む人々が私たちと同じようなナショナル・アイデンティティをもっていたわけではなかった。

一九世紀後半から世界の主流となった〝国民国家〟という政治的共同体のあり方は、一般的には、国境線に区切られた一定の領域からなる、主権を兼ね備え、その中に住む人々がナショナル・アイデンティティを共有している〝国家〟のことをいう。しかし、このような政治的共同体のあり方は、近代以前には決して多いものではなく、一七世紀頃からの西ヨーロッパに特有の現象にすぎなかった。そのため、国民国家は、実は多くの場合、国境線とナショナル・アイデンティティに恣意性を隠蔽した「擬制的共同体」とみることができる。

このような特徴をふまえたとき、国民国家が前述の条件を充たすためには、二つの国民の編成原理を必要とすることになる。ひとつは、制度や装置の総体にすぎない国家を現実に存在する共同体と想像させるための、政治的、経済的同一性のようなイデオロギーによる「上から」の国民統合という側面。もうひとつが、その前提として、人々にとってそこが一定の領域と歴史のもとでの唯一の共同体と想像させるための、言語的、領域的、文化的要因が組み合わされた生活様式の同一性による「下から」の国民統合という側面である。ということは、ナショナル・アイデンティティにも、これら二つの国民の編成原理に対応した二つの側面があると考えられる。そして筆者は、先にこの二つの側面を仮説的に「ネーション意識」と「カントリー意識」と呼んで定義した(1)。(一九九五、二〇〇二)

第二章第二節では、「カントリー意識」を形成する機能をもつと考えられる歌として、自然や季節、日常生活を歌った歌について考察した。だが、日本が明治維新を経て近代国民国家として成立していくためには、それらの歌と同時に、「ネーション意識」を形成する機能をもつと考えられる歌も必要としたのではないだろうか。

明治憲法下の時代、なかでも昭和の初めから国民学校期は、四大節（元旦、紀元節、天長節、明治節）をはじめ、学校教育において儀式が非常に重視されていた時代であった。儀式を通して人心をまとめ、天皇中心の国家体制を確立すること、つまり皇国民の錬成がその目的だったと考えられるが、とりわけ、その際に歌われる数々の儀式唱歌に期待された役割は大きかった。冒頭に挙げた《君が代》や《勅語奉答》など八曲からなる「祝日大祭日儀式用唱歌」は、明治二〇年代に明治憲法・教育勅語体制ができあがっていくなかで、明治二四年に「小学校祝日大祭日儀式規程」によって儀式の際に唱歌を歌うことが制定されたことに基づき、明治二六年に選定された。それ以来、四大節(2)や入学式などの儀式の次第に組み込まれ、全国の学校で歌われ続けた。儀式唱歌は、歌詞内容をみれば、明治日本の公定イデオロギーを含みこんでおり、まさに「ネーション意識」の形成を意図していたと考えられよう。しかし、ある役割を期待されることと、その期待どおりの機能を果たすことは別である。儀式唱歌は、法規定や指導的立場にある人たちの期待どおりに徹底指導されたり、皇国民の錬成に効果をあげたりしていたのだろうか。

山本・今野（一九八七）（一九七六）に代表されるような、制度史中心に儀式の機能を検討してきたこれまでの諸研究は、儀式がどのような役割を期待されていたかについては資料を丹念にみてきているが、実際にどのようにして機能を果たしたのかという問いに対する答えは実証的には示してきていない。広田（一九九五）が批判するところによれば、「天皇制と教育」に関する従来の研究は、公定イデオロギーと人々の意識との間を「内面化」という概念によってつないでいるため、公定イデオロギーの分析のみで人々の意識や行動まで説明づけている。しかし、人々の主体的な意識や行動のありように注目する社会史やカルチュラルスタディーズといった研究の流れに位置づく歴史社会学の立場からすると、両者の間にズレがある可能性を否定できないという。広田の批判に従えば、儀式の機能を検討してきた諸研究もまた、「内面化」図式に基づく分析にとどまっていたといえよう。

このような立場から上述の問いに答えるには、儀式に組み込まれ、儀式唱歌の指導を受けてきた当時の子どもたちが、儀式や儀式唱歌をどのように受けとめていたかを明らかにすることが必要だろう。そこで本節では、長野県上伊那郡の高遠小学校(3)の事例を中心に、同下伊那郡の座光寺小学校と東京の誠之小学校の事例も比較参照しながら、儀式唱歌の練習がどのようになされ、儀式がどのように執り行われ、当時の子どもたちがそれらをどのように受けとめたのかを、主にアンケートの回答から整理し、儀式と儀式唱歌の機能について考察していく。

## 五・三・二　儀式唱歌の練習はどのように行われたか

まず、儀式唱歌に関する法規定を確認しておこう。「国民学校令施行規則」の第十四条、芸能科音楽の規定のなかでは、儀式唱歌について、「祭日祝日等ニ於ケル唱歌ニ付キテハ周到ナル指導ヲ為シ敬虔ノ念ヲ養ヒ愛国ノ精神ヲ昂揚スルニ力ムベシ」と定められている。

これを受けて井上武士は、「学校の四大節その他の儀式に於いて、所謂儀式唱歌は如何に重要な地位にあるかということはいうまでもないことで、我が国の儀式唱歌は古い歴史をもち、この中には我が国民の伝統的精神が流れている。この儀式唱歌を徹底的に指導することにより、厳粛な儀式に列する体験を通して敬虔の念を養い、愛国の精神を昂揚することに力めなければならない」（一九四〇　二八七〜二八八頁）と、儀式唱歌の重要性とその徹底した指導、練習の必要性を説いている。

では、実際の小学校では儀式に向けてどのように儀式唱歌の練習がなされていたのだろうか。高遠国民学校の「看護日誌」によれば、例えば昭和一九年度の四月と九月にそれぞれ、地域の神社の祭礼の前に「音楽練習」を一日ずつ行っていることが記録されている。また「学年会誌勤労日誌二十年度初二」には、四月二〇日に、天長節に向けてと思われる「式日の諸注意」として「一応の形の出来る様に指導するのを重点とす」と記され、その日がどういう日かということと、式の際の諸注意がなされていることが分かるのだが、儀式唱歌に関する指導は記録されていない(4)。

座光寺国民学校の「職員会誌」によれば、昭和一六年四月九日に職員の係打ち合わせの発表を行った際に、「芸能科音楽」では「式歌練習　十分徹底サル」と報告している。だが、保管されている昭和一〇年代の「学校日誌」をみるかぎりでは、祭日や儀式の前日に「式歌練習」を行っているケースはちらほらとしかみあたらない。

学校に残されているこれらの記録からは、全校による儀式唱歌の練習は、期待されていたほど徹底的になされていたとは言い難い。

これに対して、当時の子どもたちは儀式唱歌の練習の様子をどのように記憶しているのだろうか。典型的な回答をいくつかピックアップしてみよう。

まずは高遠国民学校の子どもたちである。

「練習は音楽の時間に各組ごとに音楽室にて行いました。」(一二・男)

「唱歌の練習はなく自然に歌う様になった。」(一二・女)

「君が代、紀元節、信濃の国の歌等毎週月曜日の朝礼の後全校で音楽の先生の解説指揮で女教師のピアノ又はオルガンで練習していたので知る知らずの間におぼえた。」(一六・男)

「四大節の儀式唱歌は式の前日、講堂に全校生徒を集めて練習した。」(一八・男)

つづいて座光寺国民学校の子どもたち。

「前もって予行練習が有り、式の意義が強調された様に思う。」(一三・男)

「クラスで練習、厳かに真剣に練習した。」(一四・男)

「いづれも練習なしで式で歌いました。」(一六・男)

では、東京の誠之国民学校の子どもたちはどう記憶しているだろうか。

「特に練習はしなかった。上級生についてゆけば自然に覚えられたと思う」（一二・男）
「確かお式の前日に全校生徒、または4、5、6年生だけ集まり当日に歌う歌を練習したと思います。高く大きい木の朝礼台の上に先生がお立ちになり指揮棒に合わせて練習した様な気がします。」（一二・女）
「各組の音楽の時間、校庭で全員の練習があり、瀬戸先生の大振りのタクトで全生徒まとまっていたと思います。」（一六・女）

以上の回答から読み取れることは次の二点である。第一に、儀式唱歌の練習に関する記憶には、同じ学校の同じ学年の子どもの間でさえ大きな違いがあること。第二に、その一方で、高遠にしても座光寺にしても、また誠之にしても、同じように「練習はなく自然に覚えた」という回答、「各組の音楽の時間に練習した」という回答、「式の直前に全校（ないし複数学年）で、校庭／講堂で練習した」という回答がみられることである。しかし、ここで重要なのは誰の記憶が正しいかということではない。日誌類の記録や最も多くみられた回答内容から推測するに、いずれの学校も、四大節等の儀式や神社の祭礼の直前には、朝礼のときなどに全校の子どもたちを校庭や講堂に集めて、儀式唱歌の練習をしたのはおそらく事実であろう。だが、音楽の授業や朝礼で常日頃から練習したという記憶から、反対に練習はなかったという記憶まで幅があるということは、一年間を通して相当数の儀式や祭礼、学校行事があることをふまえれば、とくにある儀式のための全校練習だと意識することもないほどに儀式唱歌の練習をすることは日常的だったと考えられるのではないだろうか。

そう考えると、儀式唱歌の練習は期待されたとおりに徹底的になされていたといえるだろうし、と同時に、あまりに日常的すぎて、期待された効果をあげていたかどうかは疑わしいと評価することもできそうだ。

## 五・三・三　儀式はどのように執り行われたか—儀式唱歌に注目して

祝日大祭日儀式は、明治二〇年代の導入以降、学校教育の重要な一場面を担っていく。各小学校では、「小学校祝日大祭日儀式規程」に基づいて儀式を執り行っていくようになるが、山本・今野によれば、大正期頃までは儀式の実施状況や次第構成は各校さまざまであったという。儀式の徹底・強化が厳しく図られるようになるのは、昭和一二年に始まった国民精神総動員運動以降のことである。（山本・今野　一九八七、一九七六）

本節末尾に添付した資料5・3・1は、そのような流れのなかで昭和一六年四月に出された「礼法要項」に示された祝日大祭日儀式次第の抜粋である。

では、小学校でも実際にこのような手順で儀式が行われていたのだろうか。座光寺小学校に保管されている史料には、国民学校期より前だが、昭和七～九年度の学校文書が綴じられている綴りのなかに「儀式ニ関スル件」という文書が残っている。史料1は、そのなかで示された四大節の儀式次第である。

昭和初期の座光寺尋常高等小学校では、「礼法要項」に示された手順とほぼ同じように儀式次第が組まれている。これらの資料をみると、天皇・皇后の御真影への最敬礼の後に国歌を歌い、場合によっては校長による勅語奉読の後に《勅語奉答》を歌い、校長の訓話のあとに当日の儀式唱歌を歌うよう定められており、儀式の際には、儀式唱歌の斉唱がくり返しなされていたことがわかる。この儀式唱歌の斉唱を四大節の他、各種儀式、行事のたびに何度となく実践し、その歌詞内容を理解させて、子どもたちを皇国民として仕立て上げることが期待されていたのである。

史料１　「座光寺小学校　昭和七〜九年度文書綴」

「儀式ニ関スル件」

第四条　儀式挙行次第次ノ如シ

一、四大節

御真影、勅語謄本、奉遷ノ場合職員ハ奉安殿前ニ整列奉迎シ儀式係ノ先導ニテ式場ニ奉遷ス

1．着席、職員児童、一般、来賓
2．敬礼
3．唱歌、君ヶ代
4．御真影奉開扉
5．最敬礼
6．勅語奉読
7．唱歌　勅語奉答
8．御真影奉閉扉
9．校長誨告
10．唱歌（式歌）
11．敬礼
12．退席

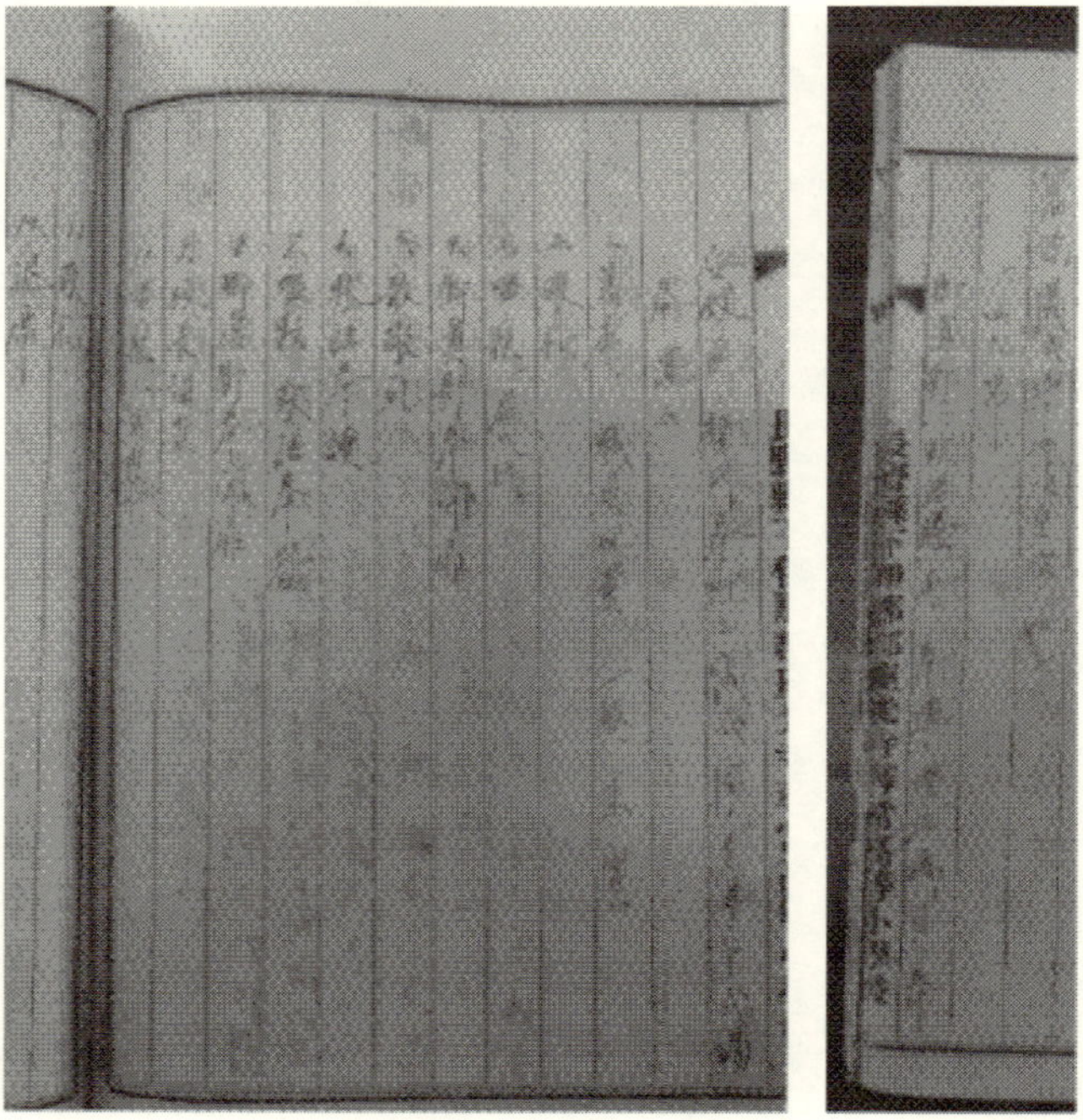

写真史料1　「座光寺小学校　昭和七～九年度文書綴」「儀式ニ関スル件」（抜粋）

では、高遠国民学校でも「礼法要項」に示された式次第に則って儀式が執り行われていたのだろうか。アンケートの回答から、儀式やその際に歌った儀式唱歌の思い出をいくつか挙げてみよう。

「式当日は体操場に全校並びに校長先生が教育勅語を奉読し、あと全校で先生のピアノにあはせてそれぞれの式の歌を合唱しました。」（一二・男）

「必ず四大節には『君が代』を式の始めに歌いました。校長先生のモーニング姿と奉安殿の拝礼等60余年前の式典が頭に浮かびます。」（一四・女）

「式典といえば白い手袋をした教頭先生が勅語の箱をうやうやしく校長先生に渡し、国歌、それぞれの式典の歌をうたい、紅白まんじゅうをもらって帰ったこと。」（一六・女）

ここまでは高遠国民学校に通っていた人たちの記憶だが、他の国民学校に通っていた人たちは儀式をどのように記憶しているのだろうか。

まず座光寺国民学校に通っていた人たちである。

「法案殿から校長先生がうやうやしくいただいてきた御勅語を全校頭を下げてお聴きした。いつでも儀式には「君が代」が歌われ国旗が掲揚されました。」（一六・女）

「元旦　講堂で式典、君が代（年の始めのためしとて・・・の歌）神社参拝　紀元節　式典、勅語（雲にそびゆる高千穂の・・・歌）下校時紅白のおまん十をくれた。明治節　全村運動会あり」（一六・男）

「式には着る物のない時期でしたが「私し《ママ》」は式用のハカマ、着物、服は常に着ない、いっちょうらんを着ていきました。校長先生が紫の風呂敷をおごそかに開き白い手袋をはめて掛軸みたいなものをひらき教訓を読む『チン思うに我がこうそうこうそう国を始むるとことこうえんに・・・』それぞれの唄がありうたった。」（一

六・女)

では、東京の誠之国民学校はどうだろう。

「儀式は君が代の合唱で始まり、両陛下の御真影に最敬礼し、校長先生の教育勅語による訓話を聞き、四大節の歌の合唱・校歌の合唱して紅白の菓子を頂いて帰宅した記憶があります。」(一二・男)

「校門に日の丸が立てられ、雨天体操場(体育館)に全員正列し、校長先生が教育勅語を読まれ、その後、君が代、式の歌、校歌を斉唱し、校長先生のお話があって、赤白のお菓子をいただいて帰りました。その日はみんな普段よりちょっと良い服を着て行きました。」(一二・女)

「儀式は静かに慣行され、君が代、校歌、その節のうたを斉唱し、教育勅語を暗唱した。そうそう、式は校長が式服を着て白手袋をして、御真影の扉を開くことから始まる。そして式の終りにその扉を閉めるのである。そんなことより私達子供は、クラスに戻って担任から紅白のお菓子をいただくのが嬉しかった。それをみんな大切に持ち帰った。」(一四・女)

このように、高遠でも座光寺でも、都道府県の異なる誠之でも、儀式の様子についてはほぼ同じように印象的な場面を記憶している。さらに、長野県下の他の国民学校に通っていた人たちも同じように儀式のようすを記憶していた。

「モーニングに白手袋姿の校長先生が奉安殿にむかい教育勅語を木箱よりうやうやしく取り出しとなえられたあと君が代を歌いそれぞれの儀式に応じた唱歌を歌いました。(中略)儀式の後それぞれの教室に入り紅白の落雁をいただいて帰りました。」(赤穂・一五・女)(5)

「儀式の雰囲気は全校生徒は大変緊張して入場し必ず校長先生の教育勅語の奉読があった後校長の訓話そして

村長の祝辞の後全校生徒による奉祝歌を斉唱しました。此の四大節のうち天長節だけには村より全校生徒に当時おいしい大きなラクガンが配られてその事は今でも鮮明に覚えているうれしい時間でした。」（河南・一七・女性）

先にみた「礼法要項」に示されている儀式の構成と比較してみると、高遠国民学校ばかりでなく、どの学校でも、どの年度でも、この式次第に則って同じように儀式を執り行っていたといえそうである。だがそれ以上にここで注目したいのは、当時の子どもたちの儀式の記憶と思い出があまりにも画一的であることだ。アンケートの回答を整理すると、次の七項目に集約され、一定程度の記述をしたどの回答者もその複数を含んだ回答をしている。

①《君が代》など儀式唱歌を斉唱したこと
②御真影や教育勅語に関わる一連の動作
③モーニングと白手袋といった校長先生の服装や態度の特徴
④指揮や伴奏をする音楽の先生の服装や態度の特徴
⑤厳粛な雰囲気だったこと
⑥いい着物を着て儀式に臨んだこと
⑦らくがんや饅頭をもらったこと

このように、違う学年、違う学校であっても、同じような場面を覚えており、同じような思い出を語っているということから、儀式が、子どもたちに共通の体験をさせることで彼らを同じようにまとめあげる効果をあげていたとみることができそうだ。

その一方で、儀式唱歌に関しては、次に挙げる例のように、高遠でも座光寺でも誠之でも歌ったことは覚えていても、その具体的な記憶には違いがみられる。高遠国民学校の場合は「皆の歌うのにそろえて御子柴先生のクラリネットに合わせて歌っていた様に思いますので歌詞をはっきり知りません。」（一四・女）、「御子柴先生のクラリネットの伴奏で歌ったが何を歌ったのか思い出せません。」（一八・男）というように、また座光寺国民学校でも「四大節は君が代と共に歌いましたが、意味もわからず、曲だけはよく覚えていますが、今思い出して歌ってみると、ずいぶん歌詩を間違えて歌っていたことに気付きました。」（一五・女）と、儀式の様子や儀式唱歌を歌ったことは覚えていても、儀式唱歌の歌詞の意味することどころか、歌詞そのものを覚えていないというケースがみられた。

それに対して誠之国民学校では、儀式や儀式唱歌について尋ねた質問への回答として、儀式唱歌の歌詞を書いてくるケースが目立ったほか、儀式唱歌の練習の際に「瀬戸先生のときは、練習している生徒の間を歩かれ、1人1人の、喉の近くに耳をよせられて、声をじっと聞かれていました。」（一二・男）「（瀬戸先生に…筆者補足）緊張が足りないから言葉を間違えるのだと全員がきつく叱られたことがありました」（一二・女）というように、練習の際に歌詞をしっかり覚えさせられた様子がうかがえた。だが、誠之の子どもたちも歌詞内容を理解していたかという点になると、「歌の意味がわからないのに一生懸命歌った」（一二・女）、「6才、7才、8才でむづかしい意味も知らずに覚え込まされたのですね」（一六・女）と、歌詞内容をちゃんと理解していたわけではなさそうだ。

また、第二章第二節でみたように、「唱歌」「芸能科音楽」の授業で学んだ歌については、多くの場合、具体的に、しかも身のまわりの情景や自分の体験に結びつけて記憶していた。それと比べて儀式唱歌は、なかには歌詞の全部または一部分を覚えていることはあっても、歌の表象するものや日常生活と有機的につながって記憶されているわけではなかったようだ(6)。

くり返し練習したり儀式でくり返し歌ったりしていたわりには、儀式唱歌それ自体に期待された皇国民の錬成という効果はあがっていなかったということになろうか。

## 五・三・四　考察―子どもの身体を捕捉する儀式唱歌

以上、昭和の初めから国民学校期の儀式と儀式唱歌が、期待された役割を果たすべく、徹底指導されたり皇国民の錬成に効果をあげたりしていたかということについて、儀式に組み込まれ、儀式唱歌の指導を受けてきた当時の子どもたちの記憶から検討してきた。儀式に関して画一的な記憶が残っているという点からは、儀式に限定された行動の共有という方法での身体の捕捉という意味では、彼らを皇国民としてまとめあげる機能を果たしていたと言えるかもしれない。しかし、儀式唱歌に関しては、日常的に練習していつの間にか覚えたものであったり、儀式のたびに斉唱したものであったりしたわりには、具体的、有機的な記憶に乏しく、それを通して敬虔の念、愛国の精神を身につけたとはいえず、期待されたかたちで機能を果たしていたとは言い難い。

従来の研究が依拠していた「内面化」図式に従うなら、本来儀式唱歌は、歌いながらその歌詞にこめられたイデオロギーや価値観を理解することによって皇国民を錬成する目的であったろう。その点では、その歌詞の意味をわからず歌っていたり、歌うまねだけをして儀式のあとのらくがんや饅頭だけを楽しみにしていたりしていたのでは、「内面化」していたとはいえまい。

しかし、歌詞の意味をわからず歌っていようと、らくがんだけを楽しみにしていようと、どの地域でも、どの小学校でも、どの学年でも、同じように、天皇・皇后の御真影があり、教育勅語が読まれ、その場に集う人々が儀式唱歌をくり返し斉唱することによって、自分が体験したことを周りにいる人も同じように体験していると想像できるようになること、同じ体験を共有している仲間だと思えるようになること、つまり、すべての人に対して同じ国家が立ち現れることにかわりはない。こうして、儀式唱歌は、制度や装置の総体でしかない国家を子どもたちの前に実体化させ、子どもたちの身体を捕捉して、歌っている子ども自身とそのまわりの仲間を日本人としてまとめあげ、日本人としての「ネーション意識」＝ナショナル・アイデンティティを形成させる機能を果したといえるのではないだろうか。

注

（1）「ネーション意識」と「カントリー意識」の定義は、第二章第二節の注（11）を参照のこと。
（2）昭和二年に明治節が制定されるまでは「三大節」。
（3）学校名の表記は、第一章第二節の注（2）を参照のこと。
（4）時代を遡ると、昭和一〇年度や一二年度の「看護日誌」の中に、四大節の直前に一日、儀式唱歌の練習をした記録を散見できる。
（5）高遠での調査では、住民台帳に基づいて調査対象者を抽出したため、出身小学校が高遠小学校以外の方も含まれている。赤穂小学校は、現在の駒ヶ根市に位置する。
（6）授業で習う唱歌と儀式唱歌の比較に関しては、西島（二〇〇二）を参照のこと。

引用・参考文献

広田照幸（一九九五）「〈天皇制と教育〉再考」『教育学年報4』世織書房。

井上武士（一九四〇）『国民学校芸能科音楽精義』教育科学社。

西島央（一九九五）「学校音楽の国民統合機能―ナショナル・アイデンティティとしての『カントリー意識』の確立を中心として―」『東京大学教育学部紀要』第三四巻。

西島央（二〇〇二）「学校音楽はいかにして〝国民〟をつくったか」『岩波講座近代日本の文化史5　編成されるナショナリズム』岩波書店。

山本信良・今野敏彦（一九八七）『近代教育の天皇制イデオロギー（新装版）』新泉社。

山本信良・今野敏彦（一九七六）『学校行事の宗教的性格　大正・昭和教育の天皇制イデオロギーⅠ』新泉社。


**資料5・3・1「礼法要項」に示された式次第（抜粋）**

「礼法要項」（昭和一六年四月一日）第六章　祝祭日

一、祝祭日には、国旗を掲げ、宮城を遥拝し、祝賀・敬粛の誠を表する。

二、紀元節・天長節、明治節及び一月一日に於ける学校の儀式は次の順序・方式による。天皇陛下、皇后陛下の御写真の覆を撤する。この際、一同上体を前に傾けて敬粛の意を表する。／次に天皇陛下・皇后陛下の御写真に対し奉りて最敬礼を行ふ。／次に国歌をうたふ。／尽きに学校長教育に関する勅語を奉読する。／参列者は奉読の始まると同時に、一同上体を前に傾けて拝聴し、奉読の終わつた時、敬礼をして除に元の姿勢に復する。／次に学校長訓話を行ふ。／次に当日の儀式用唱歌をうたふ。／次に天皇陛下、皇后陛下の御写真に覆をする。／この際、一同上体を前に傾けて敬粛の意を表する。

三、天皇陛下・皇后陛下の御写真を拝戴してゐない学校に於ては、次の順序によって儀式を行ふ。
宮城遥拝／次に国歌をうたふ。／次に学校長教育に関する勅語を奉読する。／次に教育長訓話を行ふ。／次に当日の儀式用唱歌をうたふ。
四、儀式に参列する者は、服装を整へ、容儀を正しくし、真心を以って終始しなければならない。
五、式場に入る際は一礼する。挙式中は特別の場合の外、出入りしてはならない。
六、儀式の始と終には、一同敬礼をする。
〔注意〕
一、天皇陛下の御写真は式場の正面正中に奉掲する。
皇后陛下の御写真は、天皇陛下の御写真の左（拝して右）に奉掲する。
二、勅語謄本は箱より出し、小蓋又は台に載せて式場の上座に置くを例とする。
三、勅語奉読に当つては、奉読者は特に容儀服装に注意し、予め手を清める。（フロックコート、モーニングコート及び和服の場合は手袋は着用しない）謄本は丁寧慎重に取り扱ひ、奉読の前後に押戴く。
四、勅語奉答の歌をうたふ場合は、学校長訓話の前にする。
五、勅語奉読・訓話等は、御写真を奉掲する場合は御前を避け、しからざる場合は正面の中央で行ふ。
六、皇后陛下御誕辰・皇太后陛下御誕辰を賀し奉る儀式を行ふ場合には、凡そ祝日に於ける儀式に準じて順序・方式を定める。
遥拝式・勅語奉読式・入学式・卒業式又は記念式当日に於ける諸儀式に就いても右に同じ。
七、学校以外の団体の行事は、適宜前各項に準じて行ふ。

# 総括

# 総括

今川恭子

本書の総括をわずかな紙数でおこなうことは難しいが、本書がめざしてきたことをここで思い起こし、一定の成果を得たと思われるところ、今後の課題とするところについて記しておきたい。

私たちの取り組みの最大の特徴は、学習者の視点を取り入れて国民学校期の音楽教育実践を再構成し検討する、という点であったろう。文献資料にくわえて当時の学習者へのアンケート調査とインタビュー調査を実施し、これら性質の異なるデータを突き合わせながら当時の学校に鳴り響く音・音楽、そこに関わる教師と子どもの姿の再構成に努め、これを分析対象とした。

ナラティヴ・データも含む質の異なるデータの扱いと評価については、私たち自身も「やりながら考える、考えながらやる」という面があったことは否めない。アンケート記述やインタビューでの語りは、その場に鳴り響く音を私たちに想起させるのみでなく、音楽教育実践に参与した人たちの当時の意識、感情への共感を呼び起こすものであった。だが過去の記憶は史料のように「当時のそのままの形」で掘り起こされるわけではなく、これらデータを生かしたい思いの一方で、評価と扱いの難しさは大きな問題であり続けた。

研究会では、学習者の記憶の扱いに関して議論を重ねながらも、一貫してそれをデータとして扱うことに躊躇はなかった。私たちは本書において、個々の学校の所蔵文書、地域に保存される関連資料など、照合し得る資料の収集に最大限努め、各執筆者がデータの性質を顧慮しながら慎重に検証と考察を進めてきた。一人の著者が単独で書き上げたものとは異なり、参照資料や根拠とするデータの相違、各執筆者間の微妙な立ち位置の違いが存在することも否めないが、研究会としては各執筆者の範囲と立ち位置を揃えることに時間を費やすよりは、そのまま各地域、個々の学校における音楽教育実践をあらゆるデータから再構成して検討する基本的なスタンスのみを揃えて一冊の本にする道を採った。生活文脈をもった生きた存在としての子どもの受け止め、教師の思いに迫ろうとすればするほど、教育実践とは、単に制度上の規定が「透明な教える装置たる教師」から「一般的な子ども」に伝達されるだけではないことが浮き彫りとなった。制度が実践を大きく規定するとはいえ、音楽教育実践はあくまでも人と人との関係上に成り立つものであり、教育の成果は学習者の生きる文脈と密に結びついている、ということをあらためて確認した思いである。明らかにされた具体から立ち上がるのは新たな課題の連続であるかもしれないが、新たな課題を私たち研究会としても次なる取り組みに繋ぎ続けることに意義を見出したい。

個々の学校の所蔵文書、地域の関連資料、周辺資料を精査し、学習者の記憶を総合することによって、当時の音楽教育実践の実際と変化の様子も具体的に見えてきた。授業だけでなく行事や儀式等の実際、子どもの生活が見えてきたことも大きな収穫であった。現場における教育実践の変化は芸能科音楽という大きな制度上の改革を契機としつつも、多様なファクターの絡まり合いとして地域、学校、そして地域と学校の人・モノ・環境をひっくるめて進んでいったことが検証過程で見えてきたように思われる。制度施行前からの準備、教育内容具現のための地域ぐるみの努力、子どもの実態と環境に即して奮戦する教師の姿など、かなりの確度をもって実証されたと考える。

芸能科音楽については今後も制度面からの精査、教育内容、カリキュラム構造の精査、実践レベルに目を当てれば教育方法、教師像、教材、など様々な角度からの精査を合わせなければわからないことは、私たち自身本書の執筆を進めながら痛感したところである。本書は、この時代の音楽教育実践を戦後教育との連続性において捉えるという点では一定の成果をあげることができたと考えているが、芸能科音楽の研究として今後やらねばならぬ課題も多いだろう。

本書が刊行される二〇一五（平成二七）年は、太平洋戦争終結から数えて七〇年目にあたる。私たち研究会の立ち上げメンバーが研究に着手して既に二〇年以上が経ったわけであるが、この間にも私たちは戦争の記憶が人々の中で薄れつつあることを強く感じてきた。本書は、研究会が一貫して持ち続けてきた課題意識に対しての不完全であるかもしれないがひとつのまとまった答えであることは間違いなく、節目の年に出版できたことには一定の意義を感じている。もちろんこれで課題がすべて解決されたとは考えていない。ここで達成したことの意義を確認しながら、次なる取り組みへと進みたい。

# 巻末資料

# 国民学校　芸能科音楽と国民科各教科（国語、修身、国史）の教科書における学習内容の関連

表作成　越山（村井）沙千子
今川恭子

## 凡例

・「調・音階」及び「指導要旨」の項目には、『教師用書』から該当する部分をそのまま引用した。
・旧漢字は新漢字に改め、旧仮名遣いはそのまま引用した。
・イタリック体は、音楽の『教師用書』「指導要項」において関連を明記していることを示している。
・○がついているものは、他教科の『教師用書』において関連を明記していることを示している。
・筆者が内容的に関連性を認めたものは、下線で示した。
・「他学年教科書」における省略：音・・・音楽　国・・・国語　よ（ヨ）・・・よみかた（ヨミカタ）
修・・・修身　史・・・国史

## 1年

| ウタノホン上 | 調・音階 | 拍子 | 指導要旨 | ヨミカター・二 | ヨイコドモ上 | 他学年教科書 |
|---|---|---|---|---|---|---|
| キミガヨ | | | | 2-20日本のしるし○ | | 修2-2君が代○ |
| 1.ガクカウ | ハ調長音階 | 4分の2 | 国民学校へ新入学の喜びを歌はせ、学校生活の楽しさを感得させる。 | 1-1ラジオ体操○ | 1ガクカウ○ | |
| 2.ヒノマル | ヘ調長音階 | 4分の2 | 国旗の美しさと勇ましさとを歌はせ、之を讃仰する心を喚起して、国民的情操を昂揚する。 | 1-6ヒノマルノハタ○<br>2-20日本のしるし○ | 3テンチャウセツ○ | 国よ4-22支那の子ども[※1]<br>修1-16日の丸の旗○[※2] |
| 3.ユフヤケコヤケ | イ調陽音階 | 4分の4 | 我が国古来の童謡をふくむこの歌曲を歌はせて、素直な童心を培ひ、国民的情操を醇化する。 | 1-13ユフヤケ○ | | |
| 4.エンソク | ト調長音階 | 4分の2 | 遠足の楽しさを歌はせて、明朗快活の精神を養ふ。 | | | |
| 5.カクレンボ | イ調陽音階 | 4分の2 | 我が国古来の童謡を歌はせて、純真な童心を培ひ、国民的情操の醇化に資する。 | 1-23カクレンボ○[※3] | | |
| 6.ホタルコイ | イ調陽音階 | 4分の2 | 我が国古来の童謡を修飾したこの歌曲を歌はせて、純真な童心を培ひ、国民的情操を醇化する。 | *1-27ホタル*○[※3] | | |
| 7.ウミ | ト調長音階 | 4分の3 | 広大無辺の海を歌はせて、海事思想を鼓吹し、明朗闊達の精神を養ふ。 | 2-1山ノ上○ | | |
| 8.オウマ | ハ調長音階 | 4分の4 | 親馬と仔馬との愛情を歌ったこの歌曲を歌はせて、快活純美の情を養ひ、動物愛護の精神を喚起する。 | | | 国1-13にいさんの愛馬○ |
| 9.オ月サマ | ヘ調長音階 | 4分の2 | 美しい月の歌を歌はせて、快活純美の情を養ふ。 | 1-42オ月サマ○ | | |
| 10.モモタラウ | ハ調長音階 | 4分の3 | 昔噺に現はれる小さな英雄桃太郎の歌曲を歌はせて、英雄崇拝の思想をを鼓吹し、国民精神を昂揚する。 | 1-43モモタラウ○ | 9ツヨイコ○[※4] | |
| 11.タネマキ | ト調長音階 | 4分の4 | 種まきの歌曲を歌はせ、人間の勤労が自然の恩恵に浴して成就する天理を暗示し、勤労を愛好する精神を養ふ。 | | | |

| | | | | | | |
|---|---|---|---|---|---|---|
| 12.ハトポッポ | ヘ調長音階 | 4分の2 | 愛らしい鳩の歌曲を歌はせて、素直な童心を培ひ、動物愛護の精神を涵養する。 | | | |
| 13.コモリウタ | ニ調陽音階 | 4分の4 | 我が国固有の民族的な童謡を歌はせて、素直な童心培ひ、国民的情操を醇化する。 | 2-10コモリウタ○※3 | | |
| 14.オ人ギャウ | ハ調長音階 | 4分の2 | 愛らしい人形の歌曲を歌はせて、純真な童心を培ひ、国民的情操の醇化に資する。 | 2-11オイシャサマ○ | | |
| 15.オ正月 | ト調陽音階 | 4分の2 | お正月を待つ歌曲を歌はせて、純真な童心を培ひ、快活純美の情を養ふ。 | *2-15オ正月*○※3 | 15シンネン○※5 | |
| 16.デンシャゴッコ | ハ調長音階 | 4分の2 | 楽しい電車ごっこの歌曲を歌はせて、純真な童心を培ひ、快活の情を養ふ。 | *2-12デンシャゴッコ*○※3 | | |
| 17.カラス | イ調陽音階 | 4分の2 | 純朴な童謡風なこの歌曲を歌はせて、純真な童心を培ひ、快活明朗の精神を養ふ。 | | | |
| 18.兵タイゴッコ | ハ調長音階 | 4分の2 | 勇ましい兵隊ごっこの歌曲を歌はせて、勇壮活発の精神を養ふ。 | 2-16兵タイゴッコ○※3 | | |
| 19.ヒカウキ | ハ調長音階 | 4分の2 | 飛行機の歌曲を歌はせて、航空機に対する関心を喚起し、明朗快活の精神を養ふと共に航空思想の涵養に資する。 | *1-19*ヒカウキ※3 | | |
| 20.ウグヒス | ヘ調長音階 | 4分の2 | 鶯の歌曲を歌はせて、自然の音楽へ傾聴する心を喚起し、快活純美の情を養ふ。 | 2-24ウグヒス○ | | |

※1　『よみかた　四』の「支那の子ども」（p.109）には、《ヒノマル》の1番の詩が掲載されている。

※2　『ヨイコドモ　上　教師用』（p.141）「取扱いの要領」において、《ヒノマル》の記憶を容易に蘇らせ得るとある。

※3　『ウタノホン　上　教師用』の歌詞の注には、『ヨミカタ』に掲載されたものをそのまま、あるいは一部修正して採用したものであると書かれている。なお、「指導要項」で連絡を明記していない場合、イタリックでは示していない。

※4　『ヨイコドモ　上　教師用』（p.53）には、「本教材は、ヨミカタに於ける「モモタラウ」と緊密に関連したものである。児童は、前後してウタノホンでもまたエノホンでも「モモタラウ」教材にふれる」とある。

※5　同上にて、詞とともにお正月の歌をならったとある（pp.84-85）。また、「エノホン「お正月」、ウタノホン「かるた」と関連する」（p.87）とあるが、これはエノホンとウタノホンが逆になっていると考えられる。

## 2年

| うたのほん下 | 調・音階 | 拍子 | 指導要旨 | よみかた三・四 | ヨイコドモ下 | 他学年教科書 |
|---|---|---|---|---|---|---|
| きげん節(詞のみ) | | | | | 18キゲン節○ | |
| 1.春が来た | ハ調長音階 | 4分の4 | 春の歓喜を歌はせて、快活純美の情を養ふ。 | *3-1春*○ | | |
| 2.さくら さくら | ホ調陰音階 | 4分の4 | 日本の国花、桜の歌を歌はせ、我が国固有の美しい旋律を味はせて、快活純美の情を養ひ、国民的情操の醇化に資する。 | *3-1春*○ | | |
| 3.国引き | ハ調長音階<br>五音音階※1 | 4分の4 | 我が国古来の神話に因むこの歌曲を歌はせ、八紘一宇の精神を涵養する。 | *3-3国引き*○※2 | | |
| 4.軍かん | ト調長音階<br>五音音階 | 4分の2 | 帝国軍艦の使命と威力を歌はせて、海国民の意気を体得させ、国民精神を昂揚する。 | *3-9軍かん*○<br>3-10お話○<br>4-3海軍のにいさん○ | | |
| 5.雨ふり | ハ調長音階<br>五音音階 | 4分の4 | 雨降りの日に於ける田植の様子を歌はせて、勤労を尚ぶ心を養ひ、職域奉公の念を培ふ。 | *3-15つゆ*○ | 6ヤナギニ鮭○ | |
| 6.花火 | ハ調長音階<br>五音音階 | 4分の2 | 美しい花火の歌を歌はせて快活純美の情を養ふ。 | *3-17花火*○※3 | | |
| 7.たなばたさま | ト調長音階<br>五音音階 | 4分の2 | 美はしい国民的行事、七夕の歌を歌はせて、優雅の情を養ひ、国民的情操の醇化に資する。 | | | |
| 8.うさぎ | ホ調陰音階 | 4分の2 | 我が国固有の童謡を歌はせて、快活純美の情を養ひ、国民的情操の醇化に資する。 | 3-22うさぎとたぬき○※3 | | |
| 9.長い道 | ハ調長音階<br>五音音階 | 4分の4 | 夕暮の長い道に展開される詩的な風景を歌はせて、優雅の情を養ひ、国民的情操の醇化に資する。 | *3-24長い道*○※3 | | |
| 10.朝の歌 | ハ調長音階 | 4分の4 | 爽快な朝の歌を歌はせて、快活純美の情を養ひ、清潔勤勉の習慣の養成に資する。 | | | |

| | | | | | | |
|---|---|---|---|---|---|---|
| 11.富士の山 | ハ調長音階<br>五音音階 | 4分の4 | 霊峰富士の歌を歌はせて、敬虔の念を養ひ、国民精神の昂揚に資する。 | *4-1富士山*○ | | 国ヨ2-20日本のしるし○※4 |
| 12.菊の花 | ハ調長音階 | 4分の3 | 美しく気高い菊の花の歌を歌はせて、快活純美の情を養ひ、国民的情操の醇化に資する。 | *4-5菊の花*○ | | |
| 13.かけっこ | ヘ調長音階※5 | 4分の2 | 勇ましいかけっこ応援の歌を歌はせて、勇壮活発の精神を養ふ。 | *4-6かけっこ*○※2 | | |
| 14.たきぎひろひ | イ調陽音階※6 | 4分の4 | たきぎひろひの歌を歌はせて、快活純美の情を養ひ、勤労を楽しむ心を培ふ。 | | | |
| 15.おもちゃの戦車 | ヘ調長音階<br>五音音階 | 4分の2 | おもちゃの戦車の歌を歌はせて、勇壮活発の精神を養ひ、兵器に対する興味を喚起する。 | 4-15にいさんの入営○ | | |
| 16.羽根つき | ヘ調長音階※7 | 4分の2 | 楽しい羽根つきの歌を歌はせて、快活純美の情を養ひ、戸外運動に親しむ心を培ふ。 | 4-13新年○<br>*4-18たこあげ* | | |
| 17.兵たいさん※8 | ヘ調長音階<br>五音音階 | 4分の2 | 勇ましい兵たいさんの歌を歌はせて、勇壮活発の精神を養ひ、且つ軍事思想を鼓吹して忠君愛国の念を培ふ。 | *4-15にいさんの入営* | 10兵タイサンへ | 国1-13にいさんの愛馬 |
| 18.ひな祭 | ヘ調長音階<br>五音音階 | 4分の2 | 我が国固有のひな祭の歌を歌はせ、優雅の情を養ひ、国民的情操の醇化に資する。 | *4-23おひな様*○ | | |
| 19.日本 | ハ調長音階<br>五音音階 | 4分の2 | 我が日本の世界無比の国体を歌はせ、国民精神を昂揚し、愛国の熱情を養ふ。 | | *19日本ノ国*○ | |
| 20.羽衣 | ト調長音階<br>五音音階 | 4分の3 | 美しい羽衣の歌を歌はせて、優雅の情を養ひ、国民的情操の醇化に資する。 | *4-25羽衣*※3 | | |

※1　『うたのほん　下　教師用』各曲の「楽曲の解説」において、旋律に第四度及び第七度の音が用いられていない場合に、五音音階による旋律であることが明記されている。（以下同様）

※2　同上、歌詞の注に『よみかた』に取材して作った歌詞であると記されている。

※3　同上、歌詞の注に『よみかた』から採用したことが明記されている。しかし、「指導要項」に連絡が書かれていない場合、イタリックで示していない。

※4　「ヨミカタ　二　教師用」（p.113）に「富士の山」へ発展するものとある。

※5　『うたのほん　下　教師用』（p.106）には、「旋律には、その第四度、「変ロ音」が用ひられて居ない。次の五音から成る極めて簡単な旋律である」とあり、「ヘ、ト、イ、ハ、ニ」の各音が示されている。

※6　同上（p.110）には、「旋律の形式はややト調長音階に類似して居るところがある」と記されている。

※7　同上（p.118）には、「旋律には、その第四度の音、即ち「変ロ音」が用ひられて居ないから、結局、幹音のみから成る旋律である」と記されている。

※8　《兵たいさん》の歌及び他教科関連教材によって、児童に兵隊に対するイメージ、感謝と激励の気持ちをもたせようとしていると考えられる。

## 3年

| 初等科音楽一 | 調・音階 | 拍子 | 指導要旨 | 初等科国語一・二 | 初等科修身一 | 他学年教科書 |
|---|---|---|---|---|---|---|
| 1.春の小川 | ハ調長音階 | 4分の4 | 長閑な春の小川の歌を歌はせて、小川のさざらぐ情景を浮かばせ、快活純美の情を養ふ。 | *1-3光は空から*<br>*1-4支那の春*<br>*1-5おたまじゃくし*<br>2-22春の雨○ | *2春○* | |
| 2.鯉のぼり | ハ調長音階 | 4分の2 | 国民的行事端午の節句に関連して鯉のぼりの歌を歌はせ、明朗快活な男性的意気を養ひ、国民的情操の醇化に資する。 | | 3日本の子ども○ | <u>国よ3-5鯉のぼり</u> |
| 3.天の岩屋 | ハ調長音階<br>律音階※1 | 4分の2 | 天の岩屋の歌を歌はせ、天照大神の御神徳を偲ばせ、国民的情操の昂揚に資する。 | *1-1天の岩屋○*<br>1-2参宮だより○ | *1み国のはじめ○*<br>3日本の子ども○ | <u>史上1-1高千穂の峯</u> |
| 4.山の歌 | ハ調長音階 | 4分の3 | ほがらかな山の歌を歌はせて、明朗快活の精神を養ひ、自然に親しむ心を喚起する。 | | | |
| 5.田植 | ト調長音階<br>※2 | 4分の4 | 国民生活に関係の深い田植の歌を歌はせて、快活明朗の精神を養ひ、勤労を尚ぶ心を喚起する。 | *1-12田植* | | 国3-7苗代のころ○ |
| 6.なはとび | イ調陽音階 | 4分の2 | 児童の日常生活に関係の深いなはとびの歌を歌はせて、快活純美の精神を養ひ、運動に親しむ心を喚起する。 | | | |
| 7.子ども八百屋 | ト調長音階 | 4分の2 | 元気のよい子ども八百屋の歌を歌はせて、明朗快活の精神を養ひ、銃後奉公の心構へを喚起する。 | *1-15子ども八百屋○* | *12きゃうだい*※3 | 国5-4戦地の父から○ |
| 8.軍犬利根 | ト調長音階 | 4分の3 | 勇ましい軍犬利根の歌を歌はせて、勇壮活発の精神を養ひ、動物愛護の心を喚起し、愛憐の情を養ふ。 | *1-22軍犬利根○* | | |
| 9.秋 | ハ調長音階 | 4分の4 | 季節に関連して秋の歌を歌はせ、田園情趣を展開して快活純美の情を養ふ。 | *1-23秋○* | *10秋○* | 国5-17秋のおとづれ○ |
| 10.稲刈 | ハ調長音階 | 4分の4 | 季節に関連して稲刈の歌を歌はせて、明朗快活の精神を養ひ、勤労に親しむ心を喚起する。 | *2-2稲刈○* | *10秋○* | |
| 11.村祭 | ト調長音階 | 4分の2 | 国民生活に関係の深い村祭の歌を歌はせ、快活純美の情を養ひ、敬神の念を喚起して、国民精神の昂揚に資する。 | *2-3祭に招く*<br>*2-4村祭○* | *10秋○* | |

| | | | | | | |
|---|---|---|---|---|---|---|
| 12.野菊 | ヘ調長音階 | 4分の2 | やさしい野菊の歌を歌はせて、秋の野に優しく咲く野菊の風情を描き、優美の情を養ひ、秋の自然に親しむ心を喚起する。 | | | |
| 13.田道間守 | イ調短音階 | 4分の4 | 国語の学習に関連して田道間守の歌を歌はせ、忠君の至情を養ひ、国民的精神の醇化に資する。 | *2-5田道間守*○ | | <u>史上1-3五十鈴川</u> |
| 14.潜水艦 | ヘ調長音階 | 4分の2 | 勇ましい潜水艦の歌を歌はせて、勇壮活発の精神を養ひ、海事思想を涵養する。 | *2-7潜水艦*○ | | |
| 15.餅つき | ト調陽音階 | 4分の4 | 国民生活に関係の深い年中行事餅つきの歌を歌はせて、忙しくもまた楽しい餅つきの情景を表して、明朗快活の情を養ひ、国民的情操の醇化に資する。 | | | |
| 16.軍旗 | ハ調長音階 | 4分の2 | 尊厳な軍旗の歌を歌はせて、軍事思想を養ひ、忠君愛国の至情を涵養し、併せて三部合唱曲の歌唱に習熟させる。 | *2-14軍旗*○ | *16日の丸の旗*○ | |
| 17.手まり歌 | ホ調陰音階 ※4 | 4分の4 | 児童の生活に関係の深い手まり歌を歌はせ、快活純美の情を養ひ、且つ日本固有の陰音階からなる旋律を味はせて、国民的情操の醇化に資する。 | | | |
| 18.雪合戦 | ヘ調長音階 | 4分の2 | 勇ましい雪合戦の歌を歌はせて、勇壮活発の精神を養ひ、冬の戸外運動に親しむ心を喚起する。 | *2-16雪合戦*○ | 17冬○ | |
| 19.梅の花 | ヘ調長音階 | 4分の3 | 清純な花の歌を歌はせて、快活純美の情を養ひ、詩的情操を陶冶する。 | 2-17菅原道真○<br>*2-18梅*○ | | |
| 20.三勇士 | ハ調長音階 | 4分の4 | 壮烈な三勇士の歌を歌はせて、勇壮活発の精神を養ひ、忠君愛国の至情を涵養して、国民精神の昂揚に資すると共に、三部合唱曲の歌唱に習熟させる。 | *2-21三勇士*○ | 19負けじだましひ○ | 史下15-1満洲事変○ |

※1　『初等科音楽　一　教師用』(p.74) には、「この楽曲は、ハ調長音階と律音階とを混合したやうな旋律法によって作られてゐる。第五小節から四小節は、律音階のやうな動きをしてゐる」とある。

※2　同上 (p.82) には、「ト調長音階であるが、音階の第四度と第七度の音を除いてゐる」と明記されている。

※3　同上 (p.90)「4.　連絡」には「きゃうだい」と書かれているが、修身に該当する教材がない。

※4　同上 (p.134) には、「最後の終止は、主音でなく属音であって、これは一種の変格終止と見られる。あるひは変格の陰音階と見ることができる」とある。

## 4年

| 初等科音楽二 | 調・音階 | 拍子 | 指導要旨 | 初等科国語三・四 | 初等科修身二 | 他学年教科書 |
|---|---|---|---|---|---|---|
| 1.春の海 | ハ調長音階 | 4分の2 | 季節に関連して、美しい春の海の歌を歌はせて、快活純美の情を養ふ。 | *3-1朝の海べ○*<br>*3-2潮干狩* | | |
| 2.作業の歌 | イ調陽音階 | 4分の4 | 勤労作業の歌を歌はせて、明朗快活の精神を養ひ、勤労愛好の心を涵養する。 | | | |
| 3.若葉 | ヘ調長音階 | 4分の3 | 季節に関連して、爽快な若葉の歌を歌はせ、快活純美の情を養ふ。 | *3-7苗代の頃* | | |
| 4.機械 | ヘ調長音階 | 4分の4 | 面白い機械の歌を歌はせて、機械工業に対する関心を深め、明朗快活の精神を養ふと共に、二部輪唱曲の歌唱に習熟させる。 | *3-10機械○* | | |
| 5.千早城 | ハ調長音階 | 4分の3 | 千早城の歌を歌はせて、勇壮活発の精神を養ひ、忠勇義烈の心を喚起して国民精神の昂揚に資すると共に、三部合唱曲の歌唱に習熟させる。 | *3-12千早城○* | | <u>史上6-1建武のまつりごと</u> |
| 6.野口英世 | ハ調長音階 | 4分の2 | 野口英世の歌を歌はせ、その劉苦勉励の一生を偲ばせて、偉人崇拝の念を養ふ。 | | *7野口英世○* | |
| 7.水泳の歌 | ト調長音階 | 8分の6 | 壮快な水泳の歌を歌はせて、明朗快活の精神を養ひ、水泳に対する興味を喚起する。 | 3-15夏○<br>*3-18とびこみ台○* | *8日本は海の国○* | 国5-15遠泳○ |
| 8.山田長政 | ニ調律音階 | 4分の4 | 山田長政の歌を歌はせて、海外発展の気性を養ひ、八紘一宇の大精神を昂揚する。 | | *11山田長政○* | <u>史9-2日本町</u>※1 |
| 9.青い空 | ヘ調長音階 | 4分の3 | 美しい青い空の歌を歌はせて、快活純美の情を養ひ、秋の自然の美に親しむ心を喚起する。 | *3-23秋の空○* | 10秋から冬へ○ | |
| 10.船は帆船よ | イ調短音階 | 4分の2 | この歌曲を歌はせて、海外発展の意気を養ひ、八紘一宇の大精神を昂揚する。 | *4-1船は帆船よ○* | 11山田長政○ | <u>史下9-2日本町</u>※1 |
| 11.靖国神社 | ト調長音階 | 4分の4 | 靖国神社の歌を歌はせて、護国の英霊に対する感謝の心を喚起し、忠君愛国の精神を涵養する。 | 3-5靖国神社○ | *3靖国神社○* | 史下12-1明治の維新○<br><u>史下12-3富国強兵</u>※2 |

| | | | | | | |
|---|---|---|---|---|---|---|
| 12.村の鍛冶屋 | ト調長音階 | 4分の2 | 元気のよい村の鍛冶屋の歌を歌はせて、明朗快活の精神を養ひ、勤労を愛好する心を喚起する。 | | | |
| 13.ひよどり越 | ヘ調長音階 | 4分の4 | 勇ましいひよどり越の歌を歌はせて、勇壮活発の精神を養ひ、敢為断行の気性を涵養する。 | *4-7ひよどり越*○ | | 史上5-2富士の巻狩 |
| 14.入営 | ト調長音階 | 4分の2 | 勇ましい入営の歌を歌はせて、勇壮活発の精神を養ひ、忠君愛国の情を涵養すると共に、三部合唱曲の歌唱に習熟させる。 | | | |
| 15.グライダー | ニ調陽音階 ※3 | 8分の6 | 爽快なグライダーの歌を歌はせて、勇壮活発の精神を養ひ、航空思想を涵養する。 | *4-10グライダー「日本号」*○ | | |
| 16.きたへる足 | ヘ調長音階 | 4分の2 | 活発なきたへる足の歌を歌はせて、明朗快活の精神を養ひ、歩くことに対する興味を喚起する。 | | | |
| 17.かぞへ歌 | ロ調陰音階 ※4 | 4分の4 | かぞへ歌を歌はせて、日本固有の童謡の旋律美を味得させ、躾に関する自覚を促し、快活純美の情を養ふ。 | | | |
| 18.廣瀬中佐 | ヘ調長音階 | 4分の4 | 軍神廣瀬中佐の歌を歌はせて、忠君愛国の精神を養ひ、国民精神の昂揚に資する。 | 4-4大連から※5<br>*4-17廣瀬中佐*○ | | 史下13-2日露戦役○ |
| 19.少年戦車兵 | ト調長音階 | 8分の6 | 勇ましい少年戦車兵の歌を歌はせて、勇壮活発の精神を養ひ、軍事思想を鼓吹して国民精神を涵養し、併せて三部輪唱曲の歌唱に習熟させる。 | | | |
| 20.無言のがいせん | ホ調短音階 | 4分の3 | 護国の英霊を迎へる歌を歌はせて、英霊に感謝の心を捧げ、国民的情操の醇化に資する。 | | *3靖国神社* | *音4-11靖国神社* |

※1　『初等科国史　下　教師用』(p.64) には、修身「山田長政」及び国語「船は帆船よ」との連絡が明記されている。

※2　『初等科国史　下　教師用』(p.203) には、「軍事に関するくだりに於いては、単に兵制の確立、軍備の拡充を叙するばかりでなく、皇室の御恤兵、勅諭下賜の御事を記し奉るとともに、靖国神社の沿革、日本赤十字社の起源等に言及して、皇国軍事の面目を明らかならしめることに努めた」とある。

※3　『初等科音楽　二　教師用』(p.134) には、「大体は、陽音階の旋律であるが、ところどころに長音階の動きも含まれてゐる」とある。

※4　同上 (p.144) には、「この旋律は、「ロ」の音が主音であるが、変格として属音で終止してゐる」と記されている。

※5　『初等科国語　四』(p.25) に「廣瀬中佐で名高い旅順港口を眺めたりすると」とあり、その後の廣瀬中佐に関する学習への布石とも考えられる。

5年

| 初等科音楽三 | 調・音階 | 拍子 | 指導要旨 | 初等科国語五・六 | 初等科修身三 | 初等科国史上 | 他学年教科書 |
|---|---|---|---|---|---|---|---|
| 1.朝礼の歌 | ト調長音階 | 4分の4 | 清新の気にみちた朝礼の歌を歌はせて、快活純美の情を養ひ、心身練磨の覚悟を新たにする。 | | | | |
| 2.大八洲 | ト調長音階 | 4分の3 | 神国日本の讃歌を歌はせて、国民精神の昂揚に資し、併せてト長調三部合唱曲の歌唱に習熟させる。 | *5-1大八洲*○ | *1大日本* | *1-1高千穂の峯*○ | |
| 3.忠霊塔 | ホ調短音階 | 4分の4 | 厳粛な忠霊塔の歌を歌はせて、護国の英霊に対する感謝の念を喚起し、忠君愛国の精神を養ふ。 | 6-3姿なき入城○ | | | |
| 4.赤道越えて | ヘ調長音階 | 8分の6 | 赤道を越えて遙か南方まで進出する雄大な日本人の意気を歌はせて、海外雄飛の精神を養ふ。 | *5-4戦地の父から*<br>*5-5スレンバンの少女* | | | |
| 5.麦刈 | イ調陽音階 | 4分の2 | 楽しい麦刈の歌を歌はせて、快活の情を養ひ、勤労を喜ぶ心を喚起する。 | | 5農夫作兵衛○ | | |
| 6.海 | ヘ調長音階 | 4分の3 | 美しい海の景色を歌ったこの歌曲を授けて、快活純美の情を養ひ、併せてヘ長調三部合唱曲の歌唱に習熟させる。 | *5-8海の幸*<br>5-15遠泳○ | | | |
| 7.戦友 | ニ調短音階 | 4分の2 | 純真な戦友愛を歌ったこの歌曲を授けて、尽忠報国の精神を養ふ。 | 6-2水平の母○<br>6-3姿なき入城○ | | | 史下15-2大東亜戦争○ |
| 8.揚子江 | ト調長音階 | 4分の2 | 支那大陸を洋々と流れる揚子江の歌を歌はせて、遠大雄渾の精神を養ひ、併せてト長調三部輪唱曲の歌唱に習熟させる。 | | | | |
| 9.大東亜 | ハ調長音階 | 4分の2 | この歌曲を授けて、大東亜に於ける盟主日本の使命を自覚させ、共栄団確立の覚悟を促す。 | | | | 史下15-2大東亜戦争○ |
| 10.牧場の朝 | ニ調長音階 | 4分の4 | すがすがしい牧場の朝の光景を歌ったこの歌曲を授けて、快活の情を養ひ、併せてニ長調の楽曲の視唱に習熟させる。 | | | | |
| 11.聖徳太子 | ホ調律音階 | 4分の2 | この歌曲を授けて、聖徳太子の御英邁と御成徳とを讃仰し奉る心を喚起し、国民精神の昂揚に資する。 | | | *2-2飛鳥の都*[※1]○ | 国2-10聖徳太子 |
| 12.橘中佐 | イ調短音階 | 4分の4 | この歌曲を授けて、橘中佐の武勇に感激させ、忠君愛国の精神を養ふ。 | | *9軍神のおもかげ*○ | | 史下13-2日露戦役○ |

| | | | | | | | |
|---|---|---|---|---|---|---|---|
| 13.秋の歌 | ニ調長音階 | 8分の6 | みのりの秋を歌ったこの歌曲を授けて、農夫に対する感謝の心を喚起し、併せてニ長調三部合唱曲の歌唱に習熟させる。 | *5 17秋のおとづれ*<br>6-8初冬二題○ | | | |
| 14.捕鯨船 | ニ調長音階 | 4分の2 | 壮快な捕鯨船の歌を歌はせて、勇壮活発の精神を養ひ、併せて海洋漁業に対する関心を深める。またニ長調二部合唱曲の歌唱に習熟させる。 | | | | |
| 15.特別攻撃隊 | ハ調長音階 | 4分の2 | 特別攻撃隊の歌を歌はせて、その忠勇義烈に感激させ、忠君愛国の精神を養ふ。 | *6-9十二月八日*<br><u>6-10不沈艦の最期</u> | *15特別攻撃隊○* | | 史下15-2大東亜戦争○ |
| 16.母の歌 | ロ調短音階 | 4分の3 | 母の歌を歌はせて、やさしく強く崇高な母の愛に対する感謝の心を深め、以って国民的情操の醇化に資する。また本歌曲によって、ロ短調の歌曲の歌唱に習熟させる。 | *6-2水平の母* | | | |
| 17.冬景色 | ト調長音階 | 4分の3 | 冬の詩的な風景を歌ったこの歌曲を授けて、自然美に対する関心を深め、快活純美の情を養ふ。またト長調三部分合唱曲の歌唱に習熟させる。 | 6-8初冬二題○ | | | |
| 18.小楠公 | イ調律音階 ※2 | 4分の4 | 本歌曲を授けて、小楠公の誠忠に感激させ、尽忠報国の精神を養ふ。また本歌曲によって、わが固有の名曲を吟味させ、国民的情操の醇化に資する。 | | | *6吉野山* | 国8-12菊水の流れ○<br><u>史下10-3国学</u>※3<br><u>史下15-3大御代の御栄え</u>※4 |
| 19.白衣の勤め | ニ調短音階 | 8分の6 | 本歌曲を歌はせて、従軍看護婦の健気な働きに感激させ、博愛の精神を養ふ。 | <u>6-19病院船</u>※5 | | | |
| 20.桃山 | ヘ調長音階 | 4分の4 | 本歌曲を授けて、桃山時代に於ける豊太閤の偉業を偲ばせ、大東亜共栄圏確立の覚悟を新たにする。 | | | | 史下8-2聚楽第○<br><u>史下8-3扇面の地図</u>※6 |

※1　『初等科音楽　三　教師用』(p.126) には、初等科国史上「二. 法隆寺」とあるが、正しくは「飛鳥の都」である。
※2　『初等科音楽　三　教師用』(p.166) には、「雅楽の「越天楽」の旋律である。律音階の下行の形は用ひられてないので、上に示した「嬰へ」の音は、この旋律中に現れない」とある。
※3　『初等科国史　下　教師用』(p.124) には、国学隆盛の時代の学問が、国史の研究と深く結びついて尊王思想を育んだことを踏まえ、「国史研究を尊王思想の母胎たらしめたもの、それは、芳山の懐古、特に楠公追慕の情であり、神皇正統記・太平記の影響を記したのは、この脈絡を明らかならしめるために外ならない」とある。
※4　『初等科国史　下』(p.188-189) は、「私たちは、一生けんめいに勉強して、正行のやうな、りっぱな臣民となり、天皇陛下の御ために、おつくし申しあげなければなりません」という一文で締めくくっている。
※5　病院船に勤務する赤十字救護看護婦の献身的な活躍を取り上げている。
※6　《桃山》の歌詞と照らし合わせると、1番が「聚楽第」に、2番が「扇面の地図」にそれぞれ当てはまると考えられる。

6年

| 初等科音楽四 | 調・音階 | 拍子 | 指導要旨 | 初等科国語七・八 | 初等科修身四 | 初等科国史下 | 他学年教科書 |
|---|---|---|---|---|---|---|---|
| 1.敷島の | ト調長音階 | 4分の4 | 本居宣長の名高い和歌を歌はせて、国民精神の昂揚に資する。 | | | | |
| 2.おぼろ月夜 | ニ調長音階 | 4分の3 | 美しいおぼろ月夜の歌を授けて、自然美に親しむ心を喚起し、優雅の情を養ふ。また本歌曲により、ニ長調二部合唱曲の歌唱に習熟させる。 | | | | |
| 3.姉 | 嬰ヘ調陰音階 | 8分の6 | 姉に対する敬慕の心を述べたこの歌曲を授けて、兄弟の愛情を濃やかにし、優雅の心を養ふ。 | 7-7姉○ | | | |
| 4.日本海海戦 | ニ調長音階 | 4分の3 | 勇ましい日本海海戦の歌を授けて、わが海軍将士の奮戦を偲ばせ、志気を鼓舞するとともに忠君愛国の精神を養ふ。 | *7-8日本海海戦○* | | 13-2日露戦役○ | |
| 5.晴れ間 | イ調陽音階 | 4分の2 | 田園に於ける初夏の風光を歌ったこの歌曲を授けて、自然美に親しむ心を喚起し、快活純美の情を養ふ。 | *7-10晴れ間○* | | | |
| 6.四季の雨 | ト調長音階 | 4分の3 | 四季折々の雨の情趣を歌ったこの歌曲を授けて、自然美に対する親しみの心を喚起し、優雅の情を養ふ。 | | | | 国2-22春の雨 |
| 7.われは海の子 | ニ調長音階 | 4分の4 | 海国男児の意気を歌ったこの歌曲を授けて、志気を鼓舞し、忠君愛国の精神を養ふとともに、形式の変ったニ長調二部合唱曲の歌唱を会得させる。 | *7-15われは海の子○* | | | |
| 8.満州のひろ野 | ニ調長音階 | 8分の6 | 茫漠たる満州のひろ野を歌ったこの歌曲を授けて　大陸に対する関心を深め、大陸進出の気宇を養ふ。 | | | | 国5-附大地を開く |
| 9.肇国の歌 | ト調律音階 | 4分の4 | この歌曲を歌はせ、肇国の精神を体得させ、国民精神の昂揚に資する。 | | | | *史上1神国*<br>史上1-1高千穂の峯○<br>史上1-2橿原の宮居○ |
| 10.体錬の歌 | 変ロ調長音階 | 4分の4 | 勇ましい体錬の歌を授けて、大いに志気を鼓舞し、身心錬磨に対する国民的自覚を促す。 | | | | |

| | | | | | | | |
|---|---|---|---|---|---|---|---|
| 11.落下傘部隊 | 変ロ調長音階 | 4分の2 | 勇ましい落下傘部隊の歌を授けて、勇壮果敢の精神を養ふとともに、落下傘部隊に対する関心を深める。 | | | | |
| 12.御民われ | ホ調律音階 | 4分の2 | 「御民われ」の古歌を歌はせて、皇国臣民としての自覚を促し、国民精神の昂揚に資する。 | *7-21御民われ* | | | 史上3-1都大路と国分寺○ |
| 13.渡り鳥 | ト調長音階 | 4分の3 | この歌曲を授けて、渡り鳥に対する関心を深め、人生行路に於ける団結、忍耐等の必要を感得させるとともに、ト長調三部合唱曲の歌唱に習熟させる。 | | | | |
| 14.船出 | 変ロ調長音階 | 4分の2 | 勇ましい船出の歌を授けて、士気を鼓舞し、海国少年の光栄と責任とを自覚させるとともに、変ロ長調三部合唱曲の歌唱に習熟させる。 | | | | |
| 15.鎌倉 | ホ調短音階 | 4分の4 | この歌曲を授けて、鎌倉の史跡に対する関心を深め、国民精神の涵養に資するとともに、歌詞の長い歌曲の歌唱に習熟させる。 | 8-10鎌倉 | | | 史上5-2富士の巻狩○ |
| 16.少年産業戦士 | 変ロ調長音階 | 4分の2 | 勇ましい少年産業戦士の歌を授けて、勤労に対する親しみの心を喚起し、国民的自覚を促すとともに、変ロ長調三部合唱曲の歌唱に習熟させる。 | | | | |
| 17.スキー | 変ロ調長音階 | 4分の4 | 壮快なスキーの歌を授けて、士気を鼓舞し、冬の戸外運動に対する興味を喚起するとともに、明朗快活の精神を養ふ。 | | | | |
| 18.水師営の会見 | ト調短音階 | 4分の4 | 水師営の会見の歌を授けて、その歴史的な光景を偲ばせ、武士道的精神を体得させるとともに、歌詞の長い歌曲の歌唱に習熟させる。 | | | 13-2日露戦役○ | *国6-12水師営* |
| 19.早春 | ヘ調長音階 | 8分の6 | 早春の情景を歌ったこの歌曲を授けて、自然美に親しむ心を喚起し、優雅の情を養ふとともに、ヘ長調三部合唱曲の合唱に習熟させる。 | *8-18梅が香*<br>*8-19雪国の春*○ | | | |
| 20.日本刀 | ハ調長音階 | 4分の4 | 日本刀の歌を授け、武士道的精神を体得させ、国民精神の昂揚に資する。 | | *16日本刀* | | |

# 国民学校研究会　研究業績一覧と研究の足跡

## 科研費報告書

本多佐保美（研究代表者）（二〇〇四）『音楽教育史研究における制度・教師・学習者の関係性の探求―国民学校時代の音楽教育体験者の聞き取り調査に基づいて』平成一三～一五年度科学研究費補助金（基盤研究Ｂ１）研究成果報告書。

本多佐保美（研究代表者）（二〇〇八）『昭和一〇年代の音楽教育実践史に関する総合的研究』平成一七～一九年度科学研究費補助金（基盤研究Ｃ２）研究成果報告書。

本多佐保美（研究代表者）（二〇一一）『昭和初期小学校音楽科教育の形成過程に関する研究』平成二〇～二二年度科学研究費補助金（基盤研究Ｃ２）研究成果報告書。

## 論文（発表順）

本多佐保美・藤井康之・今川恭子（一九九九）「東京女子高等師範学校附属国民学校の音楽教育―文献資料と当時の子どもたちへのインタビューに基づく音楽授業」『音楽教育史研究』第二号、三七～四七頁。

西島央・藤井康之・本多佐保美（二〇〇〇）「共同研究　国民学校芸能科音楽の研究Ⅰ」『音楽教育研究ジャーナル』第一四号、一～四五頁。

本多佐保美・国府華子（二〇〇〇）「国民学校期における鑑賞教材の音楽内容に関する一考察―教師用指導書と音

盤の分析を中心に」『音楽教育史研究』第三号、四三〜五八頁。

国府華子・中里南子・幸山良子（二〇〇一）「共同研究　国民学校芸能科音楽の研究Ⅱ—高遠国民学校資料紹介」『音楽教育研究ジャーナル』第一六号、二九〜五三頁。

西島央（二〇〇二）「学校音楽はいかにして〝国民〟をつくったか」、小森陽一他編『岩波講座　近代日本の文化史5編成されるナショナリズム　一九二〇〜三〇年代　1』岩波書店、二三五〜二七〇頁。

今川恭子・国府華子・勝谷祥子・藤井康之・中里南子・村上康子・幸山良子・本多佐保美・西島央（二〇〇二）「共同研究　国民学校芸能科音楽の研究Ⅲ—高遠国民学校の音・音楽」『音楽教育研究ジャーナル』第一八号、一〜四四頁。

本多佐保美・藤井康之・中里南子・勝谷祥子・幸山良子（二〇〇三）「誠之国民学校における音楽授業の諸相—学校所蔵文書とアンケート調査にもとづく実践史の試み」『音楽教育学』第三三巻第二号、一〜八頁。

藤井康之（二〇〇四）「誠之国民学校における瀬戸尊の器楽教育」、全日本音楽教育研究会大学部会『平成一五年度会誌』、一一〜一二頁。

本多佐保美（二〇〇五）「芸能科音楽の問題性—教科書・教師用書の検討をとおして」河口道朗監修『音楽教育史論叢　第Ⅱ巻　音楽と近代教育』開成出版、一九六〜二一〇頁。

佐藤香織・本多佐保美（二〇〇七）「昭和一〇年代前半の井上武士の唱歌教授法に関する一考察—『小学校唱歌教授資料集成』における基本教練指導法の検討を中心に」『音楽教育史研究』第九号、三三〜四四頁。

本多佐保美・藤井康之・佐藤香織（二〇〇七）「昭和一〇年代の東京高等師範学校附属小学校・国民学校の音楽授業構成—井上武士・小林つやえの授業実践から見る」、『千葉大学教育学部研究紀要』第五五巻、四三〜五一頁。

本多佐保美（二〇〇七）「国民学校期の学校行事としての『音楽会』―学校所蔵文書と当時の子どもたちへのアンケート調査にもとづく音楽教育実践史の試み」、名古屋市立菊里高等学校同窓会編『卒業生による研究文集』第一集、八～一五頁。

本多佐保美・西島　央・永山香織・大沼覚子・藤井康之（二〇一〇）「昭和初期小学校音楽科教育の形成過程に関する研究―長野県飯田市の事例をとおして見る地域と学校」、『千葉大学教育学部研究紀要』第五八巻、一二七～一三五頁。

本多佐保美（二〇一二）「国民学校期教科書教材の音楽的特質を探る―リズム面からの分析を中心に」、『千葉大学教育学部研究紀要』第六〇巻、三九～四六頁。

山中和佳子（二〇一二）「昭和前期の国民学校におけるブラスバンド及びラッパ鼓隊の活動―長野県飯田市及び上田市を中心に」、『音楽教育研究ジャーナル』第三八号、一～一二頁。

今川恭子・村井沙千子（二〇一三）「国民学校芸能科音楽の歌唱教材にみる国民形成の一側面―戦時下における教科横断的主題の検討」、『聖心女子大学論叢』第一二一巻、二三五～二六八頁。

## 研究の足跡

一九九四（平成六）年　アンケート調査（予備調査第一回）

一九九七（平成九）年　アンケート調査（予備調査第二回）（国民学校期の卒業生を対象とする）

一九九八（平成一〇）年三月二三日　青森市立新町国民学校卒業生および当時の教師、村林平二氏へのインタビュー調査、新宿にて一九九八（平成一〇）年四月七日　東京女子高等師範学校附属国民学校卒業生へのインタビュー調査、お茶の水女子大学附属高等学校同窓会館（作楽会館）にて
一九九八（平成一〇）年五月二日　東京女子高等師範学校附属国民学校当時の教師、福田静子氏へのインタビュー調査、渋谷にて
二〇〇〇（平成一二）年二月一九日　東京女子高等師範学校附属国民学校当時の教師、小菅和江氏へのインタビュー調査、小菅氏の自宅にて
二〇〇〇（平成一二）年三月　長野県上伊那郡高遠町の町役場、高遠小学校等への下見調査
二〇〇〇（平成一二）年四月　東京都文京区誠之小学校所蔵の文書資料調査（予備調査第一回）
二〇〇〇（平成一二）年七月　誠之小学校所蔵の文書資料調査（予備調査第二回）
二〇〇〇（平成一二）年七月　高遠小学校所蔵の文書資料調査
二〇〇一（平成一三）年一～二月　高遠町住民へのアンケート調査
二〇〇一（平成一三）年三月　高遠町住民（高遠国民学校卒業生を含む）および当時の教師、矢野路雄氏へのインタビュー調査
二〇〇一（平成一三）年八月　長野県信州大学附属小学校および信濃教育会への文書資料調査
八月　長野県高遠小学校所蔵文書資料　再調査
二〇〇二（平成一四）年二～三月　誠之小学校所蔵の文書資料調査（本調査）
二〇〇二（平成一四）年七～八月　誠之国民学校卒業生へのアンケート調査
二〇〇三（平成一五）年二～三月　誠之国民学校卒業生へのインタビュー調査

二〇〇三（平成一五）年三月　誠之国民学校の教師、瀬戸尊氏ご遺族へのインタビュー調査
二〇〇四（平成一六）年一月　誠之国民学校卒業生へのインタビュー調査（補遺）
二〇〇五（平成一七）年五〜六月　資料調査　筑波大学附属小学校資料室
二〇〇五（平成一七）年一一月　長野県飯田市立座光寺小学校への調査
二〇〇六（平成一八）年三月　長野県上田市立清明小学校等への調査
二〇〇六（平成一八）年四月　資料調査　筑波大学附属小学校資料室
二〇〇七（平成一九）年二月　長野県飯田市への調査（飯田市役所、飯田市歴史研究所、座光寺小学校）
二〇〇七（平成一九）年五月　長野県飯田市座光寺、上郷地区へのアンケート調査
二〇〇七（平成一九）年八月　長野県飯田市への調査（上郷小学校、飯田市歴史研究所、飯田市役所）
二〇〇八（平成二〇）年三月　長野県飯田市への調査（飯田市歴史研究所、飯田市役所）
二〇〇八（平成二〇）年八月　長野県飯田市立座光寺小学校への調査
二〇〇九（平成二一）年三月　長野県上田市立清明小学校への調査
三月　長野県飯田市立座光寺小学校への調査
二〇〇九（平成二一）年八月　長野県飯田市立座光寺小学校への調査
八月　長野県上田市立塩尻小、神科小、豊殿小学校への調査
二〇一〇（平成二二）年三月　長野県飯田市立座光寺小学校への調査
二〇一〇（平成二二）年六月　長野県上田市役所、住民台帳閲覧
二〇一〇（平成二二）年七月　上田市　塩尻、神科、豊殿地区住民へのアンケート調査

二〇一一（平成二三）年三月　長野県上田市への調査（インタビュー調査）

**研究会メンバー**（発足当時から今日までに関わった方々・五十音順）

安倍満志、今川恭子、長井（大沼）覚子、勝谷（杉橋）祥子、国府華子、櫻井（幸山）良子、権藤敦子、永山（佐藤）香織、佐野　靖、志民一成、中里南子、西島　央、藤井康之、勝岡（藤波）ゆかり、船岡康江、本多佐保美、村上康子、山中和佳子、山本文茂

# 付属CD収載曲目解説

本多　佐保美

1. 御民われ

『初等科音楽四』（第六学年用）に掲載。四分の二拍子、ホ調律音階。歌詞は万葉集所収の和歌で、聖武天皇の詔に応じて作られた歌だという。「御民われ」は、『初等科国語七』においても取り上げられており、連絡をとって指導すべき曲となっている。

2. うさぎ

『ウタノホン下』（第二学年用）に掲載。四分の二拍子、ホ調陰音階。「我が国固有の童謡」（教師用書）として第二学年の必修教材とされたこの曲は、長野県師範学校附属国民学校の昭和一六年一一月三日の音楽会では、第二部の冒頭での独唱曲として選ばれている。

3. 花火

『ウタノホン下』（第二学年用）に掲載。四分の二拍子、ハ調長音階。作曲は下総皖一。誠之国民学校卒業生へのアンケートにおいて、器楽合奏や運動会における遊戯の思い出の中で、この曲名がたびたび挙げられている。

4. 野菊

『初等科音楽一』（第三学年用）に掲載。四分の二拍子、ヘ調長音階。下総皖一作曲。誠之国民学校の卒業生は、「小学校三年生の時に習った《野菊》は疎開で皆が転校していく時だったせいか、とくに心に残る一曲。瀬戸先生の素晴らしい伴奏が入り、なんと良い歌かと思った」と語っている。

5．白衣の勤め

『初等科音楽三』（第五学年用）に掲載。八分の六拍子、ニ調短音階。従軍看護婦のけなげな働きを歌ったこの曲は、河南国民学校の卒業生が、学芸会で「病院船」という劇をやり、その中で歌った曲として思い出を語っている。

6．田道間守《たじまもり》

『初等科音楽一』（第三学年用）に掲載。四分の四拍子、イ調短音階。誠之国民学校の卒業生から、「歌詞もメロディーも良い」、「先生の説明で涙を流した」といったエピソードが語られている。音楽的には装飾音を使ったやや複雑な和声進行の伴奏が印象的な一曲。

7．機械

『初等科音楽二』（第四学年用）に掲載。四分の四拍子、ヘ調長音階。国民学校の音楽の教材中、初めての二部輪唱曲である。遊戯の曲目としても選定されたため、運動会における遊戯の思い出の中で曲名がよく挙げられた一曲。

8．軍旗（合唱）

『初等科音楽一』（第三学年用）に掲載。四分の二拍子、ハ調長音階。国民学校の音楽の教材中、初めての三部合唱曲である。高遠国民学校の昭和一七年度（昭和一八年三月三日開催）の音楽会で、午後の始まりの冒頭に歌われた。

9. ガクカウ

『うたのほん上』（第一学年用）に掲載。四分の二拍子、ハ調長音階。教師用書の指導要旨に、「国民学校への新入学の喜びを歌わせ、学校生活の楽しさを感得させる」とある。国民学校一年生になって初めて歌った歌。

10. 手まり歌

『初等科音楽一』（第三学年用）に掲載。四分の四拍子、ホ調陰音階。松島彜作曲。「日本固有の音階からなる旋律を味わわせて、国民的情操の醇化に資する」（教師用書）ことをねらいとして作られた一曲。

11. 村の鍛冶屋

『初等科音楽二』（第四学年用）に掲載。四分の二拍子、ト調長音階。誠之国民学校では、この曲を輪唱したり槌音を入れて表現を工夫したりして、学外の演奏会などで演奏した思い出が数多く語られた。

12. 無言のがいせん

『初等科音楽二』（第四学年用）に掲載。四分の三拍子、ホ調短音階。弱起の曲である。この音源では、二番を独唱で歌っている。「梅」を「んめ」と歌っているところなどに、当時の発音が聴かれる。

13. 少年戦車兵

『初等科音楽二』（第四学年用）に掲載。八分の六拍子、ト調長音階。《機械》に続き二曲目の輪唱曲である。高遠国民学校の昭和一七年度および一八年度音楽会にて、四年生の演目として歌われている。

14. きたへる足

『初等科音楽二』（第四学年用）に掲載。四分の二拍子、ヘ調長音階。その指導要旨は、「歩くことに対する興味を喚起する」（教師用書）こととされたこの曲は、昭和一七年の「国民学校体錬科教授要項実施細目」に、行うべき遊戯の曲目として選定され、実際、昭和一八年度秋の高遠国民学校の運動会では、初等科五、六年女子による「鍛へる足」の遊戯が行われている。

15．勅語奉答

小山作之助作曲、橋本國彦編曲。中村淑子、四家文子、柴田睦陸、徳山璉による演奏。儀式の中で教育勅語奉読のあと、必ず歌われた歌。教師用書に、「初等科第四学年迄は聴唱法で指導し、第五学年以上では楽譜の視唱も行う」とあるとおり、第四学年までの教科書には、縦書きの歌詞が掲載され、第五、六学年には楽譜が掲載されている。

16．式日唱歌　明治節

橋本國彦編曲。中村淑子、四家文子、柴田睦陸、徳山璉とビクター児童合唱団による演奏。一番と三番を大人が、二番を子どもが歌う編成となっている。

17．国の鎮め（鑑賞曲）

初等科第四学年の鑑賞曲として選定された一曲。帝国海軍軍楽隊の演奏、同楽長内藤清五指揮。この曲は、「軍隊が神社を拝する時に奏する曲」（教師用書）であり、喇叭の吹奏に続き演奏される本曲は、荘重な響きをたたえている。

18．ひらいたひらいた（鑑賞曲）

同じく初等科第四学年の鑑賞曲の一つ。レコードラベルに、「日本古童謡、下総皖一編曲」と書かれている。コロムビア児童合唱団と朝倉靖子（ピアノ）による。一番は斉唱、二番は二部輪唱、三番は二部合唱での演奏である。

教師用書には、「『機械』の輪唱と連絡をとって聴かせる」とある。

19. 聴覚訓練（一）　初等科低学年用音盤より「和音聴音」

『ウタノホン上』教師用書にある聴覚訓練の内容を、実際に音で示したもので、主要三和音の聴き取りおよび書き取りの練習の実際が録音されている。和音は最初、二つの聴き分けから始め、次に三つの和音を聴き分けるように段階を踏んだ構成となっている。

20. 聴覚訓練（二）　初等科低学年用音盤より「分散和音唱」「単音抽出唱」

①分散和音唱、②単音抽出唱、③色々な律動（色々なリズムや拍子）による分散和音唱、④和音合唱、音名での和音合唱と母音アによる和音合唱、⑤終止形の練習、これらの実際の指導方法がわかる音源となっている。

1から8までは新録音による。録音日は平成二六（二〇一四）年二月一四日。演奏は、合唱、国民学校芸能科音楽合唱団、ピアノ伴奏、村上康子。

9から20までは、当時のSPレコードからの録音である。ノイズ等のため、聴きづらいところがあるが、歴史的資料としてここに収録した。

# あとがき

一九九四（平成六）年の秋頃、東京芸術大学の佐野靖先生の研究室に呼ばれ、「おもしろい歴史研究があるからやらないか」と声をかけていただいた。それが始まりだったように思う。当時は、学習指導要領の改訂を控え、教科再編の議論が盛んであった頃で、そうした今日的課題意識から国民学校時代における教科統合のありようを検証したり、新制度実施以前と以後とでは何がどう変わったのかという視点から、この時代を捉えなおす動きがあった。一方で、一九九四（平成六）年および一九九七（平成九）年に実施したアンケートの予備調査からも、国民学校で芸能科音楽になって、制度上の学習領域の拡大と学習内容の拡充が図られたが、実際に当時教育を受けた人々がそれをどう受け止めたかについて、いくつかの興味深い事例が見られた。そうしたことを契機として、国民学校期を対象とする共同研究が推進されていったのである。

初めは全くの手弁当で始まった研究会、身近なネットワークをたどって、アンケート調査を行ったり、インタビュー対象者を決めたりと、本当に多くの方々にお世話になった。長野県の高遠町および東京の誠之小学校をフィールドにさだめ、研究を進めつつあった頃、科学研究費補助金の助成をいただけることになり、一気に研究の進展をみることになった。

高遠まではるばる車を出して調査を進めた日々、冷房のない資料室で汗だくになりながら資料撮影を行ったこと、みみずのような変体仮名文字の解読に格闘したこと等々が懐かしく思い出される。

研究会が立ちあがってから、かなりの年月が経過し、この間、メンバーの入れ替わりや所属の移動など様々な変化があったが、研究会当初からのメンバーの変わらぬ問題関心と、その後入ってきた若手メンバーによる清新なものの見方とがうまくバランスをとりながら共同研究を進めることができたと思う。

調査にあたっては、多くの方々にお世話になった。高遠町教育委員会、高遠小学校、誠之小学校および同校同窓会、飯田市歴史研究所、飯田市立座光寺小学校、上郷小学校、上田市立清明小学校、塩尻小学校、神科小学校、豊殿小学校、信州大学附属長野小学校、お茶の水女子大学附属小学校、筑波大学附属小学校には、資料閲覧等に際し便宜を図っていただいた。また、逐一お名前を挙げることはできないが、本書がまとまるまでには、本当に多くの方々の援助と励ましがあった。とくにアンケートにたいして、丁寧に真摯にお答えくださったたくさんの方々、そして突然のインタビューの申し出にもかかわらず暖かく受け入れてくださり、お話をいただいた方々に、この場を借りて深く御礼申し上げたい。

音楽教育の過去を検証する本研究が、現在の、また未来の子どもたちを育てる音楽教育の発展に少しでも寄与し、またその一助となれば幸いである。

本書の刊行にあたっては、平成二六年度科学研究費補助金研究成果公開促進費による助成を受けた。また、出版をお引き受けいただいた開成出版、ならびに丁寧な編集作業をしてくださった早川偉久氏に感謝の意を表したい。

平成二七年二月　　本多　佐保美

# 著者紹介

編著者

本多　佐保美（ほんだ　さほみ）

愛知県生まれ。東京藝術大学音楽学部楽理科卒業、同大学大学院修士課程（音楽教育専攻）修了。現在　千葉大学教育学部教授。

西島　央（にしじま　ひろし）

大阪府生まれ。東京大学教育学部教育学科教育社会学コース卒業、同大学大学院博士課程（総合教育科学専攻比較教育社会学コース）単位取得退学。現在　首都大学東京人文科学研究科准教授。

藤井　康之（ふじい　やすゆき）

徳島県生まれ。武蔵野音楽大学大学院修士課程（音楽教育専攻）修了、東京大学大学院博士課程（総合教育科学専攻学校教育開発学コース）単位取得退学。現在　奈良女子大学研究院人文科学系准教授。

今川　恭子（いまがわ　きょうこ）

東京都生まれ。東京藝術大学音楽学部楽理科卒業、同大学大学院修士課程（音楽教育専攻）修了。同博士後期課程単位取得満期退学。現在　聖心女子大学文学部教育学科准教授。

著者

国府　華子（こう　はなこ）

東京都生まれ。東京藝術大学音楽学部器楽科ピアノ専攻卒業、同大学院修士課程および博士後期課程（音楽教育専攻）修了。博士（学術）。現在　愛知教育大学准教授。

村上　康子（むらかみ　やすこ）
愛知県生まれ。東京藝術大学音楽学部器楽科ピアノ専攻卒業、同大学院修士課程および博士後期課程（音楽教育専攻）修了。博士（学術）。現在　共立女子大学家政学部児童学科准教授。

長井（大沼）覚子（ながい（おおぬま）さとこ）
東京都生まれ。東京藝術大学音楽学部楽理科卒業、同大学院修士課程および博士後期課程（音楽教育専攻）修了。博士（学術）。現在　白梅学園短期大学保育科専任講師。

山中　和佳子（やまなか　わかこ）
岡山県生まれ。東京藝術大学大学院修士課程（器楽科フルート専攻および音楽教育専攻）修了。同大学院博士後期課程（音楽教育専攻）修了。博士（学術）。現在　福岡教育大学専任講師。

勝谷（杉橋）祥子（かつたに（すぎはし）さちこ）
福岡県生まれ。東京藝術大学音楽学部器楽科チェンバロ専攻（現古楽科）卒業、同大学大学院修士課程（音楽教育専攻）修了。現在　共立女子大学、淑徳大学、日本児童教育専門学校非常勤講師。

執筆協力者
越山（村井）沙千子（こしやま（むらい）さちこ）
東京都生まれ。東京藝術大学音楽学部楽理科卒業、同大学院修士課程（音楽学専攻）修了。東京藝術大学教育研究助手等を経て、現在　聖心女子大学授業補助者。

戦時下の子ども・音楽・学校―国民学校の音楽教育―

2015年2月28日　初版第1刷発行

編著者　本多佐保美
西島　央
藤井康之
今川恭子

発行者　早川征四郎

発行所　開成出版
〒101-0052 東京都千代田区神田小川町3丁目26番14号
Tel. 03-5217-0155　Fax. 03-5217-0156

ISBN978-4-87603-492-5 C3073